中世地域社会と将軍権力

菱沼一憲著

汲古書院

中世地域社会と将軍権力

菱沼一憲著

汲古書院

目　次

Ⅰ部　内乱と地域社会

II部　将軍権力の生成

中世地域社会と将軍権力

序　章

1　本書の視角――鎌倉幕府成立史の議論と課題から――

〔幕府成立史論の骨格――私的主従制から封建国家へという視角――〕

佐藤進一は『鎌倉幕府訴訟制度の研究』[1]において、幕府とは武家政治機構であり、国家的・公法的存在であるとし、故にその成立は私的封建制に基づく私権行使機関から、朝廷より公法的性格を賦与された時を以てそれにあてるべしとした。そして寿永二年(一一八三)十月宣旨の授受により、東海東山両道の実力支配を承認し両道諸国に対する行政権が賦与され、一私人頼朝の家政機関が国家の行政機関となった時点に幕府の成立をみる。これ以前、牧健二[2]は文治元年(一一八五)の守護地頭勅許を以て、幕府は「統治権に接触し、国家及び社会の基礎制度」となったとし、同勅許による幕府の成立を説いたが、佐藤は十月宣旨を以てそれに代わる新説を提起したのである。

この後、佐藤は『日本の中世国家』(岩波書店、一九八三年)において、十月宣旨によって伊勢から常陸に至る東海道一四箇国、美濃より下野に至る東山道五箇国、合計一九箇国分につき「王朝から正式に国家権力の分肢」がなされたとし、いわゆる東国国家論を提起した。これは幕府の国家としての位置付けを明確化するもので、黒田俊雄「中世の国家と天皇」[3](『岩波講座日本歴史6』一九六三年)において、鎌倉幕府と公家政権は相互補完関係にあり、両者は一体となって支配機構を構成しており、そこにおいて幕府は武力行使を任務とする国家機構の一部であって天皇に組織される一権門であるとする権門体制論への反論であろう。

これより先、六〇年、石母田正「鎌倉幕府一国地頭職の成立」[4]では、文治勅許により成立したのは、荘郷地頭制度ではなく国を単位とする国地頭制度であるとする一国地頭論が提唱され、また荘郷地頭は諸国に一律に置かれたのではなく没官領に限定されたとした。また石井進は『日本中世国家史の研究』（岩波書店、七〇年）において、幕府の行政機構の前提として国衙を位置付け、その機能の吸収を通じて幕府行政機能が形成されてゆくことを論じた。

この他、守護地頭制度に関する研究は多数発表されたが、佐藤の四三・八三年の研究を除けば、およそ六〇～七〇年代にかけて鎌倉幕府成立史研究の大概が構築されたといえる。ことに石井は前掲著書に関連して六九年「中世成立期軍制研究の一視点」[5]、及び七〇年「院政時代」[6]を発表し、国衙と幕府との連続性を指摘し、その前提として国家権力の分権と再統一へという中世の社会と権力の歴史的関係を示した点で重要であり、かつ七〇年までの幕府成立史研究を総括するものである。[7]私的封建権力（権門）の広範な成立、それに伴う国家権力の分解、それに対する院権力による再統一の試み、それを継承した武家権力という石井の構図は、日本中世における封建国家成立の経緯をクリアーにまとめ上げたものといえるだろう。

〔公権授受論と川合康の地頭論〕

石井は前掲著書「六章　幕府と国衙の関係の歴史的展開」において武家による院権力の継承にあたって文治勅許を重視し、同勅許により、（A）頼朝の日本国惣追捕使補任・（B）同じく日本国総地頭補任・（C）兵粮米反別五升徴収権・（D）諸国国衙在庁等進退権といった鎌倉幕府の国家的権限が賦与されたとする。そうした朝廷による公法的性格の賦与により幕府が成立したという説明を、公権授受論として批判した研究が八〇年代以降に出てくる。

武末泰雄・川合康[8]は、荘郷地頭制は何等かの公権賦与の結果ではなく、頼朝勢力独自の軍事行動の一環であるとし、公権授受論を否定し、また古澤直人・新田一郎[9]がこれを支持しつつ、幕府の裁判機能は実質的に承久の乱以降に形成されたとする。承久の乱以前、幕府は公的・国家的な存在としては未熟で、乱後に全国政権化し朝廷を上回る公的・国家的な機能を担うようになるということだろう。

川合は公権授受による地頭補任権の成立を否定し、在地領主層の内乱における主体的動向を明らかにし、それが荘郷地頭制、さらには幕府＝封建国家の成立を規定したとする。治承寿永の内乱のエネルギーを在地領主間競合に求め、彼らの能動的な敵方所領の没収が没官行為であり、頼朝はそれを地頭として追認・安堵することにより権力を創出し得たとする。氏は地頭制度を公権授受という国家権力の側面から説明するのではなく、在地社会の変動のエネルギーの高まりという視角から解き明かしている。これは、七〇〜八〇年代における小林一岳・稲葉継陽・酒井紀美等[10]による室町〜戦国期にかけての地域社会論とリンクするもので、一揆に象徴される〈自力が生み出す平和〉論と通底する。ここに川合地頭論が広く受け入れられた理由があろう。

川合は鎌倉武士勢力の主体的な軍事行動に伴う没官と、それを幕府が追認し地頭に補任するタイプの地頭を鎌倉追認地頭として重視した。その一例として承久の乱での小早川茂平による都宇・竹原荘・生口島の没官と地頭補任をあげる。この没官・地頭補任の前提には茂平の承久の乱を契機とする主体的な武力行使があったこと、またその没官行為は、安芸国巡検使平盛綱による京方の荘官等への尋問などを経て幕府の追認を得ており、それにより没官を否定する領家賀茂社との訴訟にも勝訴したことを指摘する[11]。ここで川合は、中央から下された巡検使による没官だとする石井進の理解[12]を誤りとし、没官の主体は茂平であり、それ故、領家との訴訟もすべて茂平側からの証拠提出に依っており、茂平は承久の乱に伴う軍事行動を利用して領地の拡大を試み、敵方所領の没官という手段で実現したのだとした。

ここに「鎌倉武士勢力」個々の主体的な領土拡大という志向と、それを追認し恩賞として地頭職を給付する幕府という関係を見出している。

没官にあたっての茂平の主導性を取り上げなかった石井の説明は片手落ちであるが、茂平が地頭たることを省いた川合の説明もまた片手落ちである。すなわち、承久の乱以前より、地頭として安芸国沼田荘に配置されていた茂平は、すでに幕府の地方支配機構の一部であり、謀叛鎮圧は職務であって、近隣に京方がいればそれを追捕・追討することは地頭としての当然の義務である。

同様に、鎌倉武士勢力による独自の敵方所領没官行為の例にあげられている河内国金剛寺領天野谷への石川義兼の没官行為、伊勢国大橋御園・河田別所への北条時政・山内経俊等の乱入行為についても、時政は在京代官・経俊は同国守護であって（第三章2節）、それを私的な軍事行動と断定はしがたい。

ただし、ここで茂平等の追討・没官行為を職務と割り切ってしまえば、それは形式的な解釈であり、内乱の実態から目を背けているという謗りを受けよう。実際、本書第六章では、文治・建久年間で一〇〇件近くの源頼朝配下による狼藉停止事例を確認したが、これは氷山の一角で、実際にはさらに膨大な数の狼藉とその停止がなされていたと考えられる。公権授受論ではこうした頼朝勢力による内乱の実態に目が向けられることはなかった。本書で内乱における頼朝配下の狼藉行為の抽出を試みるに至ったのは、没官領地頭制における鎌倉武士勢力の主体性についての川合の指摘があってこそである。

つまり没官をめぐっては、実態の二面性を認識する必要がある。茂平の例でいえば、茂平がもし地頭でなかったら、その没官行為は単なる押領・狼藉であり（荘官に対する検断権は本所領家にある）、地頭＝将軍権力の謀叛人追討権の行使機関であったからこそ没官が肯定されたこと。もう一方は、戦乱を好機として積極的な軍事介入を行ない、それを所領の拡大、すなわち没官領地頭職の獲得につなげたことである。この公権行使と、それに伴う私的権益の一体性は、まさに佐藤進一が弁官局・検非違使庁などにより官司請負制として説明した「収益を前提とした職務の執行」と同一であり（前掲『日本の中世国家』）、中世の国家的特質といえよう。

〔幕府論・内乱論の再構築にむけて〕

川合の公権授受論批判は、主に没官領地頭制とそれによる封建権力の生成という部分でのものだが、それは統治権力を含めた幕府権力そのものの生成を、再構築する突破口となりうるのではないか。川合は治承寿永の内乱の説明にあたり、地域社会論を組み入れたが、それは領主間競合という在地領主レベルでの地域認識であった。統治権力を含めた幕府権力生成の再構築という課題にあたっては、地域社会論の射程も京都の支配層から、地方の百姓層をも含めた議論が必要とされるものと考える。

石井は治承四年（一一八〇）十月に頼朝が東国の武力による実力支配を達成した段階を鎌倉幕府成立の一つの画期とし[13]、また川合は内乱の推進主体を鎌倉武士勢力とする。こうした分析は、いずれも武士層の活動以外の部分には視線が向けられていない。在地領主層の政治的結集が鎌倉幕府であるという点では、石井・川合の認識は一致しており、そうした点で、川合地頭論は石井の構築した封建国家成立論や、その果たした国家的機能を相対化する射程は持ち得ない。

頼朝は文治元年十二月六日書状において、今は「天下草創」の時と主張しているが、その手段たる没官領地頭につき、脇々の武士に与同する土民を取り締まるためだとする（第七章1節）。つまりここで頼朝にとっての地頭制度＝封建制は、統治のための手段にすぎないのである。

また源義経に縁座して失脚した河越重頼の所領河越荘は、重頼の後家尼に安堵されていたが、同荘の名主百姓等が尼の所勘に随わなかったので、頼朝が「云二庄務一、云二雑務一、一事以上可レ従二彼尼下知一」ことを仰せ下している（『吾妻鏡』文治三年十月五日条）。国内随一の豪族であり、在庁官人のトップでもある河越氏にしても、一旦、斜陽となれば、本貫地の名主百姓さえその命令に従わせるのが困難になる。勧農による支配・宗教的な支配・武力による抑圧など在地領主制支配については様々に論議されてきたが、所詮、荘園制や御家人制などの政治的な基盤のもとに在地領主制が成り立っているのである[14]。

上総介広常の父常澄が支配した下総国印東荘内には名字を持った郷司・村司ら一五名程が列記されており、かつて北爪真佐夫[15]は、郷村司を常澄の従者とし、ここに主従制的支配による在地支配、すなわち在地領主制を見出した。しかし実際のところ史料的に常澄と郷村司との主従関係を抽出することは不可能である。むしろ現地の再生産活動は実質的に郷村司らによって担われており、また常澄の在地支配も、中央政権に直結し受領へ国守任料を貸与するなど巨大資産の運用に関わっていた預所菅原定隆に圧迫されており、その在地支配の脆弱性が明らかである[16]。同荘でも立荘を主導したのは京都側であり、また荘の再生産を担っていたのは郷村司等であり、在地領主たる常澄は部分的な関与にとどまっている。

高橋一樹は立荘に際して加納を取り込んだ領域荘園が設定されるのは、国司を軸とし国衙・官司・権門・百姓等、荘園に関わる様々な主体の合意形成を前提とするからだとする[17]。立荘をめぐっては政治的・地域的な多様な要素が絡み合い作用していたのであり、在地領主の寄進という単純な枠組みではないことは明らかだろう。

開発と主従制による所領支配、惣領制による武士団構成をなした在地領主により鎌倉幕府が作られ、幕府は御恩＝地頭職給付と奉公という双務契約により支配権力を生み出したという在地領主制・封建制概念では拾い上げることのできなかった、人と人、家と家、集団と集団といった横のつながり、ネットワーク、すなわち地域社会を浮かびあがらせ、そしてそれが国家・権力の形成に如何に作用していったかについて考えてみたい。

注

（1）佐藤進一『鎌倉幕府訴訟制度の研究』（一九九三年、岩波書店、初出四三年）。
（2）『日本封建制度成立史』（弘文堂書房、一九三五年）。
（3）『黒田俊雄著作集　二』（法藏館、一九九四年）に再録。
（4）『石母田正著作集　九』（岩波書店、一九八九年）に再録。
（5）『史学雑誌』七八―一二、後に「院政期の国衙軍制」（『法制史研究』二〇、一九七一年）と合せて、「中世成立期の軍制」とし『鎌倉武士の実像』（平凡社選書、八七年）に再録。
（6）『講座日本史　二』（東京大学出版会）。
（7）石井論文は、石井進著作集刊行会編『石井進著作集』（岩波書店、二〇〇四～〇五年）再録。
（8）武末「鎌倉幕府庄郷地頭職補任権の成立」（竹内理三編『荘園制社会と身分構造』校倉書房、一九八〇年）・川合『鎌倉幕府成立史の研究』（校倉書房、二〇〇四年）。
（9）古澤「鎌倉幕府と中世国家」（『鎌倉幕府と中世国家』校倉書房、一九九一年、初出八八年）・新田「中世「裁判」の「理念」をめぐって」（『日本中世の社会と法』東京大学出版会、九五年）。
（10）小林『日本中世の一揆と戦争』（校倉書房、二〇〇一年）・酒井『日本中世の在地社会』（吉川弘文館、一九九九年）・稲葉「日本中世・近世史研究における「地域社会論」の射程」（『七隈史学』八、〇七年）。また稲葉等「「地域社会論」の視座と方法」（『歴史学研究』六七四、九五年）では七〇年代以降の地域社会論についての総括がなされている。

(11) 前掲川合著書所収「鎌倉幕府荘郷地頭職の展開に関する一考察」(初出一九八五年)。
(12) 石井「平氏・鎌倉両政権下の安芸国衙」(『歴史学研究』二五七、一九六一年)・石井前掲著書一八七頁。
(13) 石井「鎌倉幕府論」(『岩波講座日本歴史 五』一九六二年)。
(14) 永原慶二「荘園制における職の性格」(『日本中世社会構造の研究』岩波書店、一九七三年、初出六七年)。
(15) 「十二世紀の東国社会」(『歴史学研究』二七九、一九六三年)。
(16) 拙稿「下総国印東庄の領主と百姓・沙汰人」(『佐倉市史研究』二三、二〇一〇年)。
(17) 「中世荘園の形成と「加納」」(『中世荘園制と鎌倉幕府』塙書房、二〇〇四年、初出〇〇年)。

2　本書の概要

以下、本書の概要・要点を示す。およそⅠ部がａ、Ⅱ部がｂに相当する。なお、各章の位置付けと問題意識・視点については各章冒頭の「本章について」に記し、各章「まとめ」にて総括しているので参照されたい。

a　大名小名社会論の提起――Ⅰ部を中心として――

〔内乱史における地域社会論の模索〕

内乱において源頼朝の挙兵は伊豆・西相模の武士、すなわち工藤狩野氏・中村党土肥氏などが中心であるが、それに東相模の三浦氏、房総半島の上総・千葉氏が与同したことにより拡大した。こうした反平家勢力に対して相模中央部の鎌倉党大庭氏や武蔵の秩父党畠山氏などが平家方として鎮圧に乗り出す。これら国を越えての広範な軍事的連携が内乱の推進主体であるが、彼らに流人頼朝の命令に服する義務はなく、また狩野・土肥・三浦などの諸勢力は相互に惣領制的な縦のつながりを持つわけではない。つまり頼朝与党の挙兵は、明確な縦の指揮・命令系統により組織的な行動をとったのではなく、内乱以前からなんらかの横のつながりがあって、それにより主体的・統一的な軍事的・政治的判断をした結果が頼朝への与同、既存政権への反乱であったと考えられる（第一章）。

つまり主人と従者、惣領と庶子といった縦型のつながりだけで内乱を説明することは困難であり、各地方に形成された人的ネットワーク＝地域社会の存在を明らかにすることが必要である。すなわち石井は主従制による人々のつながりの一般的形成に中世社会の成立をみて、それによって国家権力が再編・変革されてゆく経緯を描いたが、内乱を考える上では、そうした縦の人間関係のみならず、横のつながりにも目を向けなければならない。

また内乱は地域内紛争↓地域間抗争↓政権争奪と質的に変化してゆく。この各段階は、それぞれ地域社会内の内部矛盾、地域社会間の相互矛盾、地域社会と中央権力との矛盾に対応しており、こうした地域社会内外の矛盾とうねりを制御するための権力体として幕府が成立したのではないかと想定される（第二章）。

では、そうした内乱の主体であり、かつ幕府という新たな権力体を生み出す地域の人的ネットワーク・共同体、つまりは地域社会を如何に表現すべきであろうか。従来それは党・氏族・武士団といった概念で説明されてきた。具体的には秩父党・武蔵七党・中村党・鎌倉党や三浦氏・上総氏・千葉氏、あるいは甲斐源氏・美濃源氏・伊勢平氏といった枠組みであるが、それらは血縁に基づく惣領制的な結合体を表現するものであり、その組織構造は惣領—庶子—郎党という上下関係が基軸となる。そうした縦型のつながりではなく、平安末期において政治・経済・文化といった多様な要素を媒介とするネットワークによって構成された地域共同体の概念が提起できないのであろうか。それを手がかりとして内乱論・幕府成立論を再構築してみたい。

〔大名小名社会の抽出〕

かつて戸田芳実は一九七六年の「王朝都市と荘園体制」（『初期中世社会史の研究』東京大学出版会、九一年）において、摂関期、各国内で「可ㇾ然き者」と総称されるような人々を「国内名士」と概念化した。この国内名士は、一般に在地有力者・在地領主・私領主・武士などと呼ばれる者であり、政治的・社会的な諸種の職能・身分・権威・名望によって、地域内で相互有機的に関わりあう地域集団概念としての提起であるという。ただし「国内名士」は国の住人・国人の代表的存在とされるので、国を代表しないその下のレベルを含まない集団・階層ということになる。

治承寿永の内乱とそれに伴う幕府と新秩序体制の成立という文脈において、国を代表するような名士のみではなく、その下層をも視野に入れる必要がある。それは後述するように、幕府御家人が非国内名士をも含んで構成されていたという点を指摘すれば納得いただけるだろう。なお、内乱期では「名士」という表現はみられず、国内有力者は「大名」と呼ばれている。例えば建仁二年（一二〇二）とされる「運西申状」（高山寺所蔵釈摩訶衍論々義草裏文書『鎌倉遺文』一三〇六）では「国中の大名のとのはら《（殿原）》」とみえ、また平家追討にあたり幕府が自軍への参加を呼びかけた対象は大名であり、朝廷の公事を諸国の大名を対象として賦課する制度も成立していた。この大名とはもちろん「大きな名主」であるが、この国内名士に相当するような名主とは鎌倉期以降の「名主」概念とは異なり、百姓名を請作する、あるいは下作職を以て村落構成員となるような人々ではなく、領主名や別名を保持するような地主・荘官クラスが想定できよう。

有名な曾我兄弟の仇討ちにまつわる『曾我物語』の伊豆での牧狩場面には、大名等による共同体像が描かれている。

すなわち伊豆の伊東の館へ武蔵・相模・伊豆・駿河の「大名達」が集って、饗宴を行ない五〇〇余騎の勢を以て牧狩に出かけている。ここには国を越えての人的交流がみえるが、系図その他の史料によれば、彼等は一族・姻戚といった直接的な血縁関係だけでなく、猶子・烏帽子父子関係といった擬制的な血縁関係、及び主要街道・海上交通路を媒介とした地縁関係によって人的なネットワークを構築し、政治的・経済的・軍事的な連携を創り出していた（第一章）。こうしたネットワークが、軍事や流通で機能していたことは、治承寿永の内乱において伊豆での源頼朝の挙兵に武蔵・相模・伊豆・駿河、それに房総三国を加えた連合軍が即座に形成されたこと、木曾義仲軍が東山道に沿って東信濃・西上野、それに連なる北武蔵・信濃佐久地方・甲斐の勢力を巻き込んで形成されたことなどから想定できる（第二章）。またそれらが大名のみでなく、非大名、すなわち小名をも含んでいたことは、その軍勢の規模の大きさからして当然であろう。

国内名士的有力者たる大名と、それに準じる小名といった、大小の幅をもった社会集団を大名小名社会と概念化して治承寿永の内乱と、それに伴う鎌倉幕府成立の分析を試みたい。

〔大名小名社会から御家人制へ〕

幕府は大名小名社会を基盤として成立しており、大名のみでなく非大名たる小名をも含んで構成されていた。例えば『吾妻鏡』弘長元年（一二六一）五月十三日条では、佐々木泰綱と渋谷武重の口論が載せられており、そこで武重は先祖重国の時は大名であったが今は違う、泰綱の先祖は「非大名」であったが重国の扶持により子孫泰綱らは「今為㆓大名㆒」とし、対して泰綱は平家政権期には「東国大少名并渋谷庄司重国等皆官㆓平家㆒」という状況にあって、佐々木氏はこれにへつらうことがなかったからだと反論している（第一章）。幕府成立以前は東国大少（小）名が平家に仕えており、そうした大・小名が御家人に編入されたこと、またそうした大・小名の別が幕府成立以後も存続していることがわかる。

また中原久経・近藤国平は鎌倉殿両御使として京都に派遣される際に「両人雖ㇾ非㆓指大名㆒、久経者、故左典厩（源義朝）御時殊有ㇾ功、又携㆓文筆㆒云々、国平者勇士也、有㆓廉直誉㆒」と説明されており、彼らは「非指大名」であった。また『吾妻鏡』建永二年（一二〇七）八月十七日条には吾妻助光につき、「非指大名」であったが累家の勇士を賞して源実朝の八幡宮放生会御出の供奉人に召されたとある。これらにより大名とは言い難い御家人がいたことは明らかであるが、むしろ御家人のほとんどが非大名・非指大名だったと想定される。大名の役とされている放生会御出供奉など鎌倉内での御出の供奉に召されるのは一割程度の有力御家人に限定されているし、『吾妻鏡』建久六年（一一九五）八月二十九日条の鶴岡上下宮常燈油役は月番の大名役とされており、大名とはごく一部の有力御家人に限定されているのである（第五章2節）。

ただし、東国の大名小名が一律に幕府構成員となったわけではない。頼朝期の御家人として第四章1節では五四九名（巻末附表2《頼朝期供奉人表》参照）を検出し、それを国別に分けて巻末《御家人分布図》におとした。

武蔵138	相模63	上野29	伊豆26	常陸25	信濃24	下総23
甲斐20	下野20	上総7	遠江7	駿河5	安房1	越後1
尾張以西21	京都25	文官14	官人14	一族3	僧侶2	不明91

このうち武蔵138・相模63が突出して多く、また伊豆26はその面積に比して多数である。これら三箇国で二二七名となり、全体の約四割、不明分を考慮すれば半数近くがここに集中していることになる。つまり武蔵・相模・伊豆が御家人制の中心であり、この外側の上野・下野・下総・上総・常陸・信濃・甲斐が周縁をなすというのが御家人制の空

間構造といえる。

〔頼朝権力による大名小名社会の改編〕

源頼朝期の鎌倉内供奉、つまり鶴岡八幡宮や勝長寿院への御出の際の供奉人が明らかになるのは八回であり、そのうち三回以上に供奉している御家人は六七名に限定される。八回の鎌倉内供奉の延べ人数は四八六名であるが、この六七名で延べ二九四回供奉している。つまり御家人五四九名の一割強で鎌倉内供奉の六割を占めていることになる（第五章2節）。

かつて五味克夫は鎌倉時代中期の鎌倉内供奉役は、将軍御所内の警固役である御所内（中）番の延長であることを明らかにした（「鎌倉幕府の番衆と供奉人について」『鹿児島大学文科報告』七 史学編四、一九五八年）。御所中番役に任命される御家人は鎌倉に在住する「在鎌倉御家人」であり、大番役のみを勤める田舎御家人・諸国御家人とは区別される。頼朝期においても鎌倉内供奉役は特定の御家人に限定されており、彼らは治承四年（一一八〇）十二月に頼朝が鎌倉大蔵郷に新居を構えると同時に、鎌倉に屋敷を建てて日常的に頼朝に近仕することになった、いわゆる在鎌倉御家人であろう（第五章2節）。

また前掲の吾妻助光は指《さ》したる大名ではなかったが供奉人に選ばれたとあり、供奉人は通常、大名から選出されているらしい。およそ鎌倉内供奉常連の六七名は、在鎌倉・大名に一致するものと考えられる。六七名を国別に分けてみると次のようである（第五章末の《鎌倉内供奉衆表》参照）。

相模11　武蔵10　甲斐8　伊豆5　下総5　上野4　下野4
信濃3　常陸3　近江2　駿河1　文官・源氏一族など11

六七名は、東国諸国全体に分布しており、相模・武蔵・伊豆は確かに多いが、御家人全体の偏りからするとかなりならされており、逆にいえば、東国周縁諸国の御家人は在鎌倉・大名である確率が高いということになろう。つまり相模・武蔵・伊豆という東海道東辺地域の大名小名社会をそのまま取り込み、かつその周縁にあたる東国諸国からは大名のみが御家人に選出されているのである。

さらに東海道東辺地域を中心とし、その外側に周縁諸国を置くという地域編成は、大名の入れ替えや、守護・地頭の配置といった手段によって推し進められた。網野善彦は、常陸大掾氏の力を削ぎ、頼朝側近の守護八田知家を梃子入れするなどの幕府による地域介入の実態を分析しているが（『日本中世土地制度史の研究』二部第四章、塙書房、一九九一年）、同様の介入は周縁諸国で普遍的にみられる。甲斐国は一条・板垣といった有力者が排除され、やはり頼朝に早く従った小笠原長清が重用されており、上野国は新田義重が疎んじられて安達盛長が奉行人に任じられ、下野では藤姓足利氏が没落して、頼朝の乳母寒川尼との関係から結びつきの強い、小山氏が重用されるといった具合である。内乱期にはそれぞれが主体的に行動していた、甲斐源氏・信濃と上野の源義仲与党・常陸平氏と佐竹氏といった諸勢力は、頼朝権力の介入により独自性を削がれ従属するに至る。横のつながりで形成されていた大名小名社会は、頼朝権力によって強く縦に規制されていった（第四章1）。

b　幕府内・外秩序の構築と将軍権力――Ⅱ部を中心として――

〔御家人制における上下秩序〕

従来、御家人の組織化・秩序化が、主従制・封建制によって達成されるということはいたって常識であり、疑問を抱く余地もなかった。しかし例えば、頼朝の新恩給与を六五〇件ほど拾ってみると（巻末附表1《頼朝期新恩給与表》参照）、軍功ではない、つまり文官・京官人・頼朝親族など戦場に出ていないものへの給与が全体の三分の一にあたる二三六件にのぼった（第四章1《非戦功恩給表》参照）。

こうした確実に軍功ではあり得ないケースではなくとも、梶原景時・土肥実平・山内経俊・千葉常胤など守護人の場合は、それが守護の職務に基づく給付、つまり守護領としての職給なのか、個人への恩賞なのかの判別は難しい。また鎌倉中期以降、ことに室町期になるとその所領が武恩であることに由緒が生じてくるようになるので、後世での軍功によって頼朝から拝領したという主張は鵜呑みにできない。発足当初の地頭制度が、主従制に基づき軍事的な奉公に対し封土を以て恩賜するという封建制上の機能を果たしたとは必ずしもいえないのである。では大名小名らを組織し、従属させる制度として主従制・封建制の他に如何なる手段が考え得るのか。

御家人制の前提は大名小名社会であり、もとよりそこには大小という緩やかな序列が存在していた。さらに前述のようにかつて大名であった渋谷氏が転落し、佐々木氏は大名となるなど変動しつつも、上下の別は幕府成立後にも継承されている。また頼朝は源家一族と近しい京官人など門客門葉として御家人の上位に位置付けた。いわゆる、御家人は「傍輩」として主人鎌倉殿の許に平等であるという認識は誤りで、幕府内には明確な上下秩序が存在しているのである（第五章2節）。この上下秩序をベースとした御家人支配について検討してみたい。

〔幕府内上下秩序と将軍権力〕

幕府内の上下秩序は儀礼の場で明示される。例えば文治元年（一一八五）の勝長寿院供養にあたっては、願主源頼朝の周りに布施取をする門客門葉が列し、その他、郭内には儀式に参加し引馬役などを勤仕する御家人が祗候し、門外には武装し警固役を勤め儀式には参加しない御家人が配され、頼朝を中心として同心円状に空間構造が設定される。

また鎌倉内供奉行列では頼朝の後に続く布衣衆、武装した警固役の随兵、これに参加できない御家人という枠組みがある。番役は御所中番役—大番役に大別され、前者は将軍御所内の警固で小侍所に所属、後者は御所周辺の警固で侍所に所属し、さらに各国守護の所管に属して内裏大番を勤める西国御家人がいる。

御所中番制は摂家将軍以降に本格整備されるが、そのさきがけである昵近衆は養和元年（一一八一）にすでにみえ、源頼家・源実朝期にも継承されており、前述のように鎌倉中御家人等が頼朝御所設営と同時に鎌倉に屋敷を構えたということからすれば、有力御家人が将軍御所に宿直するような制度と、そうした人的枠組みは草創期に成立していたと考えられる。

これらはいずれも将軍を頂点とした上下秩序によって組み上げられており、鎌倉殿—門客門葉（布衣衆）—鎌倉中御家人（御所中番衆、布衣・随兵衆、東国大名）—在国御家人（大番衆、東国小名・西国大名）という大・小名といった単純で曖昧な枠組みではなく、より緻密で厳格な上下秩序を生み出していた。頼朝の権威は、こうした上下秩序体系の頂点にあって、その支配者たるところから生み出された。

地頭制度もこの上下秩序に強く規制されており、前述した頼朝期の御家人五四九名中、新恩に預かっているものが六六名で、そのうち鎌倉中御家人が二九名と半数近くにのぼる。つまり御家人の一割程にすぎない鎌倉中御家人で、新恩全体の半数近くを占めていたのである。守護人も同様で、頼朝期の守護設置国四八箇国・三四人中、供奉衆は一六人と約半数で、その他は在京人と頼朝親族に限定されている。守護地頭制度は幕府内上下秩序に基づいて施行されていたと考えるべきだろう（以上、第五章２節５）。

この幕府内上下秩序は出生・家柄が決定的な要素となる身分制とは異なる。もちろん出生上の要素は重要だが、上下の位置付けは、原則として将軍との距離、親疎による。やがて執権北条氏が政権を握ると、北条氏が上下秩序を実質的に制御することになるが、それも将軍権力の代執行であり、将軍権力自体の喪失ではない。

幕府の基礎を主従制・封建制の枠組みから解放すると御家人の枠組みが限定的であることや、没官領の多くが本主に返付されたり、非軍功恩賞として消費されることが理解しやすくなる。つまり、主従制に基づいているならば、御家人の規模の拡大は本来、歓迎されるべきであるのに、鎌倉時代を通じて頼朝期の初発的な御家人の枠組みは維持され、極端な増加がない。また封建制を推し進めることに政策の中心があるならば、できるだけ多くの没官領を獲得し、それを武功に応じて配分すべきであるのに、多くの没官領が非武家へ流れ、また配分も文官に偏重している。こうした実態からすれば、封建制の推進という部分に政策の中心が置かれてはいないといえよう。

〔武士狼藉停止令と統治権的支配の問題〕

大名小名の御家人化・組織化は主従制的支配ではなく、上下秩序の組み上げによって行なわれており、将軍権力もその支配者たるところに基づいていた。佐藤進一は、将軍権力を主従制的支配権と統治権的支配権で説明したが、両権が相関関係にあることはもちろんである。統治権力は主に訴訟・相論の裁許というかたちで行使されており、幕府がこの権限を掌握することにより、御家人を荘園・国衙領主の理不尽な抑圧から解放することが可能となる。つまり統治権的支配権は主従制的支配を側面で支える機能をもった。

佐藤はこの統治権の端緒を寿永二年（一一八三）十月宣旨の受給にみる。同宣旨は「東海東山諸国年貢、神社仏寺王臣家領庄園、如レ元可レ随二領家一」（『百錬抄』寿永二年十月十四日条）という東国の荘園公領支配の復旧を宣言したものであるが、これには「東海・東山道等庄土（公カ）、有二不服之輩一者、触二頼朝一可レ致二沙汰一」（『玉葉』同年閏十月二十二日条）という付帯条項が加えられており、この部分が同宣旨の実質をなす。すなわちこの宣旨によって東国における頼朝の実力支配が承認され、国家の行政機関となったのであり、幕府が東国での本所間相論を担当したり、東大寺再建勧進上人重源の東国における勧進要請を即座に受け入れられたのは、十月宣旨による東国行政権の割譲に由来するのだとした。

引き続き発布された翌年二月宣旨・文治二年十月太政官符等々の武士狼藉停止令は、この十月宣旨の拡大版であり、幕府は東国を基盤としながらも全国的な公権力を、この武士狼藉停止を梃子として確立していったと理解されている。ここで同令が幕府統治権の端緒となるのは、この武士狼藉停止の武士とは武士層一般を指し、ことに頼朝配下以外の武的存在を主たる対象としていたと理解されてきたからで、それ故、武士狼藉停止を頼朝に命じた宣旨とは、頼朝へ検断権を付与した宣旨と評価され、さらには地頭補任権などの法的根拠とされたのである。

ところが実例からすれば停止対象はすべて頼朝配下の武士、ことに追討活動を主導する惣追捕使とその周辺に対して執行されていることが明らかである。つまり武士狼藉停止の武士とは頼朝配下の追討軍兵士を指し、狼藉とは追討行為に伴って発生する弊害であり、その停止とは頼朝軍による追討活動に伴って生じた弊害の是正を意味する（第六章）。つまりいわゆる頼朝の統治権とは今までの理解とは全く反対の機能を果たしていたのである。

この武士狼藉停止令は頼朝の申請により朝廷が命じ、頼朝が執行するかたちをとる。ではなぜ自己抑制的な政策に積極的に関わった、あるいは関わる姿勢を示したのか。武士狼藉停止の遂行とは幕府にとって如何なる必要性があったのだろう。少なくとも内乱という武力行使の時代にあって、武的存在である配下の軍事活動を規制する政策は、主従制・封建制の発展にとって阻害的であったことは間違いない。この武士狼藉停止の幕府成立にあたっての役割・機能を解明することこそ、幕府の政策の本質がどこにあるのかを探り出す鍵となろう。

〔内乱後秩序の構築における武士狼藉停止の役割〕

武士狼藉停止が果たした幕府成立にあたっての積極的な役割とはなにか、それは狼藉の内容を理解することなしには明らかにし得ない。そこで武士狼藉停止の実例を文治地頭勅許後の文治二年（一一八六）から建久五年（一一九四）までの実例九八件（巻末附表3《文治～建久年間武士狼藉表》参照）を抽出したところ、武士狼藉とはA非没官領への武士の関与・B兵士兵粮米徴収の停止・C所務問題の三つに分類されることがわかった（第六章2節）。このうち同時期の最大の課題は、A非没官領への武士の関与であり、これは朝敵追討後、謀叛人跡として武家に点定（一時的な占拠）された所領につき、朝廷側で「非㆓指謀叛人跡㆒」と判断した場合、点定の解除が命令される。これがすなわちAタイプの武士狼藉停止であり、これにより武士の関与すべき没官領と、関与すべきではない非没官領との峻別が行われた。文治二年十月一日源頼朝書状（『吾妻鏡』同日条）には、神社仏寺以外の院宮貴所及び諸家・諸司・諸国季御読経御祈用途便補保等の下文二五二枚を発給して地頭新儀を停止したとあり、恐らく実際は、その倍近い数の武士狼藉停止の頼朝下文が発給されたはずで、その規模の大きさが知られる。こうして謀叛人跡没官領と非謀叛人跡の識別が、徹底して行なわれたことにより、内乱状況を脱することが可能となったのであろう（第六章2節）。

　武士狼藉停止により非謀叛人跡からの武家の関与が排除される一方、謀叛人跡として没官された所領は文治勅許により没官領として頼朝に給付され、そこに地頭が設置される（第七章）。この文治勅許の没官領地頭の場合は、地頭設置にあたって領家年貢の支払いが約束されており、これを怠った場合にも武士狼藉としてその対捍行為が糾弾されることになる。これがC所務内容に関わる武士狼藉停止であり、A→Cという流れで、非没官領からの武家の排除と、没官領における地頭所務の内容が確定され、内乱後の武家と非武家（公家・寺社）との住み分けと、その秩序が規定されていったのである（第六章2節）。つまりいかに内乱に参加した武士による狼藉を是正し、新たな秩序を構築するかが内乱後政権としての幕府の課題であり、その手段が武士狼藉停止だった。

さらに文治四年三月には年貢の領家返抄の勘案によって支払い状況を確認する結解制度が導入され、それまでは武士狼藉＝悪、として一方的に停止されていたのが、武士狼藉の是非の合理的な判断を行なってゆく方向が示される。なお文治勅許に際して頼朝は、給付された没官領には地頭を置くが、領家年貢は進納することを約束している。つまり没官領では、職の秩序ではなく上下の秩序に基づいて年貢公事を上納することになった。

このように戦乱後、武士狼藉停止によって没官すべき謀叛人跡と、狼藉を停止すべき非謀叛人跡との区別をし、それを前提として乱後秩序作りが進められるのは承久の乱でも同様である。公・武の支配域を分け、そこでの所務のルールを確定すること、これが武士狼藉停止の機能であり、それにより公・武連携の支配体制がつくられた。

〔幕府内・外秩序と将軍権力〕

御成敗式目が制定された際、北条泰時は同重時に対して、式目は武家へ公布したもので京都の人々、すなわち公家の律令法とは抵触しない。武家・民間には律令を知る人はほとんどおらず、裁判で不平等が生じる。そのため平易な法令を定めたとする（北条泰時消息『中世政治社会思想上』岩波書店、一九七二年）。こうした公家と武家を区別し、武家が民間の上位に位置する支配者であるという認識が幕府＝武家の支配原理であり、その対象は民間であった。例えば建保元年（一二一三）九月、日光山で謀叛を画策しているとされた畠山重忠末子を誅殺した長沼宗政は、かつて頼朝は「於二海道十五ヶ国中一、可レ糺二行民間無礼一之由」を朝廷に申請して武備を重んじられたと述べている（第八章3）。つまり武力によって東海・東山道諸国の民間の無礼＝上下秩序の違乱を糺すことを申請したという。この申請に最もふさわしいのは寿永二年十月宣旨であろう。すなわち同宣旨の申請・受給により、頼朝は公―武連携支配体制を構築して、その支配下に民間を置いたといえる。

幕府内秩序　鎌倉殿―門客門葉―鎌倉中御家人―在国御家人
幕府外秩序　公家―武家―民間

という二重の秩序が、前者は治承四年（一一八〇）末の頼朝鎌倉御所造営を端緒とし、後者は寿永二年十月宣旨を端緒として創出され、両者は一体となって日本全体をおおうべき秩序体系を形成した。

保元新制政策を基本とする後白河院政権・平家政権では、国守支配・荘園制的支配の強化が試みられ、それによる荘園・公領の改編や在庁人事などによって地方行政と社会に矛盾が蓄積することとなる（第二章2節）。その爆発が内乱であり、内乱後秩序はこれに対応したものとなった。すなわち頼朝は新たな支配機構＝武家をつくり、そこに地方の大名小名社会の主導者たる大名層を組み込むことで地域社会の高まりのエネルギーを引き込みつつ分断させた。また武家権力により朝廷権力を相対化する一方、被支配者たる民間に対しては上下秩序の徹底を強要し上位への反抗を抑圧した。幕府は、上位の朝廷と被支配者たる民間の中間に位置して双方の調整機能を担うことになる。

この公家―武家―民間という幕府外秩序は、幕府の提供する上下秩序であり、東海・東山道諸国の民間の無礼を糺すという両道における役割でさえ、恐らくは自己主張に過ぎず、公家側から正式に認められたわけではなかろう。極言すれば、それは幕府の一方的な秩序理念にすぎない。よって、それを受け入れるか否かは原則的には公家・民間の側の主体性による。幕府は民間・公家に受け入れてもらえるような秩序を供給し、民間・公家は適宜それを受容するという相互関係が前提となる。

〔まとめにかえて――中世の社会・国家における上下秩序――〕

石井進は院政時代を「国家権力の分裂・解体の時期であり、同時に荘園・国衙の領域支配に基礎をおく各権門勢家・

荘園本所の自立的権力が形成・強化され、分権化の深まりゆくときであった。そしてかかる分権化に対応して、一方の極には諸荘園本所権力の上に立つ専制政権としての院政が形成された」とした（前掲注(5)「中世成立期の軍制」）。そこにおける院権力を「分権化の深まりに応じて出現した統一的高権」としたが（前掲「院政時代」）、治承寿永の内乱にあってその統一的高権は、平家政権に奪われる。

ただし平家政権は保元新制体制の継承者であり、後白河院政権から平家政権への転換によって政権の質的変化はなく、むしろ平家政権は武力による中央集権化と恣意的な地域再編を指向したため、地方との軋轢を激化させ中央権力への反抗を標榜する挙兵が相次ぎ内乱は深刻化する。頼朝勢力もそうした反乱勢力の一つであり、保元新政を基礎とする後白河院政権―平家政権とは異質の政治権力体であった。だからこそ内乱を鎮静化させ、乱後の新秩序を創出することが可能だったものと考える。

幕府は荘園公領制の進展によって分権化した国家権力に対し、専制権力として強権を行使するのではなく、下剋上の不可という一定の規範を提示し、それを順守させることで全体を緩やかに制御するという機能を果たした。下剋上行為に対しては武力を背景として追討・没官を含めた厳格な処分を断行するが、分権化した各権門への干渉は最小限に止めて独自性を認め、荘園公領制への関与も没官領以外は積極的な働きかけは行なわず、むしろ公武協調のもとで秩序を維持するというのが幕府のスタンスであった。これは石井の説く院政時代の院政権力とは異質な権力体であり、幕府内外の上下秩序の創出とその維持による統一化であったものと考える。

幕府の基盤は東海道東辺の大名小名社会であり、同様の地域社会は各地に無数に生まれ、それぞれ自己主張しはじめていた。そうした地域社会の高まりのエネルギーをいかに吸収し、抑え込んでゆくかが国家側の課題であり、幕府の成立とはその一つの答えであろう。

頼朝の段階では上下秩序の基準は緩やかであり、その規制もアンニュイなものであったが、徐々にそれは厳密化し、秩序を維持するための強制力も必要になる。また上下秩序で抑圧されることになった被支配層の不満も高まってゆく。ことに御家人の枠組みから排除された人々は、上下秩序の枠組みの改編を望むことになり、それが悪党行為など反体制的な行動となり、また文化的な面でもバサラなどアナーキーな趣向が出現するのもそうした上下秩序への反抗と捉えることができよう。また幕府の滅亡とは、幕府内外上下秩序の崩壊であり、室町幕府においてはより重層的・多極的で広範な人々・階層を取り込んだ形での上下秩序が再構成されたものと想定する。

初出一覧

本書は次に掲げた既発表の論文を大幅に加除し、新稿の論文と組み合せて再構成してあるので、初出論文から大きく変更されている。その点、ご承知おきいただきたい。

【第一章】 1節　「姻戚関係からみる『曾我物語』」(『季刊ぐんしょ』六五、二〇〇四年)
　2節　新稿
【第二章】 1節　「木曾義仲の挙兵と市原・横田河原の合戦」(『群馬歴史民俗』二五、二〇〇四年)
　2節　新稿
【第三章】 1節　「源義経の政治的再評価」(『國史學』一七九、二〇〇三年)
　2節　「元暦元年伊賀伊勢平氏の乱と平信兼」(『季刊ぐんしょ』六〇、二〇〇三年)
【第四章】 新稿

【第五章】　1節　「統治機構としての鎌倉幕府」（『軍記と語り物』四二、二〇〇六年）
　　　　　　2・3節　新稿
【第六章】　1節　「鎌倉幕府地頭御家人制の形成と追討使」（『國史學』一五九、一九九六年）の一部
　　　　　　「没官領地頭制度の成立」（今江廣道編『中世の史料と制度』続群書類従完成会、二〇〇五年）の一部
　　　　　　2節　「国家機構としての地頭制度と幕府裁判機能」（『鎌倉遺文研究』一八、二〇〇六年）の一部
【第七章】　1節　「没官領地頭制度の成立」の一部
　　　　　　2節　「国家機構としての地頭制度と幕府裁判機能」の一部
【第八章】　1は前掲「鎌倉幕府地頭御家人制の形成と追討使」の一部、2～5は新稿
【終　章】　新稿

Ⅰ部　内乱と地域社会

第一章　地域社会の成立と内紛

本章について

源頼朝が内乱を勝ち抜いて幕府を創ったのは、多くの偶然と少しの必然によるのだろう。その少しの必然を明らかにするのが歴史学の仕事といえようか。流人である頼朝には直属の軍事力がないのは当然で、誰かに担がれて大将となって挙兵したわけだが、では担いだのは誰か、そんな素朴な疑問から入ってみたい。従来それは、在地領主層であるとか、源家の旧臣であるとか、反平家勢力などと説明されてきた。確かに北条時政や千葉常胤や畠山重忠などについて、在地領主・源家の旧臣・反平家勢力といった説明はできるだろう。しかし彼等は個々の意志、個別の理由によって集ったのだろうか。とすれば、それはいわゆる烏合の衆であって、組織された平家軍には勝てまい。

頼朝与党は挙兵から二箇月程でほぼその形を整え、統一された軍事的・政治的な活動ができた。さらに四箇月後の治承四年（一一八〇）十二月には鎌倉に頼朝御所が新造され移徙の儀があり、三〇〇人以上の御家人が供奉し侍所に着座しており、これを以て幕府の成立とみる理解もある。とても烏合の衆の仕業とは思えない。また源家復興を目指す頼朝の指導力などという説明も空々しい。それが発揮されるのは上総介広常の失脚以降である。

頼朝の挙兵が成功する必然、それは挙兵からたった四箇月で幕府を創り上げた東国の頼朝与同人の組織力に求めなければならないだろう。つまり挙兵以前から、ある程度まとまった軍事的・政治的な行動ができるような組織基盤が存在しており、頼朝はそれに乗って挙兵した。この基盤の大きさが、頼朝が内乱に勝利する第一の理由なのではないか。基盤をなした人々は、引続き幕府成立以後は御家人となり武家社会の構成員となる。そうした意味で頼朝挙兵の与同者は武家の前身、すなわちプレ武家であり、またその基盤をなしたのはプレ武家社会であったといえよう。本章では、そうしたプレ武家社会の存在を『曾我物語』から読み取り、東海道東辺大名小名社会として具体化してみたい。

1節　曾我物語にみるプレ武家社会

曾我祐成・時致兄弟の仇討ちを描いた『曾我物語』には、源頼朝挙兵当時の時代背景や政治的な背景が強く写し出されている[1]。というよりはむしろ、時代性・政治性が物語の前提になっているといったほうが妥当かもしれない。

史料一『妙本寺本曾我物語』巻一（『真名本曾我物語一』平凡社、一九八七年）

近来より平家永く退散して、源氏独り朝恩に誇りしより以来、緑林枝枯れて吹く風音秘かなり、しかれば叡慮を背く青葉は雄剣の秋の霜に犯され、朝章を乱る白波は声を上絃の夜の月に澄す、これは偏に羽林（源頼朝）の意符（威風）前代に超えて重きが故なり、これによりて青侍は意を秘めて、士外の乱有りても公私諍を留めて一人として帰伏せざることなし、しかれば世納まり万人恩光に誇れり、しかるを何ぞ、伊豆国の住人伊藤次郎助親が孫子曾我十郎助成・同五郎時宗兄弟二人許りこそ、将軍家の陣内を憚らず、親の敵を討ちて芸を当庭に施し名を後代に留けれ、

物語の冒頭部分、史料一では、平家が退散して源氏が朝廷の信任を得て以来、山賊・海賊は鎮圧された。これは頼朝の威風が歴代を超えて重かったからで、たとえ思慮を欠く侍が辺土で騒乱を起こしても、公私で争いを制止し頼朝に従わない者はいない。世の中は治まり、全ての人は頼朝の恩光（慈愛）を受けることになったとする。ところが、

こうした頼朝の優れた治世に逆らった曾我兄弟が、時代錯誤な行為により武芸で名を残したのだということになる。

史料二『妙本寺本曾我物語』巻五（同前）

当時は昔に似たる世ならねばこそ、平家の時は、伊豆・駿河にて敵を討ぬる者は、武蔵・相模・安房・上総へも逃越へたれば、今日寄する明日寄するとはいへども、日数も経ればさてこそありしが、当時の世には、東は安久留・津軽・外との浜、西は壱岐・対馬、南は土佐の波太《幡多》、北は佐渡の北山、此等の間は何の処・何の島へ逃越たりとも、終には尋ね出されて罪の軽重に随つつ皆御誡どもあらん、その故は、国々に守護人を置きつつ禁《きび》しく尋ぬる故なり、これ程に怖しき世の中に、いかにかようの大事をば思ひ立給ふぞ、

また仇討を決行しようとする兄弟を母が諌める場面、史料二では、平家時代は、伊豆・駿河で仇討をしても「武蔵・相模・安房・上総」へ逃げればなんとかなったが、国々に守護人が置かれた現在では日本中「東は安久留・津軽・外との浜、西は壱岐・対馬、南は土佐の波太、北は佐渡の北山」に至るまで、どこへ逃げても捕まってしまうだろうとし、「これ程に怖しき世の中」なのにどうしてそのようなだいそれたことを考えるのかとさとす。

つまり頼朝政権の誕生は、兄弟が仇討に邁進し悲劇的な最期に至る必然性と密接に関係している。頼朝の恩光により世の中は治まったが、世の繁栄から取り残され「貧道」に堕ち敵討を遂げようとする兄弟にとっては、むしろ「これ程に怖しき世の中」への変貌なのである。

史料三『妙本寺本曾我物語』巻一（同前）

ここにまた一の不思議あり、武蔵・相模・伊豆・駿河両四箇国の大名達、伊豆の奥野の狩して遊ばむとて、伊豆国へ打超て、伊藤《助親》が館へ入にけり、（中略）

かかるところに同国の住人土肥次郎実平はその中に老《おとな》にて候ひけるが、（中略）俣野《景久》は人々に咲《わら》はれて、「安から

ぬものかな、奴《きやつ》に負つる事よ、永代咲はれん種とならむ事こそ口惜しけれ、いかがはせむ、只思ひ切らばや」と思ひて、搟々《ひしひし》と出立けり、或は俣野が方へ付く者もあり、或は河津が方に寄る人もあり、五百余騎の人々、さつと両手に引き分れたり、昔の武士の習にて、借染《かりそめ》の行《ありき》にも物具を放さざりければ、各々甲冑を綴ひ、弓箭を帯して、両陣の間、僅かに二段許を隔てて時を三ヶ度までぞ作たりける、流人兵衛佐殿は、伊豆国の住人に、南条・深堀と云ふ二人の侍を御友《供》として御在けるが、「哀なる世の習ひかな、奴原が心の任《まま》に彶《ふるまふ》こそ安からね、帰命頂礼八幡大菩薩、願はくば頼朝が思ふ本意を遂げしめ給へ」とぞ祈念せられける、既に事出来らむと欲しける処に、俣野が方より相模国の住人懐島平権守景義、河津が方より同国の住人土肥次郎実平、中に隔て申けるは、「いかに殿原は物に付いて狂ひ給ふか、我等当時は平家の御恩を雨山と蒙る身の、その御大事には合はずして、私軍《いくさ》をして二つともなき命を失《す》てて何の全《詮》にはあるべき」と再三諫め申しければ、げにもとや思ひけむ、両方程なく和許して寄り合つつ面も直りてけり、

平家政権期のある時、武蔵・相模・伊豆・駿河四箇国の大名達が伊豆奥野に参集して狩遊を催すことになった。この狩の帰り道に兄弟の実父殺害事件がおきるのであり、史料三は物語の発端をなす場面である。この狩の余興に相撲が行なわれ、その勝負をめぐっていさかいが起こり、あわや合戦となる。そうした東国武士たちをみていた頼朝は、「哀れなる世の習ひかな、奴原が心のままに振舞こそ安からね」と嘆いて、源家復興の本意達成の難しいことを危惧する。ここで、喧嘩を始めた武士たちは、即座に甲冑・弓箭をまとって臨戦体制を整えるが、それは昔の武士の習いとして少しの外出であっても武具を携帯していたからだという。結局、長老である土肥実平と大庭景義が仲裁に入ってその場を治めるが、常に武具を持ち歩き、心のままに振舞う奴原の跋扈する粗暴な世界が、頼朝の恩光に照された秩序ある開明的な世界と対照的に描かれている。

ところが物語の著者は案外、頼朝の創り出した恩光の世には冷やかで、むしろ曾我兄弟に向けられたまなざしはあたたかく、粗暴で野性的な「哀れなる世」を懐かしんでいるが如くである。『曾我物語』が世に享受され、現代にまで伝えられたことからすれば、そうした感情は著者一人のみではなく、社会に広く共通するものであろう。

こうした「哀れなる世」ではあっても、武蔵・相模・伊豆・駿河四箇国の大名達が集って伊豆奥野に狩遊に出かけるようなつながりをもち、また「狩遊」「相撲」などの文化を共有している。かつて石母田正は挙兵期の地頭的領主層は「郷村の地頭職に補任される程度のせまい世界に生きていた」のであり、そうした政治的視野の狭さからして「東国の政権というような具体的な政治的展望をもち得たかどうかは疑わしい」と述べた。(2)しかし、大名層が草深い村々で農業に専従するような存在ではなく、都鄙間を頻繁に往復し中央権力とも密接に結び付いていたことが明らかにされている。(3)中央政権の動向を察知し、自分たちの立場を認識して能動的に行動するしたたかさも、当然備えていたと考えるべきだろう。また、東国武士間による姻戚関係が、海上・陸上交通を通じたつながりや、中央や地方の軍事的・政治的・経済的動向と密接に関連しながら形成されていることが明らかにされており、単なる惣領制や党的・氏族的な枠組みを越え、また行政区画である国に関わらず、広域な人的ネットワークが形成されていたことが指摘されている。(4)

また大名達は単なる横のつながりのみでなく、指導者を置きある程度の上下秩序関係をもつくりあげる社会性を有していた。すなわち、狩遊に集った人々には「宗との若殿原」「若殿原」「老（おとな）」といった区別がみられ、相撲に連勝し勝ち誇った俣野景久は、「老に礼儀を置かず、散々に馴れて（つけ上がって）」憎々しく振舞ったとあり、「老」が社会集団のなかで尊敬されるべき立場であったことがわかる。実際、相撲をめぐって俣野側と河津側に別れてもめごとになると、老（おとな）である実平が調停役となる。恐らくは大名に対しての小名、あるいは殿原と若殿原といった身分的な上下関係が存在し、老はそれら社会集団を指導する立場にあったのであろう。

後の史料になるが、『吾妻鏡』弘長元年（一二六一）五月十三日条には、将軍家広御所昼番での佐々木泰綱と渋谷武重の「大名」論争が載せられている。すなわち、武重は「泰綱に大名と呼ばれるのは笑止である。先祖重国の時は相模国の大名であったが今はちがう。泰綱の先祖定綱は、牢籠して重国に扶持されていたが、現在、子孫は大名である」と述べた。対して泰綱は「渋谷重国はじめ東国大少名はみな平氏に仕え、当家は従属せずに牢籠した。これは恥ではなく面目である。また秀義は重国の婿になっており、牛馬の類ではなく人倫であり、武重の発言は過言だ」と反論している。

ここでは大名と小名、人倫と牛馬の類といった身分の違いが論点となっている。ことに平家時代の東国の大少（小）名はみな平氏に仕えていた、という認識から「東国の大名小名」という枠組みが見出せるだろう。また、将軍家の昼番に詰めながら、佐々木と渋谷が大名―小名論争を繰り広げており、大名小名という身分的観念は、鎌倉幕府成立以後も生き続けていることがわかる。

例えば『吾妻鏡』建長六年（一二五四）十二月二十三日条では「評定衆并可レ然大名外之輩」が出仕・私用外出の際に騎馬供人を具すことが禁止されており、大名と非大名＝小名との身分の違いが明らかで、幕府にはこうした大名と小名という重層的な構造が残されていたのである。

一般に幕府構成員は鎌倉殿「御家人」と称されるか、あるいはその統轄機関が侍所であるように「侍」とも称される。例えば、『玉葉』建久二年（一一九一）四月二十六日条では、山門衆徒の下洛に対処するために一条能保を介して召集された武士が「前将軍（頼朝）之侍三人時定（北条）・高綱（佐々木）・成綱（小野）」と称されている。この「侍三人」は頼朝の家人であり、ここでは侍と御家人は同一の身分階層だといえる。また『吾妻鏡』文治二年（一一八六）四月四日条では、長谷部信連を

「三条宮（以仁王）侍也」とし、武功により御家人となすよう頼朝が土肥実平に命じているが、武家以外にも「侍」はおり、御家人と同一の身分であった。これら家人・侍と先の「大名小名」とは、どう異なった概念で認識されていたのだろう。

源頼朝は寿永三年（一一八四）三月一日下文を以て「土佐国大名国信・国元・助光入道等」に対し平家追討軍への参加を促し、かつ「当時上洛御家人信恒」が下向するので安堵するよう命じている（『吾妻鏡』同日条）。また同日付の鎮西九国住人等宛の下文では「可㆘早為㆓鎌倉殿御家人㆒且如㆑本安堵且各引率追㆗討平家賊徒㆖事」とあり、鎌倉殿御家人として元の如く安堵を得て平家賊徒を追討せよとある。つまり、頼朝に安堵され軍事に参加するのが御家人であり、その前身となるのが国々の大名ということになる。また鎮西九国住人等に対しては「国官兵等」を引率するよう命じているが、彼等は国衙に所属する兵士を引率する立場にあった。土佐・鎮西の例を突き合せてみると、在地社会には大名と称される指導的立場の人々が存在し、頼朝は彼等を安堵し軍役を奉仕させることで御家人に編入したのである。鎌倉幕府の御家人制が制度として整備されるのは、文治五年（一一八九）の奥州合戦の全国的動員と御家人注文の作成、及び建久年間の番役整備によるとされる。[5] そうした御家人制の母体となったのは、内乱期に源氏方に参じた各地域の大名小名であったといえよう。

頼朝が土佐国の大名や鎮西住人を御家人に〝勧誘〟したように、そこに法的な強制力はない。よって建保二年（一二一四）四月二十五日中原政康解[6]を以て政康は、自身は「日吉神人」「気比大菩薩神奴」であって、「全以不㆑知㆓弓箭㆒」ので大番役を勤める器量はないと、御家人役を拒否している。また文治三年九月、北条時定が摂津国の河辺船人を御家人となして面々へ下知状を発給したことにつき、仁和寺御室から彼等は御領内の寺官であり、御家人役の賦課を止めるよう要請されており（『吾妻鏡』同十三日条）、本所・領家側は寄人の御家人化を警戒している。

また時代は下るが、非御家人である大和国平野殿荘の惣追捕使平願妙とその子清氏は、永仁年間、一荘を私領のごとく押領したとして領家東寺の糾弾を受け、綸旨が武家に下されて幕府御使の追求を受けており、身柄拘束の危機にあった(7)。そこで両人は請文を捧げて、「両人共一乗院御房人」であり、罪科に問うなら、本所一乗院へ連絡するようにと陳答する(8)。しかし上洛中に身柄を拘束されそうになって荘に逃げ下った両人は、さらに春日神人になることで神主挙状を獲得して摂関家への訴状提出に成功し、これによって東寺側は摂関家からの「御尋ね」を被っている。東寺は事情を説明し、摂関家の訴訟への関与は止めたというが、結局、悪党人等へ院宣が下されて東寺側は「難治之次第」に陥り「掠訴御許容」の撤回を訴えなければならなくなった(9)。

平野殿荘惣追捕使平氏は、東寺領荘園の荘官・興福寺一乗院の御坊人・春日大社の神人と様々に所属を替え、その保護を取り付けながら問題に対処してゆく。家人を安堵するのは幕府だけではなく、いわゆる権門と呼ばれるような中央高権力は、安堵を供給して地域の有力者を支配下に置こうと努力していたのである。権門にはそれぞれ特徴があり、中原政康が鎌倉殿の御家人となることを拒み、日吉神人・気比社神奴たることを選んだのは、越前国という土地柄と自己の立場を考え、その方が有益だと判断したからであろう。

日吉神人が日吉神社に所属して琵琶湖—日本海流通圏最大の組織を構成していたことは有名であるが(10)、平野殿荘の惣追捕使平氏も同様の地域基盤を有していた。すなわち、延慶三年（一三一〇）と推定される十月五日六波羅探題北条時敦・貞顕連署状案(11)には、稗田（大和郡山）の加賀房の白状する大和国大強盗交名が載せられており、その中には「新左衛門平郡〔群〕　ひらの庄」とみえる。この新左衛門は同年九月二日の平野殿荘預所の書状（『鎌倉遺文』二四〇五五）にみえる「信貴山強盗当庄沙汰人鶴左衛門入道西蓮子息新左衛門尉」に比定される。先の大強盗交名に載る西蓮子息以下十一人と白状した加賀房は、

添上郡稗田（稗田、大和郡山）加賀房　　平群郡平野殿荘（平群町）新左衛門・筑後房

十市郡森屋（田原本町）七郎広近・見阿ミ仏　　十市郡田原本（同前）五郎
城上郡三輪（桜井市）按察房　　広瀬郡広瀬（広陵町）右衛門四郎・加賀房・八郎
葛下郡河原口（香芝市瓦口）八郎・弥二郎

といった奈良盆地南側の広い範囲に分布していることがわかる。平野殿荘官の悪党行為は、こうした地域共同体を基盤とした活動といえる。こうした地域共同体に身を置きながら、一乗院御坊人・春日社神人といった権門に従属し、その庇護を得ているのである。領家東寺と対抗し訴訟を起こして院宣を得るような政治力も、単に荘内での在地領主的な発展によって獲得しえたわけではなかろう。

同様に、伊豆奥野の牧狩に集った「大名」「殿原」、頼朝が召集を呼びかけた「土佐国大名」「鎮西住人」など、大名・殿原・住人と称される人々は、在地に孤立して存在していたのではなく、それぞれ何等かの地域共同体に所属していたと考えられる。そこには、『曾我物語』では相撲に連勝して「老（おとな）」に若殿原が毒づいて無礼をなしたように、明確な階級上の上下関係や経済上の支配関係があるのではなく、地縁血縁を媒介とする緩やかな共同体的社会であったと想定される。こうした地域の有力者層を〝大名層〟と規定しておく。そして大名層に対して従属的な存在であろう小名も含めた共同体を〝大名小名社会〟と概念化してみたい。

大名層は、天皇家の供御人・贄人、摂関家の大番舎人、頼朝や平家の家人・侍、国衙の国侍、神社の神人、寺院の衆徒・大衆などと多種多様に呼称される寄人となり、権門を媒介として公権力と結び付いてゆく。ただし、東国の大名層が頼朝政権に取り込まれても、それが大名小名社会の消失に直結しなかったように、寄人制と地域社会の相互関係は状況によって様々であったであろう。ただし頼朝挙兵の基盤となった東海道東辺の大名小名社会は、幕府の前身であり、その意味でプレ武家社会といえよう。

なお『曾我物語』の相撲をめぐる騒動でも、仲介に入った土肥実平らは、「我等は平家の御恩を蒙った身であり、平家の御大事ではなく私的な合戦で命を失うのは意味のないことだ」と諫めた。ここで分裂しかかった社会を再び結び付けたのは、私怨を捨て平家に忠義をつくすという大義であり、地域という横のつながりと、権力による縦のつながりは不可分に関連し合っているのである。

2節　鎌倉幕府の前身としての東海道東辺大名小名社会——駿河・伊豆・相模・武蔵・房総——

伊豆奥野の狩遊での相撲騒動を目にし、東国の大名衆の振舞を「哀れなる世の習ひかな」と嘆いて本意の達成、つまり源家再興を危ぶんだ頼朝であったが、その本意は鎌倉幕府の成立というかたちで成就することになる。それは伊豆奥野の狩遊に集結した「武蔵・相模・伊豆・駿河」の大名達を基盤として達成されたのであり、幕府成立の前提としての地域基盤がこの「武蔵・相模・伊豆・駿河」四箇国の大名小名社会であったといえる。

そうした四箇国大名小名社会を曾我兄弟の地縁血縁組織をつうじてみてみよう。曾我祐成・時致兄弟の実父は、工藤祐経に謀殺された河津祐通で、養父が曾我祐信である。《系図1》『尊卑分脈』（二―四九九頁〜）によれば、乙麿より七代の為憲が初めて工藤を号し、それより三代の維職が伊豆国押領使、その子維次が狩野を称して伊豆へ土着したらしい。維次の子家次からは、宇佐美・狩野・伊藤（東）・田代・河津氏など、伊豆国内へ諸家が分派している。家次※の子に祐次（祐継）、孫に祐近（祐親）が見えるので、家次は『曾我物語』でいう久須美祐隆に比定される。《系図1》からは、工藤一族の勢力が伊豆全域に及んでいる様子がうかがえるが、この伊豆最大勢力内での伊東・河津荘の相続争いが兄弟の仇討事件の背景となった。

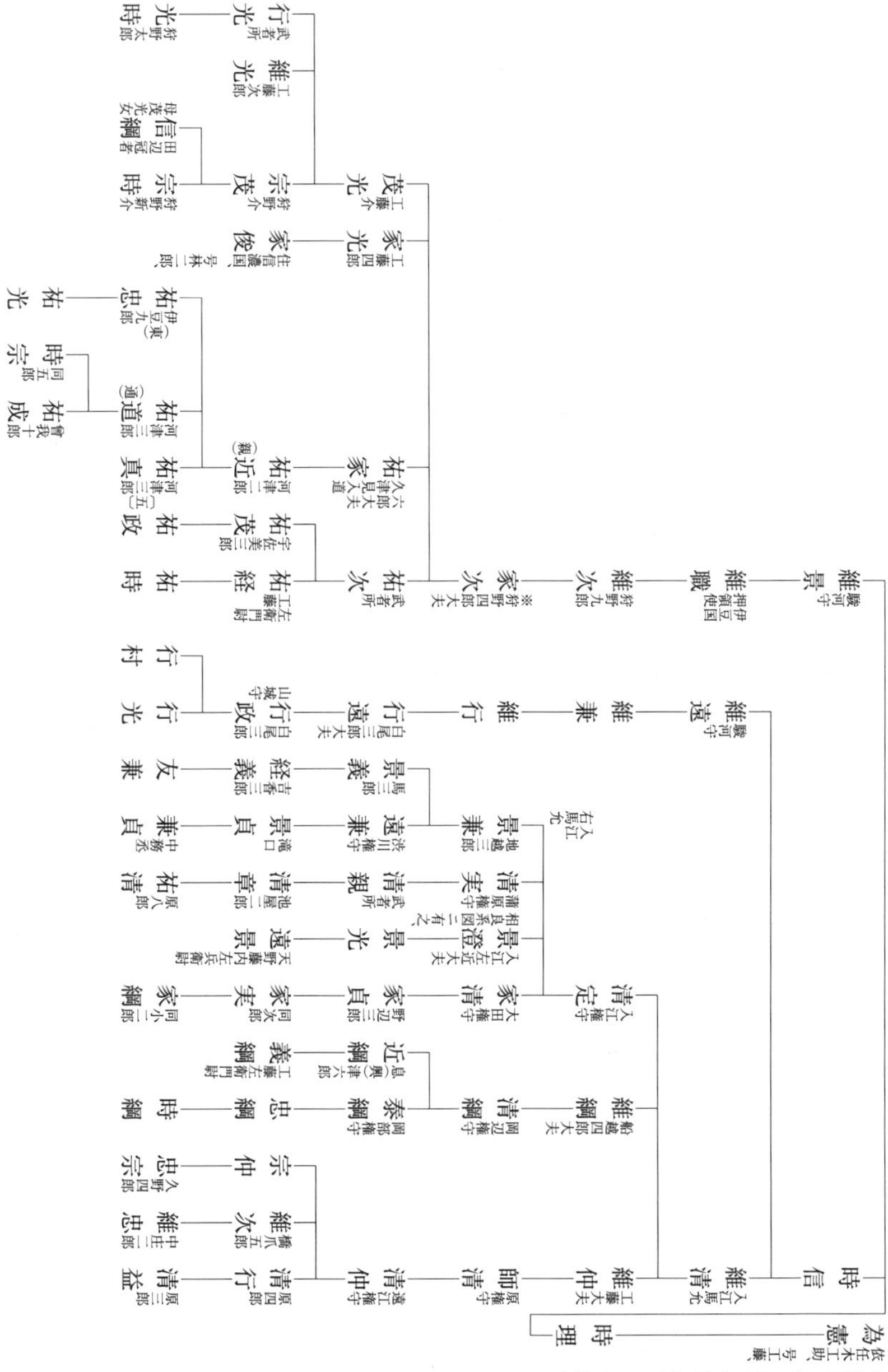

系図1《『尊卑分脈』乙麿卿孫（略図）》

※佐々木憲五工藤助・号工藤為憲

- 時信
 - 維工藤馬允清光
 - 維工藤仲大夫
 - 師 清 仲原
 - 時理
- 為憲
 - 維河守景
 - 維押領使国職伊豆
 - 維狩殿
 - 武藤工維次郎藤
 - 行所光
 - 光狩時太郎
 - 光時所郎
 - 宗狩光次郎
 - 宗狩茂介
 - 母信田辺経女綱春
 - 宗狩新介時介
 - 茂工藤四郎介光
 - 家狩光四郎住
 - 工家藤信俊国号郎
- 家狩俊国
 - 久六郎清大夫昌
 - 祐津昌人夫
 - 家武者四郎所大
 - 祐経夫次郎
 - 祐宇佐美三郎経
 - 祐近江三郎親道
 - 祐豆東九郎光
 - 祐時忠五郎宗
 - 祐曾我十郎宗成祐五郎真郎
 - 祐河津三郎政
 - 祐時郎
 - 祐津左衛門尉経
 - 祐山城三郎左衛門尉政
 - 行白尾三郎光速夫
 - 行友経郎兼貞
 - 行光村兼
- 維綱越四郎権守
 - 綱船岡権左衛門
 - 近綱江
 - 仲宗
 - 維五郎次行
 - 久野郎四忠郎
 - 宗仲守
 - 維中権守行
 - 清原行
 - 清益

また為憲の子時理から時信系と維景系に分れ、維景系が伊豆へ進出したのに対し、時信系は維清が駿河入江荘（静岡市巴川河口付近）の入江を称すると、その子孫は船越・渋川・野辺（矢部）・吉香（吉川）など同荘内に蟠居し、さらに岡部（岡部町）・息津（興津、静岡市）・蒲原（蒲原町）・原（沼津市カ）など駿河の臨海各地へ進出する。

工藤祐経は伊東祐親の殺害を企てるに際し、入江荘に近い高橋にて船超（船越）・木津輪（吉川）を仲間に誘っている（『曾我物語』巻二）。殊に『曾我物語』の仮名本では、「きつかひ《（吉川）》・船越・おきの・蒲原・入江の人々」は外戚であり、親しかったので誘引したと説明する。[12] また曾我兄弟の遺体を富士野より捜し出して弔い、遺骨を遺族に届けた宇佐美禅師は、兄弟のいとこであり、駿河平沢の山寺にいたとある（巻一〇）。宇佐美氏は維景系の分派であり、平沢は時信系の本拠地である入江荘内に比定されるので、これも時信系と維景系との交流を示す例といえる。つまり伊豆の時信系と駿河の維景系は、系図上では早い段階で分れているが、工藤祐経・伊東祐親の世代でも近しい関係にあったことは確かであろう。

次に相模・武蔵の武士との姻戚関係についてであるが、『曾我物語』の語る兄弟と秩父・三浦・中村・横山等の諸勢力との姻戚関係を具体化したのは石井進である。[13] このうち中村党は相模国府に近い中村荘を本拠とし、その周辺の土屋郷・二宮荘に一族を配する一方、土肥・早川といった伊豆国境付近へも進出している。兄弟の実父祐通の烏帽子親である土肥実平は中村党の首班であり、伯母は実平子息遠平の妻となっている。実平は、源頼朝挙兵時の要人であるが、『曾我物語』でも長老として地域のまとめ役を務めている。維景流のうち、相模湾に面した東伊豆に進出した伊東氏にとって、相模国府周辺から伊豆国境付近の海岸沿いの最大勢力である中村党と提携すること、殊にその首班であり相模の長老格である土肥実平との親密な関係は有益であろう。

また曾我兄弟の母と、その前夫伊豆国目代仲成の間に生まれた娘は、同党の二宮（渋美）朝忠に嫁している。さらに祐親の婿の一人、岡崎義実は出自こそ三浦氏であるが、中村宗平（実平の父）の娘婿であり、子息義清は中村党土屋氏を嗣いでいる。地理的にも岡崎・土屋は、いずれも三浦氏の拠点より離れた大住郡内であり、義実は実質的に中村党の一員といえる。

このように伊東祐親は中村党との婚姻政策を積極的に進めており、祐親が工藤祐経に嫁した娘を取り返して実平の子遠平に嫁がせたことも、単に祐経との関係悪化のみが理由ではなく、その婚姻政策の一環といえる。さらに曾我兄弟の母を、曾我荘の祐信へ再嫁させたのも、同荘が中村荘に隣接し国府津（国府の湊）に近い場所という地理的要因が想定し得る。曾我荘の北側にあたる松田・河村郷は祐親の孫婿となった波多野氏の所領であることも、この想定の補助となろう。とすれば、父を失った兄弟は、たまたまの所縁により曾我祐信に引き取られたのではなく、相模への重要な布石として送り込まれたと考えられる。

工藤氏時信系は駿河入江荘を根拠としていたことは前述したが、同荘に隣接する江尻は、伊勢・志摩から坂東への海運の重要な中継地であり、同地は「入江庄市」に相当すると推定されている[14]。つまり入江荘は伊勢・志摩～坂東間の海運の要衝といえるが、入江から興津（息津）―蒲原―河津―伊東と駿河湾から相模湾岸に、《系図1》にみえる工藤一族が辿れる。さらに中村党との連係により土肥―早川―国府津―二宮と相模湾岸を辿り、三浦氏との関係により三浦半島へ至る海岸ルートが導ける。つまり駿河―伊豆―相模間の沿岸・主要港湾のほとんどを、工藤・中村・三浦一族の連係により掌握することができ、これにより伊勢湾～坂東の海上交通に強い影響力を持ち得たといえよう。

また伊東祐親を例外とすれば、この工藤・中村・三浦の三勢力が頼朝挙兵の主力となったのであり、政治的にも連係していたと考えられる。

兄弟の父方である祐親の婚姻政策は、主に中村党、及び同党周辺との間に集中するのに対して、母方の婚姻関係は、渋谷・本間・海老名・畠山・梶原・和田と広がりがある。これは恐らく、国府に近い西伊豆を根拠とし介を名乗る狩野氏が惣領格で、東伊豆に進出した伊東氏が新興の庶子にあたるという相違からではないか。そうした相違が、伊東氏を平家方に走らせる前提にもなったのだろう。

また、兄弟の母の母親、つまり兄弟の母方の祖母は狩野茂光の娘とあるが、祖父については『曾我物語』では明らかにされていない。この母方の祖父某について、私は武蔵多摩郡を本拠とする小野姓横山党の横山時重を想定している。[15]『曾我物語』に言及される曾我兄弟の母方の姻戚関係を抽出したのが《系図2》であり、横山氏の系図である小野氏系図横山（『続群書類従』第七輯上）の関係部分に、同氏の庶流である海老名氏の系図を補足したものが《系図3》である。この両系図を対照すると、本間権守（海老名季貞ヵ）・渋谷重国・和田義盛の関係が近似しており、さらに《系図3》では秩父重弘（畠山重忠父）、梶原景時（景清ヵ）と時重との姻戚関係がみえ、『曾我物語』中でも、畠山・梶原が母方縁者との記述があり一致している。これらの理由から兄弟の祖父某には、横山時重を充てるのが適当と考えた。

狩野茂光は、伊豆国目代仲成の「時の威」を憑んで聟に取ったとあり（巻五）、兄弟の母の最初の婚姻が茂光の主導によることは明らかで、再嫁した河津祐通についても伊豆国内、茂光縁者であり、茂光の意思によるものであろう。つまり兄弟の母は狩野氏の手許へ引き取られていたのであり、これに因り兄弟の祖父横山時重が『曾我物語』に明記されていないのではないか。ただし兄弟の不遇につき援助の訴訟を考えていた狩野茂光縁故の面々の内に「横山」の名前がみえるので、横山＝狩野両家の連係が存在していたことは確認できる（巻五）。また祐通の没後、伊東祐親の指示で曾我祐信に嫁しており、祐通へ再嫁してからは伊東氏の保護下に置かれたと理解される。

『曾我物語』には伊豆・駿河の工藤狩野伊東一族、相模の中村党・三浦氏・鎌倉党、武蔵・相模の横山党・秩父党といった東海道東辺地域における大名層の複雑に交差する姻戚関係が描かれている。坂井孝一は、三浦氏が義明の代

《系図2》『真名本曾我物語』中の曾我兄弟母方の親族図

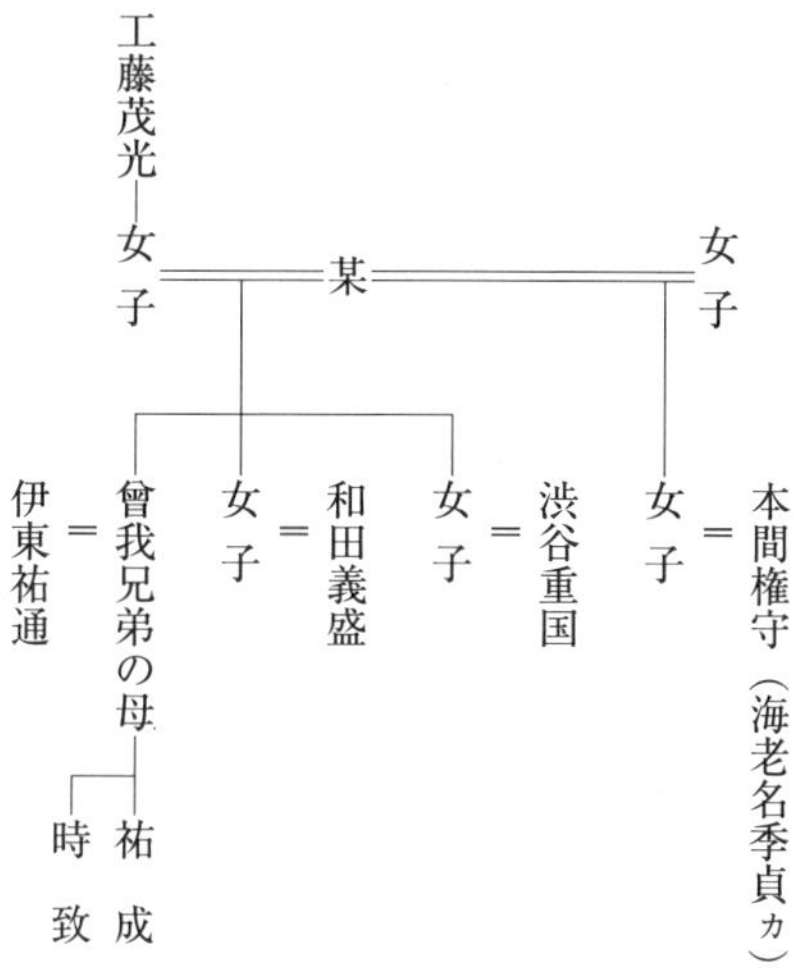

《系図3》「小野氏系図横山」『続群書類従』第七輯上、（　）内を「海老名萩野系図」同五輯下にて補う

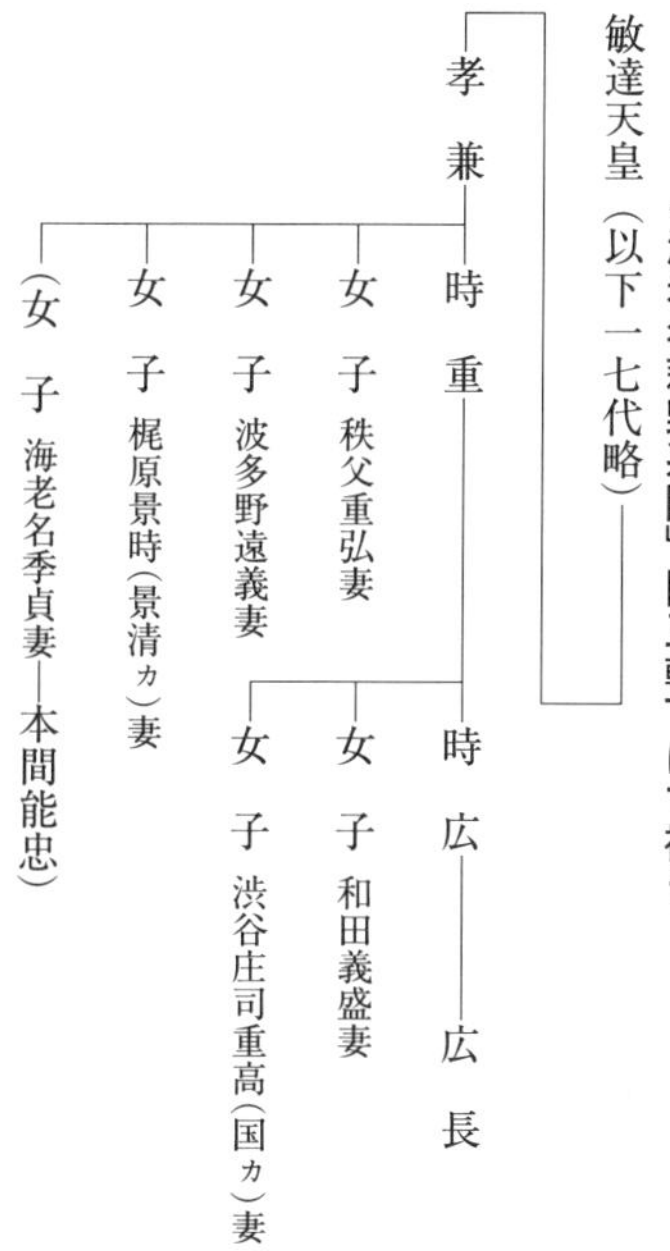

から子の義澄の代に移行するに伴って、武蔵の秩父党との連携から、伊豆の伊東氏との連携へと方針を転換したこと、また伊東祐親が初めは懇切に養育し婿としていた工藤祐経につき、やがてその所領を奪い娘を離縁させ、それが兄弟の父祐通暗殺事件の要因となったことなどを指摘し、姻戚関係による結び付きが極めて政治的な思惑に基づくもので、状況に応じて変化しがちな不安定なものであったことを指摘する。[16] さらにそうした婚姻関係には、兄弟の母の最初の夫が伊豆目代であったように、中央権力につながる国司目代や、武家棟梁たる源家などもからんで、地域の勢力関係をより複雑にしていた。それは頼朝が伊東祐親・北条時政の両方の婿になり、伊東が最終的に平家方として頼朝と敵対したことに象徴される。大名小名社会が頼朝を頂点とする幕府内上下秩序のもとに秩序づけられてゆく理由として、こうした緊張関係からの解放という欲求があったと考えられる（第五章２節）。

『曾我物語』には思惑に満ちた婚姻関係が書き込まれる一方、兄弟の母は、早くに父方横山氏の手を離れたらしいが、再嫁を重ねながらも失われることのない、父方の伯母・姉妹といった女系血縁の絆も描かれている。兄弟が社会的に厳しい状況におかれた原因は、父方の近親で父祐通を殺害した工藤祐経であり、また祖父祐親と敵対した源頼朝である。本来は頼るべき親族の祐経、社会秩序と平和をもたらした「善政の人」頼朝が、兄弟を苦しめるという矛盾が生じている。[17] こうした父方親族と為政者の非情に対し、自身も矛盾に苦しみながら、兄弟が社会秩序を逸脱せぬよう再三説得する母親、ひよわな兄弟を扶助する伯母・姉等の女系親族が対照的に描かれている。

父方の近親者である工藤祐経はもちろん、祖父祐親・実父祐通は、いずれも兄弟を幸福にはしなかった。対して母・姉・伯母など女性の親族は、時間・時局を超えて兄弟を扶助する。物語は、男系親族の情を抑制することにより、女系親族の情の深さを際立たせる構図に仕立てられている。前述したように、伊東祐親・狩野祐茂にとって婚姻とは政治手段の一つであり、非情なる男系親族と厚情なる女系親族という対比は、むしろ現実的な構図かもしれない。

《頼朝挙兵時与党一覧》

北条時政・宗時・義時・時定（伊豆国田方郡）合議衆
安達盛長（頼朝近臣）合議衆
工藤茂光・親光（伊豆国田方郡）狩野茂光の子行光は昵近衆　陸奥国岩井郡地頭
宇佐美助茂（祐茂、伊豆国賀茂郡）昵近衆　常陸国那珂西沙汰人
土肥実平・遠平（相模国足柄郡）山陽道惣追捕使
土屋宗遠・義清・忠光（相模国大住郡）昵近衆義清
岡崎義実・義忠（相模国大住郡）
佐々木定綱・経高・盛綱・高綱（頼朝側近）昵近衆盛綱　近江等の守護
天野遠景・政景（伊豆国田方郡）鎮西奉行
宇佐美政光・実政（伊豆国賀茂郡）昵近衆実政　実政は奥州合戦北陸道大将軍
大庭景義（相模国高座郡）
豊田景俊（相模国大住郡）
新田忠常（伊豆国田方郡）昵近衆
加藤景員・光員・景廉（伊豆国田方郡）遠江国浅羽荘地頭職等
堀親家・助政（伊豆国田方郡）昵近衆
天野光家（伊豆国田方郡）
中村景平・盛平（相模国余綾郡）
鮫島宗家（駿河国富士郡）薩摩国阿多郡地頭
七郎武者宣親（不明）
大見家秀（伊豆国賀茂郡）陸奥・出羽国内地頭
近藤国平（伊豆国田方郡）鎌倉殿両御使
平佐古為重（相模国三浦郡）
那古谷頼時（伊豆国田方郡）
沢宗家（伊豆国田方郡）
義勝房成尋（武蔵国、頼朝側近）陸奥国苅田郡地頭　評定衆中条家長の実父
中四郎惟平・惟平（伊豆国田方郡ヵ）
親藤次俊長（伊豆国賀茂郡ヵ）
小中太光家（伊豆国田方郡ヵ）

『吾妻鏡』治承四年八月二十日条には、三浦氏と合流するために伊豆・相模国境付近へ移動する頼朝軍の交名が載せられており、これを一覧表示した。

このメンバーのほとんどは伊豆・西相模の武士であり、ことに伊豆の工藤狩野一族と、西相模の中村党を中核としている。メンバーは幕府成立にあたっては、早期に没落・戦死した人々を除いた多くが、頼家政権下での一三人の合議衆・将軍昵近衆となるか、または頼朝期に守護・地頭に任命されており（第五章2節）、幕政の中枢を占めることになる。

この挙兵メンバーから伊豆奥野の狩遊にみえる大庭氏・伊東氏などが欠落しており、「武蔵・相模・伊豆・

駿河」四箇国の大名小名社会を二分する戦いが石橋山の合戦であったといえる。ただし挙兵段階で既に、相模三浦半島の三浦氏、房総半島の上総介・千葉氏とは連絡がついており、[18]四箇国に房総三箇国を加えた武士連合を基盤とした挙兵であった。

この点、前述したように曾我兄弟の母親は、平家時代であれば「伊豆・駿河」で敵を討って「武蔵・相模・安房・上総」へ逃げたら、一～二日の間は討手に追われるだろうが日数を経れば大丈夫だった、と述べている。この母親の発言は、一般論として伊豆・駿河と武蔵・相模から房総半島の一体的なつながりが強く意識された上でのものだろう。案ずるに、伊豆・駿河で敵討した者が武蔵・相模・安房・上総へ逃れるのは、それらの地域に土地勘があるなり、縁故者がいるなりの理由があるはずで、素より伊豆・駿河―武蔵・相模・安房・上総といった東海道東辺地域としての地縁血縁を媒介とした地域社会が形成されていたと想定できる。この東海道東辺地域が頼朝の挙兵にあたって基盤となった地域といえる。

注

（1）本論文の人名表記は『吾妻鏡』にしたがった。また『曾我物語』はことわりのない場合は、真字本の『曾我物語』を指す。
（2）「鎌倉政権の成立過程について」（『石母田正著作集九』岩波書店、一九八九年、初出五六年）。
（3）野口実『源氏と坂東武士』（吉川弘文館、二〇〇七年、一三六頁～）。
（4）坂井孝一「中世成立期東国武士団の婚姻政策」（『創価大学人文論集』一九、二〇〇七年）。
（5）七海雅人「鎌倉幕府御家人制の展開過程」（『鎌倉幕府御家人制の展開』吉川弘文館、二〇〇一年、初出九九年）・五味克夫「鎌倉御家人の番役勤仕について（一）」（『史学雑誌』六三―九、一九五四年）。

（6）田中稔「醍醐寺所蔵『諸尊道場観集』紙背文書下」（醍醐寺文化財研究所『研究紀要』七、一九八五年）所収文書六二号。
（7）永仁六年（一二九八）三月三日平野殿荘雑掌聖賢重申状案　東寺百合文書『鎌倉遺文』一九六一九。
（8）永仁六年十月日平野殿荘雑掌重実重申状　東寺百合文書ネ二二。
（9）（正安元年、一二九九）八月二十一日平野殿荘雑掌快実書状　東寺百合文書無号八一。
（10）網野善彦「北陸の日吉神人」（楠瀬勝編『日本の前近代と北陸社会』思文閣出版、一九八九年）。
（11）東寺百合文書『鎌倉遺文』二四〇八四。
（12）『日本古典文学大系　曾我物語』（岩波書店）六五頁。
（13）『日本の歴史一二　中世武士団』（小学館、一九七四年）。
（14）『静岡県史　通史編二中世』（一九九七年）一五七頁。鎌倉時代末、坂東への廻船を経営していた志摩の道妙の舎弟定願は、駿河江尻に住み、廻船の中継業務を担当していたらしい（建武四年〈一三三七〉六月日尼法宗申状写史料纂集『光明寺文書一』等）。稲本紀昭「伊勢・志摩の交通と交易」（『海と列島文化八　伊勢と熊野の海』小学館、九二年）。
（15）『海老名市史六　通史編原始・古代・中世』（二〇〇三年）四二五頁。
（16）前掲（4）坂井論文。
（17）相続争いと為政者の冷酷性は、物語構成の主軸であるが、この問題は鎌倉時代でも時代が降るにしたがって深刻化する。御家人の経済的困窮と所領の細分化により分割相続制度は破綻しつつあり、北条得宗家は独裁性を強め、裁判は法理・制度が徹底されてゆく。つまり相続争いと為政者の冷酷性という問題は、物語が成立する鎌倉時代後期の同時代的問題といえる。
（18）『吾妻鏡』養和元年（一一八一）五月八日条、野口実「平家打倒に起ちあがった上総介広常」（『中世東国武士団の研究』高科書店、一九九四年、初出九二年）。

第二章　地域社会間抗争から政権争奪へ

本章について

一口に治承寿永の内乱といってもいくつかの段階がある。例えば、石橋山の合戦と一ノ谷の合戦では、同じ内乱の一コマであっても全く規模も質も異なるのであって、前者は地域内部の紛争であり、後者は中央政権の争奪戦である。つまり内乱は様々な段階を経て鎌倉幕府の成立、あるいは権門体制の確立へと至るのであり、そうした合戦の質を問い区分整理してゆく必要がある。

例えば、木曾義仲の挙兵に伴う市原の合戦と、その後の横田河原の合戦は同じ場所を舞台とした合戦であっても、その参加者や合戦の目的が異なる。前者は信濃国衙後庁周辺での在庁官人らによる内部紛争に義仲が呼び込まれたもので、地域紛争であり、後者は内陸部の東山道地域の連合軍と北陸道地域の連合軍との地域勢力間の抗争である。義仲勢力は、第一段階として市原の合戦で地域統合を果たし、第二段階で地域間抗争を制し、第三段階、これは篠原の合戦に相当するが、平家北陸追討軍を退けるという政権の争奪戦へと転じたのである。

こうした各段階の合戦を意義付けてゆくにあたって、『吾妻鏡』や『平家物語』など編纂物の説明に拠っていたのでは本質には辿りつけない。それら編纂物はそれぞれの視角での歴史叙述であり、そこにおける史実とは、平家の悪政から天皇・院を救う戦い、諸行無常の世界観を表現するための道具でしかない。本章では、誰が何処で合戦したのか、その事実関係を丹念に洗い出す、その作業から見えてくる史実をさぐってみたい。

1節　木曾義仲の挙兵と東信濃・西上野地域社会

1．挙兵と市原の合戦

『延慶本平家物語』（以下『延慶本』）巻六によれば、木曾義仲の父義賢は、仁平三年（一一五三）夏頃より上野多胡に居住していたが、武蔵の秩父重隆の婿となり同国比企郡に通い近隣諸国まで勢力を及ぼす。しかし久寿二年（一一五五）八月、兄義朝の長男義平と同郡大蔵館にて合戦し討ち取られ、義仲は母の手で信濃国安曇郡木曾の中原兼遠に預けられたとする。『吾妻鏡』治承四年（一一八〇）九月七日条でも、大蔵合戦に敗れた後、乳母夫兼遠により信濃木曾にて養育され成人したとする。『源平盛衰記』（以下『盛衰記』）巻二六はやや詳しく、畠山重能・斎藤実盛の逸話を載せるが、木曾の中原兼遠に養育され成長したとする点は同様である。しかし一志茂樹は、義仲が木曾で成長したことにより、木曾を地盤として挙兵したとするのは早計であり、「東信地方と西上州」が地盤であるとする[1]。

実際、前掲『延慶本』では、義仲の養父中原兼遠は、平家の追及を恐れて義仲を信濃国の大名である根井・滋野に預け、彼等が「木曾御曹司」と名乗らせて信濃・上野・足利の兵を募ったとする。信濃の大名と評されている滋野・根井氏は、佐久・小県郡、すなわち東信濃を基盤とする滋野一族であり、一門には海野・望月・楯・根井・祢津氏などがおり、終始、義仲軍の中核をなす武士団である。この記事からすれば同一族が義仲の後見として信濃・上野・足利の兵を糾合し挙兵したのであり、「東信地方と西上州」が地盤との認識は正しいといえよう。

「信州滋野氏三家系図」（『続群書類従』第七輯上）

為広―為通

為広の子：
- 則広―重道―広道（海野）―幸親（保元乱 義朝方）―幸広（海野弥平四郎 属木曾義仲、備中国水島合戦為大将討死、）―幸氏（海野）
- 道直（祢津）―貞直（神平）―宗直（祢津）―宗道―敦宗―宗光
- 広重（望月）―国重―国親―重忠―重義（望月太郎 左馬頭義朝味方参、保元軍功者、）―重隆（三郎左近将監、兵衛尉 右大将家御時、八人射手第一也、）
  - 国親の子：行親（根井大弥太（小カ） 木曾之士）―親忠（楯六郎）

清和源氏頼信朝臣流『尊卑分脈』（三―一八五頁〜）

頼信―頼清―仲宗

仲宗の子：
- a 顕清（白川院蔵人 依同事、配信濃国）―為国（号村上判官代、）
  - 為国の子：信国（従五位下、右馬助 母少納言入道信西女）、基国（村上判官代 高陽院判官代）、寛覚（戸隠別当 粟（栗）田禅師）
- b 仲清（白川院蔵人）―盛清―為国（村上党祖也）―基国（八条院蔵人）

しかし現在まで一志の指摘が顧みられることはなく、義仲の身柄を引き受けた滋野行親は、計略を信濃・隣国にめぐらし「木曾の山下（木曾福島町上田）」にて兵を募ったとし、滋野氏の本拠の東信ではなく木曾での挙兵を説く『盛衰記』の記述が支持されている。また後述するように、義仲は自身の初陣は筑摩郡小見（麻績）・会田であると回顧しており、これにより義仲は木曾に挙兵し松本国府を通過して小見・会田での合戦を経て善光寺平へ進出したとの理解が一般的であり、郷道哲章・金沢正大らもこれを支持する(2)。

『吾妻鏡』治承四年（一一八〇）九月七日条では、義仲はすでに頼朝が石橋山で挙兵したとの情報に触れ、これに参加する意思を明らかにしたところ、平家方の笠原頼直はこれを襲撃しようとして、義仲方の村山義直・栗田寺別当範覚らと信濃国市原にて合戦することとなった。しかし日没後、劣勢となった義直は義仲に援軍を求め、笠原軍は大軍を率いた義仲に恐れをなして越後へ敗退したとする。

村山義直は高井郡村山（須坂市）を本貫地とする清和源氏頼信流であり、千曲川支流の百々川・鮎川の扇状地に井上・高梨・米持等（同市）の一族が蟠居している。横田河原の合戦では義仲軍中に井上・高梨がみえるので、『吾妻鏡』には記述がないが、先行する市原の合戦においても、村山氏の一族が与同しているものと思われる。

次いで栗田寺別当範覚は、水内郡栗田（長野市）を本貫地とする清和源氏頼信流で、更級郡村上御厨（坂城町）を本貫地とする村上氏の一族である。(3)『尊卑分脈』（三―一九七頁）では「寛覚」とし、「戸隠別当　栗田禅師」と注記する。『尊卑分脈』（三―一九四頁）に寛覚（範覚）の兄とみえる村上基国は、『覚一本平家物語』（以下『覚一本』）巻八の法住寺合戦の場面において、「信濃源氏村上の三郎判官代、是も木曽をそむゐて法皇へまいりけり」とみえ、同合戦以前は義仲に属していたことがわかる。為国―基国につき『尊卑分脈』はａｂ両説を載せ、「為国者顕清子正説」（同一八六頁）としａ説が正しいと注記している。ただしｂ説の基国に「八条院蔵人」との傍注があることには注意が必要で、この記述が正しければ、基国が後述する矢田義清同様に八条院関係者であったことになる。この基国は通称村上判官代であり、『吾妻鏡』や『平家物語』にもその名前で登場しており「蔵人」とはみえない。

近江国金勝寺所司荘官等に宛てた元暦二年（一一八五）四月二十四日鎌倉殿両御使奉下知状（金勝寺文書『平安遺文』四二四二）には同寺へ押領をなす「村上蔵人」の名がみえ、その無道が停止されている。鎌倉殿両御使とは頼朝の命により畿内近国で武士狼藉の停止業務に従事していた中原久経・近藤国平のことであるが、この時期、勅願寺であり古代以来の修験の大寺院である金勝寺への押領に及び、頼朝から停止命令を受けるような大物で、村上蔵人に比定できるのは基国の他には見当らない。これにより、基国が蔵人とも称していたことになり、八条院蔵人とする『尊卑分脈』ｂ説も現実性を帯びるものと思う。

また義仲は、平家を逐って上洛した寿永二年（一一八三）七月、京中守護の武士一一人を配置した。(4) その京中守護人の交名中に「村上太郎信国」がみえるが、これは基国の兄信国であり、信国についても義仲与党となる。範覚の兄弟で、後に義仲与党としてみえる信国・基国兄弟は、市原の合戦に名前が見出せないが、範覚とともに参戦している可能性は高い。

『吾妻鏡』は戦場を「市原」とする。しかし平家方の笠原は長野市北方の中野市に所在した笠原牧を、義仲方の村山・栗田は共に長野市付近を本拠としており、長野市から中野市にかけてが戦場となったはずであるが、この地域に比定される適当な場所が見当らない。そこで長野市内、犀川・千曲川・裾花川の合流点で、栗田範覚の所領栗田に隣接する「市村」郷の誤りであろうとされている。(5) 後述するように、市村郷は国衙機関・善光寺へと続く犀川・千曲川・裾花川の合流付近の重要な渡河点であり、合戦の場所にふさわしい。つまりこの合戦は、笠原の先制攻撃で、かつ北信濃の近隣する人々の間で始められたといえよう。

『吾妻鏡』では、合戦は長時間に及び、義直方の弓箭が欠乏し劣勢となったため、飛脚を義仲の陣に遣わして援助を求め、義仲の大軍を見た頼直は越後へ逃亡したとする。義仲の挙兵が成長の地である木曾としても、根井・滋野等の拠る佐久・小県郡方面としても、笠原の先制攻撃が開始された北信濃とは距離を隔てているのであり、その対応が遅れたのは当然といえる。

『吾妻鏡』は初陣を市原の合戦とするが、『平家物語』では、法住寺合戦を目前にした義仲が歴戦を回顧し「北国ハ信乃ノ小見（麻績）・会田ノ軍ヲ始トシテ」（『延慶本』巻八）と語っており、これに拠れば国府のあった松本市から長野市方面へ抜ける山地部での合戦が初陣となるが、その詳細は記されていない。

市原の合戦の戦場となった市村、及び義仲初戦といわれる小見（麻績）については、いずれも保元の乱の没官領

「散位平正弘領」中の信濃国四箇所中に「麻続〔績〕御厨」「市村郷」とみえる（『兵範記』保元二年三月二十九日条）。この四箇所の所領は、正弘の叔父正家が信濃守になり京都・信濃間を往来するなど、同国と正弘親族との緊密な関係によるものとされている(6)。平正弘は保元の乱にて崇徳院側として処分されるが、後の横田河原の合戦で反義仲方であった富部家俊は、「家俊カ祖父下総左衛門大夫正弘」（『盛衰記』巻二七）と麻績御厨・市村郷を領した正弘の直系であることを自称している。『吾妻鏡』には所見しないが、富部家俊が市原の合戦時において、すでに反義仲方であったとすれば、東信濃から市村への途上である麻績付近で戦闘があったとしても不思議ではない。つまり義仲の初陣が小見・会田での合戦であっても、それが直接的に木曾谷から松本国府を経て市村へ向う途中の出来事との限定はできないのであり、小見・会田の合戦の存在が義仲の木曾挙兵を導くものではない。

義仲は、治承四年九月に市原の合戦に勝利してからの十月～十二月迄の間は、西上野の多胡へ移動している。すなわち『吾妻鏡』治承四年十月十三日条では、義仲は亡父義賢の由緒で信濃国より上野国に入り、平家与党であった藤姓足利氏の俊綱勢力を駆逐している。この後、同十二月二十四日条では、義仲は「自立の志」を持って亡父の旧跡多胡荘に拠っていたが、頼朝の権威により信濃へ引き返したとある。

前掲、『延慶本』『盛衰記』などによれば、義仲を冠して根井・滋野が挙兵した際には足利氏の名もみえる。この足利は下野足利荘のことで、平家方の藤姓足利氏ではなく、同氏と足利荘の領有を競っていた源姓足利氏であろう。具体的には義仲上洛の一方大将であり、備中水島の合戦に大将として臨み、討死している清和源氏流足利氏の義清を指すものと思う。この義清は矢田判官代とも称しており、太田亮『姓氏家系大辞典』では名字の地を上野国矢田郷としている。同郷は『和名抄』の多胡郡七郷の一つで、吉井町付近に比定されよう(7)。必ずしも同郷と義清との関係は明らかではないが、義清の娘婿義範、孫重国が矢田に近隣する『和名抄』多胡郡七郷の一つ「山宇（山名）郷」を所領としていること、子孫がみな足利荘を離れていること、などからすれば義清が下野足利を離れ、多胡郡矢田郷へ移動していたものと想定される。[8] つまり義仲は足利義清の所領矢田郷の近辺に拠点を移したということになろう。また『山槐記』治承四年五月二十六日条には、以仁王の挙兵で敗死した人々の注文が載せられており、その中に源義清（足利判官代）の名前がみえる。ただし「後聞、此頸非二義清一、義清不レ交二戦場一云々」とあり、実際は参戦していなかったらしい。『尊卑分脈』（三―一七四頁）の注記では「上西門院幷八条院等判官代」とあり、足利荘の本所八条院の判官代となっていたらしく、以仁王事件に名前が挙げられたのもこの関係であろう。義清は乱に参画はしたが参戦しなかった、或いは参与の嫌疑がかけられたかの、いずれかであろうが、いずれにせよ、以仁王の乱との関係により、すでに謀叛人相当の立場であった。つまり義清は、木曾義仲から挙兵を呼びかけられるというより、むしろ積極的に挙兵を促す立場にあったのであり、一時的にも義仲が義清の名字の地近くへ拠点を移しているということからすれば、義清は義仲勢力の指導者であり、ひいては挙兵の首謀者であったことを示唆しよう。

以上のように挙兵の首謀者として、中原兼遠より義仲を預かった滋野一族、及び以仁王の乱以来の反平家方である矢田義清等があげられるが、いずれも東信濃・西上野を基盤とする武士である。よって『盛衰記』巻六は、滋野行親がその基盤を離れて木曾へ赴いて挙兵したとするが賛同しかねる。義仲が木曾で挙兵したこと自体を否定するつもりはないが、それは小規模なもので、本格的な挙兵は滋野一族を後見とした東信濃であり、そこから北信濃で開始された戦闘を援護するため善光寺平方面へ進軍したものと思う。

後述するように、義仲が上野を退いた翌年六月の横田河原の合戦では、小県郡東部町・丸子町付近で陣容を整えており、信濃へ戻ってからの約半年は同地を拠点としていたと想定される。すなわち、戦場となった麻績・会田・市原等へ出陣した以外は、横田河原の合戦まで、一貫して東信濃・西上野に拠っていたのであり、それは滋野一族、矢田義清といった同地域を根拠とする有力後見人の意向に沿ったものであろう。

木曾義仲の挙兵は東信濃・西上野地域を基盤としていたと考えられるが、義仲勢力の当面の脅威は、日本海側勢力を統轄した城氏勢力であり、両勢力は横田河原で衝突する。この合戦に参加した人々の地理関係を明らかにし、両勢力の基盤が何処で、それがどう競合していたのかを明らかにしてみたい。

2. 横田河原の合戦

治承四年（一一八〇）末より、平清盛は東海道の頼朝・甲斐源氏勢力の追討のため、陸奥の藤原氏・越後の城氏等による包囲網を形成し、[9] 城助永は「於㆓甲斐・信濃両国㆒者、不㆑交㆓他人㆒、一身可㆓攻落㆒」と甲斐・信濃の反乱を独力で制圧すると清盛に申し出たという。[10] 助永は翌年三月頃に死去したため、弟助職（助茂）が遺志を嗣ぎ信濃へ進攻し横田河原（長野市）で義仲方と衝突した。合戦が行なわれた時期につき『吾妻鏡』は寿永元年十月九日とし、『平家物語』諸本は治承五年六月二十五日とし、異同があるが、『玉葉』同年七月一日条の同年六月十三・十四日説が妥当とされている。[11]

『覚一本』巻六では、越後から城助職軍の侵攻を聞いた義仲は依田城（小県郡丸子町）から出陣したとし、『盛衰記』巻二七・『延慶本』巻六では信濃・上野両国の勢を催し白鳥河原（同郡東部町）に陣したとする。白鳥河原は滋野一族海野氏の本拠である千曲川・依田川の合流付近であり、依田城は合流より依田川五キロ程上流に比定される。恐らくは依田城を出て、西上野の勢力と合流の便のある白鳥河原にて結集陣立したのであろう。

《表1》は、『延慶本』巻六と『盛衰記』巻二七を典拠として参戦者を一覧にしたもので、《図1》は《表1》にみえる武士の本拠地を地図上に示したものである。[12]

『延慶本』『盛衰記』の記述は、後述するように参戦者を網羅したものではなく、また善光寺聖《ひじり》、及び横田河原に建立された時衆道場での伝承が採り入れられたため、信濃武士に偏った記述となっているとの指摘もある。[13]よってその偏り、つまり参戦者の全体像ではなく、また信濃武士の活躍が強調されている点を認識する必要はあるが、鎌倉期の現地の情報に基づいた記述なので、参戦者等は虚構ではなく事実を反映しているものと思う。

《表1》には、義仲方の武士として佐久郡・小県郡、西上野の武士が多数みえており、義仲の初期の基盤が信濃東部・上野西部にあったとの想定に沿った結果といえる。前述の如く、信濃の大名として中原兼遠より義仲を預かり挙兵させたのは滋野・根井氏であったが、《表1》佐久・小県郡の望月・楯・根井・祢津・海野は滋野一族とされており、殊に同一族が義仲の後見として機能していたと想定される。

高井郡内の義仲方としては井上・高梨・保科（星名）がみえる。井上・高梨は清和源氏頼信流の近親であり、井上は保科党を「相具」していたとあるので上下関係があるようだ。さらに《表1》には見えないが、先の市原の合戦で義仲方であった村山義直も井上・高梨と同族であり、かつ須坂市内百々川沿いに近隣している状況からして、行動を共にしていた可能性は高い。

城助職方の主力は越後勢であろうが、『延慶本』『盛衰記』では越後勢についての具体的な記述に乏しく、むしろ信濃国高井郡の笠原、更級郡の富部・杵淵等の叙述が多いのは、やはり史料の原典が信濃武士に偏っていることの表われであろう。助職軍は越後から進軍して富部御厨内の横田河原に着陣しているが、これは同地が城氏と同じ伊勢平氏である富部氏の本拠地であったためと指摘されている。[14]

先の市原の合戦に負け、越後へ敗走していた笠原頼直は、その後治承五年四月に平家の推挙により、勘解由判官に任官している（『吉記』同十日条）。これは城氏の越後守と同様に、地方勢力を取り立てて反乱鎮圧を遂行しようとする

《表1》横田河原合戦の参戦者一覧

※『延慶本平家物語』『源平盛衰記』の両方に所見するものは◎、前者のみは◇、後者のみは◆、◎は（延）（盛）を付して併記を区別

源義仲方	現比定地・中世地名・備考
信濃佐久郡①◎(延)小室太郎・次郎・三郎 (盛)小室の太郎	小諸市
②◎(延)(盛)志賀七郎・八郎	佐久市志賀、志賀郷
③◎(延)(盛)桜井太郎・次郎	佐久市桜井
④◎(延)平沢次郎 (盛)平原次郎景能	佐久市平原、平原庄
⑤◎注同(望月)次郎・三郎 (盛)望月次郎・三郎	望月町、望月牧、 注同は長門本により改める
⑥◎(延)(盛)楯六郎親忠	佐久町
⑦◇野沢太郎	佐久市野沢、野沢郷
⑧◇臼田太郎	臼田町、臼田郷
⑨◆根井小弥太	佐久市根々井
⑩◆落合の五郎兼行	佐久市落合
⑪◆八島四郎行忠	浅科村矢島
⑫◆石突次郎	佐久市石突
同小県郡　⑬◎(延)根津次郎・三郎 (盛)根津次郎貞行・ 同三郎信貞	東部町祢津
⑭◎(延)海野弥平四郎 (盛)海野弥平四郎行弘	東部町海野、海野庄
⑮◆塩田八郎高光	上田市塩田、塩田庄
同木曾郡　◆今井四郎兼平(木曾党)・	諸説あり。本貫地未定

城助職方	現比定地・中世地名・備考
越後　A◎(延)津帳庄司大夫宗親・ 津破ノ庄司家親 (盛)津波田庄司大夫宗親	魚沼郡、妻有荘
B◎(延)奥山権守・藤新大夫・ 坂東別当・黒別当 (盛)奥山権守・横新大夫・ 伴藤別当	蒲原郡、奥山庄
C◎(延)(盛)浜小兵太	蒲原郡、浜郷、大将軍とあり
◆立川承賀将軍三郎	蒲原郡、奥山庄ヵ 奥山権守郎党とあり
D◆橋田太郎	蒲原郡、菅名荘
信濃　E◎(延)笠原平五 (盛)笠原平五	伊那郡、笠原牧
◎(延)尾津平四郎 (盛)平四郎	伊那郡、笠原牧ヵ 盛衰記に笠原平五の甥とあり
F◎(延)富部ノ三郎 (盛)富部三郎家俊	更級郡長野市、富部御厨
G◎(延)杵淵小源太重光	更級郡、富部御厨内
H◇風間ノ橘五	水内郡、風間郷
I◆星名権八	高井郡、穂科御厨、笠原 平五甥とあり
◆小沢左衛門尉景俊	不明、信濃国住人とあり

	与次・与三 ◆樋口次郎兼光（木曾党） ◆木曾党 木曾中太・弥中太 検非違使所八郎・東十郎 進士禅師・金剛禅師	諸説あり、本貫地未定
同高井郡	⑯◎星名党	長野市、穂科御厨、保科
	⑰◎井上九郎光盛	須坂市井上、井上郷
	⑱◆高梨（忠直）	須坂市高梨
同諏訪郡	⑲◎（延）千野太郎 （盛）千野太郎（諏訪上宮）	茅野市
	⑳◎（延）諏波二郎 （盛）諏訪次郎（諏訪上宮）	諏訪市
	㉑◎（延）手塚別当・太郎 （盛）手塚別当・太郎（諏訪下宮）	下諏訪町田市、手塚郷
信濃不明	◆大室	
上野	㉒◎（延）木角六郎 （盛）小角六郎	新田郡新田町小角ヵ
	㉓◎（延）佐井七郎弘資 （盛）西七郎	佐位郡伊勢崎市、佐位庄
	㉔◎（延）桃井ノ五郎 （盛）桃井五郎	群馬郡榛東村、桃井郷
	㉕◎（延）高山人々	緑野郡藤岡市、高山御厨
	㉖◇瀬下四郎	甘楽郡富岡市、瀬下郷
	㉗◆那和太郎	那波郡伊勢崎市、那波庄

上野	J◇閑妻ノ六郎	吾妻郡、吾妻庄ヵ
	K◇渋川三郎	榛名郡渋川市ヵ、渋河保
その他	L◎（延）相津ノ乗湛房・平新大夫 （盛）勝湛房・藤新大夫	陸奥、磐梯町
	M◇立河次郎	陸奥、会津坂下町
	◇久志太郎	不明
	◇冠者将軍	不明

平家の戦略の一環である。信濃においては、伊勢平氏の富部氏、平家の強い後ろ盾を有した笠原氏が反義仲勢力となっていたのであり、水内・更級郡、高井郡南部といった小県郡に北隣する地域において、義仲方の井上・村山氏と緊張状態にあったことが想定される。

横田河原の合戦では見出せないが、先の市原の合戦では水内郡栗田の栗田寺別当寛覚が義仲方であった。栗田は戦場である横田河原に近隣しており、この範覚、及び兄の信国・基国なども、本貫地である村上御厨が、義仲の基盤とする小県・佐久郡と横田河原の中間に位置していることからすれば、義仲方に参じていたのであろう。

前掲一志は義仲挙兵時の地盤として「西上州」をあげている。これは『吾妻鏡』に市原の合戦後、上野国多胡に進出したとの記事を受けてのことであろうが、《表1》にみえる上野武士の分布を《図1》でみれば、佐位・那和など支持者は多胡より遙か東方へ広がっていることがわかる。また《表1》にはみえないが、先に挙兵の中心人物と想定した上野多胡郡矢田郷の矢田義清も、当然、参戦していたものと思う。

また横田河原の合戦に触れた『玉葉』治承五年七月一日条によれば、進攻してきた城助職軍に対し、信濃源氏等は、キソ党・サコ党・甲斐国武田党の三手に分れてこれを迎撃したとする。『延慶本』『盛衰記』には武田党の名前は挙げられていないが、義仲配下ではないとしても、同党も義仲軍の与同勢力と認められる。

またサコ党について彦由一太[15]は、これを佐久党として清和源氏平賀義盛—義信をあてている。平賀氏は佐久郡平賀（佐久市）を名字の地としており、前掲金沢は平賀氏を佐久の棟梁とする。しかし、彦由が言及するように、義信、及びその子息大内惟義の動向が明らかとなるのは寿永三年（一一八四）以降であり、かつ義仲軍との関係を明示する史料もない。さらに大内惟義は伊賀国大内荘（上野市）を本貫とし、また平賀の他に佐久郡内での拠点は見当らない。すなわち、平賀氏の佐久への土着性は低く、たとえ義信・惟義が義仲に与したとしても、佐久地方で指導的役割を果

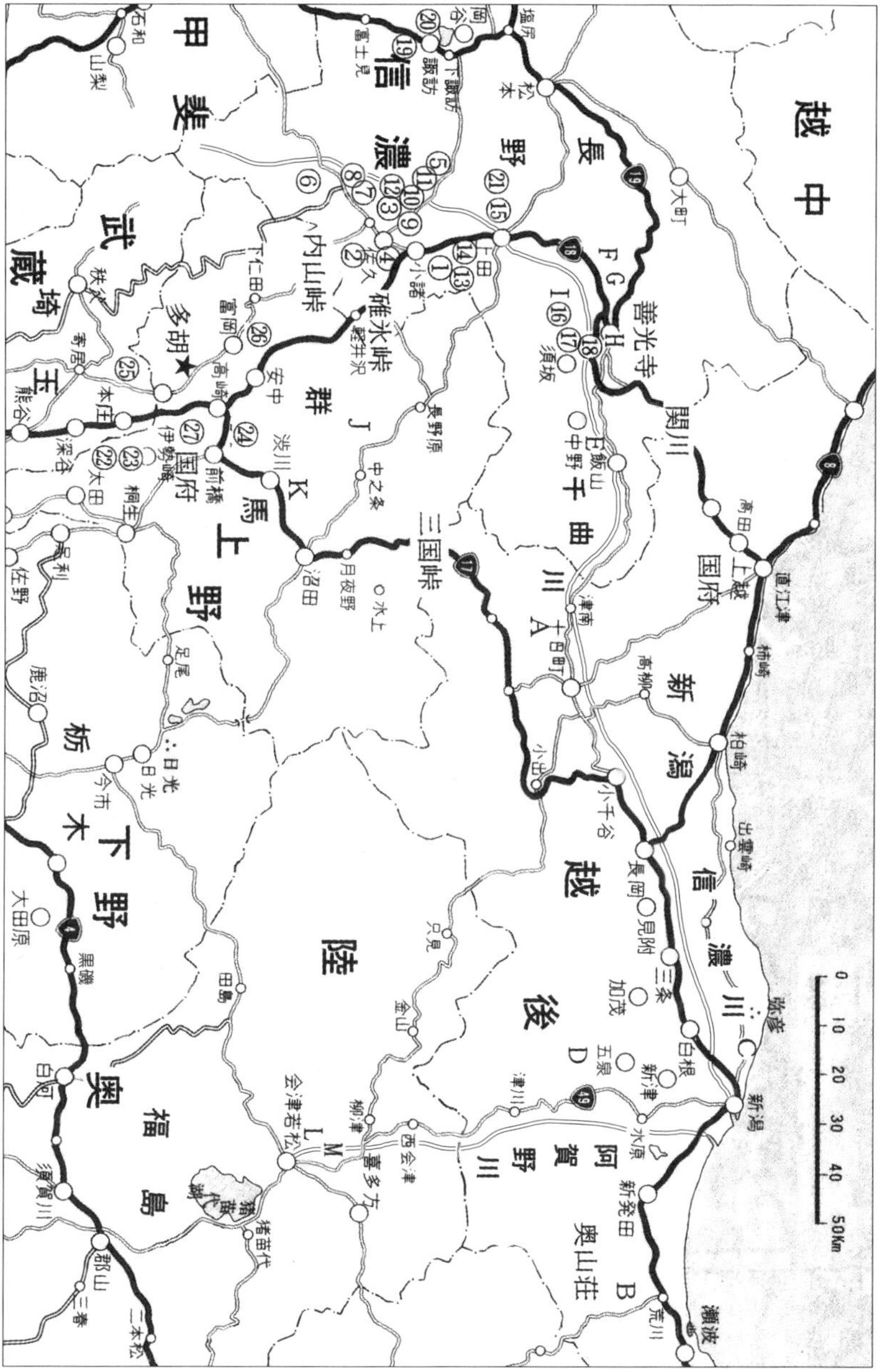

《図1》木曽義仲　信濃・上野関係地図

たしたとするのは疑問である。

なお『盛衰記』にのみ、「木曾党」として今井・樋口の他、名字も明確でない八名がみえる。前述のように、『延慶本』『盛衰記』の原典の記述が東・北信濃に偏る傾向にあるため明言はできないが、木曾谷より義仲に与同した武士には、乳母夫の中原兼遠の子息今井・樋口の他は、荘郷単位を名字とするような有力武将は含まれていない。この点からすれば、木曾谷から義仲軍に参加したのは、義仲側近の小規模な武士のみではなかったかと思われる。

2節　地域紛争から政権争奪へ

1. 保元新制体制と北陸紛争

高橋一樹は六条八幡宮造営注文（田中穣旧蔵、国立歴史民俗博物館所蔵）に、越後国の御家人としてみえる金津・木津・平井・村山・高梨氏などが、信濃・甲斐を本貫地とする武士で、主に頸城地域に分布していることを明らかにし、彼等は義仲軍として横田河原の合戦後、城氏を追って同地域に進出し、その領有を源頼朝が追認したと想定している。(16)つまり、横田河原の合戦後の義仲軍は、越後方面へ進出し同国衙付近を掌握し勢力範囲を広げたと考えられる。

この治承五年（一一八一）六月中旬での官軍の敗北以後、北陸道の謀叛勢力の動きが活発化し、『玉葉』七月十七日条には、越中・加賀の国人が謀叛に荷担するとあり、同二十四日条では、能登・加賀等の謀叛への荷担による能登目代の逃亡が伝えられている。こうした加賀・能登・越中での謀叛に対し、平家政権は七月十八日、平通盛に北陸道への下向を指示し（『玉葉』同日条）、八月十四日には北陸道追討の宣旨が発給され（『百錬抄』同日条）、翌日、郎従五〇〇騎許を率いた北陸道追討使平経正が進発する（『吉記』同日条）。また同日、陸奥守に藤原秀衡・越後守に城助職が補任されるなど（同前）、北陸道を東西から挟むような鎮圧体制が作られる。

こうして鎮圧体制は整ったものの、その実効はなかなかあがらなかった。八月二十三日、越前に進んだ平通盛軍は加賀国の賊徒と国境付近で合戦に及んだが、越前国住人稲津実澄・斎明らの裏切りにより敗北し、無勢となって国府を放棄し西の敦賀に退いたという（『吉記』九月一日・十日条、『玉葉』同二日・十二日条）。すなわち「東国・北陸共以強大、官軍尪弱」（『玉葉』九月二十日条）という状況であり、この後、幾度か新たな追討軍の派遣が計画されたが実施には至らなかった。

『吾妻鏡』治承五年九月四日条には、義仲は北陸道を廻り、その先陣たる根井太郎は越前国水津に至って通盛軍と合戦を遂げたとあるので、治承五年七月以降の加賀・能登・越中の謀叛が義仲勢力の動向と一体のようにみえるが、同地域の反乱活動と義仲勢力とは直結していないと浅香年木は説く[17]。すなわち七・八月の反乱記事からは義仲勢力の関与はうかがえないし、後の寿永二年四月末の燧城の合戦の際にも、『平家物語』諸本は「我身ハ信乃ニ有ナカラ」と義仲は信濃にいたとする。つまり義仲は、横田河原の合戦後、しばらくは東信濃・西上野・越後頸城地域という限定された地域の支配に止まっていたのであろう。義仲勢力が加賀・能登・越中・越前の反乱勢力と連動して官軍平家と直接対決したことが確実となるのは、加賀・越中国境、すなわち寿永二年（一一八三）五月十一日の倶利伽羅峠での合戦が最初となる（『玉葉』五月十六日条）。

養和二年（一一八二）の飢饉を経て、本格的な追討活動が再開されるのは、翌々年の寿永二年四月で、平維盛を大将とする一〇万騎もの北陸道追討軍が編成派兵される（『百錬抄』四月十七日条）。『平家物語』によれば、この大軍は、畿内・山陽・山陰・鎮西、及び東海道は遠江より西、東山道は飛騨より西の謀叛勢力外の国々などより召集編成されており、本来は年明けに合戦することが予定されていたが、春もすぎ夏にずれこんでようやく出陣することになったという（『延慶本』巻七）。同軍は加賀国までは順調に進軍したが、五月十一日、越中の国境にあたる礪波山の倶利伽羅峠で義仲軍に行く手を阻まれるとたちまち停滞し、六月一日、加賀国篠原付近での合戦に大敗し、平家政権が総力を結集しての大軍はあえなく瓦解した[18]。結局この後、平家政権は北陸軍の追撃を支えられず七月には京都を放棄し、二度と政権を回復することはできなかった。

　北陸地域では義仲挙兵以前より加賀白山・延暦寺勢力の武力蜂起が発生している。すなわち安元三年（一一七七）八月、加賀守藤原師高の目代同師経と同国白山宮衆徒との間で紛争が起こっており、それ以後、七年間にわたって断続的な戦乱にみまわれ、その結末が北陸軍の上洛・平家没落なのである。

　この北陸紛争の発端となった加賀守師高は、後白河院の第一の近臣といわれる西光（師光）の子息で院北面の侍であり（『玉葉』安元三年六月一日条）、師経はその師高の弟にあたる。『平家物語』によれば、安元二年八月、目代が在庁等数百人の勢を駆り集め、白山末寺涌泉寺（能美郡、石川県小松市）を焼き払ったことにより、白山大衆が蜂起し加賀国府を襲撃して本山延暦寺を巻き込んだ嗷訴へ発展したという（『延慶本』巻一）。また、『顕広王記』同三年四月十三日条によれば、この嗷訴の理由は加賀国司側が白山神領在家を焼き払い、大津神人の弁物二千余石を押し取ったためらしい。白山・延暦寺の訴えに対し、国司側は「代々国領也、更非㆓寺領㆒」として衆徒との対決を望んだが、「雖㆑非㆓寺領㆒焼払之条所為之旨不㆓穏便㆒」として配流に処せられた[19]。つまり涌泉寺領が国衙領か寺領か、国役が免除されるかどうかで国司目代と白山大衆が対立し、国司側が二千余石にも及ぶ弁物を押し取ったことにより武力抗争に至ったのである。そして白山が延暦寺末寺であり、かつ同寺配下の大津日吉神人が当事者であったため、延暦寺が与同し上洛嗷訴という後白河政権との対決へと事態が進んだのである。

こうした延暦寺・白山衆徒と後白河政権との対立は、保元元年（一一五六）の新制での寺社政策に淵源する。新制がめざしたのは「九州之地者一人之有也、王命之外何施二私威一」（『兵範記』同年閏九月十八日条）という諸権門の上位に位置する天皇強権の確立と、それによる秩序化であり、その遂行にあたっての最大の障害が権門寺社勢力であった。田中文英によれば、後白河政権は、寺社勢力を構成する神人・悪僧・寄人らによる寺領免田化運動といった反国衙的活動、私出挙・借上といった経済活動を抑制する政策を実施し新制の実現をめざしたという[20]。院近臣である加賀守藤原師高・目代同師経と白山勢力との対立は、こうした後白河政権の政治方針からすれば必然であった。

田中によれば、後白河政権はいわゆる「王法仏法相依」、つまり王権と宗教勢力とが協調し融合して、国家権力を構成する体制の再編維持を課題としており、その基本路線が前述の保元新制で示された寺社政策であり、具体的な施策は、承安三年（一一七三）の興福寺と延暦寺・多武峯との抗争鎮圧にあたっての措置にあらわれているとする。すなわち七月十五日、武力行使に及ばんとする興福寺側に対して、院が提示した制裁案は、公請の停止・訴訟の不受理・寺領の没官・法相僧徒の官途昇進停止であり、張本犯人の引き渡し、蜂起の停止がなされなければ、これらの措置を執行すると通告した（『玉葉』同十四・二十一日条）。公請の停止は、国家的仏事からの排除であり、訴訟の却下は、興福寺の権益に関わる国家の政治的・法制的支持と保証の破棄であり、これらは「王法仏法相依の国家体制を構成する権門」からの除外を意味するとされる。さらに、没官は寺院の存続基盤そのものに対する直接的な介入・攻撃であり、寺院の経営と宗教活動の自立的経済基盤の剥奪を試みたものとされる。

興福寺衆徒等は、延暦寺との抗争の発端は「興福寺進官庄々民、打二多武峯御墓守一」ったことを自ら説明している。攻撃を受けた多武峯は、本寺たる延暦寺に援助を求め、延暦寺は「掠二領七大諸寺庄々一」すると宣告する。さらに多武峯の悪徒等による南都夜討の風聞があり、用心のため関々道々を守備していたところ、同寺大衆の襲撃により守護の兵士が殺害され寄宿の仮屋が焼かれた。こうしたことが三箇度に及んだため忿怒に耐えず、多武峯近辺四郷の攻撃に至ったという（『玉葉』同二十一日条）。つまり興福寺進官荘の荘民と多武峯御墓守の紛争を契機とし、これに延暦寺が介入して南都諸寺の荘園の接収を試みたため事態が拡大し、小競り合いの末、多武峯の焼き打ちに至ったらしい。

　こうした武力抗争の激化にあたり院は、鎮静化のため前述のような強硬処分を辞さないことを通告したのである。六月二十四日に多武峯の堂舎を焼き打ちする以前、院は在京していた興福寺別当僧正以下に「不レ可レ令レ焼二失多武峯一」ことを命じ、彼等は承諾して下向したにも拘わらず（『玉葉』七月七日条）、興福寺は焼き打ちを実行したため、院評定に出席した諸卿に対し、これはすでに「違二勅答一事、不実之罪」なりとし、「罪科何様可レ被レ行哉否」と下問した。諸卿より「被レ召二問子細一之後、可レ及二罪科一歟」という即座の処罰に否定的な返答がだされると、再び焼き打ちの科は遁れがたく「忽可レ被レ行二其罪一歟」とし、罪科を行なうよう再度審議させているなど処罰の実行に固執した（『玉葉』同日条）。また十一月十一日付で諸国南都十五大寺領の没官の宣旨が発給されているが[21]、それを関白藤原基房から聞いた九条兼実は、「誠非二直也事一也」と驚き、後日、清原頼業もこの処置につき「未曾有事也、後鑑有レ恥」と批判している。ことにこの没官処置は「一切不レ被レ仰二合人一」に決められた、つまり院の独断で決定したものらしく、穏便に、常識的に事態を収拾しようとする公卿等と、徹底して制圧しようとする院とでは、大分温度差があったようだ（『玉葉』同十二・二十八日条）。

　没官の宣旨が出された十一日の暁、嗷訴のため宇治まで進出していた衆徒は分散し、その夕方、院は熊野詣に出発した（『玉葉』同日条）。前日、院は別当前権僧正覚珍以下を召して衆徒の退散を命じたところ、すぐに分散したといい、兼実は衆徒の行動を「首尾相違」で大変見苦しいと評している。嗷訴・延暦寺との武力対決を謳歌して上洛してきたのに、院に威されてあっけなく分散した様子に拍子抜けした感がある。恐らく十日には寺領の没官が決定していて、それが別当に告知されたのであり、衆徒の分散はそのためだろう。院の強気の態度が効を奏したといえる。没官処分は承安四年（一一七四）正月十八日の官宣旨で解除され、元の如く寺領たるべきことが命じられたが、悪僧等の所領については本寺に付されている(22)。

　後白河院がこうした強硬な方針をとったのは、治天の君としての権力が充実していたこと、またその個性も関わってのことだろう。しかし基本的には興福寺衆徒の暴力性・武断性が主たる要因である。

　関白の使者に対し、多武峯を焼いたことについて、「延暦寺衆徒焼二三井寺一、已以数箇度、是有二其罪科一哉、又先年焼二清水寺一了、此又無二其刑一、何興福寺令レ焼二多武峯一、可レ有二其咎一哉」と、延暦寺が三井寺・清水寺を焼いて罰せられないのだから、興福寺のみが罰せられるのはおかしいと抗弁する（『玉葉』承安三年六月二十七日条）。さらに承安三年十一月、興福寺大衆は延暦寺へ牒を発し、対面を遂げて両門雌雄を決しようと呼びかけており、「兵者凶器也、戦者逆徳也、在俗猶厭レ之、出家誰好レ之」という前提も空空しいだけで、「以二彼一時之強弱一、宜レ定二両門之優劣一」という実力・武力重視の短絡的な思考を隠すこともない(23)。

　藤原光長が院宣・長者宣を伝えるために興福寺に下向した際には、堂前に衆徒群参し、その数四・五千人で皆甲冑をまとっていたという（『玉葉』同七月二十一日条）。彼等は敵対者に相対する時には、宗教の権威と強大な武力を兼ね備えた粗暴な暴力集団に他ならなかった。結果的に彼等の暴力行為を止めるために最も有効だったのが、その経済的基礎を破壊する没官という直接的な処置であった。実力・武力を誇っての衆徒等の要求に対して、院は廷臣の反対を押し切って実力・武力を以て抑えこむ方法を選んだ。

　安元三年（一一七七）の加賀白山事件、承安三年の南都蜂起といった事件より以前、嘉応元年（一一六九）十二月には、院近臣藤原成親の知行国尾張の目代藤原政友が、延暦寺領美濃国平野荘の神人を凌礫して衆徒が嗷訴する事件が起きる（『兵範記』同十七日条）など、畿内近国では山門・南都の大寺社と院権力との間での武力対立が連続しており、院の政治力と平家の武力によってそれを抑えていた。

こうした畿内近国での状況は以仁王の乱においても同様であり、乱に与同した園城寺・南都は平家の武力で鎮圧し、熊野・美濃源氏と結んだ源行家を尾張で撃退し、山本義経も駆逐するなど、近江源氏の反乱もほぼ平定し、富士川の合戦など、東国での合戦以外は反乱を抑えこむ方向に進んでおり、治承四年（一一八〇）以降、しばらくは小康状態となる。

このバランスが崩れるのが倶利伽羅峠の合戦であり、東国の反乱勢力が畿内近国の戦乱に能動的に介入してくるのである。これは河内祥輔・保立道久が論じるように、義仲が北陸の宮を得て、これを即位させ政権をたてるという明確な政治的目的を持ったからであろう(24)。一方、頼朝は後白河院と政治折衝を水面下で進め、後白河政権の復旧と、それを継承する後鳥羽天皇政権への参加を目指し、法住寺合戦での義仲による院政権の危機を契機として軍事上洛を果たす。つまり倶利伽羅峠の合戦以後、内乱はそれまでとは異なる段階へと転じるのであり、それは地域内紛争・地域間の抗争から、政権の争奪をめぐる衝突への質的な変化である。

2. 東国の地域紛争とその結末

美濃国平野荘の神人凌礫事件・加賀白山事件・多武峯をめぐる興福寺と延暦寺の対立など、畿内近国で一二世紀中葉以降に連続する紛争は、いずれも地域紛争であり、個々の権門による権益争奪であって、国政変革を目指すような性質のものではない。以仁王の挙兵にあたっての園城寺・延暦寺・興福寺の反平家的動向もその一端にすぎず、政権を崩壊させる直接的な高まりには至らない。

こうした地域内外の矛盾の爆発としての紛争と、政治的意図をもった軍事行動との相違は東国でも同様で、源頼朝の場合、富士川の合戦を除く関東での諸合戦は地域内紛争であって、それが一段落した後、四年間にわたる上洛・平家追討という軍事行動は中央政権の争奪戦であり、それまでの地域内紛争とは区別する必要があろう。

例えば下総の千葉氏は、一二世紀前半、その所領相馬御厨・立花郷をめぐり下総守藤原親通と対立していた。さらに、土着した親通の孫親政が平氏と姻戚関係を結び、東北部一帯に勢力を延ばし千葉氏との対立を深めた。やがて頼朝の挙兵に呼応した千葉常胤は、真っ先に平家方の国司目代を、続いて親政とその与党を攻撃することになる。また相模では、平家政権より同国の軍事・警察を一任された大庭景親に対し、代々の源氏家人であり国衙在庁の有力者であった中村党・三浦氏は、国衙権力から疎外され、これが反平家武力蜂起の要因となった。こうした事例から、平家政権は、地域社会における対立・矛盾に関与し、特定の勢力を引汲して平家方人として特権を付与し、それを統轄者となして地方の軍事力編成を行なっていたとされる(25)。

信濃においては平家方の笠原・富部と、源氏方の村山・村上の両勢力が、後庁のある善光寺平で再度の合戦に及んでいることは、後庁という国衙機構の支配権をめぐり、双方間で軋轢を抱えていたことの証であろう。笠原頼直は、前述のように治承五年（一一八二）に平家の推挙により、本人が希望した勘解由判官に任官している。頼直と平家の関係がいつから始まったのか定かではないが、木曾義仲の挙兵に即座に対応していること、平家与党である越後の城氏と連係していることからすれば、内乱以前より平家政権との関係は成立していたものと思われる。すなわち平家政権は頼直を信濃地域の統轄者として支配を遂行しようとし、それが従来からの矛盾を激化させ、義仲挙兵を契機に地域内紛争が勃発したというシナリオが考えられる。

上野国についても、前述のように、市原の合戦の直後より義仲勢力は同国の多胡へ進出し、同国の民間を煩わしていた藤姓足利氏の俊綱の脅威を退けたとする。須藤聡によれば、藤姓足利氏は俊綱から四代前の頼行以降、下野足利荘・上野佐位郡淵名荘を拠点として、一族より在庁官人を輩出し、国衙に近い那波郡へ進出した。また治承四年、俊綱の子忠綱が宇治合戦の恩賞として上野大介を望んだのも、すでに影響下にあった上野国衙の掌握を安定化させる目的があったとされる[26]。藤姓足利氏は平家与党として宇治川の合戦にも参戦しているが、同氏と対抗関係にあったのが源姓足利氏であり、その先鋒となったのが矢田義清であった。義清は以仁王の乱に与同し、義仲の挙兵に参画して上野国へ進出させ、藤姓足利氏の駆逐に成功しているが、こうした一連の反体制的行動は、平家に与して体制方となった藤姓足利氏に対抗するためであろう。

このように上野国の場合も信濃国と同様に、義仲挙兵以前より国衙権力・所領の領有をめぐる地域内紛争の種が生じており、これに中央権力たる平家が介入し、それに反発するかたちで武力紛争へと進展したと想定される。

内乱期の地域内紛争は国衙権力・所領の争奪という性格を普遍的に持つのであろうが、義仲の場合でいえば、その与党は信濃・上野・甲斐・武蔵と広域に分布し、行動範囲もやがて北陸道、さらには畿内へと広がる。つまり内乱は、限定された地域内紛争という枠を越えて展開しているのであり、国を越えての利害関係、協調対立関係という面に目を向ける必要があろう。

市原の合戦の戦場である市村郷は、犀川の渡河点であり、千曲川沿いの近世北国街道を北行し犀川を南から渡ると同郷で、さらに北側に栗田・後庁・善光寺と隣接しており、これらをつなぐ直線道路があったとされる[27]。市村には、その地名からして市場があり、地域宗教の中心地である善光寺は門前町を形成させ、さらに国衙行政機関である後庁は官人の家や、職人の家などを伴うのであり、これら流通・宗教・行政の拠点が集中することにより、善光寺平近辺は、極めて活気ある状況が創り出されていたものと想定される。

この善光寺と武家の都である鎌倉を結ぶのが鎌倉街道上道であり、鎌倉を基点とし、武蔵府中―大蔵―児玉―倉賀野―板鼻―松井田から碓氷峠を越え、桜井―海野―白鳥と千曲川東岸を通って善光寺へ至っており、これが鎌倉期の主要幹線とされる[28]。さらに近世北国街道は、善光寺から越後国府・直江津へ越して北陸道へつながっているが、時宗の一遍がこのルートで善光寺へ参詣するなど、これも鎌倉期以来の主要ルートであろう。能登国珠洲の中世陶磁器珠洲焼は、太平洋側の常滑焼に対し、北陸・出羽・蝦夷地域に広く流通していた。信濃北部もこの珠洲焼流通圏に入るが、ことに千曲川沿いには珠洲焼窯が確認されており、日本海側の流通との強いつながりを明示している[29]。すなわち善光寺付近は、太平洋側と日本海側とを結ぶ主要幹線の中継基地であり、行政・宗教・流通の中心であった。これは鎌倉期の状況であるので、内乱期においては幕府・御家人が存在しないこと、鎌倉街道として整備されていないことが前提となるが、鎌倉期の状況は内乱前の延長であり、政治・宗教・流通の枢要の地であることに変わりはなかろう。

鎌倉より碓氷峠から千曲川沿いに善光寺・後庁へ至るルートが中世の主要幹線であるが、前節で検討した《表1》《図1》による義仲方勢力の分布をみると、村上・海野・滋野と多くがこのルート上に見出せる。ただし、義仲与党中に、上野多胡郡の矢田・多胡（『延慶本』巻九に「木曾義仲ガ手ニ上野国住人多胡次郎家包」とみえる）、甘楽郡の㉖瀬下、信濃佐久郡では②志賀・⑧臼田・③桜井・⑨根井などとみえ、また義仲が多胡に拠ったことからしても、松井田から軽井沢への碓氷峠越えの東山道より、むしろ脇街道にあたる内山峠越えの多胡郡―甘楽郡―佐久郡ルート＝近世下仁田街道・富岡道が連携に機能していたようである。同ルート上には上野一宮である貫前神社（富岡市）があり、それが古代以来の交通路であったことをうかがわせる[30]。

また信濃・上野以外で、武蔵児玉郡の児玉党も義仲与党であり、その本拠は鎌倉街道沿いの利根川を武蔵国に渡った場所にあたる。『源平闘諍録』巻八上によれば、同党の庄ノ四郎高家は義仲に属して北陸道より入洛し、法住寺合戦の後も義仲に従っており、鎌倉軍の上洛に際しては、行家攻撃のため樋口兼光と共に河内国に下っていたとある。また『吾妻鏡』寿永三年二月二日条にも、樋口兼光と武蔵児玉の輩が親昵であったので、自分たちの勲功と引き換えに兼光の助命を願ったとあり、義仲側近兼光と児玉党の親密な関係がうかがえる。児玉党の義仲勢力への参加は、鎌倉街道を介しての連携によるものであろう。

義仲の父義賢は、上野多胡に住み武蔵比企郡の大蔵へ通って秩父重隆の婿となり、近隣国をも従えたとし、また義仲は信濃の滋野・根井に擁立されて信濃・上野・足利の武士を募っている。按ずるに、東山道・鎌倉街道といった主要幹線を媒介として、武士層の交流・連係があり、軍事貴族と言われるような階層の人々は、その貴種性や権威を背景とし連携の要となる役割を担ったのであろう。

城軍の編成と、その背景となる地域構造については高橋一樹「「御館」城氏の軍団編成」(31)に詳しい。氏によれば、城氏が本拠としたのは越後北東部の奥山荘内政所条・鳥坂山付近であるが、城軍武将は、日本海に注ぐ大河、信濃川・阿賀野川とそれをつなぐ潟湖による交通ルート、及びその延長上に分布しており、陸奥会津・越後・上野西北部・信濃東北部をつなぐ広範な交通体系に基づいて城氏連合軍が形成されていると想定する。

『平家物語』では、城軍は六万騎を三手に分けており、大手城長茂は四万騎を率いて越後国府に入り、搦手の千曲越軍の大将には蒲原郡弥彦荘内浜郷（C）の浜小平太と、蒲原郡菅名荘内橋田（D）の橋田太郎、同じく殖田越軍の大将は魚沼郡妻有荘（A）の津帳（津破）庄司宗親とみえる。また越後以外では、大手軍に配された陸奥国会津（L）の乗湛房、同じく立川（M）の立河次郎、上野国吾妻郡（J）の閑妻六郎・同群馬郡渋川（K）の渋川三郎、信濃国伊那郡笠原牧（H）の笠原頼直・更級郡富部御厨（F）の富部家俊などがみえる。これら城氏方は《図1》にA～Fで示した。

城長茂大手軍は国府直江津から翌日には、信濃に越える予定とあるので近世北国街道から関川峠経由で善光寺平を目指したのだろう。搦手千曲越軍は、千曲川に沿って遡上する部隊、同じく搦手の殖田越とは、前掲高橋論文で指摘するように、魚沼郡殖田郷経由を意味するのであり、ここから三国峠を越えて上野に入り、そこから味方である渋川・閑妻（吾妻）氏の本拠地を経て善光寺平を目指した部隊と考えられる。

両軍の配置は、東山道・鎌倉街道・北国街道ルート上に分布する義仲軍に対し、城軍は千曲川・阿賀野川・三国峠越えルート上に分布しており、地域的な区別がほぼ明確である。唯一交錯しているのが善光寺平付近であり、義仲方の星名（保科）・井上・高梨、城方の笠原・富部・杵渕・星名といった面々が入り乱れている。これは両勢力が拮抗する場所が善光寺平付近であり、同所が両度の合戦場となった理由もここにあろう。

すなわち、義仲を冠した東信濃・西上野・北武蔵交易ルート勢力と、城氏を冠した越後・北信濃・北上野・南陸奥交易ルート勢力の重要な接点、あるいは競合の地であり、ひいては城勢力と義仲勢力との対峙が、日本海側と太平洋側を結ぶ流通ルートの権益・支配権をめぐる抗争であったという構図がみえる。

川合康は内乱の要因として、南河内の交通・流通の要衝である長野に進出し、その流通過程の掌握につとめた河内の石川源氏、紀伊北中部地域社会の分業・流通上の拠点を慣習的に管理し熊野街道の安全保障に関与した湯浅氏、伊勢街道の掌握につとめた平信兼等を例示して、院政期にはこれら流通・交通を媒介として広域支配を志向する在地領主の運動が領主間の紛争・矛盾を発生させたとする。[32]また石川源氏等の広域領主ではなく、中核都市を結ぶ中継点「町場」の支配者である「長者」も在地領主の一類型として注目されている。すなわち彼等は自然発生的な宿町に、居館を構え市場機能を補い、さらに宗教活動の援助、伝馬・堀などの整備といった開発により、地域市場経済を助長し政治的に編成された町場へと進化させたとされる[33]。

これら広域支配を志向する領主、町場の支配者となる領主との違いはあるにせよ、共に流通・交通に関与する立場から、利益の共有、協力関係を形成していたのであろう。義仲方・城方ともに国を越えた領主間の連携は、流通・交通を媒介とした利益の共有、協調体制の存在を背景としているものと思う。

地域社会内部の衝突が、頼朝でいえば山木夜討・石橋山の合戦であり、義仲では市原の合戦にあたり、地域社会間での衝突が、頼朝の信濃進攻・義仲の横田河原の合戦に相当する。こうした地域社会内外部での衝突を経て、東国に一応の安定が生まれた段階で、中央との関係が模索され始めたのであり、頼朝は平家との和解を朝廷に打診し、義仲は北陸の宮を擁しての上洛となった。つまり内乱は、第一：地域内部の紛争―統一、第二：地域社会間の抗争―統合、第三：政権争奪という三段階で捉えることができるだろう。

最後に、内乱前後での信濃国の変化について示唆的な史料を提示しておく。安貞元年（一二二七）、藤原定家は信濃国務について調査するため使者法師を現地に派遣しており、『明月記』同年九月二十五日条に載るその報告は、善光寺平付近の意義を考える上で貴重な情報である。使者は信濃国の南端より入国し、善光寺までは北行して六箇日の行程とする[34]。また途中、更級里・姑捨山（冠着山）・浅間山・千曲川を経ているので、東山道・近世北国街道のルートを通過したのであろう。

また善光寺近辺には、後庁と称される所があり、眼代等が居住するという。この「後庁」につき石井進氏は、松本平から移動した国衙であるか、本庁松本国府の支庁的存在とされている[35]。

また使者が報告するには、元々同国は広博で温潤（順）の地であったが、内乱以後は検注もままならず、一〇〇町の郷であっても収益は麻布二・三段のみで、国中が熟田なのに米穀の運上は無く、住民は富み国守の得分は無いという。またさらに、在庁官人たちは「当世之猛将」の輩であり、国守の指示に従うはずがないとする。定家は使者の派遣以前、信濃国について、同国には二〇〇人もの「鎌倉近習侍」が名主として居住しており、彼等による国守権威への抵抗が予想され、知行は極めて困難と説明している[36]。この「鎌倉近習侍」と先の「当世之猛将」は等しいか、近しい存在で、国衙の中枢機関である善光寺付近の後庁には、眼代はじめ在庁官人でもある鎌倉御家人が居住し、国守も容易に介入できない地域権力を築いていたと想定される。

義仲与党のうち、後庁周辺の村山・村上・栗田・高梨氏等は、義仲の没落をも乗り越え内乱を生き延び、その多くが鎌倉御家人となっており、「鎌倉近習侍」「当世之猛将」たる在庁官人、富有の住民とは彼等のことであろう。内乱を経て中央権力の支配力は弱体化し、鎌倉幕府が御家人支配を通じて実質的に国衙支配を行なっていた状況がみてとれる。

内乱後についてもう一点、義仲勢力と城勢力とが衝突した善光寺平の状況について付言しておく。文治三年七月二十七日下文を以て、治承三年に焼失した善光寺の再興沙汰につき、頼朝より信濃国荘園公領沙汰人等に宛てて、結縁助成すべきことが指示されており（『吾妻鏡』同日条）、頼朝の同寺参詣が計画されるなど、鎌倉政権にとって同寺が重要であり、関与を強めていたことが理解される。

また、『吾妻鏡』承元四年（一二一〇）八月十二日条によれば、「信濃国善光寺地頭職者、故右大将家御時、鎮狼藉可令安堵住侶之由、寺家就望申」により長沼宗政を補任していたという。同地頭職はやがて停止されるが、『吾妻鏡』文永二年（一二六五）十一月二十日条によれば同寺辺悪党の鎮圧のため警固の奉行人「和田石見入道仏阿・原宮内左衛門入道西蓮・窪寺左衛門入道光阿・諏方部四郎左衛門入道定心」等四人が置かれていたという。結局、彼等も「相交員外雑務、致不調沙汰」により解任されている。治承五年三月、善光寺同様、鹿島社にも「於宮中為レ不レ令レ現二狼藉一」に惣追捕使を置いており（『吾妻鏡』同十二日条）、狼藉停止という名目を以て治安機関を設置し直接的な介入を行なっていたことが理解される。

注

（1）「木曽義仲挙兵の基地としての東信地方」（『千曲』創刊号、一九七四年）。

（2）郷道「鎌倉幕府による信濃国支配の過程について（一）」（『信濃』二五―一一、一九七三年）・金沢「治承寿永争乱に於ける信濃国武士団と源家棟梁」（『政治経済史学』一〇〇、七四年）。他『佐久市志　歴史編二』（九三年）・『松本市史　二歴史編二』（九六年）でも同様。

（3）小林計一郎「村上氏について」（『信濃中世史考』吉川弘文館、一九八二年、初出七四年）。

（4）『吉記』同年七月三十日条、この他『延慶本』巻七、『盛衰記』巻三二にもみえる。

（5）『長野市誌　二』（二〇〇〇年）四九六頁など。

（6）井原今朝男「中世善光寺平の災害と開発」（『国立歴史民俗博物館研究報告』九六、二〇〇二年）。

（7）小川信『人物叢書　細川頼之』（吉川弘文館、一九七二年）は、矢田の名字の地を邑楽郡矢田郷（比定地未詳）とする。『延慶本』巻八には、義清は信濃国住人とみえるが同国内に名字の地に比定すべき適当な場所はない。義清の所領下野国梁田御厨（栃木県足利市）の「梁田」が「矢田」に転じたとする説（『近代足利市史　一』一九七七年）、及び北酒出本『源氏系図』足利氏系図の記載から丹波国八田郷（京都府綾部市）に比定する説がある（佐々木紀一「矢田判官代在名・大夫房覚明前歴」『米沢史学』一七、二〇〇一年）。

（8）『新編高崎市史　通史編二』（二〇〇〇年）三〇頁では、新田義重の子が山名を称したのは、義重の西毛進出にともない山名郷を入手したからと想定されている。もちろん、妥当と思うが、新田嫡流の義範―重国が、傍流の義清の家系に入っているということは、嫡流から傍流へ猶子に入り所領山名郷が譲与された経緯を示唆するのではないか。

(9) 松井茂「越後平氏と城助永」(羽下徳彦編『中世の地域社会と交流』吉川弘文館、一九九四年)。

(10) 『玉葉』治承四年十二月三日条。

(11) (5)『長野市誌 二』四九九頁。

(12) 《表1》《図1》のもとは、二〇〇四年の「木曾義仲の挙兵と市原・横田河原の合戦」(『群馬歴史民俗』二五)で作成したものだが、高橋一樹「「御館」城氏の軍団編成」(入間田宣夫編『兵たちの登場』高志書院、二〇一〇年所収)・村石正行「治承・寿永の内乱における木曾義仲・信濃武士と地域間ネットワーク」(『長野県立歴史館研究紀要』一六、二〇一〇年)を参考とし、大幅な変更を加えてある。

(13) 金井清光「平家物語の義仲説話と善光寺聖」(『文学』四五―一一、一九七七年)。

(14) 井原今朝男(6)論文。

(15) 彦由一太「治承寿永争乱推進勢力の一主流」(『國學院雑誌』六三―一〇・一一、一九六二年)。

(16) 「越後国頸城地域の御家人」(『上越市史研究』二、一九九七年)。

(17) 『治承・寿永の内乱論序説』(法政大学出版局、一九八一年)一七〇頁。

(18) 拙稿「中世前期の城・城郭概念の区別と変遷」(『軍記と語り物』四四、二〇〇八年)。

(19) 『玉葉』安元三年四月十七日条所収同十六日付院宣。

(20) 『平氏政権の研究』第五章　後白河院政期の政治権力と権門寺院(思文閣出版、一九九四年)。

(21) 官宣旨案　神宮司庁所蔵類聚神祇本源裏文書『平安遺文』三六四三。

(22) 東大寺文書四―四四『平安遺文』三六五二。

(23) 興福寺大衆牒案　尊経閣所蔵興福寺牒状所収『平安遺文』三六四六。

(24) 『頼朝の時代』(平凡社、一九九〇年)九〇頁・保立「日本国惣地頭・源頼朝と鎌倉初期新制」(『国立歴史民俗博物館研究報告』三九、九二年）。

（25）野口実『鎌倉の豪族Ｉ』二章 坂東武士団の発展（かまくら春秋社、一九八三年）・元木泰雄「平氏政権の崩壊」（宮川秀一編『日本史における国家と社会』思文閣出版、九二年）。

（26）「北関東の武士団」（『古代文化』五四―六、二〇〇二年）。

（27）（5）『長野市誌 二』六〇八～六一一頁。

（28）『長野市誌 二』六〇二頁。

（29）吉岡康暢「珠洲焼から越前焼へ―北東日本海域の陶磁器交易―」（網野善彦他編『日本海と北国文化』小学館、一九九〇年）。

（30）佐久市内山の荒船神社は、上野・信濃国境の荒船山を祀っているが、富岡の貫前神社も水源となる荒船山を祀神としており、こうした宗教的な結び付きから、佐久郡と甘楽郡との国を越えての密接な関係がうかがえる（『佐久市志 歴史編二中世』一九九三年、二二六～二二七頁）。

（31）（12）高橋論文。

（32）「治承・寿永の内乱と地域社会」（『歴史学研究』七三〇、一九九九年）。

（33）山本隆志「鎌倉時代の宿と馬市・馬喰」（『年報日本史叢』一九九九年）・高橋修「中世前期の在地領主と町場」（『歴史学研究』七六八、〇二年）。

（34）鎌倉から碓氷峠を越えて信濃に入ったとすれば、六箇日の行程はかかりすぎるので、美濃側から東山道に入り、善光寺に至る行程を述べたものかもしれない。

（35）石井進「中世国衙領支配の構造」（『信濃』二五―一〇、一九七三年）。

（36）『明月記』安貞元年三月二十日条。

まとめ

木曾義仲は乳母夫中原兼遠により木曾で養育されたが、挙兵にあたっては東信濃の滋野一族、及び西上野の足利（矢田）義清等の支持を背景とし、東信濃・西上野地域を基盤とした。義仲挙兵は、国衙機構である後庁近辺における緊張関係を刺激し、平家方の笠原・富部氏と、義仲挙兵に与同した村上・村山氏との軍事衝突、すなわち、市原の合戦が行なわれる。東信濃・西上野の武士による義仲軍は、村山氏の援軍要請に応えて北信濃へ進出し、笠原・富部を排除する。引続き義仲軍は、矢田義清の本拠に近く父義賢の由緒の地である上野国多胡に転じ、上野国衙より元来、義清一族と対抗関係にあった藤姓足利氏を除く。これら両国衙付近での紛争は、従来からの国衙権力をめぐる緊張関係を背景としており、そうした政治対立を軍事力を以て解決しようとしたものと考える。

信濃国衙より排除された笠原・富部は、越後城氏を頼り、城氏は越後、及び陸奥会津・北上野といった多国軍を編成し、善光寺平へと進出する。義仲方は、北信濃の義仲方・東信濃・西上野、及び甲斐源氏の与同を得て横田河原に合戦し、これを退ける。城・義仲軍ともに、国・郡を越えた武士連合を形成しており、これらは日本海側と太平洋側を結ぶ流通・交通を媒介とした連携に基づくものであろう。ことに義仲軍の場合は、善光寺平から千曲川沿いに南下し碓氷峠、或いは内山峠を越えて西上野へ抜け鎌倉へ至る、いわゆる後の鎌倉街道に沿って分布する武士により構成されており、これら鎌倉街道沿いの武士グループの連係と、父義賢に由来する義仲の貴種性が義仲軍を成立させた要素といえよう。

義仲の挙兵の基盤は、東信濃・西上野地域社会であり、同社会の構成員も後に『明月記』に鎌倉近習侍の名主と称されている人々、つまりは大名小名層であろう。よって義仲・頼朝の挙兵基盤は同質であり、各々の地域社会の利益の代表者として行動することになる。

彼等は第一段階として地域社会の統合を目指したのであり、土佐の源希義や、淡路の源為義末子などは、こうした地域社会の統合の段階、つまり挙兵の第一段階で失敗している。第一段階をクリアーした頼朝・義仲、及び熊野の源行家は、第二段階の地域社会間抗争に入り、頼朝・義仲は甲斐・信濃源氏を加えて統合の枠組みを作り上げるが、行家は尾張・美濃国境の墨俣で平家に破れて脱落する。そして義仲は以仁王の遺児を担いで北陸戦線へ参加し、頼朝は後白河院と接触を試みて内乱の政治的解決を模索するなど、内乱は中央政権との関係を見据えての第三段階へと移行する。

内乱は武士がそれぞれに抱えていた問題、所領の争いや各種利権の争奪という個々の問題のみではなく、地域が抱えていた問題、政権が抱えていた問題、それらが複合的に関係し合いながら衝突した結果であり、それ故に連鎖し拡大して「内乱」に発展したのであろう。それが鎌倉幕府の成立へと収斂してゆく理由はどこにあるのか。

信濃国では「当世之猛将」が「鎌倉近習侍」として国衙機関周辺に居住し、中央権力の執行者である国守の統制力は凋落し、代わりに幕府は地頭や奉行人を設置してその支配を試みている（大分抵抗されているが）。保元新制に基づいて後白河院・平清盛が推し進めようとした王権強化は、少なくとも信濃国では失敗し大きく後退したといえる。

第三章　公武権力の連携と地域

本章について

治承寿永の内乱は、寿永二年（一一八三）六月の篠原の合戦を境として地域内紛争・地域間抗争から政権争奪へと質的に変化する。源頼朝勢力も同時期に後白河院との交渉を開始しており、木曾義仲は以仁王遺児北陸宮による王権の成立を、頼朝は後白河政権の復旧を標榜する。ともに安徳天皇の王権を否定し、新たな王権を擁立するという明確な政治方針のもとで具体的な軍事行動なり、政治折衝なりが進められることになる。

後白河政権を武力で支えるという頼朝の方針を実行したのは、頼朝の分身たる代官源範頼・源義経であり、範頼は軍事面を義経は統治面を分担した。ことに義経は在京代官として寿永三年（四月改元、元暦元年）～翌文治元年（八月改元、一一八五）十月まで執務し、平家を追討し朝幕関係の基礎を築いた。そうした意味で政権争奪へと質的に変化してからの内乱期、幕府の対朝廷政策・西国軍政を実質的に主導していたのは、頼朝というよりは、むしろ義経であったといえよう。義経によって確立された「朝廷の立法を武家が執行する」という朝幕関係の基本形は、以降の武家政権でも同様である。たとえその立法の主体をも実質的に武家政権が担うとしても、形式上は天皇が発布し、武家へ執行を命じるのである。

公武政権の原始ともいえる在京頼朝代官としての義経の機能を、1節では代官義経上洛の経緯と、上洛にあたって与えられていた任務、そして上洛以後の代官機能を具体化する。従来、華やかな合戦にのみ注目されてきた義経について、その行政官的な職務内容について検討する。2節では、伊勢伊賀地域に注目し、内乱を契機として朝廷・幕府が地域社会にいかに介入し再編していったのか、畿内近国と東国の境界にあたる同地域において公武の連携と、在京代官・京都守護の果たした機能からそれを読み取ってみたい。

頼朝政権は大名小名社会を基盤として、地域内紛争・地域間抗争を乗り越えて東国支配を固めるが、西国へ進出し政権に参入する段階に至れば、東国の支配とは異なった行政・支配機能が必要となる。そこに最も直接的に関与したのが在京頼朝代官義経であり、その活動に頼朝政権の新たな方向性が表出しているであろう。

1節　在京頼朝代官源義経

はじめに

まず在京中の義経の任務に言及した論文を紹介しておく。田中稔「鎌倉殿御使考」は、源義経を御使中原久経・近藤国平に先行する存在と位置付け、義経・中原親能・守護人の職務分担を明らかにし、藤本元啓「京都守護」は、義経を初代京都守護としその任務を検討し、木村茂光「鎌倉殿御使下文の政治的意味」は、占領部隊の責任者としての義経、惣追捕使梶原景時・土肥実平、御使久経・国平の職務内容の相違とその背景に言及する。(1) これら先行研究では在京中の義経の職務につき、畿内近国における軍事指揮、洛中における警察行為、武士狼藉・兵士兵粮米の停止といった職務が指摘されている。

こうした職務は上洛以前からある程度規定されており、義仲のクーデターによる武力上洛という結果で断絶されているが、上洛以前からの職務と以後の職務には一貫性が存在する。その点につき1.で、上洛以後の軍事・警察については2.で、行政については3.で検討し、それらにつき4.で総括してみたい。

1．上洛以前

寿永二年（一一八三）九月頃より、平家の都落ちなどの情勢の変化により鎌倉・京都間で、関係正常化への働きかけが活発化し、院使中原泰貞の関東下向と、源頼朝の三箇条の申請・合戦注文の提出により具体化する。頼朝は朝廷・諸権門の権益擁護の姿勢を三箇条の申請で明示し、占領状態にあった東国の解放を約束する一方、謀叛人期の軍事活動を記した合戦注文を提出し、自己の軍事行動の追認を求めた。この結果、朝廷は頼朝を本官右兵衛佐に復し、「東海東山諸国年貢、神社仏寺并王臣家領庄園、如レ元可レ随二領家一」（『百錬抄』寿永二年十月十四日条）と東海東山諸国の旧秩序の復活を宣言し、その執行を頼朝に命じる十月宣旨が発布された（第八章1参照）。

頼朝の名誉が回復し、東海東山の占領状態が解除されるなど、朝廷と頼朝の良好な関係が開始されたかに思えるが、木曾義仲の存在をめぐり情勢は混沌としていた。三箇条の申請・合戦注文の提出の後、頼朝は高階泰経へ書状を送り、義仲等が頼朝を伐つべきを結構していると欝し申したという（『玉葉』同十月八日条）。また十月二十四日、九条兼実は頼朝が「先日付二院使一（泰貞也）令レ申事等、各無二許容一、天下者君之令レ乱給ニコソ」と言って怒り、美濃以東を虜掠しようとしているとの伝聞を得ている（『玉葉』同日条、第八章1参照）。同じく同二十八日には、頼朝は十九日に出国して十一月朔日頃に入京の予定であり、一方義仲は閏十月四・五日に入洛し、頼朝と雌雄を決するとの情報が伝えられ、院中はじめ天下騒然の状態とされる（『玉葉』同日条）。これに関連してか、翌二十九日、前権中納言源雅頼は兼実に

「大略獲麟畢之世也、已失二存命之計略一」と危惧し伊勢へ遁れたいと話している（『玉葉』同日条）。雅頼は頼朝側近中原親能の主人であることから、独自の情報ルートを持っており、それにより大規模な混乱の発生を予期したのであろう。先の三箇条の申請での平和的・妥協的な姿勢とは裏腹に、頼朝の動向は予断を許さぬ状況であった。

「天下騒然」の主要因は義仲の存在であり、義仲は素行不良と平家追討の停滞により京都では孤立し、頼朝とも対決姿勢を明白にしていた。十月二十三日、兼実の聞くところによれば、後白河院は義仲に上野・信濃を賜い、頼朝へはその旨を伝えて和平すべきを仰せたという（『玉葉』同日条）。また閏十月十三日、小槻隆職が兼実に伝えるには、頼朝が東海・東山・北陸道の荘園国領の領知復旧の宣旨発給を申請したところ、義仲を恐れて北陸道を除外した宣旨を発給し、かつ院使泰貞を以て頼朝に義仲との和平を命じたという（『玉葉』同日条）。隆職は頼朝の反発を危惧し、兼実も「天子之政、豈以如レ此哉、小人為二近臣一、天下之乱無二可レ止之期一歟」と、院とその近臣の失政を天下争乱の根源と批判する。兼実の批判は野党的ともいえようが、院側では対立する頼朝・義仲間のバランスをとることに懸命で、それが北陸道を除くという十月宣旨の内容にも反映されており、こうした院側の姿勢が、頼朝の不満を誘引していたことは確かであろう。

史料一『玉葉』寿永二年十一月二日条

二日壬辰、天晴、伝聞、頼朝去月五日出二鎌倉城一、已京上宿二旅館一及二三ヶ夜一、而頼盛卿行向議定、依二粮料蒭等不レ可レ叶、忽停二止上洛一帰二入本城一了、其替出二立九郎御曹司一誰人哉、可二尋聞一、已令二上洛一云々、（下略）

史料二『吉記』寿永二年十一月四日条

四日甲午、（中略）自二東国一上洛者等有二其数一、其説云、頼朝立二鎌倉一、至二于足柄上道一、其勢騎歩相并及二三百万人一、其粮料仮令余三万石之間、用途不レ可二相叶一之由、猶予之間、院使康(泰)(中原)貞下逢、仍帰二鎌倉館一了、舎弟字九郎冠者、其名義経云々、不レ具二幾勢一為二代官一上道、今明可二入京一、相二具院別進一云々、下向国々庄々之輩或施二行之一、或空帰洛也、是非二叛儀一、企二京上一之間、毎事不二落居一之故也、（下略）

前掲『玉葉』十月二十八日条の頼朝上洛の情報が、単なる浮言ではなかったことは、史料一・二で明らかとなる。数江教一『源義経』（弘文堂、一九五四年）では両条をひき「最初大軍を率ゐて上洛するのは頼朝のはずであった。それが都合によって取止めになり、代りに義経が選ばれた」（二頁）とし、その目的は京都へ代官を送り政治的発言力を得ること、及び「政局を探察」するためとした。この指摘は義経の政治動向を考える上で重要であり、さらに検討を深める必要がある。ことに代官義経の派遣理由については、より具体的な意義付けができるのではないかと思う。

史料一では、頼朝は閏十月五日に大軍を率いて鎌倉を出陣し、三日後に下向途中の平頼盛と行き合い議定した後、軍兵を引き返し、代りに義経を上洛させたとする。史料二では、頼朝軍総勢三百万人余の行軍途上、足柄上道にて院使泰貞に遭遇し、会談の結果頼朝は鎌倉に帰還し、代官義経が少勢にて上洛したとある。『玉葉』同十一月六日条には、頼盛が鎌倉に着し頼朝と対面した詳細な様子が載せられているが、これは源雅頼が修行者より得た情報とされ、また史料二でも「自二東国一上洛者等有二其数一」とあるので、この頃にはかなり正確な情報が、京都へもたらされているらしく、頼朝の行動も事実と考えてよいであろう。

頼朝が軍を引き返すに足る条件が、頼盛・泰貞より提示されたのか、又は頼朝が条件を提示して軍を戻したのかはわからない。しかし泰貞に続いて下向した院御使景能に対して頼朝は、「院の仰せは同前で、その報奏はすでに泰貞に申したので繰り返さない」と不快を露にし、饗応の気もなく使者を帰したというのであるから（『玉葉』同十一月十五日条）、頼朝が強硬な姿勢で院との交渉に臨んでいたことは間違いなかろう。

結局、義仲謀叛の噂が頻りとなる十一月十七日、院は義仲に対し平家を追討するのか、或いは頼朝と対決するのか、何れにしても京都を離れなければ謀叛とみなすと最後通告し（『玉葉』同十七・十八日条）、十九日の義仲の院御所の攻撃、すなわち法住寺合戦へと至る。

この法住寺合戦を契機に、事態は義仲の軍事的敗北の方向へ突き進むのであるが、義経は、朝廷側と頼朝の緊張が最も高まった頼朝軍上洛の場面（史料一・二）で登場する。史料二では、義経は「不レ具二幾勢一為二代官一上道」とあり、さらに『玉葉』寿永二年十一月七日条では「頼朝代官今日着二江州一云々、其勢僅五六百騎云々、忽不レ存二合戦之儀一、只為レ供二物於院一之使」とあるので、少人数の非攻撃的部隊とみられていたようだ。頼朝は一応、武力行使を控え、院へ供物を捧げて代官を入洛させる政治的手段へと方針を換えたものと思われる。院は頼朝代官の入洛を認めるよう再三義仲に勧告し、義仲も一旦は承知する様子もみせた（『玉葉』十一月十日条等）。頼朝代官義経の入洛工作は、平和的に頼朝勢力を取り込むための院の最後の手段であったといえよう。

また頼朝代官義経は、供物を届けるだけの使者ではなく、「東海・東山道等庄土〔公カ〕、有二不服之輩一者、触二頼朝一可レ致二沙汰一」という十月宣旨を施行する任務にあった（『玉葉』閏十月二十二日条）。史料二では、義経は頼朝代官として院に別進を贈るために京都近くまで進み、国衙領・荘園の沙汰付を実行したとあるが、これは十月宣旨遵行の任務に具体的に触れた内容といえよう。

頼朝代官の件につき『平家物語』では次のように言及する。

史料三『延慶本平家物語』巻八　宮内判官公朝関東へ下事

平家世ヲ乱リテ後ハ、東八ヶ国ノ年貢未進アリテ、領家本家モ誰哉覧、国司目代モナニヤラム、其上道ノ狼藉モアリケレバ、平家ヲチテ後三ヶ年ガ未進皆尋沙汰アリテ、千人ノ兵共ヲ差副テ、弟二人ヲ大将トシテ都へ被進ケル、すなわち、頼朝挙兵以降、東国八箇国では領家本家・国司目代も不知行状態で、上洛の道も狼藉により閉ざされていた。そこで平家没落後三箇年の未進を皆尋沙汰し、千人の兵を副えて、頼朝は弟二人（実際は義経一人、後述）を京都へ進めたとされる。これも十月宣旨遵行の任務に言及したものであろう。

大軍に号令をかけながら兵粮が整わないので上洛を中止するというのは、極めて不自然で、あるいは初めから上洛するつもりなどなく、朝廷・義仲側へ軍事圧力をかけ、混迷する交渉に終止符を打つための威嚇行為とも考えられよう。少なくとも、強硬姿勢を見せつつ、あっさり軍勢を引き上げて供物を捧げ、東国の占拠解除を宣言する十月宣旨を履行しており、頼朝は硬軟両面を交えて交渉に臨んでいたと考えられる。頼朝代官義経は、この柔軟で協調的な部分を担当していたといえる。

頼朝代官としての義経の任務は、平和裡に入洛し院に供物を捧げ、かつ内乱により支配不能に陥った、東海東山地域の旧秩序を復活させ、京都・鎌倉間に良好な関係を確立することと考えるが、これに関連して、さらに二点ほど頼朝代官義経の任務内容に関する指摘を行なっておきたい。

まず第一点。内乱期において範頼・義経は頼朝代官の職務を果たしたが、有能で華々しい義経、凡庸な範頼というイメージで捉えがちである。しかしこうした評価が生じるのは、両者の役割に質的差異が存在するにも拘わらず、その相違を認識せず同列に扱っているためではなかろうか。

例えば、史料三『延慶本平家物語』では、頼朝は弟二人＝範頼・義経を派遣したとあるが、史料一・二では上道している頼朝使者は義経のみである。義経は使者として近江・伊勢付近まで進んでいることは前述のとおりで、義仲の院御所法住寺攻撃に際しては、鎌倉から出陣した範頼軍とは、途中で合流していると考えるのが適当であろう。つまり本来、義経と範頼の行動は別々で、法住寺合戦という事態の急変により両方大将軍となり、合戦に参加することになったと理解できる。この点、前掲数江論文では『玉葉』寿永三年正月十三・十六日条をひき、十三日条では義経軍は数千とし、十六日条では数万とする差異を以て、義経と範頼主力軍との合流は、十五日〜十六日と想定している。つまり『延慶本』は両者を混同する誤りを犯しているが、実際には両者は別々の経緯を経て上洛するのである。

戦場では常に兄範頼は大手、弟義経は搦手を指揮することからも明白なように、範頼が義経の上位に位置する。しかし義仲を破って後白河院の六条殿に参上しているのは義経のみ、また福原へ出陣する際に、院の六条殿に召されているのも義経のみである。(2) さらに『愚昧記』寿永三年正月二十一日条・『吾妻鏡』同日条で、義仲の首を獲る由を奏上しているのも義経とされている。また一ノ谷の合戦前の正月二十八日、範頼も在京しているにも拘わらず、院の命令を受け小槻隆職宅の強制捜査を行なっているのは義経配下である（『玉葉』同日条）。

『愚昧記』『玉葉』等の古記録類でも、朝廷との接触は義経の方が明らかに多く、対朝廷交渉の場面での義経の露出度の高さは、『平家物語』等の脚色ではなく歴史的事実と判断できる。こうした傾向を両者の個人的資質の差とするのは安易であり、何等かの合理的な説明が必要であろう。

すなわち、義経の閏十月の上洛は、本来は院に別進を進上するのが目的なのであり、当初から義経には、鎌倉方の代表者として朝廷に近仕する役割が与えられ、範頼は法住寺合戦後に大軍を指揮して義仲を追討するのを専務とし、朝廷側との折衝は義経が担当していたと考えるべきではなかろうか。

範頼は一ノ谷の合戦の後、程なく鎌倉に下向し、また元暦元年に平家追討軍の大将として再び上洛した際にも、八月二十七日に入洛し、同二十九日に平家追討の官符を受け取ると、翌日には西海へ向け出発しており、京都には全く留まっていない（『吾妻鏡』同九月十二日条）。この点、藤原定能の言によれば、頼朝は範頼へ一日たりとも京都へは逗留せずに、直接四国へ向うよう指示していたらしい（『玉葉』同八月二十一日条）。按ずるに、範頼は軍事的代官、義経は事務的代官という分担があった、あるいはより上位の代官である範頼は、朝廷との直接的な接触をできるだけ回避させ、超然と自己の意を遂行させるといった、頼朝の深慮があったのではなかろうか。

次いで第二点。先の十月宣旨による東国地域の支配権の復旧とともに、朝廷側からの頼朝への要望として、洛中の治安確保があげられる。『玉葉』寿永二年九月五日条では「近日、京中物取、今一重陪増」しており「京中之万人」は「一切不レ能二存命一」状況であったが、義仲は「院御領已下併押領、日々陪増」と全く頼りにならず、頼朝の上洛に憑みを託すのみと記す。平家を逐って上洛した義仲軍の粗野な行動は有名で、戦乱により崩壊した治安の確保が求められていた。藤本元啓は「公武最大の目標は平家追討」であったが「貴族の関心事は京都の治安維持」であり、「両方を満たしてくれる武士にこそ肩入れをする」とする。[3] すなわち朝廷との友好関係を保つためには、洛中の治安維持は必須の課題であった。

十月宣旨の発給・本官復帰により東国の軍事組織としての頼朝が、朝廷より交渉の対象と認知された後、朝廷側の治安維持の要請に対し、新たなる武家棟梁頼朝は、その要求に応えるため代官義経を京都に派遣することとしたのであろう。

頼朝代官としての義経の任務は、平和的に入洛を果たし、院へ供物を献じて京都・鎌倉間の良好な関係の魁となること、十月宣旨に基づき東海東山の公領荘領の秩序回復を履行することであり、これら任務遂行に関連して、朝廷との交渉役となり、武家棟梁頼朝の代官として、洛中の治安回復をもたらすという命題が課せられていた。

ただし代官義経の派遣は、平和的・献身的な頼朝の姿勢を反映してはいるものの、院との緊迫した折衝により生み出された方策であり、朝廷との連携を強めて対義仲・平家への軍事行動や東国支配の確立を、より円滑に進めようとする頼朝の意図を見逃してはならない。

2．軍事・警察

本節冒頭で触れた先行研究では、在京中の源義経の職務につき、畿内近国における軍事指揮権、洛中における警察行為、武士狼藉・兵士兵粮米の停止といった職務が指摘されており、それらを軍事・警察と行政に大別して検討してみたい。まず軍事・警察面であるが、畿内近国における軍事指揮権につき、史料四 源頼朝書状(4)では、義経は「畿内近国」での追討活動の責任者に指名されている。

史料四　源頼朝書状（『吾妻鏡』寿永三年二月二十五日条所収）

言上

条々（中略）

一　平家追討事

右、畿内近国、号二源氏平氏一携二弓箭一之輩并住人等、任二義経之下知一、可二引率一之由、可レ被二仰下一候、海路雖レ不レ輙、殊可二忩追討一之由、所レ仰二義経一也、於二勲功賞一者、其後頼朝可二計申上一候、

（中略）

以前条々事、言上如レ件、

寿永三年二月日　　源頼朝

頼朝は、畿内近国へ源氏平氏と号して弓箭を携帯する輩と住人等への指揮権を、義経に付与すべき命令の発布を朝廷に要請し、義経には急ぎ追討を遂行するよう指示したとする。勲功の賞は頼朝の計らいとして、あくまでも追討行

為の主体は自身にあることを明示しながらも、畿内近国の軍事代官に、義経を指名していることがわかる。

『玉葉』元暦元年六月十六日条では、備後にあった土肥実平子息早川太郎が平家方の攻撃を受け、播磨の梶原景時が備前へ向い、その隙を突いて平氏等は室泊を襲撃し、このため京都の武士等が召集派兵されたとある。また『源平盛衰記』巻四一（以下『盛衰記』とする）には、同年五月晦日に平家が備前に攻め寄せ、板垣兼信が備後へ行き向って合戦したとあり、また同年六月十七日には摂津福原へ、平家の軍兵が舟にて来襲したと、備前の梶原景時より京都へ連絡があり、都は大変な騒ぎになったとする。ともに五月下旬から六月中旬にかけて、平家方の反攻が行なわれていることを示している。

『玉葉』十六日条で九条兼実は、大将軍が遠境にいるので平家追討が停滞するのだと述べているが、ここで責任が問われている「大将軍」とは誰のことであろうか。『玉葉』寿永二年閏十月十七日条では「頼朝弟九郎為二大将軍一、率二数万軍兵一企二上洛一」、同元暦元年七月八日条では「家《（平）》継法師為二大将軍一大内郎従等悉伐取」、『吾妻鏡』寿永三年二月五日条では「大手大将軍蒲冠者範頼也」とあり、軍隊を直接引率している指揮官を大将軍と称している。さらに元暦二年正月、義経の西海出陣について吉田経房は、今までは「大将軍」が下向せず郎従等を差遣していたので追討の成果が上がらなかったのではないかとし、大将軍＝義経の出陣に賛成している（『吉記』同八日条）。すなわち『玉葉』元暦元年六月十六日条でいう「大将軍」も、在京中の義経のことを示すものと考えられる。

兼実は、実平・景時の苦戦の要因は、大将軍義経が戦地に臨まないためと分析しているのであるから、義経が彼等を指揮する責任を負っていた、つまり山陽へ派遣された惣追捕使土肥実平・梶原景時は、大将軍義経の指揮のもとに平家軍の攻撃・守備にあたっていることになろう。

また元暦元年八月には、平信兼の追討のため義経自身が伊勢へ発向しており、規模の程は不明であるが、実際に軍事行動にも及んでいる（本章2節）。この行動は、同年八月十日、洛中の義経宅において、謀叛の嫌疑により信兼子息三人を殺害したことを契機とするが（『山槐記』同十二日条）、伊勢まで出陣していることからすれば、これも畿内近国の軍事指揮官としての行動と考えられよう。

また『玉葉』同年二月二十九日条では、義経は平氏追討のため来月一日に、西国へ出陣する予定が延引されたとあり、また『吾妻鏡』同年七月三日条では、自由任官問題、あるいは信兼追討により猶予されたもの[5]、同様に西海出陣の旨が院に報告されている。西海出陣は結局翌年正月となったが、寿永三年（元暦元年）中にも再三出陣が取り沙汰されており、常に西海派兵にあたっては軍事指揮官の候補として名前があげられている。

次に洛中における警察行為であるが、一ノ谷の合戦直後の寿永三年二月十八日、頼朝は使者を以て京都へ「洛陽警固以下事」について指示を下した（『吾妻鏡』同日条）。前掲藤本論文では、この使者の宛先は義経であり、その指示も義経に下されたものとする。一ノ谷の合戦の大手大将軍範頼は、洛中に留まることなく早々に引き上げており、残された義経の行動からして氏の理解は妥当であろう。

寿永三年三月日感神院所司等解[6]では、同院社頭・四至内において、義経の命令を受けたと号する武勇輩が、謀叛人所縁の咎、或いは同院に寄宿している者の嫌疑により、社家住僧神人等を追捕しているとされる。義経はこの訴状に狼藉停止の外題を加えているが、これにより義経及びその配下が、平家もしくは義仲など与同の謀叛人の探索行為をしていることが理解される。翌元暦二年二月十六日、高階泰経は四国へ出陣しようとした義経を京外まで追いかけて、洛中警護を優先するように説得し（『玉葉』同日条）、また正月八日には、前年七月、伊賀にて挙兵敗走した平氏家人伊藤忠清が洛中にあるとの風聞に言及し、その警備の必要を説いており（『吉記』同日条）、謀叛人・落武者等の探索・追捕が、治安維持には不可欠な作業であったことが理解されよう。

寿永三年二月、主殿寮年預職をめぐり伴基方・同貞方は、現任の伴守方を謀叛人として罷免すべしと訴えた。義経は、守方の子息俊重は平家郎従であり、守方は俊重に与同し音信を交したなどの嫌疑を認め、訴人の道理は顕然との判断を下した。これを受けた梶原景時は謀叛人の処分は頼朝の上洛を待つとしながら、守方を罷免して基方・貞方等に改めるのが適当との進言を行なっている。(7)この主殿寮年預の伴守方謀叛問題も、義経・景時の在京中の軍事・警察行為の一環としての職務例といえよう。

また元暦元年十二月七日、兼実は「近日群盗之恐、連夜不レ絶」という治安の悪化と、それへの対処の無いことを嘆き、院へ「逆党之征伐」と「盗賊之厳制」は、ともに重要な政治課題であるが、後者は速やかに刑法を行なう必要があり「有司并武士等」に禁遏を命ずべきであると奏上する（『玉葉』同日条）。この有司（担当官庁）并に武士の第一は、武士の棟梁頼朝の代官として在京する検非違使少尉義経となろう。

先に朝廷は義仲に代る洛中の治安維持者として頼朝に期待しており、その代官として義経が上洛の途についたことを述べたが、義仲の追討と一ノ谷の合戦を経て、義経がその職務に就いたと理解される。前述のように義経が平家追討の援軍として京都を離れた元暦二年二月、高階泰経が摂津渡辺まで引止めに赴いている。この件につき冒頭に掲げた田中論文では「京の治安維持にとっては義経がなくてはならぬ存在であったことが知られる」とされるが、その勤務状況は京都側の信託に値するものであったといえよう。

3．行　政

次いで、源義経の行政面での職務について検討してみたい。まず、義経が関与した武士狼藉停止の事例①〜⑤を掲げ、狼藉の主体が誰か、如何なる行為が狼藉と糾弾されているのか、それを誰が如何にして停止しているのかといった点を具体化してみよう。

①紀伊国大伝法院領七箇荘の事例

大伝法院領七箇荘（山崎・岡田・山東・渋田・相賀・石手・弘田荘）での寿永三年（四月、元暦に改元、一一八四年）二月～翌年正月にかけての兵士兵粮米問題の関連文書が『根来要書』に収められており、その一覧を載せる。(8)

（a）	大伝法院所司等解状	寿永三年	二月　日	（『平安遺文』四一四一）
（b）	源義経書下	元暦元年	五月二十四日	（同　四一七四）
（c）	藤原親能書下	元暦元年	六月　十九日	（同　四一八一）
（d）	紀伊知行国主藤原範季請文	（元暦元年）	八月　五日	（同　四一八九）
（e）	後白河院庁下文	元暦元年	八月　八日	（同　四一九一）
（f）	紀伊国司庁宣	元暦元年	八月　八日	（同　四一九二）
（g）	高階泰経書状	（元暦元年）	八月　九日	（同　四一九四）
（h）	織部正景宗奉書	（元暦元年）	八月二十四日	（同　四二〇一）
（i）	藤原親能書下	（元暦元年）	八月二十五日	（同　四二〇二）
（j）	豊島有経請文	（元暦元年）	八月二十九日	（同　四二〇四）
（k）	紀伊権守奉書	（元暦元年）	十二月二十九日	（同　四二二五）
（l）	後白河院宣	（元暦二年ヵ）	正月　八日	（同　四一六〇）

はじめに訴訟の流れを追い、全体像と要点を指摘しておく。

『平安遺文』では（l）正月八日後白河院宣を寿永三年としているが、前掲藤本論文では（a）解状の提出が二月であること、同年正月段階ではまだ義仲が健在であることなどからこれを疑問としている。『和歌山県史　史料編古代二』では同文書を元暦二年に掲げ、また五味文彦も同様に理解する[9]。まず（l）では義経へ勅事（一国平均役）の停止を命じたとあるが、頼朝軍が入洛するのが寿永三年正月二十日なので、藤本が疑問を呈しているように、同年正月八日では時期が早すぎることは明らかである。また（k）元暦元年十二月二十九日紀伊権守奉書では、引続き兵士兵粮米問題が継続しており、これが翌年正月に持ち越されたと考えれば、元暦二年とすることは妥当となる。

一方、松島周一は、（l）院宣は（a）寿永三年二月日大伝法院所司等解状と、（b）元暦元年五月二十四日源義経書下の間に発給されたものとして、「正」月は三・四・五月いずれかの誤写ではないかとする[10]。ただし三・四・五月とする論拠が不充分で、かつ元暦二年説の否定も困難ではなかろうか。

いずれにせよ（l）後白河院宣は、（a）寿永三年二月大伝法院諸司等解状以後のものとなり、一連の訴訟は（a）解状が後白河院に持ち込まれて始まることになる。とすれば大伝法院諸司等の訴訟の開始は一ノ谷の合戦直後、すなわち西海道追討軍の活動と連動していると理解されよう。

（b）源義経書下では七箇荘への兵士兵粮米賦課停止を命じている。その際には「不レ用二先日下知一之由有二其聞一」ので再度の下知に及んだとあり、（b）に先行する「先日下知」が存在していたことになる。この「先日下知」には敬称の「御」は付されていない。もし朝廷や兄頼朝等の命令書であれば、「御下知」と表記するはずなので、恐らくは院宣・宣旨・頼朝下文等ではなく、義経自身の下知であろう。義経は「先日下知」を履行しないのは「返々不当」であり、命令を遵守しない輩の交名を注進するよう指示している。とすれば書下には宛所が無いが、宛先は免除命令を現地へ下達し、その実行を監督すべき存在となる（実際の受給者とは別としても）。

六月十九日付（c）藤原親能書下（藤原親能は後に改姓して中原親能）は院宣・義経の下知を遵行したものであり、遵行先は（b）源義経書下と同様と考えられよう。

五・六月の義経・親能の下知によっても停止は実現しなかったらしく、紀伊知行国主藤原範季は（d）八月五日の請文で、在庁は兵粮米免除命令に承伏しているが、守護人有経は国司の命令に従わないであろうから、有経へは直接命令を下してほしいと返答している。この直後に紀伊守護人有経・在庁官人へ兵士兵粮米の停止を命じる（e）八月八日院庁下文・（f）同日紀伊国司庁宣が発給され、また一方では（g）同九日高階泰経書状・（h）同二十四日織部正景宗奉書を以て守護人有経へ武士使の乱入停止が命じられた。（e）院庁下文―（f）庁宣という通常の命令ルートの他に、（g）高階泰経書状―（h）織部正景宗奉書という別のルートを設けているが、これは範季が（d）請文で、国司を用いない有経に対しては、「直可㆑被㆓仰下㆒」と要請したことによるのであろう。これら両ルートの下知をとりまとめて有経に伝達しているのが（i）八月二十五日藤原親能書下である。

これら一連の停止命令に対し有経は、（j）八月二十九日豊島有経請文を以て、兵粮米については既に停止し、兵士役は鎌倉殿御家人と器量の輩以外は免除したと返答している。これは「去廿四日御教書」への請文なので、泰経―景宗ルートの命令に対応したものであろう。

次いで（k）十二月二十九日紀伊権守奉書の冒頭には、「九郎判官下知状」との注記がある。『根来要書』は室町期の編纂にかかるので[11]、注記の是非は検討する必要がある。

（k）紀伊権守奉書

「九郎判官下知状」

高野伝法院庄々者、　勅院事万雑公事、　官符免除之処也、随又去秋可レ免二除兵士兵粮米供給雑事一之由、　庁御下文并国宣被レ下畢、其上寺僧殊致二祈請一、旁可レ有二用意一也、仍可下令二芳心一給上※之由仰遣之処、一切無二承諾一之由、自二寺家一所二訴申一也、何様事乎、早於二伝法院庄々一者、任　院庁御下文之祇候、切二宛万雑事一之由有二其訴一、実者返々不便、永可二停止一之由、可下令二沙汰一給上之旨重所二仰給一也、恐々、

十二月廿九日　　紀伊権守在判

奉書は※部で文意が断絶しており、重大な誤脱・欠損等があるらしく、それが本文書の扱いを難しくしている。断絶を挟んで前半の傍線Aでは兵士兵粮米を免除し「芳心せしめ給ふべきの由を仰せ遣した」のに実行されておらず「何様事乎」と譴責し、後半の傍線Bで重ねての停止命令を伝達している。断絶の前・後半のいずれにおいても、監督者から停止実行者への命令書であることは明らかであり、少なくとも義経下知とするのに否定的な内容とはいえない。

また、義経が左衛門少尉に任官する以前の（b）源義経書下の冒頭注記では「九郎御曹司」とし、任官後の（k）では「九郎判官」と書き分けている点は、『根来要書』の信頼性の上で評価できよう。

奉者の「紀伊権守」については、これを守護人豊島有経に宛てる見解がある[12]。奉書の受給者は、兵士兵粮米停止命令を再度受けている人物であり、発給者が義経であるならば、八月に停止命令を受けている紀伊守護人有経とするのが最も適当と考える。よって奉者を有経とする見解には賛成できない。

（k）を義経下知と断定するにたる論証は難しいが、否定材料が見当たらず、かつ文書の内容や冒頭注記の呼称の書き分けといった点から、義経下知としておく。但し、前述のように文書には断絶があるので、その前半・後半のいずれか一方のみが義経の下知という可能性もある。（k）、あるいは（k）の一部が義経下知であるならば、元暦二年

正月八日と推定した（l）後白河院宣では、勅事停止について義経に下知したとあり、訴訟を受けた後白河院側が別当泰経を以て、前年に義経に兵士兵粮米の停止を命じ、それを実行したのが（k）で、その実行を大伝法院領の寄進主たる八条院へ報告したのが（l）であると整理できよう[13]。

関係文書群（a）〜（l）について一応の説明を終えたところで、この文書群を利用して兵士兵粮米賦課徴収と守護人、並びに守護人と義経との関係について検討してみたい。

（a）大伝法院所司等解状では、治承四年（一一八〇）の紀伊国への追討使派遣でも、今回の西海追討でも自己への兵粮米賦課には抵抗しているが、兵粮米賦課自体への異議には及んでいない。つまり追討使派遣という名目による兵粮米徴収自体については、適法なる課税と認識しているものと思われる。

この兵粮米につき（d）藤原範季請文・（e）院庁下文・（f）庁宣では、院・知行国主・守が在庁官人へ兵士兵粮米の停止を命じているのであるから、守護人とともに国衙機構が賦課徴収に従事していたことになる。また守護人有経は（j）請文にて兵粮米の免除は既に実行し、兵士役も堪器量の輩に限定したと述べており、免除の決定・賦課対象の選択は有経が所管していた、つまり兵士兵粮米賦課徴収の責任者といえる。その点、（f）庁宣の事書には、守護人豊島有経の宛て催す伝法院領供給雑事を停止せよとあり、（d）知行国主藤原範季請文では、在庁官人はともかく、有経は自己の停止命令を用いないであろうと言及しており、守護人有経が兵士兵粮米賦課徴収の中心人物であると認識されている。また（l）院宣では、大伝法院領の寄進者である鳥羽法皇（八条院の父）が、「大小勅事」を免除する勅定を下していることを免除の理由としている。つまり追討使による兵士兵粮米は、「勅事」＝一国平均役として賦課徴収されるのであるから、国衙・在庁官人が徴収にあたるのは当然で、守護人有経は、兵士兵粮米の徴収権を持つ源頼朝の代行者との立場で、これに関与しているものと考える。

養和元年（一一八一）、平家が九州に兵粮米を賦課した際には、庁官一人・宰府使一人・平家家人平貞能使一人が、従類八〇余人を率いてその譴責にあたったとあり[14]、中央・地方行政官と武士が連携して兵粮米徴収を行なっていることが知られるが、この紀伊国での守護人と在庁官人との関係もこれと同様と推定されよう。

紀伊国守護人有経は、朝敵追討の軍備調達を名目とし、国衙の人員・支配文書などを駆使して、兵粮米の徴収、器量に堪える輩の選別と兵士役の賦課を行なっていたと想定される。またその職務遂行は頼朝・義経などの指揮・監督をうけつつも、賦課・免除については、現地責任者として独自の判断で遂行しており、大伝法院等の有力権門より訴訟が提起されたなどの特殊な場合にのみ、義経は関与に及んだのであろう。

②河内国通法寺・大江御厨の事例

年月日欠河内国通法寺訴状によれば、同寺は、浮免三町余の作田に兵粮米七斗余が賦課され責勘を被り、寺僧住房への乱入・質取が行なわれたと訴え、源義経はその訴状へ免除の外題を加えている[15]。小西瑞恵は、同状を元暦二年正月〜二月頃のものとする[16]。通法寺は、同寺が義経の先祖代々の御願寺であることを理由に免除を願い出ているので、訴状は義経宛に提出されたものと考えられよう。すなわち義経は、自身宛の訴状の外題に免除の文言を加えて返付していることになる。

また同国皇室領河内郡大江御厨では、国兵士事について問題が生じており、寿永三年二月、義経は相伝の家人のみに催促を加えたのであり、源康忠の外には御厨よりの兵士徴発は免除したとの書状を発給している[17]。源(藤原)康忠は大江御厨山本・河俣執当職を得て、河内郡有福名水走を開発した水走氏の一族であるが[18]、同月の康忠の訴状によると、兵粮米使は有福名水走の康忠代官を追い出し、非分の濫妨に及んでいるとし、その停止を訴えている。義経はこの訴状の外題にて本宅に安堵し、御家人兵士役の勤仕を命じている。

このように河内国でも兵士兵粮米が賦課されているが、紀伊国の場合と異なり、直接、義経に訴状が提出され、義経自身が、訴状外題を以て、直接その指示に及んでいる点が異なる。

③和泉国大鳥郷・春木荘の事例

史料a　和泉国司庁宣案（田代文書『高石市史　二』）

庁宣　留守所

可㆔早令㆓停止㆒殿下大番舎人等訴申大鳥郷司兵衛尉忠信代官濫行事

右、被㆓今日殿下御教書㆒偁、『大鳥郷舎人等事、忠信上洛之間、暫可㆑停㆓止彼濫行㆒由、令㆑成㆓献庁宣㆒哉、依㆓此事㆒令㆑闕㆓怠番役㆒之間、度々被㆑仰、於㆓裁報㆒者、忠信上洛之時、可㆑有㆓沙汰㆒之由、所㆑被㆓仰下㆒也、』件濫行実者、早可㆓停止㆒也、且又可㆑言㆓上子細㆒之状、所㆑宣如㆑件、以宣、

元暦二年二月廿五日

守源朝臣御判

史料b　摂政藤原基通政所下文案（同前）

摂政家政所下　和泉国在庁官人并大番舎人等

可㆑令㆘早任㆓国司庁宣㆒停㆓止大鳥郷司兵衛尉忠信代官濫行㆒安㆗堵舎人松近・友貞・重富・重恒・武恒等㆖事

副下国司庁宣

右、件舎人等事、可レ停二止忠信代濫行一之由、国司所レ成二進庁宣一也、早任二彼状一、可レ令二安堵一、於二損物一者、早可二糺返一、若不二返与一者、任二先例一可レ令レ立二用名田所当官物一之状、所レ仰如レ件、在庁官人并舎人等宜承知、不レ可二違失一、故下、

元暦二年二月廿九日　　　安(案)主大江

(別当以下連署略)

和泉国大鳥郷は国衙領であるが、郷内には摂関家に大番舎人役を勤仕する大番舎人が居住しており、彼等の名田は大番領と呼ばれ雑役が免除されていた(19)。同郷では、a和泉国司庁宣・b摂政家政所下文にて兵衛尉忠信代官の濫行が停止されており、この忠信を堀内和明は、義経配下の佐藤忠信に比定する(20)。『吾妻鏡』元暦二年二月十九日条では屋島攻撃に向う義経軍中に「同四郎(佐藤)兵衛尉忠信」がみえ、同四月十五日条の自由任官の輩中に「兵衛尉忠信　秀衡之郎等」とみえるので氏の比定は妥当であろう。ただし、氏は「大鳥郷司兵衛尉忠信代官」とあるのを、大鳥郷司＝兵衛尉忠信代官と解するが、とすれば「兵衛尉忠信代官大鳥郷司」とするか、或いは「大鳥郷司兵衛尉忠信代官」と表記するものと思う。通常は三浦圭一（『堺市史　続編一』一九七一年）・宮川満（『大阪府史　三』一九七九年）のごとく「大鳥郷司兵衛尉忠信の代官」と読むものと思う。

殿下大番舎人らの忠信代官濫行の訴えにより、二月二十五日、殿下（近衛基通）御教書が国守に下され、即日留守所へその停止を命じるa庁宣が摂関家へ献上された。元暦二年六月十日、知行国主源資賢の辞退により和泉国が九条兼実に給されているので（『玉葉』同日条）、訴状提出の頃の知行国主は資賢であろう。また『尊卑分脈』（三―三九一頁）には資賢の孫有通に和泉守と注記があり、この任和泉守が知行国主資賢の推挙によるとすれば、二月段階では源資賢が知行国主、守が孫の有通という体制が想定できよう。

a庁宣の御教書引用部分（『　』内）は「舎人等の（訴えの）事については、忠信が上洛する（まで）の間、とりあえず（忠信代官の）濫行を停止せよとの庁宣を作成し（摂関家へ）献上されたい、この濫行により（舎人が）番役を闕怠するので、度々（濫行停止を）仰せていた、裁決は忠信が上洛する時に通達せよとの仰せである」と訳すのが適当と思う。同月二十九日、摂関家はa庁宣を副進するb政所下文を在庁官人と大番舎人へ宛てて発給し、忠信代官の濫行停止と舎人等の安堵、及び損物の返付を命じている。

a庁宣には「忠信上洛之時、可ㇾ有二沙汰一」とあるので、当時、忠信は在京していないことになるが、彼は二月十八日の屋島の合戦に参戦しており順当であろう。摂関家は大鳥郷司忠信代官の濫行の訴えを受けたが、忠信は出陣不在であったので、とりあえず代官の濫行を停止させるため、庁宣の発給を要請し、主人忠信へはその帰還を待って濫行停止命令を下達することとし、b政所下文を以て留守所へ濫行停止と損物の返済を命じたと整理したい。

b政所下文では郷司代官濫行の損物が返与されなかった場合は、先例により名田の所当官物を以て補塡せよとあるが、この点は重要である。すなわち損失補塡に国への上納分を用いるということは、この損失に対し国と郷司代官の双方が責任を負っていることになる。もし代官の個人的な違法行為であるならば、個人として弁償すべきであり、国費がその補塡に充てられることはなかろう。

元暦元年十二月二日和泉国司庁宣[21]では、当郷大番舎人等へ一国平均役である大嘗会所役が賦課され、責勘の使による非法を停止する命令が下されている。按ずるに、a庁宣・b政所下文で問題となった代官濫行についても、大嘗会所役に相当する国衙徴収命令を代官が執行し、それが非法行為として停止されたと想定するならば、国費よりの補塡という処置は不自然ではない。前述のように国費より損失を補塡する処置は「先例」と認識されている。つまり従来、勅事院事の徴収が不当とされた場合は、所当年貢の免除によって補塡することが「先例」であって、忠信代官の場合もこの「先例」が適応される事案であったのではなかろうか。つまり忠信代官の狼藉も、一国平均役をめぐる国衙と舎人らの係争の一端と見ることは可能と思う。前述の紀伊国大伝法院領への兵士兵粮米停止命令は、守護人・国衙在庁官人のそれぞれへ下されており、この国衙―守護人の連係が、大鳥郷では国衙―郷司忠信に相当するのだろう。

またa庁宣・b政所下文による濫行停止は義経の西海出陣の時期であり、出陣に際し和泉国へ兵士兵粮米が賦課され、その徴収にあたった国衙・大鳥郷司代官が、非法行為との非難を被ったという可能性が指摘できよう。この忠信は前述のように「(奥州藤原)秀衡之郎等」で、陸奥信夫荘を本貫地とし義経に随行して上洛したのであり、その郷司補任は義経上洛後となる。寿永三年二月十六日摂政家政所下文[22]によれば、大鳥郷大番舎人らは武士逗留により、住宅の追捕・妻子牛馬の「追取」などの被害を受けたと訴訟を起こしているので、頼朝軍の上洛直後より、当郷への干渉が始まっていることになる。この際の忠信の関与の有無は不明であるが、当郷への武士逗留と忠信郷司職補任が関連している可能性は高い。

大鳥郷は名田の所当官物を国に納める国衙領であり、建久七年（一一九六）六月日和泉国司庁宣案[23]では、大鳥郷司職の公事勤仕を収納使の沙汰と定めており、郷司職の進止権は国守に帰属していた。つまり国守の進止である郷司に、義経家人で陸奥国の武士が補任されているという事実は、通常の行政処理によるとは考え難く、戦時下における特別な人事といえる。郷司職が没官処分されたか、或いは鎌倉方からの要請による人事といった、特殊な状況を想定しなければならない。

旧郷司が謀叛人として所帯を没官され、それが新恩として忠信に付与されたというのが、最もありがちな経緯とは思う。ことに頼朝軍上洛直後より濫妨が発生していることは、当郷が謀叛人跡地である可能性を強める。しかし知行国主源資賢は後白河院の寵臣であるので、院―資賢―義経ラインの連係により補任されたなどの可能性も消去し得ず、同職を没官対象地とする確証には至らない。

ただし忠信が陸奥の武士で、頼朝の御家人ではなく義経の家人であるとの前提からすれば、郷司職への補任は、忠信独自の行動や頼朝からの直接的措置ではなく、その背景に義経の意図が存在することは確実であろう。

a庁宣・b政所下文からは、義経家人である佐藤忠信が大鳥郷司に配されており、その代官が同郷へ紀伊国同様に国衙機構の関与する軍事的徴収を行なっていたであろうことを、大筋として指摘し得る。

次に元暦二年正月二十二日源義経安堵状では、和泉国春木荘内観音寺住僧の僧坊への武士狼藉停止と安堵が命じられている。[24] この文書は同文・同筆の二通が現存し、一通は尊経閣文庫所蔵『武家手鑑』に所収され、一通は松尾寺（和泉市松尾寺町）に伝来している。この二通について上島有は、ともに同時に正文として作成された文書であり、一通は松尾寺に発給し、残りを手控えとしたと分析している。[25] 氏は文書発給の正月二十二日頃は、義経は京都を出て摂津渡辺福島付近にあり、屋島の合戦を控えて配下の武士に濫妨狼藉の停止を命じたのであろうとする。

振り返るに、武士狼藉停止の発令が春木荘では正月二十二日、前掲大鳥郷では二月二十五日、河内国通法寺では正月～二月頃（小西説）と屋島の合戦の前後に集中していることに気付く。すなわち義経の西海出陣に伴って、和泉・河内に対し追討使の名のもとに軍備徴発が行なわれたと想定される。

④摂津国垂水東西牧の事例

次に摂津国では、第六章1節で詳述するように寿永三年（一一八四）二月、春日社領垂水東・西牧への兵士兵粮米停止を命じる院庁下文を源義経が遵行している。

また元暦元年（一一八四）九月、春日社領摂津国垂水西牧萱野郷では「源判官殿仰」を受けた山二郎房なる者の狼藉が問題となっており、同郷百姓等はこれを摂関家へ訴え、義経はこの訴状に「如レ状者、早可レ停二止彼狼藉一」との外題を書き、その狼藉停止を命じた[26]。

山二郎房は、領家が相論中であった同郷加納法泉寺領と、義経領の石丸名へ三〇余人を相具して入部し、牧例に背き領主得分である加地子のみならず公事雑事の催促を行ない、春日社神事用途の欠如を招いているとされる。また「指不レ帯二証文一、只号二源判官殿仰一許」であり、摂関家の支配を排除して支配を貫徹しようとしているが、それは「無二新判官御下文一者、不レ可レ叶」ことであるとし、支配の根拠となる証文の不備を糾弾している。

つまり百姓等は、山二郎房が領家相論中の法泉寺領へ入部し本所領家の支配権を排除したこと、加地子以外の賦課徴収に及んでいること、証文がないことを訴えている。しかし石丸名を義経領と明記し、加地子の徴収を否定することもないのであり、義経が牧内に合法的な支配地を持ち、代官を送り込んでいたという事実は確認できる。また義経は山二郎房の狼藉停止命令を下しているが、山二郎房は自領へ自身が送り込んだ代官であり、自身の代官の違法行為を「狼藉」と断じて停止しているのである。

⑤伊勢国大橋御園・大和国鳥見・矢田荘の事例

文治元年（一一八五）十二月、伊勢神宮領伊勢国度会郡大橋御薗司多米正富は、かつて大夫判官の使主税大夫隆康が、同御園領主行恵を平家方人と称して乱入したが「指無レ誤」ことを奏聞し、鎌倉殿へ誓言状を進上して御祈禱を行なっていることを陳じ、武士濫妨の停止を訴えている[27]。ここで文治元年十二月以前に平家方人の探索を行なっている大夫判官といえば源義経のことになろう。また大和国興福寺領添下郡鳥見・矢田荘は、もと平宗盛が預沙汰し、次いで木曾義仲により押領されていたが、没官領として頼朝に給与されていた[28]。その後、同所領は在京武士が連々知行していたが、寺用が滞っていたとされている。ここに見える在京武士とは、義経・北条時政・同時定等に比定できよう。これらは謀叛人跡の捜索と差し押さえ、没官領管理に際しての所務の問題などが、武士狼藉と非難されていることになる。

兵士兵粮米の徴収・免除、武士狼藉とその停止について、①〜⑤の事例個々に検討を加えた。そのいずれにおいても、武士狼藉と称される行為の主体は、追討軍たる頼朝勢力下の武士であり、それを停止しているのも義経や守護人という頼朝より派遣された軍事指揮官である。

兵士兵粮米の徴収に関連した武士狼藉の例が目立つが、この兵士兵粮米は一国平均役同様に国衙在庁の徴収機能の稼働により賦課徴収が実施されており、また寿永三年正〜二月、元暦二年正月〜二月といった大規模な軍事行動の発動に伴って徴発されていると考えられる。この頼朝軍による兵士兵粮米の賦課徴収の根拠は、朝敵追討に由来するのであり、それが公務であるがゆえに追討にかかる支出が、公費として支給されるのである（第六章1節参照）。また⑤、及び2．軍事・警察で扱った感神院の例にあるように、謀叛人所帯の占拠もまた朝敵追討及び追捕探索の名のもとに行なわれ、もしその正統性が否定されたり、著しい秩序の混乱が生じたりすれば、武士狼藉として停止の対象になるのである。

4．総　括

在京中の源義経の職務を、2．軍事・警察、3．行政に大別して検討した。この結果を総括し職務・職権の内容を整理してみたい。

まず紀伊の事例では、守護人有経が国衙在庁官人を指揮し、彼等と連係して兵粮米を徴収・免除し、器量の輩を選別して兵士役の催促を行なっている。大伝法院より兵士兵粮米停止の訴訟が起こされた際、義経はその停止を現地指揮官へ指示し実行を促すのみで、不実行の譴責と不履行者交名の提出を命じるなどの間接的な関与に止まる。恐らく大伝法院領へ干渉に及んだ人々と義経の間には明確な指揮系統がなく、有経などを介して命令を実行させるしかなかったのであろう。これは、紀伊では守護人有経、あるいはそれに相当する現地指揮官が免除、及び賦課徴収を独自に管掌していたことを意味しよう。

対して河内通法寺では、義経宛ての訴状に自身が免除文言を加えて免除し、大江御厨でも同じく訴状の外題を以て兵粮米使の濫妨を停止し、御家人兵士役の勤仕を命じるなど、直に賦課・免除の指示を下している。紀伊における守護人有経が、兵士兵粮米の賦課・免除を一手に管掌していたように、河内で兵粮米の免除、兵士役の徴収を管轄している義経は、同国の守護人相当の職務を遂行していたと推測されよう。また、摂津垂水東西牧の兵士兵粮米停止の際にも、義経と現地に介在する存在はみえず、和泉へは家人佐藤忠信を派遣し、西海出兵に伴う徴収を行なわせており、義経の関与は直接的である。

義経が紀伊での兵士兵粮米停止を有経に命じて実行させたのは、有経が現地指揮官として執務していたからであり、逆に該当する現地指揮官が見当たらず、義経が直接的に関与する摂河泉については、義経が在京しつつ国単位の指揮官、すなわち紀伊守護人有経に相当する職務を執行していたのであろう。摂河泉の他、膝下の山城、平信兼追討のため軍事進攻した伊勢、及び在京武士が連々知行した鳥見・矢田荘のある大和なども、義経の管轄下に置かれていた可能性が指摘できよう。実際、伊勢を除くこれら畿内諸国は、寿永・元暦段階での守護人・惣追捕使の存在は指摘されていない。

義経は播磨・備前・備中・備後の惣追捕使土肥実平・梶原景時を指揮する大将軍と認識されており、紀伊守護人豊島有経の上位者として、兵士兵粮米停止を執行させている。義経は、こうした西国の惣追捕使・守護人を統轄する職務と、山城・摂津・河内・和泉等を直轄する守護人相当の職務とを兼ねていたものと考える。

また事例①〜⑤で示したように、義経・惣追捕使・守護人等の地域軍事指揮官は、兵士兵粮米の賦課徴収、戦後処理・治安回復維持としての謀叛人跡の探索押収を遂行しているが、これが勅院事免除地への兵粮米賦課による権益の侵害や、謀叛人探索に伴って暴力行為に及んだ場合、武士狼藉との非難を受けている。

この朝敵追討の軍事行動と武士狼藉停止との関係については第六章で言及するが、上洛後、朝敵追討の宣旨を承った頼朝軍は畿内以西へ展開し、それに伴って頼朝軍による狼藉＝武士狼藉が問題化する。この対処として寿永三年二月十九日宣旨で武勇輩押妨停止が、同二十二日宣旨で兵粮米停止が五畿内七道諸国宛に発布される。[29]ほぼ同時に発給されている両宣旨は、押領問題・兵粮米問題に各々が対応して、追討軍兵士の違法行為を抑止するための立法であり、頼朝にそれぞれの規制を求めたものである。

義経は実際に、摂津国春日社領垂水牧での兵粮米停止に関し、同二十二日付請文で「諸国々兵粮米停止了」と、諸国兵粮米停止令を根拠としてその停止を命じている。[30]ここでいう兵粮米の停止とは二十二日宣旨のことだろう。また、追討軍の大将範頼、山陽道の惣追捕使実平・景時、さらに西海に下向してからの義経自身にも、武士狼藉停止の事例が見当たらないのに対し、在京中の義経は、摂津垂水牧・紀伊大伝法院領・河内大江御厨・和泉春木荘などで狼藉停止を実行している。これらの傾向からしても義経は、頼朝の在京代官として、朝廷と頼朝とで合意されていた武勇輩押妨停止・兵粮米停止宣旨を遵行する責務を負い、履行していたといえよう。

すなわち義経は、西国の軍事指揮官として、また摂津・河内・和泉等の地域担当官として軍事行動を推進する立場でありながら、一方では朝廷・権門等の要請に従い、追討活動に伴う武士狼藉を抑制する責務も負っていたのである。

頼朝在京代官としての義経は、朝廷の膝下で、かつ平家軍に対峙するという困難な条件の下、頼朝の政策に沿って朝廷・諸権門との融和と追討の推進を両立することを命題としていた。1．上洛以前では、東国での旧秩序の復活を宣言する十月宣旨の遵行と朝廷への供物の上進であり、ともに朝廷との軋轢を生じるような内容ではなかった。しかし上洛以後は、より複雑化した政治状況下での政治的・軍事的成功が命題として課されたといえよう。

義経は在京の間、後白河院の後見により内裏・院御所への昇殿、検非違使補任、叙留などの恩恵に預った。また西海下向に際しては、高階泰経が摂津まで赴いて洛中警護を優先するように説得を試み、その滅亡を伝え聞いた九条兼実は「仁義之感報已空」と嘆き、「義経成二大功一、雖レ無二其詮一、於二武勇与仁義一者、貽二後代之佳名一者歟」と義経の事跡・人徳を賞賛している[31]。最終的に、義経が朝廷側から極めて高い評価を受けていることは事実であろう。また西海下向後は、屋島の合戦・壇ノ浦の合戦において充分な戦功を遂げたのも事実である。

義経が頼朝より課された命題は、朝敵追討とそれに関連した戦後処理や軍備の拡充、及び治安の回復維持を、朝廷・諸権門との軋轢を軽減しつつ遂行すること、つまりは対朝廷政策と軍事的成功を両立させることと整理できよう。

注

（1）田中「鎌倉殿御使考」（『鎌倉幕府御家人制度の研究』吉川弘文館、一九九一年、初出六二年）・松井「鎌倉幕府初期の権力編成」（『歴史』五一、七八年）・藤本「京都守護」（『芸林』三〇―二、八一年）・木村「鎌倉殿御使下文の政治史的意味」（河音能平編『中世文書論の視座』東京堂出版、一九九六年）。

（2）『源平盛衰記』巻三五　義経参院事・『延慶本平家物語』巻九　義経院御所へ参事。

（3）藤本（1）論文。

（4）史料四　頼朝書状は他に『源平盛衰記』巻四一（元暦元年十一月日付）・『延慶本平家物語』巻一〇（年月日欠）にも引用されている。日付には異同があるが、同書状の第一条目の「自今春」との記述から、二月頃の書状と判断しそのまま引用した。

（5）『吾妻鏡』元暦元年八月十七日条では、自由任官により義経の平家追討使が猶予されたとあるが、宮田敬三は、既に義経は平信兼追討のため伊勢に出陣しているので（『山槐記』同十二日条）、西海への出陣が見送られたのはこのためと想定する（「元暦西海合戦試論」『立命館文學』五五四、一九九八年）。

（6）神田孝平氏旧蔵文書『源頼朝文書の研究　史料編』（黒川高明編、吉川弘文館、一九八八年）附義経文書影印一一九・『平安遺文』四一四五。

（7）千村佳代・鳥居和之・中洞尚子「主殿寮年預伴氏と小野山供御人」（『年報中世史研究』三、一九七八年）、『圖書寮叢刊壬生家文書　三』所収　寿永三年二月二十九日梶原景時書状案等。

（8）醍醐寺編『根来要書―覚鑁基礎史料集成―』（東京美術、一九九四年）の影印にて校合す。

（9）「八条院をめぐる諸権門」（『小川信先生古稀記念論集　日本中世政治社会の研究』続群書類従完成会、一九九一年）。

（10）「後白河院権力による在庁官人の「支配」」（『日本史研究』三一八、一九八九年）。

（11）（8）『根来要書―覚鑁基礎史料集成―』所収　橋本初子「醍醐寺伝来「根来要書」解題」。

（12）義江彰夫「鎌倉幕府守護人の先駆形態」（『鎌倉幕府守護職成立史の研究』吉川弘文館、二〇〇九年、初出七七年）・松島（10）論文。ともに有経の豊島権守という名乗りを紀伊権守に等しいと理解するが、在庁官人が朝廷の除目とは関係なく介・権介・権守などを自称したことは、峰岸純夫「寿永・治承内乱期の東国における在庁官人の「介」」（中世東国史研究会編『中世東国史の研究』東京大学出版会、八八年）にて指摘されている。有経の場合も祖父清光が権守を称しており、武蔵国の在庁官人の家系で武蔵権守を称号として用いていたことが考えられる（『豊島区立郷土資料館調査報告書四　豊島・宮城文書』八八年　所収　豊島家系図）。もし正式な任官であれば「紀伊権守平有経」であるはずで、決して豊島権守とは自称・呼称されはしまい。また『玉葉』文治元年十月三十日条には義経所従の紀伊権守兼資なる人物がみえ、選択肢が有経に限定されるわけでもない。

(13) 五味（9）論文。

(14)『延慶本平家物語』巻七・『源平盛衰記』巻三〇 貞能西国より上洛の事・田中文英『平氏政権の研究』第八章 治承・寿永の内乱（思文閣出版、一九九四年、初出九二年）。

(15) 一誠堂待賈文書『源頼朝文書の研究 史料編』附義経文書影印一二一・『平安遺文』四二二六。

(16) 小西「平安末・鎌倉初期における河内国衙支配について」（『大阪樟蔭女子大学論集』一九、一九八二年）。

(17)（寿永三年）二月二十四日源義経請文・寿永三年二月日源康忠解 西宮重美氏所蔵水走文書『源頼朝文書の研究 史料編』附義経文書影印一一八・一二四、『平安遺文』五〇八七・四一四〇。

(18) 戸田芳実「御厨と在地領主」（『木村武夫先生還暦記念 日本史の研究』ミネルヴァ書房、一九七〇年）。

(19) 渡辺澄夫『増訂畿内荘園の基礎構造 下』本論二編 摂関家大番領及び番頭制庄園の研究（吉川弘文館、一九五六年）。

(20)「治承・寿永内乱期における大鳥郷の位置」（『高石市史紀要』一、一九八四年）。

(21) 田代文書『高石市史 二』中世編一七号文書・『平安遺文』四二二一。

(22) 田代文書『高石市史 二』中世編一六号文書・『平安遺文』四一三〇。

(23) 徴古雑抄大鳥郷文書『高石市史 二』中世編二三号文書・『鎌倉遺文』八五三。

(24) 前田育徳会所蔵『源頼朝文書の研究 史料編』附義経文書影印一二三・『平安遺文』四二二八。

(25) 上島有「二通の同じ正文―泉州松尾寺所蔵源義経袖判安堵状―」（『日本歴史』五〇七、一九九〇年）。

(26) 元暦元年九月日摂津国垂水西牧萱野郷百姓等解案 春日神社文書『平安遺文』四二〇七。

(27) 文治元年十二月日多米正富解案 醍醐寺文書『鎌倉遺文』三五・棚橋光男「伊勢平氏の基盤をめぐって」（『歴史公論』四、一九八一年）参照。

(28) 文治五年七月日興福寺西金堂衆申状　太上法皇受戒記『鎌倉遺文』四〇〇。
(29)『玉葉』寿永三年二月二十三日条所収。
(30) 摂津国垂水牧牧務職重書案『春日神社文書』三―六五五・『平安遺文』四一三六。
(31)『玉葉』文治元年十一月七日条。

2節　伊勢伊賀地域をめぐる公武権力

はじめに

伊勢は畿内から東国への出口でもあり、東国側から畿内への入口でもある。伊賀はその後背地として伊勢―畿内間の中継地にあたる。天皇家が伊勢神宮を先祖神とし、源頼朝もまた深く帰依したことに、その場所の重要さが表われていよう。

内乱期、伊勢平氏の流れをくむ平信兼・平田家継といった伊勢伊賀の勢力が、その趨勢を左右する働きを担ったことが、川合康・清水亮らによって指摘されている(1)。すなわち源義経入京にあたりその先導役となり、木曾義仲に対して率先してその動きを封じたとされる。しかし彼等は、幕府体制が固まってゆく時期にあたる元暦元年（一一八四）と、元久元年（一二〇四）の二度にわたって反乱を起こし没落していった。

元暦年間は内乱の最終段階にあたり、公武両政権が内乱後体制を模索し始める時期である。内乱後体制を見据えた公武政権は、地域に対していかに向き合っていったのか、また地域はなぜ、無謀な反乱に向かわざるをえなかったのか。そうした点を明らかにしてみたい。

1．伊勢伊賀平氏の乱

伊勢伊賀では鎌倉時代初期の元暦元年と、元久元年の二回、伊勢平氏による大規模な反乱が起きている。それも北伊勢から伊賀にかけてのほぼ同じ地域が震源となっており、この地域のもつ特殊性の反映と考えるべきだろう。各々の反乱をa：元暦元年の反乱、b：元久元年の反乱　に分けて検討し、c：両反乱の共通点　で両乱を照合して、地域的な特殊性とそこでの公武権力の機能を考えてみる。

a：元暦元年の反乱

初めの反乱は治承寿永の内乱の最中である。寿永二年（一一八三）十二月、源範頼・義経軍は木曾義仲を排除して入京し、翌三年（元暦元年、四月改元）二月、一ノ谷の合戦で平家を敗ると畿内近国・山陽に守護人・惣追捕使を配置し、兵士兵粮米の賦課・謀叛人の探索・御家人編成を遂行し追討体制を整える。同年八月、再び大規模な平家追討軍が編成・派遣されるのであり、こうして鎌倉政権による軍事体制が強行されていた時期に、伊勢伊賀の平家家人による一回目の反乱が起きた。

その発生について、『玉葉』元暦元年七月八日条では「昨日辰刻、家継法師〈平家郎従、号二平田入道一是也、〉為二大将軍一大内郎従等悉伐取了、又伊勢国信兼〈和泉守〉已下切二塞鈴鹿山一、同謀叛了〈云々〉」と記し、『山槐記』でも同日条にその伝聞を載せている。一方『吾妻鏡』は七月五日条で同日に伊賀守護大内惟義の飛脚が着き「去七日」の反乱発生を報じたとし、『長門本平家物語』巻一七では六月十八日、『保暦間記』では六月六日に挙兵としており、史料によりばらつきがある。[2]

『吾妻鏡』の「去七日」は、通常であれば飛脚の着いた七月の前月、六月七日に比定すべきであろうが、六月七日の謀叛発生を知らせる飛脚が、一箇月近くも後の翌月五日に到着するのは、いかにも不自然であろう。「去七日」が七月七日であれば『玉葉』の記述と一致するので、『吾妻鏡』の大内惟義飛脚到着の七月五日に誤りがあるのかもしれない。六月上中旬という諸説を誤謬と断定はできないが、『玉葉』の九条兼実、『山槐記』の中山忠親への謀叛情報の伝達は迅速で、[3]また史料の質からしても、『玉葉』『山槐記』に従って七月七日頃と考えるのが妥当であろう。

謀叛発生の状況につき『吾妻鏡』では伊賀守護大内惟義が平家一族等により攻撃を受けて多くの家人が誅戮されたとし、『玉葉』では伊賀の平田家継が惟義郎従を討ち、伊勢の信兼以下が鈴鹿山を切り塞いで謀叛したとする。

その後、七月十九日に鎌倉方と反乱軍が衝突する。『山槐記』同日条では、「伊賀伊勢平家郎等」と鎌倉方が、今日午刻、近江国大厚（原）荘にて合戦し、平田入道（家継）が討ち取られ、平家方の兵は敗走したとする。『玉葉』同二十日条では、十九日、伊勢の謀叛の輩が近江国に進んで鎌倉方と合戦し首謀者が討ち取られたとし、同二十一日条では、謀叛大将軍平田入道家継は梟首、ほか両三人の首謀者が斬られ、忠清法師・家資等は山中へ逃亡し、鎌倉方の佐々木冠者某をはじめ数百人が戦死したとする。『吾妻鏡』八月二日条に載る大内惟義の合戦報告によれば、十九日酉刻、合戦を遂げ九〇余人を討ち取り、その内の張本四人は富田家助・家能・家清・平田家継であり、平信兼子息等・伊藤忠清は山中に逃亡し、鎌倉方では佐々木秀能（義）が戦死したという。『延慶本平家物語』巻一〇では、平田家継を大将として五〇〇余騎が、近江国篠原（滋賀県野洲町）付近で平頼盛と供の武士千人余と合戦し敗北したとし、『保暦間記』では平田家継が「伊賀・伊勢ノ家人」を語って謀叛を起こして近江まで打ち出たとする。

この十九日の合戦に関して最も詳細に記述しているのが『源平盛衰記』（以下『盛衰記』とする）である。[4]首謀者である伊賀国山田郡住人平田貞継（家継ヵ）は、「伊賀伊勢」の勇士を催して伊賀壬生野（三重県伊賀市）・平田（同大山田村）に挙兵し、鎌倉方の佐々木秀義は近江国甲賀郡大原荘（滋賀県甲賀市）に出陣して対峙する。貞継方は壬生野能盛の意見を容れて鈴鹿山を背後にして布陣するため、伊賀柘植郷・与野郷（三重県伊賀市）を通過して近江甲賀郡上野・田堵野（滋賀県甲賀市）へ進軍し、佐々木は同郡油日（同）に布陣して矢合せに及んだ。敗北した貞継方は鈴鹿山中へと逃亡する。平田を本貫地とする平田貞継は、隣接する壬生野郷の武士であろう壬生野能盛をはじめ伊勢伊賀の与党を得て挙兵し、旧東海道（仁和二年〈八八六〉以前のルート）を近江方面に向い、伊賀・近江国境にあたる油日山付近で鎌倉方と合戦し敗北するのである。この記述からすると、軍事行動の範囲は三重県大山田村・伊賀市、滋賀県甲賀市というかなり限定された地域となる（後掲の《伊勢伊賀平氏の反乱関係図》一二一頁参照）。

元暦元年の反乱に関する各史料は、時間・場所・関係者に異同が多く正確な全体像を描くのは困難だが、より整合性のある見解を提示しておく必要があろう。まず、各種軍記、『玉葉』七月八日条で大将軍とされる平田家継（貞継）はほぼ全史料に共通して登場する。また家継の従兄家清は『吾妻鏡』にて張本の一人とされ、さらに文治二年（一一八六）七月日東大寺三綱等解案（東大寺文書『鎌倉遺文』一一三三）では子息中務丞家実が参戦したとあり、家継一族が乱に大きく関与していたことがうかがえる。

『盛衰記』に記す合戦地域は、家継の本貫地伊賀国平田から近江国へ越境した大原荘付近であり、『山槐記』七月十九日条でも大原荘で合戦が行なわれたとあるので信頼性は高い。『延慶本平家物語』『長門本平家物語』『保暦間記』はともに近江国で合戦が行なわれたことに触れており、近江が主戦場となったことはほぼ確実であろう。

また与党人として『吾妻鏡』『玉葉』では、伊勢国朝明郡富田の富田家助、平清盛家人中の重鎮であった伊藤忠清、平信兼と子息等をあげ、『盛衰記』に平田に隣接する壬生野を名乗る新源次能盛、前掲東大寺三綱等解に平家郎従の

「黒田庄住人新庄下司」の景時がみえる。

反乱軍には平家関係者が多く、その蜂起の目的が鎌倉政権との対決にあったのは明らかである。『玉葉』七月八日条には「伊賀国者、大内冠者源氏知行云々、仍下二遣郎従等一令レ居二住国中一」とあり、『山槐記』元暦元年（一一八四）九月九日条には、藤原俊盛の知行国である伊賀国は「武士知行、有名無実」とあるので、同国における守護大内惟義の権力の強大さが知られる。謀叛勃発の際に惟義の郎従等が悉く討ち取られたとあるのは（『玉葉』七月八日条）、支配者惟義と平家家人との間に、強い軋轢が生じていたことを想定させる。ことに乱勃発の一箇月程前の五月二十四日、宇都宮朝綱が新恩として伊賀国壬生野郷地頭職を拝領したことは重要である（『吾妻鏡』同日条）。いうまでもなく同郷は平田家継の所領に隣接しており、反乱軍中には壬生野能盛の名前もみえ、反乱軍の拠点ともいうべき場所である。同郷への地頭設置が蜂起の直接的契機となったと考えても不自然ではなかろう(5)。

これらの点をまとめるに、元暦元年七月上～中旬、伊賀守護大内惟義の同国支配と壬生野郷の地頭設置を引き金とし、平田家継一族を核として、平家に関係した伊勢伊賀の与党を加え、平田一族の本貫地付近を拠点として、伊賀・近江国境付近の大原荘近辺で軍事行動が展開されたと整理しておきたい。

元暦元年の反乱事件について一応の理解を示したところで、同事件と平信兼の関係に論を移す。平信兼は伊豆目代山木兼隆の父として有名であり、それゆえか従来は平家の家人という印象が強かった。しかし正木喜三郎によれば、本来は摂関家に近仕しており、清盛の軍事政権が確立してゆくなかで同政権に近付いたのであって、伊勢平氏嫡流の根本家人という評価は妥当ではないとする(6)。またその本拠地についても、『吾妻鏡』養和元年（一一八一）正月二十一日条に「平氏一族関出羽守信兼」とあり、関＝鈴鹿関付近、あるいは伊勢国安濃郡とされていたが、稲本紀昭はその遙か南の一志郡曾祢荘・須可荘・波出御厨であるとする(7)。信兼が平家の根本家人ではなく、鈴鹿関からも離れた一志郡を本貫地とするならば、伊賀北部に端を発する平家家人の反乱事件との関係も再考の必要がある。

七月十九日の近江国大原荘の合戦で、反乱軍は敗北して散々となったが、八月三日、反乱軍鎮圧の報告を受けた頼朝は、「今度伊賀国兵革事」は偏に信兼子息等の結構であろうから、敗走し京中に隠遁している子息等を尋ね捜して誅戮するようにと源義経に指示した。これを受けてか、八月十日夜、義経は信兼子息等を宿所に召し寄せて殺害に及び信兼は解官され（『百錬抄』『山槐記』同日条）、翌日、義経はその追討のため伊勢へ発向した（『山槐記』八月十二日条）。一見、元暦元年の反乱と、主犯格信兼一族没落へのシナリオには、矛盾がないようにも思えるが、改めて考えると幾つかの疑問点が指摘できる。

七月十九日の合戦より逃亡していた信兼子息は、その報告を受けた頼朝の指示により、八月十日に京都の義経宿所にて殺害された。その際の『山槐記』『吾妻鏡』の記事を掲げる。

『山槐記』元暦元年八月十日条

十日丙寅、（中略）今夜検非違使義経召㆓寄出羽守信兼男三人㆒、有㆘示㆓子細㆒事㆖之間、件三人或自殺、或被㆓切殺㆒云々、

『吾妻鏡』元暦元年八月二十六日条

廿六日壬午、源廷尉飛脚参着、去十日、招㆓信兼子息左衛門尉兼衡・次郎信衡・三郎兼時等㆒、於㆓宿盧㆒誅戮之、同十一日、信兼被㆑下㆓解官宣旨㆒云々、

ともに義経は信兼男三人を召し招いて殺害に及んでおり、ことに『山槐記』は「子細を示す事があったので」三人はあるいは自殺し、あるいは殺害されたとする。つまり義経は三人を自宅に「召し寄」せて、自殺・殺害に直結する

ような子細を示した上で、相当の処分を行なったのである。少なくとも『山槐記』の記事からは、義経は信兼子息等を殺害するにあたり、その理由となる「子細」を示す必要があったのであり、彼等が元暦元年の反乱の首謀者であるとの明確な認識が存在していなかった可能性が指摘できよう。この後『山槐記』には殺害に伴う穢についての記述はあるが、殺害事件と反乱事件との関係には一切言及していない。

もし彼等の謀叛が明確であるならば、洛中守護人である義経は、頼朝の指令がなくとも彼等を追捕追討しなければならない。しかし頼朝が信兼子息を首謀者と断じて、その誅戮を命じる使者を発遣するのが八月三日、殺害に及ぶのが同十日という日程は、頼朝の指示による処分の遵行であったことを意味するのではなかろうか。

また信兼の出羽守、子息兼衡の左衛門尉の解官の宣旨が下されたのは、反乱が鎮圧された二十日程も後、信兼子息三人が害された八月十日の夜であり、この時はじめて信兼等の謀叛の罪科が決定したことになる。

元暦元年の反乱への信兼の関与を語るのは、『吾妻鏡』と『玉葉』七月八日条である。『玉葉』同日条では平田家継の伊賀国での蜂起に加え、「又伊勢国信兼已下切二塞鈴鹿山一、同謀叛了」と信兼の謀叛の伝聞を記す。しかし九条兼実は八日条で信兼謀叛の伝聞を載せたが、その後の伊勢伊賀謀叛の経過には触れても、信兼には全く言及していない。すなわち信兼謀叛の伝聞があったことは事実であろうが、その伝聞が事実であるかどうかは、不明のまま八月十日まで放置されていたのである。もっとも信兼子息等の誅戮を命じた頼朝自身、伊賀国兵革事は「偏在二出羽守信兼子息等結構一歟」と疑問符を付しており断定していない。

按ずるに、信兼一族が謀叛に関与したとの風聞は流れたが、その事実の確認はできなかった。しかし頼朝は信兼一族の排除を決定し、義経にそれを実行させ、伊勢への進攻が行なわれたのではなかろうか。もちろん、情況証拠のみのシナリオであるが、伝聞にすぎない『玉葉』、政治性の強い『吾妻鏡』の記述を以て、信兼一族が反乱に主体的に関与していた証拠となりうるのであろうか。

b：元久元年の反乱

次に元久元年（一二〇五）の伊勢伊賀の反乱であるが、京都貴族の日記である『明月記』『仲資王記』と『吾妻鏡』が基本史料となる。しかし両者の記述はかなり相違しており、『吾妻鏡』の記事は「何らかの作為が加えられており、到底そのままでは信用できない」（『四日市市史　一六』一九九五年）という評価もある。確かに『吾妻鏡』の記述には矛盾する部分があり、全ての情報が必ずしも正確とは言えないが、そこに作為があるか否かは不明で、かつ全部を否定することも無理があろう。古記録との相違も、正確か不正確かということではなく視角の違いであって、幕府は反乱事件の一方の当事者で、その要因から結末までを叙述しているがやや主観的で、京都貴族の日記は客観的ではあるが、その要因や事後処理などの点についての情報には詳しくない、といった各々の特性を前提として読む必要がある。

まず京都貴族の日記記事から、事件の推移を明らかにしてみよう。事件の発生は三月十八日で、それは「平家党類」の合戦であり、守護武士山内経俊等もこれに関与していたという（『仲資王記』三月二十二日条）。こうした情報は二十一～二十二日にかけて京都へ伝えられており、その規模は「千人」に及ぶとされ、院評定では伊賀国を平賀朝雅（京都守護）の知行国とし謀叛人を追討することとし、朝雅は翌日、二〇〇騎程で京都から伊勢へ向け出陣する（『明月記』三月二十一・二十二日条）。しかし朝雅軍の到着以前、三月二十一日、伊勢・尾張・美濃の軍兵と謀叛軍の合戦があり、その結果、斬首五〇余人・生捕一四人という戦果をあげ、翌四月二日、追討軍は捕虜一四人を従えて帰洛している（『仲資王記』『三長記』四月二日条）。つまり伊勢の平家党類の謀叛の発生は三月十八日頃で、同二十二日には京都から朝雅軍が派兵されたが、それ以前、二十一日には伊勢・尾張・美濃の軍兵により謀叛が既に鎮圧されており、四月二日には捕虜を連れて追討使は帰洛する。

一方『吾妻鏡』では、前年の建仁三年（一二〇三）十二月、「夜討人」による伊勢守護の襲撃事件が発生しており、すでに前年から予兆が表われている（同二十五日条）。同元久元年五月八日条では、この守護所襲撃の張本は、囚人として捕えられていた伊勢員弁郡司進士行綱ではなく、若菜五郎であることがわかったとされているが、行綱には嫌疑がかけられる何等かの理由があったとしなければならない。行綱は文治三年（一一八七）六月、その所従宅が治田御厨（員弁郡北伊勢町）地頭畠山重忠眼代により追捕を受けたことを頼朝に訴え、これにより重忠は地頭を改補される（『吾妻鏡』同二十九日条）。さらに文治五年七月にも重忠の代わりに補任された吉見頼綱が「追二捕民戸一、点二定財宝一」していると訴えられている（同十日条）。こうした地頭という幕府から送り込まれた新勢力と、員弁郡司とその配下という従来からの在地勢力との対立が反乱の前提であろう。

元久元年二月になると、伊賀では「雅楽助平維基子孫等」が、伊勢では「中宮同度光子息等」が蜂起し、明確に謀叛と認識される事態に発展し、伊勢守護山内経俊がその子細を尋ねたところ、「左右」なく合戦に及んだので無勢の経俊は逃亡し、両国は凶徒等に虜領されることとなった（同三月九日条）。

平賀朝雅の四月二十一日の鎌倉への連絡によれば、朝雅は三月二十三日に出京し、謀叛軍が鈴鹿関を塞いでいたため美濃をめぐり、二十七日、伊勢に入り計議を凝らして四月十〜十二日の三日間にわたって合戦を遂行し謀叛軍を撃退した（これにより三日平氏の乱という）。幕府軍は朝明郡→安濃郡→多気郡と南伊勢まで進軍して残党を追って伊賀へと転じ、平基度・松本盛光・岡貞重・庄田佐房・同師房・河田刑部大夫等を討ったとする（同日条）。また五月六日の報告では、四月二十九日に伊勢に至り、平盛時等が城郭を構える同国六ヶ山を数日にわたって攻撃しこれを下したとする（同日条）。

《伊勢伊賀平氏の反乱関係図》

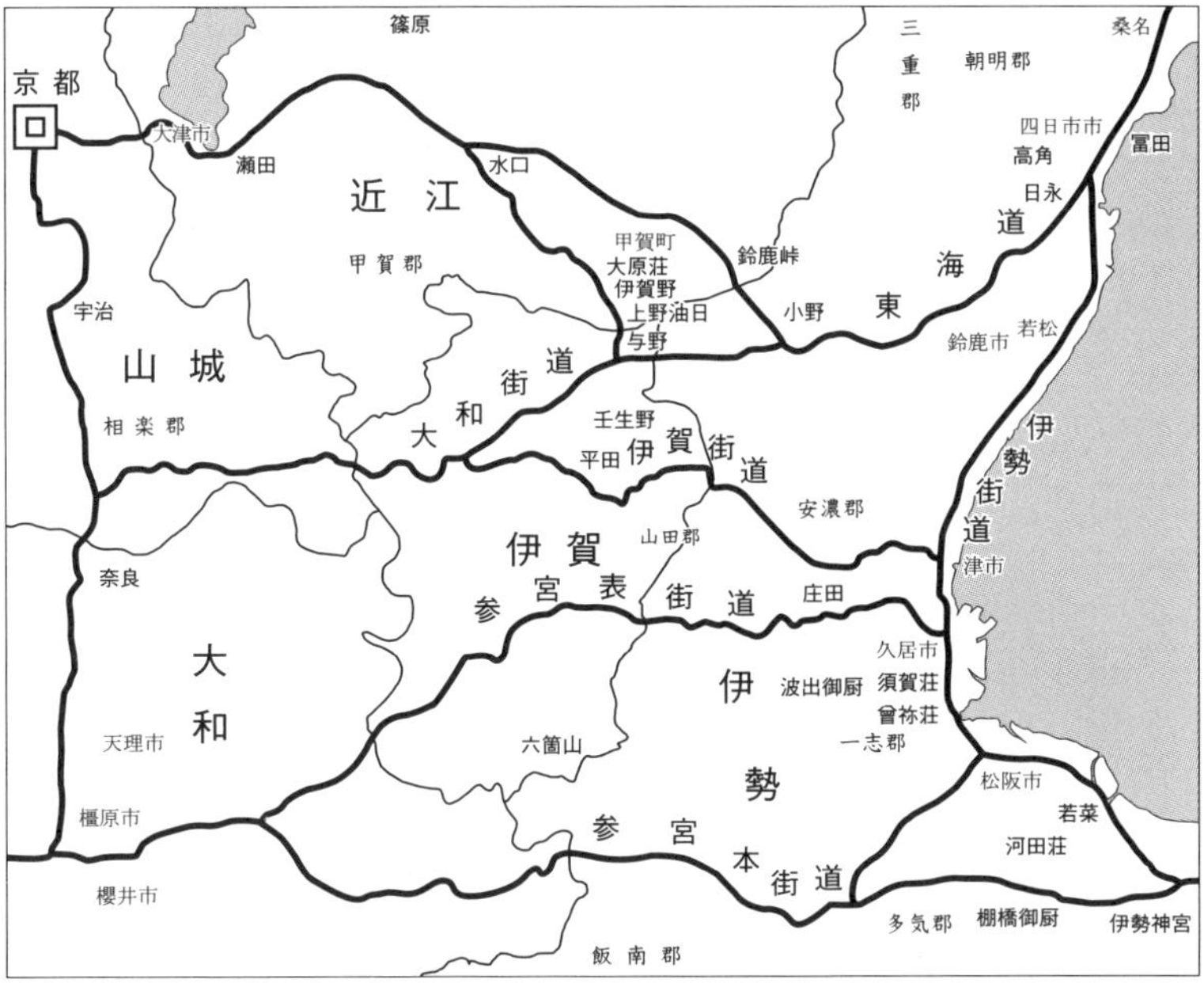

朝雅の二回の報告のうち、一回目の四月二十一日報告では、伊勢に入ったのが三月二十七日、四月十二日以後に伊賀に入ったとし、二回目の五月六日報告では四月二十九日に伊勢に至るとあって矛盾する。ここで攻撃の対象となっている六ヶ山は伊勢に該当する地名はなく、伊賀名張郡には平家没官領で伊勢神宮領の六箇山がある。もし四月二十九日に「伊勢に至る」とある部分が「伊賀に至る」の間違いであるとすれば、六ヶ山も伊賀の六箇山ということになる。このように訂正できるなら、平賀朝雅は美濃から伊勢に入り、朝明郡→安濃郡→多気郡と南伊勢まで進軍して残党を追って伊賀へと転じ、つまり東海道から伊勢街道を南下し多気より西に参宮本街道を進んで六箇山に至ったと理解され、地理的には順当で両報告の矛盾は解消できる（《伊勢伊賀平氏の反乱関係図》参照）。

京都貴族の日記から、三月二十一日の合戦に幕府方が勝利し、四月二日には追討使の帰京したことが事実関係として明らかである。しかし『吾妻鏡』には追討使帰京に関する記述はなく、三月二十三日に出陣し美濃を経由して伊勢に至り、四月十～十二日の間に合戦を遂げて敗走する反乱残党を追撃して伊賀へ向ったとする。つまり合戦が四月二日までに終了したのか、それ以降も継続して行なわれていたのかが問題となる。

『吾妻鏡』五月八日条には、反乱の発端をなす前年十二月の守護所襲撃の張本は若菜五郎とされ、伊勢員弁郡司進士行綱の無罪が明らかとなり、その本領が安堵されている。ここで反乱の張本とされる若菜五郎が城郭を構えたところは、『吾妻鏡』によれば日永（伊勢三重郡、四日市市）、若松南村（同川曲郡、鈴鹿市）、高角（同三重郡、四日市市）、関・小野（鈴鹿郡、関町付近）とあり（五月六日条）、いずれも北伊勢の東海道・伊勢街道に沿った場所にあたる。張本と疑われた員弁郡司も北伊勢なので、反乱の発端が北伊勢であることは確かであり、それ故、美濃・尾張という北伊勢に隣接する地域の武士がいち早く攻撃を加え、また京都から出陣した朝雅軍も速やかに帰還しているのだろう。

一方、反乱が長期化しているという『吾妻鏡』の記事を裏付ける史料もある。『吾妻鏡』掲載の五月六日朝雅報告には庄田佐房・同師房が追討されたとあるが、確かに『尊卑分脈』（四―二五頁）には伊勢平氏平信兼の叔父に庄田貞房がみえ、文治三年の公卿勅使駅家雑事の注文（『吾妻鏡』同年四月二十九日条所収）にも庄田家房がみえ、その存在が確認できる。この庄田とは一志郡庄田（久居市）であり、信兼の所領須可荘・波出御厨、平頼盛領木造荘に程近い場所にある。後に、庄田は守護領となって地頭が置かれており、これは平姓庄田氏が元久元年の反乱により没官された結果であろう(8)。

同じく五月六日の報告で討たれたとある河田刑部大夫は、平正盛の子貞正が河田入道を名乗って多気郡河田郷・棚橋御厨（大橋御園）を所領としているのでこの系統であろう(9)。実際、元久元年十二月日僧継尊申状案（醍醐寺文書『鎌倉遺文』一五一三）において継尊は、「去春謀叛」に関わる嫌疑に因り、所領伊勢国大橋御園（度会郡）を「自二去秋比一不図之外没官」されていることを訴え、これに就き北条時政は翌年三月の関東下文により、「山辺馬助領」との注進により地頭を補任したが撤回する旨を伝えている。ここでいう「去春謀叛」とは同年三月の三日平氏の乱を指すのであろうから、その乱により河田氏関係所領として同御園の没官が行なわれたのだろう。

五月六日の報告でいう庄田・河田といった伊勢中部の勢力が、反乱に関与していることは事実として確認できる。つまり反乱は北伊勢という限定された地域のみならず、中伊勢も含んだ広範囲に、影響を与えていることは確かであろう。ことに伊勢平氏は河田・大橋といった伊勢南部へも所領を広げており、そうした所領を探索・接収するための軍事行動が必要で、たとえ戦場が北伊勢のみだとしても、伊勢国全体へ派兵し謀叛人と同跡の探索が行なわれたと考えられる。

この合戦の指揮官は京都守護として伊賀国を拝領し、追討使に任命されていた平賀朝雅であるが、守護である山内経俊とその弟通時も朝雅とともに征伐に励んだとされ（『吾妻鏡』五月六日条）、また加藤光員等も追討の恩賞を受けている（同六月八日条）。

佐藤進一によれば、大内惟義・山内経俊は、惟義の弟平賀朝雅も交えて交互に守護を勤めており、支配の連携がみられる。これを図示すれば次のようになる[10]。

（伊賀）元暦元年↓　大内惟義　↑元久元年　山内経俊　元久元年↓　平賀朝雅（惟義弟）
（紀伊）↑元久元年　山内経俊　元久元年↓　平賀朝雅

大内惟義は寿永三年（一一八四）三月、伊賀守護に任命されており（『吾妻鏡』同二十日条）、その後、建保年間には、その伊賀・伊勢の他、摂津・美濃・越前・丹波の守護を兼任していたことが明らかにされている[11]。

元久元年の伊勢伊賀の反乱に際しても伊勢守護大内、京都守護平賀・山内が鎮圧を主導するが、必ずしも彼等守護人のみの働きではなく、中央からの鎮圧軍が来なくとも、反乱の鎮圧が可能な地域組織が成立していたのであろう。

c：両反乱の共通点

両乱を併記して検討してみたが、その経緯には共通点が多い。まず反乱の契機はともに新補の地頭と在来在地勢力との矛盾であり、これが伊勢伊賀という国を越えた地域組織と、守護・地頭の対決となって表出している。こうして勃発した反乱の鎮圧の主体となったのが、元暦では直前に検非違使に補任された在京頼朝代官義経であり、元久では伊賀国を付与された京都守護の平賀朝雅となる。また彼等は京都から出陣するが、前者は近江の佐々木氏が、後者は伊勢・美濃・尾張の在地勢力によって、京都からの追討軍の到着以前に鎮圧を終了している。在地の地域軍事力によって鎮圧することが可能であったのに、検非違使・追討使といった中央権力による派兵により鎮圧したという体裁を整えているようにもみえる。

後白河院は義経を検非違使に補任し、後鳥羽院は朝雅を追討使に任じ、伊賀国を給付して鎮圧にあたらせている。ことに後鳥羽院は朝雅派兵にあわせ、同日より謀叛鎮圧の祈禱を仁和寺と仙洞で同時に始めており[12]、角田文衛はこうした鎮圧の祈禱の施行について、「幕府と協調する姿勢を示すため」と院の行動を受動的に解する。しかし謀叛発覚への即座の対応、すなわち日記類にいう十八日の反乱勃発が二十一日に京都に伝達され、院評定により二十二日に派兵、というスケジュールであるならば、そこに幕府の意志が介在する時間的余裕はないわけで、朝雅への伊賀国給付と追討使補任、及び派兵は院自身の独自の判断で行なわれていたことになる。

朝雅は北条時政の婿で、時政政権の発足とともに京都へ派遣され、時政失脚とともに京都で殺害されている。この間、院西面の武士として院に近仕し寵愛を受けている。四月十三日の伊勢追討の行賞除目では、時政の子政憲（範）

が左馬権助に任官したほか、里見義成・二階堂行政・大内惟義・源光行・佐々木定綱・平有範といった幕府関係者が多く官職を得ており（『明月記』同日条）、院―時政ラインの密接な連係で軍事行動が遂行され、その軍事的・政治的な成果が華々しく飾られたといえよう。また時政の主導で行なわれた将軍源実朝と坊門信清の娘の婚姻には、院が深く関与しており、時政政権と後鳥羽院政権とは極めて近しい関係にあった。こうした時政政権と院の密接な関係からすれば、朝雅の伊勢追討における院主導の軍事発動は、幕府の是認するところであったことは明らかである。

元暦元年の反乱の時期も、対平家戦の真っ最中で、後白河院と頼朝も共通の敵平家打倒で一致しており、頼朝が在京代官として送り込んでいた義経も、充分にその機能を果たしていたという点で元久元年と同じである。つまり反乱を契機とする伊勢伊賀への軍事進攻は、公・武の良好な関係のもと、双方の積極的で協調的な意志により発動されており、現地武力による鎮圧がほぼ達成されながらも、京都公権の意志を直接拝命した武力が派遣されているのである。

2．伊勢の地域支配と公武権力

元暦元年七月の伊勢伊賀平氏の乱を契機として頼朝勢力は伊勢へ進攻する。大山喬平は『吾妻鏡』文治二年（一一八六）六月二十一日条所収の源頼朝書状に「於㆓伊勢国㆒者、住人挟㆓梟悪之心㆒、已発㆓謀反㆒了、而件余党、尚以逆心不㆑直候也、仍為㆑警㆓衛其輩㆒、令㆑補㆓其替之地頭㆒候也」とあり、伊勢では文治地頭勅許以前の元暦元年七月の伊勢伊賀平氏の乱を契機として、没官領に地頭が置かれており、それは加藤光員の作成した伊勢国没官領注文に基づいて施行されたとした[13]。東島誠は光員の没官領注文による地頭の設置を「鎌倉幕府が朝廷とは別なる国家公権を標榜したことを意味しよう」とし、新たな国家公権力の生成を読み取っているが[14]、文治勅許の前段階での伊勢国地頭制度の施行が、鎌倉幕府の公権力の生成にとって一つの重要な契機になっているのは確かだろう。

ただし、伊勢国が地頭制度の先駆となったのは、単に同国の平家与党が挙兵したという偶然によるのではなく、東国政権にとっての伊勢の重要性が前提となる。前述のように、信兼一族は不確実な嫌疑により殺害され、伊勢への義経の軍事進攻を招くことになるが、その背景として伊勢地域に対する幕府側の積極的な意図を読み取るべきで、地頭制度の先行導入もまたその一連の政策といえよう。

元暦元年の反乱跡を対象とした地頭設置は数的に限定されたもので、その後、文治勅許により本格的な地頭制度が施行されたと考えられる。その多くは『吾妻鏡』文治三年四月二十九日条に引用される公卿勅使駅家雑役勤否注進状から検出されるが、そこでは新補なのか本領安堵なのかは不明であり、双方を含めて頼朝期の御家人の所領を一覧にすると《頼朝期伊勢国幕府関係所領表》（一二八頁～）のようになる。

伊勢の荘園制を概観した稲本紀昭は、平家没官領は伊勢中・北部に集中しており、鎌倉後期には、その大部分が北条氏一門領となり、さらに室町幕府御料所へと引き継がれたという。[15] つまり北伊勢の特性として、平家領―地頭領―得宗領―室町幕府御料所という変遷が考えられるが、飯田良一は、奉公衆の所領が桑名・員弁・朝明という北伊勢三郡に集中的に配置されていることを指摘し、将軍足利義政・義尚期の権力基盤は、奉公衆所領が多く配地されている近江・三河・尾張・美濃と、この伊勢北部であるとした。[16] ここで御料所、つまり将軍の直轄領は、その直轄軍である奉公衆へ分与されることにより、地域支配力として機能するのであり、没官領・得宗領も何等かの意図を以て配分されることにより、地域支配の機能を果たすようになるのだろう。

ことに平家・鎌倉幕府・室町幕府という中世権力体にとって伊勢地域の支配が、その権力による全国統治を左右したのであり、伊勢神宮が所在していること、海津一朗が指摘する鎌倉末期での神領興行法の施行、[17] 南北朝期での南朝の拠点化などは、全国政権を目指すにあたっての伊勢地域の重要性を示しているものと思われる。

後掲《頼朝期伊勢国幕府関係所領表》は、本領安堵や元暦元年（一一八四）の反乱、文治の諸国地頭勅許を契機として幕府支配となった所領であり、その所領配置から鎌倉幕府成立にあたっての伊勢地域の支配方針を読み取ってみたい。

まず表によれば、所領は一人につき一箇所という場合が多いが、大江広元＝九、加藤光員＝八、中原親能＝八、山内経俊＝七と、特定の人物に所領が集中していることがわかる。伊佐氏には伊佐資綱・伊佐某合せて六箇所なので多く付与されているといえようか。所領の多い御家人には、その理由があろう。

加藤光員は、前述の伊勢没官領注文の作成者であり伊勢とは深い関わりを持つ。元久元年（一二〇四）の反乱での功績により賞を賜わっており、頼朝期を通じて伊勢での影響力を保持しつづけた（『吾妻鏡』同六月八日条）。また元暦二年五月、志摩国麻生浦にて加藤光員の郎従等が、平氏家人忠清法師を捕えて京都に送還しており（『吾妻鏡』同十日条）、活動の範囲は志摩にも及んでいる。志摩の加藤氏の本拠地の一つは南島町神前浦薬師山城であり、南北朝期、延元元年（一三三六）十二月十六日北畠親房御教書（南狩遺文『大日本史料』六―三）には、「吉津加藤左衛門尉（定有）」がみえ、南朝方として活躍している。

また光員は神宮祭主大中臣能隆の家司であり、それにより「伊勢国道前郡政所職（道前郡は神宮の支配する伊勢国神八郡のうち員弁・朝明・三重の三郡のこと）」に補任されており、また数箇所の所領を開発し、それを神宮へ寄進していたことが知られる（『吾妻鏡』建永元年（一二〇六）五月六日・二十四日条）。つまり光員、あるいはその先祖は伊勢の開発領主であり、幕府成立以前から独自に伊勢との政治的・経済的な基盤を築いていたことになろう。また光員の祖父景道は前九年役で源頼義に従軍する源家累代の家人であり（『尊卑分脈』二―三一五頁）、早々に頼朝の挙兵に参じているのはそのためであろう。光員が伊勢国内に多数の所領を得て、没官領注文の作成に関わるといった活動を行なった

《頼朝期伊勢国幕府関係所領表》※〔　〕内は出典。〔勅〕は、『吾妻鏡』文治三年四月二十九日条に引用される公卿勅使駅家雑役勤否注進状、〔吾〕は『吾妻鏡』

天野遠景　林御厨〔建久七年正月二十三日太神宮庁宣　神宮雑書『鎌倉遺文』八二七〕
伊佐資綱　三ヶ山・荻野荘・糸末名〔勅〕
伊佐某　家城荘・吉行名・松高名〔勅〕
泉乃判官代　久藤名〔勅〕
市川行重　末光安富〔勅〕
市川行房　近富安富・弘抜名〔勅〕
一条能保　新屋荘〔吾　建久元年四月十九日条〕
莚間三郎　吉久名〔勅〕
宇佐美実政　林崎御厨〔吾　文治二年六月二十九日条〕
宇佐美祐茂　永平名〔勅〕
大井実春　香取五ヶ郷〔吾　文治元年十一月十二日条〕
大江広元　永富名・窪田荘・栗真荘・石丸名・慈悲山領・遍法寺領・小倭田荘・得永名・福延別名〔勅〕
　小倭荘〔吾　建久元年四月十九日条〕
岡部忠澄　粥安富名〔勅〕
尾前七郎　揚丸名〔勅〕
加藤光員　池田別符・中跡荘・豊田荘・長田荘・武久名・加納・加垣湊・新光吉名・位田〔勅〕
久下重光　天花寺〔勅〕
工藤祐経　富田荘〔勅〕
後藤基清　河口〔勅〕
佐野忠家　弘清〔勅〕
渋谷時国　末松名〔勅〕
渋谷五郎（重助ヵ）　安清名〔勅〕
四方田弘綱　松永名・多々利荘・丹生山公田〔勅〕

島津忠久　波出御厨・須可荘〔元暦二年六月十五日源頼朝下文 島津家文書『平安遺文』四二五九・四二六〇〕
庄田家房　吉光名〔勅〕　※後、守護領
曾井入道　新得末名〔勅〕
高野冠者　重安名田〔勅〕
長法寺五郎　本得末名〔勅〕
中原親能　荻野荘・高垣名・高成名・昼生荘・豊富安富・東園・西園村・福武名〔勅〕
中原久兼　常楽寺荘〔勅〕
野瀬国基　玉垣御厨領主職〔吾 文治二年八月二十七日条〕
畠山重忠　治田御厨〔吾 文治五年七月十日条〕
八田朝重　近津連（延）名〔勅〕
藤原季長　山永恒名・堀江加納〔勅〕
松本盛澄　飯鹿荘〔勅〕　※三重郡松本御厨（四日市）を本拠とする伊勢平氏松本氏か。元久元年の反乱に松本盛光がみえる。本領の可能性もある。
山内経俊　英多荘・黒田荘・曾祢荘・慧雲寺領・光吉名・光吉得光渡吉清・辰吉・曾祢返田〔勅〕
吉見頼綱　治田御厨〔吾 文治五年七月十日条〕
維度　穂積荘〔勅〕
小次郎　岩成荘〔勅〕
地平次　掘殖永恒〔勅〕　※後、北条時房領
盛定　乙部御厨内乙部郷〔勅〕
頼澄　永藤名・光藤名〔勅〕
昌寛　安富名〔勅〕
白山別当　有光名〔勅〕
安房大進局　三ヶ山〔吾 建久三年十二月十日条〕
近衛局　新屋荘〔勅〕

のは、加藤氏の伊勢における独自の基盤と、源家累代の家人で挙兵メンバーという頼朝からの強い信頼によるものといえる。

光員の知行地のうち、比定地がわかる池田別符（鈴鹿市）は河曲郡で内蔵寮領、豊田荘（川越町）は朝明郡で長講堂領、長田荘は飯野郡長田郷（松阪市）付近であろうか。

次に山内経俊であるが、経俊は『吾妻鏡』文治元年十月二十三日条に「経俊者所レ被レ補二置勢州守護一也」とあり、これ以前、同国の守護であり、それは元久元年二月の伊勢伊賀平氏の反乱に際しての失態で同職を失うまで継続していた（同五月十日条）。佐藤進一は当守護の補任を元暦元年まで遡るものと想定しており（『守護制度の研究』伊勢の項）、実際、元暦元年五月には、波多野盛通・大井実春・大内惟義家人等とともに、佐竹義広（義範）を伊勢国羽取山で討ち取っており（『吾妻鏡』同十五日条）、一ノ谷の合戦直後の段階から、何等かの職務を帯びて伊勢地方へ入っていたのは確かだろう。同年七月十八日には、六月の伊勢伊賀平家の反乱に伴い、隠逃郎従等の追捕が「大内冠者《惟義》并加藤五景員入道父子、及瀧口《山内》三郎経俊等」に命じられている（『吾妻鏡』同日条）。

《山内俊経伊勢所領一覧》

（a）英多荘：一志郡カ、比定地不詳　（b）黒田荘：飯高郡か、松阪市黒田、北条時房領
（c）曾祢荘：一志郡、現松阪市・三雲町　（d）慧雲寺領：比定地不詳　（e）光吉：曾祢荘近隣カ
（f）得光渡吉清辰吉：不明　（g）曾祢返田：曾祢荘近隣カ

経俊は元久元年の伊勢伊賀平氏の反乱により伊勢守護を罷免され、後任の平賀朝雅には乱の与党人から没官した私領水田が給付されており、守護領が編成されていることがわかる（『吾妻鏡』元久元年五月十日条）。さらに承久の乱で伊勢守護大内惟信が罷免され北条時房が守護となり、その補任に際しても守護領が付属されているが、それは勾御厨・

丹生山・南堀江永恒・黒田御厨・両金法師跡以下の一六箇所であった（『吾妻鏡』貞応元年〈一二二二〉三月三日条）。この内、勾御厨は飯高郡（松阪市曲）、丹生山は同郡（勢和村丹生）、南堀江永恒は河曲郡（鈴鹿市南堀江）に比定されるが良いとし、稲本紀昭は安芸郡河芸町の黒田に比定する。[18]（『角川地名大辞典 三重県』）。また黒田御厨について平泉隆房は、勾御厨・丹生山に近い飯高郡内の黒田に比定するの[19]。この黒田御厨につき稲本は、「注進状」にみえる経俊領の黒田荘に同じとし、守護領として経俊から時房へ受け継がれたのではないかと想定している。[20] すなわち、経俊段階から守護領が形成されていたとすれば、それは前掲の英多荘以下にあたるのであろうが、黒田荘・同御厨以外は明確ではない。

ただし曾祢荘については俊経跡を時房が継承しようとした形跡がある。すなわち、曾祢荘の領家醍醐寺は承久四年（一二二二）正月解状[21]を捧げ、頼朝が諸荘園に地頭を補した際にはそれを遁がれたが、山内経俊が地頭職を掌握しようとしたので頼朝に訴え「永不レ被レ補二地頭一」ことが決定していたのに、承久三年の合戦以後、荘務は武家の為に押妨され、遂には本間家茂なる者が、地頭下文を帯びて荘務を押領するに至り上納が途絶えており、早く頼朝の避文に任せて地頭職を停廃してほしいというものであった。つまり文治元年の諸国地頭勅許の際には経俊の押妨があり、頼朝の避状により地頭設置を退けたが、承久の乱に際しては地頭の補任状が発給され本間家茂が入部したのである。この訴訟につき幕府は北条義時書状を以て曾祢荘など四箇荘の地頭狼藉停止を連絡しており、本間家茂の地頭職知行も停止されたらしい。[22]

小泉宜右により、伊勢守護北条時房の守護代たる被官本間忠家・元忠兄弟の存在が指摘されている。[23] 曾祢荘に関わった本間家茂については、忠家・元忠兄弟との関係は明確にならないが、恐らくは一族であり、守護北条時房との関係で同荘へ関与していると考えるのが妥当だろう。あるいは、守護領に編入され正員地頭時房の代官として、家茂が地頭補任状を帯びて入部してきたという可能性もあろう。

醍醐寺領曾祢荘は、伊勢平氏信兼の所領であり、その曾祖父貞季（駿河守）の段階で名田を請負っており[24]、伊勢平氏発展の拠点の一つといえる。信兼はさらに周辺への勢力拡張に努めたらしく、島津忠久に給付された須可荘（嬉野町）・波出御厨（一志町）は旧信兼領である。平貞季・信兼らが同荘に進出してきたのは、当然、伊勢街道に面し、三渡川河口湊である松ケ崎の所在する要衝地であったからに他ならない[25]。同地が中世を通じて要衝地であり続けたことは、天正八年（一五八〇）、北畠を嗣いだ織田信長次男信雄が松ヶ島城に入り、同十六年に蒲生氏郷が同城から松阪に城を移すまで、南伊勢経営の中心地であったことからも明らかであろう。

暦応二年（一三三九）六月、曾祢荘内松崎浦に、守護家人で守護の要客の代官といわれる光吉地頭落合左近蔵人・瀧野地頭長生中務丞・川尻住人中村紀三郎等が乱入し、米・大豆・資材等を奪い、同浦の船を破壊して大船を以て運び取ってしまったことを醍醐寺は足利政権へ訴えている[26]。守護家人中の光吉地頭落合の光吉は、前掲俊経所領一覧に示した光吉であろう。とすれば俊経所領の光吉は曾根荘の近辺である可能性が高い。また俊経領の曾祢返田も曾祢荘となんらかの関係があると想定される。つまり俊経所領七箇所中、三箇所は曾祢荘周辺に集中しているのであり、それは前述の様に、そこが平信兼の本拠地であり、そこを信兼旧領として守護俊経が支配下に置こうとしていたということであろう。かつそれは成就せず、追って守護となった北条時房の代官本間氏もそこに目を付け、南北朝期に至っても守護家人の乱入を被ることとなっている。つまりは各時代の守護それぞれが触手を延ばしていた場所である。

頼朝は没官領地頭制度の執行を通じて、山内経俊以下代々の守護や、国奉行人加藤光員・大井実春など、幕府の地域支配機構を構築していった。しかし、前述のように、伊勢伊賀への軍事進攻は幕府側のみの意図ではなく、院権力の意志が強く作用していた。よって頼朝・時政は朝廷側に対しても不利益にならないよう処置するのはもちろんで、むしろ戦利の分配を行なっていたと考えるべきだろう。

文治二年（一一八六）三月、山城介久兼は伊勢国神領転倒奉行を命じられ上洛しており（『吾妻鏡』同十日・十六日条）、実際、同三年六月には伊勢国治田御厨への地頭畠山重忠眼代の狼藉に関する処置が久兼に命じられている（同二十九日・十月十三日条）。また元暦元年の反乱で追討された富田家資跡には、宇佐美実政が地頭に補任されていたが、地頭あるべからずとの院宣により、文治二年六月二十九日源頼朝下文を以て、神宮に付せられ直務支配とされている（『吾妻鏡』同日条）。こうして、反乱鎮圧に伴う地頭補任にあたっては、荘園制支配秩序の維持と、院宣などによる得分の本所領家への付与が行なわれている。

こうした政策は元久元年の反乱でも同様で、元久元年十一月には「三日平氏跡新補地頭等」の所務押妨を厳禁し神宮への上分米の備進を命じており（『吾妻鏡』同四日条）。また承元元年（一二〇七）十一月、伊勢平氏富田基度が年来、押領していた伊勢国小幡村は、没収地として新地頭が補任され、これを領家女房が愁申し地頭職が停止され、領家の進止と定められている（『吾妻鏡』同十七日条）。この場合は、元々不知行であった所領が基度の武力排除により、結果的に安堵・当知行化するのであり、まさに武力行使による恩恵といえる。

伊勢平氏は元暦・元久の反乱以前、北・中伊勢地域に強い支配組織を形成しており、両反乱の鎮圧と武力進攻により生じた権益は、幕府と朝廷・権門が分け合っている。例えば曾祢荘は交通の要衝として平信兼一族の重代の支配地であったが、その排除の後、守護山内氏と領家醍醐寺の争奪するところとなり、頼朝は醍醐寺に安堵し、同寺は室町期まで同荘を支配するが、在地勢力たる伊勢平氏の排除が大きな画期であろう。曾祢荘の他、醍醐寺は棚橋法楽寺を介して泊浦（鳥羽）・桑名など、伊勢湾沿いの要衝各地をおさえる。棚橋法楽寺の前身は幕府により武家の関与が否定・安堵された大橋御園の法花寺で、醍醐寺僧正通海により醍醐寺三宝院に寄進され、永仁六年（一二九八）勅願寺として、さらなる安堵を受けている。[27] 勅願寺たることの申請を行なった通海解には「奉レ祈二公家武家御願一」とあるように、法楽寺の所領支配は、公家・武家のバックアップにより完成したのであり、その端緒は伊勢平氏が築いた地域支配権の奪取であったといえよう。

注

(1) 川合康「治承・寿永の内乱と伊勢・伊賀平氏」(『鎌倉幕府成立史の研究』校倉書房、二〇〇四年)・清水亮「「東大寺文書」嘉暦三年正月日服部道一申状并具書案所収頼朝朝臣下文案をめぐって」(『鎌倉幕府御家人制の政治史的研究』校倉書房、二〇〇七年、初出〇五年)・同氏「鎌倉期における武士団結合の展開と都鄙間交通」(同前書)。なお両氏は寿永三年初頭の義経上洛を、伊賀—大和経由とみるが、搦手義経軍が田原路を利用したことが『玉葉』に明記されており、近江勢多で大手軍と分れて宇治へ向ったとすべきである(拙著『源義経の合戦と戦略』角川書店、〇五年、五〇頁)。また義経は当初から合戦を目的として上洛しておらず、ことに範頼軍とは別行動であったことは本章1節で言及した。

(2) 『平家物語』『源平盛衰記』等の異同については、水原一編『新定源平盛衰記 五』巻四一(新人物往来社、一九九一年)の後注に詳しい。

(3) 『玉葉』元暦元年七月八日条では「昨日辰刻、家継法師為二大将軍一大内郎従等悉伐取了」とあり、また『山槐記』元暦元年七月十九日条では「今日午刻於二近江国大厚(原)庄一合戦」とあって、いずれも翌日・当日中に情報がもたらされている。

(4) 『源平盛衰記』巻四一　三日平氏。

(5) 川合康は(1)論文において、宇都宮朝綱が平田家継党類跡の地頭職に補任されたのは、幕府側で在地社会との合意の得やすい人物であること、また補任時期に誤りのあることから、地頭朝綱補任と乱勃発の関係を疑問視する。この点、地頭補任が元暦元年五月であろうことは第七章2節で触れた。また朝綱の地頭補任が在地社会との合意にむけての幕府側の配慮であることは、氏の論文「内乱期の軍制と都の武士社会」（『日本史研究』五〇一、二〇〇四年）により理解される。ただし結果的に反乱は勃発しており、その措置が思惑どおりにゆかなかったことも明らかだろう。

（6）「平信兼の系譜」（『森貞次郎博士古稀記念 古文化論集 下』森貞次郎博士古稀記念論文集刊行会、一九八二年）・「古代末期における平信兼の動向について」（竹内理三先生喜寿記念論文集刊行会編『荘園制と中世社会』東京堂出版、八四年）。

（7）「曽禰庄と平信兼」（『日本史研究』二三四、一九八二年）

（8）正和三年（一三一四）八月二十七日六波羅下知状 金沢文庫文書『鎌倉遺文』二五二一五。

（9）文治二年正月日多米正富申状案 醍醐寺文書『鎌倉遺文』四四。

（10）佐藤『鎌倉幕府守護制度の研究』（東京大学出版会、一九七一年）。

（11）田中稔「大内惟義について」（『鎌倉幕府御家人制度の研究』吉川弘文館、一九九一年、初出八九年）。

（12）『仁和寺御伝』『門葉記』、『大日本史料』四―八、九二頁。

（13）「没官領・謀叛人跡地頭の成立」（『史林』五八―六、一九七五年）。

（14）東島誠『公共圏の歴史的創造』（東京大学出版会、二〇〇〇年）一四八頁。

（15）『講座日本荘園史　六』（吉川弘文館、一九九三年）伊勢国項。

（16）「北伊勢の国人領主」（『年報中世史研究』九、一九八四年）。

（17）『中世の変革と徳政』五章　伊勢神宮の荘園制（吉川弘文館、一九九四年）。

（18）「北条時房と伊勢国守護職」（『日本歴史』四二〇、一九八三年）。

（19）「伊勢国における北条氏一門領」（『ふびと』三八、一九八一年）・『角川地名大辞典 三重県』も河芸町に比定する。

（20）稲本（19）論文。

（21）承久四年正月日醍醐寺解案　醍醐寺文書『鎌倉遺文』二九二二。

（22）承久四年四月五日北条義時書状　醍醐寺文書『鎌倉遺文』二九四四、二九四五。

(23)「御家人本間氏について」(『小川信先生古稀記念論集　日本中世政治社会の研究』続群書類従完成会、一九九一年)。
(24)文治二年四月八日醍醐寺文書目録　醍醐寺文書『鎌倉遺文』八三。
(25)伊藤裕偉『中世伊勢湾岸の湊津と地域構造』(岩田書院、二〇〇七年)。
(26)暦応二年六月日醍醐寺所司等訴状　醍醐寺文書『三雲町史　二資料編一』。
(27)永仁六年(一二九八)十一月日院庁下文　田中忠三郎氏所蔵文書『鎌倉遺文』一九八八〇。

まとめ

在京頼朝代官義経は、朝敵追討のための直接的な軍事行動とともに、兵士兵粮米の徴収や家人編成なども含めて西国の軍事行政全体を統括する職務を担った。軍事・警察面では朝敵追討・追捕の宣旨に基づき、平家・義仲与党の追討追捕、同跡の探索点定、及び洛中警固といった職務を遂行し、それに伴って発生する武士狼藉や兵士兵粮米の免除問題などについては、十月宣旨・二月宣旨を遵行するというかたちで狼藉停止や兵士兵粮米免除を執行した。朝廷の立法(宣旨発布)の遵行機構として機能し、義経上洛以前、平家・義仲の義務であったにも拘らず、果たせなかった京都の都市機能・首都機能の維持は、その上洛によって達成されたといえる。義経は単なる頼朝の代官ではなく、こうした後の幕府にも通じる公武権力連携の基礎を創出した点を評価する必要がある。

東国の頼朝政権は地域社会に推戴されて成立するが、西国の義経の権力は東国の頼朝の代官として入ってきた外来権力である。そのため必要に応じて、武力行使を伴った地域再編を進めており、その最も顕著な地域が伊勢伊賀であった。

元暦元年（一一八四）七月の伊勢伊賀平氏の反乱に際しては、直前に検非違使に補任された義経が、追討として派遣され鎮圧にあたっているが、その主体が朝廷なのか、幕府なのかは必ずしも明らかでなく、故に乱の首謀者信兼の没収所領は「義経沙汰」と頼朝が主張しなければならなくなった。後の元久元年（一二〇四）三月の伊勢伊賀の反乱では、京都守護平賀朝雅が後鳥羽院より追討使に任命され、伊賀国を知行国として付与されて鎮圧にあたっており、朝廷側がより主体的に謀叛に対処している。

伊勢伊賀の反乱という地域紛争に対し、公武は連携して対応しており、国家権力への地域社会の抵抗に対して公武は利害関係・政治的立場を共有していたといえる。故にその戦後処理にあたっても、没官領は双方に利益がもたらされるよう調整されている。頼朝勢力は内乱が政権争奪へと転じるにあたり、その立場を国家の側に転じたのであり、義経はその方針を牽引していった。

第四章　幕府の成立と地域社会の転換

本章について

治承寿永の内乱は、地域内紛争→地域間抗争→政権争奪という過程を経て、東国には大名小名社会を基盤とする源頼朝権力、西国には頼朝代官源義経の主導する公武連携権力が成立する。朝廷は東国より武家勢力を招き入れ、それを権力行使の手段として取り込むことにより、内乱で後退した支配力を復旧しえた。それは第三章2節でみた元暦・元久二度の伊勢伊賀反乱などで明らかであろう。

元暦元年（一一八四）の平家滅亡を契機として内乱は新たなる段階に入る。すなわち戦後体制をめぐっての後白河院と頼朝の政治的対立、及び義経の武力蜂起であり、これを契機として文治の諸国地頭勅許がなされる。この動きは文治五年（一一八九）の奥州合戦、翌年の出羽の大河兼任の乱へと連動するが、建久年間には地域への幕府の積極的な武力・政治的介入はさらに頻発する。すなわち薩摩国の阿多宣澄の排斥（建久三年、一一九二）、曾我兄弟の仇討ち事件に伴う常陸大掾氏の処分（同四年）、豊後国の大野泰基の反乱鎮圧（同七年ヵ）、備後国大田荘下司橘氏の謀叛処罰（同七年）、若狭国の稲葉時定の失脚（同七年）などであり、各地で内乱以前からの地域有力者が没落させられている。

政治権力たる朝廷と、武力たる幕府との連携のもと、治承寿永の内乱でやり残された地域社会の再編が一気に進められた結果であり、内乱の最終段階と見做すべきだろう。この文治末～建久年間にかけての地域改編は、平安末期以来の地域の指導者たる大名を排除し、守護・地頭を各地域に送り込む作業であり、文治勅許による諸国没官領地頭職の設置という合法的手段が、威力を発揮した結果といえよう。

内乱の経緯と、それが地域に与えた影響については、以上のようにまとめられるだろう。Ⅰ部では、地域社会の動向を軸に、内乱と幕府成立の経緯を再検討してみたが、内乱の質的変化を踏まえた四段階の区別が提示できたのは、一つの成果と考える。従来、封建制・主従制という縦型の人間組織が、内乱と幕府成立を考えるにあたっての前提とされてきたが、横のつながりを軸とする地域社会が、内乱と幕府成立にいかに関わったのか、という視角で捉えなおしてみたことにより、こうした結果に行き着いたものと思う。

第一～三章では、内乱の経緯を辿りながら地域社会の動向を捉えるという、政治史的な分析の手法を用いたが、Ⅰ部の最後にあたり、本章では、御家人制と新恩給与制について、事例分析による総体的・数的な把握により、これまでの検討の跡付けを行い、さらに幕府成立以後の地域社会の行方について展望を示して、Ⅰ部のまとめとしたい。

1．幕府の成立と地域社会

源頼朝は内乱の終結にあたって、西国軍政機構を担った北条時政を鎌倉へ撤収させ、その後任も据えず、最小限の治安維持機能を留めるのみとした。従来、文治二年（一一八六）の七箇国地頭職の返還や、諸国地頭補任権の後退に象徴されるように、朝廷・中央権門側の抵抗・反撃によって、西国への頼朝権力の進出は停滞・縮小したと評価される。ただし時政の撤収や洛中守護への消極性からして、むしろ頼朝側が京都への関与を最少限に止め、接近を避けていたとみるべきだろう。

七海雅人は頼朝が最終的に固有の支配領域として確定したのは、国衙在庁指揮権を獲得した遠江・信濃以東、陸奥・

出羽にいたる一五箇国であり、諸国守護権行使のための人的・物的供給の基盤としての鎌倉中・諸国御家人を整えてゆくとする。(1)こうした東国掌握体制が東国国家ともいわれる鎌倉幕府の様相であり、結果的に頼朝政権が京都政権との距離を置こうとしたのも、ある程度、基盤たる東国に偏った形での体制づくりを進めようとしたことに関係するのであろう。

石井進が鎌倉幕府の実質的な成立とする治承四年（一一八〇）十二月十二日の頼朝の新造御亭への移徙に際し、侍所別当和田義盛は「凡出仕之者三百十一人」分の着到にあたっている（『吾妻鏡』同日条）。この三一一人が誰かは記されていないが、彼等が御家人制の基本的な構成員となったことは間違いない。

高橋典幸(2)は、御家人制は本来限定的であり、それが一三世紀半ばに一旦は開放化に転じるが、一三世紀後半には再び排他的に戻るとして、御家人制の閉鎖性とその変動を論じている。東海道東辺の大名小名社会を発端とし、周辺地域社会を融合・吸収した最終的な御家人の枠組みは、頼朝期にほぼその姿を確定したものと考えてよい。この御家人の枠組みを把握するため、文治五年の奥州合戦の交名、建久元年（一一九〇）の上洛の交名、同六年の交名を含む、文治・建久年間の一一回の供奉交名（詳細は第五章2節5参照）に載せられた供奉人、延べ一二六七名を抽出し、重複を整理したのが巻末の附表2《頼朝期供奉人表》であり、その総人数は五四九名となった。この中には御家人ではなく、鎌倉に招かれた廷臣や僧侶・一族一門も含まれているので、それら京都（廷臣・京武者）二五・官人一四・一族三・僧侶二名を除いた五〇〇名強が御家人となる。つまりこの五〇〇名が幕府成立期の御家人であり、ここには東国の大名小名社会の原風景が反映されていると考えられる。

この中には一つの家として独立していない者も含まれるかもしれないが、恐らく独立して御家人役を負担しないような身分の人は供奉の参加資格はないであろうから、五〇〇人前後が文治・建久期の御家人の人数として良かろう。

もちろんここに西国の守護に掌握される、いわゆる西国御家人の人数は含まれてはいない。ただし、もとより西国の在国御家人は幕政から排除されているので、一族など御家人以外をも含めた幕府の基本的な構成員は交名に載せられた五四九名の人々と理解してよかろう。その本貫地・属性別に示せば、

武蔵138	相模63	上野29	伊豆26	常陸25	信濃24	下総23
甲斐20	下野20	上総7	遠江7	駿河5	安房1	越後1
尾張以西21	文官14	京都25	官人14	一族3	僧侶2	不明91

であり、不明を除く四五八名中、三七九名とその大部分が武蔵〜駿河で占められている。その分布状況は、巻末の《御家人分布図》に示した。ほぼ予想された結果ではあろうが、尾張以西の御家人は二一名にすぎず、極めて東国的な組織であることが明白である。さらに武蔵・相模が二〇〇名程で、両国が権力体の中核を担っていることも明らかで、執権・連署の多くが武蔵守・相模守となるのも、この点からして当然のことといえる。

前述のように、治承四年十二月の新造御亭移徙には三一一名が出仕していたが、この時点で頼朝に帰服していたのは武蔵守・相模・伊豆・安房・上総・下総・上野・下野といった範囲であり、これら八箇国の《頼朝期供奉人表》の合計が三〇七名であり、新造御亭移徙の際と同規模になる。やはり治承四年末段階で編成された御家人制は、文治・建久段階でもほぼ同じ枠組みで継承されていたと考えるのが妥当だろう。

御家人の本貫地・名字の地は武蔵・相模・伊豆の中核地と、その外郭にあたる安房・上総・下総・常陸・上野・下野・甲斐といった周辺地にほぼ限定されている。それらは五〇〇名程で、その多くはいわゆる武蔵七党などに属する中小武士であり、幕府の軍事力は彼等によって担われていた。頼朝は彼等を本領に安堵し、御家人として組織することにより鎌倉政権・将軍権力をつくったのである。

こうした本領安堵に対して、頼朝の新恩給与を六五四件ほど拾って一覧にしたのが、やはり巻末に付した附表1《頼朝期新恩給与表》である。これら新恩給与地として抽出した所領以外にも、現在知られることのない新恩地が多数存在するであろうし、また抽出にあたって伝承的な資料、あるいは状況証拠によった事例も多い。さらには新恩か本領安堵かの判断が難しいものが多数含まれており、データとしては試掘的といってよいだろう。しかしこうした網羅的作業は、鎌倉期全体の地頭を対象に収集した安田元久[3]以来なされてこなかったのであり、頼朝期に限定したデータ収集と分析により、その新恩給与制度の概要・骨格を探ってみたい。

これを国別に整理したのが《頼朝期新恩給与地—国別集計—表》である。これによれば、新恩給与が集中する場所がいくつか指摘できる。伊勢の九五は際立って多い。その周辺の尾張一一・美濃一六・近江七・伊賀四を合せると一三三箇所となる。これは第三章2節で言及した伊勢伊賀での二度の反乱、及びかつての伊勢平氏の拠点地域であったことが大きいのであろうが、より根本的には、関東と畿内近国との境界地域という地域性に由来しよう。また陸奥五

《頼朝期新恩給与地—国別集計—表》

山城 2	三河 1	下総 8	出羽 9	丹後 0	備前 4	讃岐 0	日向 65
大和 4	遠江 5	常陸 21	若狭 28	但馬 1	備中 1	伊予 3	大隅 13
河内 11	駿河 7	近江 7	越前 17	因幡 0	備後 7	土佐 4	薩摩 39
和泉 0	甲斐 0	美濃 16	加賀 1	伯耆 0	安芸 13	筑前 12	不明 41
摂津 6	伊豆 1	飛騨 1	能登 0	出雲 2	周防 17	筑後 4	
伊賀 4	相模 6	信濃 6	越中 5	石見 0	長門 3	豊前 4	
伊勢 95	武蔵 4	上野 3	越後 10	隠岐 3	紀伊 2	豊後 10	
志摩 0	安房 0	下野 4	佐渡 0	播磨 4	淡路 3	肥前 14	
尾張 11	上総 8	陸奥 54	丹波 6	美作 6	阿波 3	肥後 15	都合 654

四・出羽九・常陸二一で計八四箇所、鎮西は合計一七六箇所と多い。両地域は、いわゆる日本の東端にあたる外が浜、西端にあたる喜界が島という両端地域、つまりは日本の周縁であり、そうした地域に集中している。これに対して前述の鎌倉周辺地から東海にかけて、及び山城・大和から山陰にかけては目立って少ない。

次に頼朝期の新恩給与地から文官・京都系・親族などへの非戦功、すなわち戦功に因らない恩給を一覧にしたのが《非戦功恩給表》である。同表では二四〇件の非戦功恩給を抽出しており、これは収集した恩給全体の三分の一にあたる。この三分の一の存在は、頼朝の新恩給与が「軍事的な奉公への賞与」ではなく執行されたことを示している。御家人の側からすれば、獲得した没官領は自分たちの所領拡大という欲求を満たすためには使用されなかった、ということになろう。

中原親能は検出数が多いが、それだけ戦功が突出していたわけでないことはもちろんである。『吾妻鏡』文治四年（一一八八）七月二十八日条では、親能が「募二武威一、貪二他人領所一、抑二留乃貢一」したことにより勅問を受け、陳謝の術を失ったとの讒言があり、それにつき頼朝が親能に尋問したところ、親能は「去六月已捧二陳状一」としその案文を献上し、処理済みであることを示して頼朝を感心させている。

『吾妻鏡』に引用された請文によれば、駿河国蒲原荘の年貢については、大外記中原師尚と親しかったため、その依頼により個人的に沙汰しているが、究済の返抄も受け取っており、去年分については本年四月に船で輸送した。また越後国大面荘の年貢については文治元・二年の両年分を領家に運上したと沙汰人が申しており、去年分の早米は領家へ進納し、後米は院宣により荘務が止められたので、沙汰者を召し上げており積載作業を進めていないという。駿河・越後という日本海・太平洋両方の荘園を請負っているが、それぞれ沙汰人を駆使して運営しており、そのトラブルに対しても返抄を備えるなり、沙汰人の作業状況を申告するなど頼朝を納得させうるものであった。

『吾妻鏡』元久元年（一二〇四）三月二十二日条では、「鎮西乃貢事」については、中原親能が勘定すべきことが定められており、これはその荘園運営能力をかわれてのことだろう。親能は在京期間が長く、また天野遠景の鎮西奉行を継承し、猶子の大友能直は親能の所領を相続して豊後守護となるなど、鎮西乃貢の管掌者としては適任であったが、もとより遠隔所領の経営能力を認められての任務であろう。

文治三年十月、畠山重忠は大神宮神人等の訴訟により、新恩地伊勢国治田御厨を没収され処罰を蒙っているが（『吾妻鏡』同十三日条）、厚免された際には「浴レ恩之時者、先可レ求二眼代之器量一、无二其仁一者、不レ可レ請二其地一」と、新恩地経営の難しさを吐露している（同四日条）。秩父一族の惣領である重忠でさえ、こうした遠隔地経営の困難に遭遇し、失脚の危機に陥る。幕府成立段階では、守護・地頭による流通路の確保は未完成であろうし、承久の乱（一二二一年）により、多数の御家人が西国の没官領を得る段階とは区別する必要がある。独力で遠隔地荘園の経営にあたる現地沙汰人を準備し、年貢運搬の準備から領家との折衝、年貢の結解・算用までをこなせる人材は、そう多くはな

《非戦功恩給表》

安達景盛	1	大江公朝	2	昌寛	9	二階堂行政	2	武藤資頼	7
安達盛長	1	大江広元	22	関瀬義盛	1	二階堂行村	1	毛呂季綱	1
伊佐資綱	1	大宮局	1	千秋信綱	1	野瀬国基	1	留守家景	2
伊佐朝宗	2	岡頼基	2	橘公業	3	藤原重頼	3	若狭忠季	25
伊佐某	4	鎌田正清息女	2	橘為茂	1	源光清	1	頼澄（伊豆目代）	2
一条能保	27	近衛局	1	鳥居禅尼	2	源頼兼	5		
宇治義定	1	後藤基清	3	中原親能	37	宮菊（義仲妹）	3		
多好方	1	惟宗孝親	12	中原仲業	1	三善康清	1		
大江景国	1	島津忠久	45	中原久兼	1	三善康信	1	**都合**	240

かったのではないか。

よって頼朝は、中原親能・大江広元・島津忠久といった、摂関家など中央貴族の家政機関に所属し、荘園経営のノウハウを持った人材を鎌倉に招き、政所職員による直轄的な所領運用を行なう必要があった。そのため親能・広元等に所領が集中したと考えるのが妥当であろう。政所・公文所といった頼朝の家政機関職員・頼朝近親者・源氏一門といった関係から所領が宛行われているのであり、これら家領の運用・家産的所領経営は、軍功の軽重などに規定されることなく、頼朝の家領運用上の方針が優先されたのである。

また安芸の惟宗孝親、鎮西の天野遠景、山陽の梶原景時・土肥実平、北陸の比企朝宗といった守護層は、源義経で例示したように、内乱期より没官領を集積管理しており、その職務に付属して所領を管理した。それら所領知行も恩賞としてではなく、職責に対する給与であり、つまりは守護料所である。

山陽道の惣追捕使であった土肥実平とその子遠平は、

▽備後国有福名　　　　　　　　　　▽備後国大田荘（文治二年停止）
▽安芸国沼田荘地頭職　　　　　　　▽周防国大島荘（徳大寺実定家領、文治二年停止）
▽周防国伊保荘・竃戸関・矢島・柱島（文治二年停止）　▽長門国阿武郡（文治五年以前に停止）

という備後・安芸・周防・長門の所領を知行していたが、これらはその職務に関連したものであろう。例えば清水亮[4]は、鎮西奉行＝九国地頭として謀叛人跡の調査・占領を主導し、それに伴って地頭職を集積したことを明らかにしている。この点、佐藤進一は国地頭を対象とした説明ではあるが、「在来の荘郷地頭下司を謀反人・凶徒と認定し追放した跡に、頼朝が新地頭を補任するまでの間、国地頭が前司の跡を闕所地の一時的管理もしくは処分の形式で知行するケースが少なくなかった」（『日本の中世国家』岩波書店、一九八三年、八二頁）と想定しているが、国地頭に限らず、在京頼朝代官・守護人・鎮西奉行などの領域軍事行政官が、内乱において謀叛人跡の探索・接収から暫定管理までを管掌し、平時には料所とすることが、回路として成立していたものと想定される。

ただしこうした守護人等の所領集積は、遠景が鎮西で獲得した所領の大部分が、奉行罷免とともに収公され、その一部のみが相伝されたことを前掲清水が指摘するように、多くが職に付属する料所、つまり臨時の給分にすぎない。北陸道勧農使である比企朝宗は越中国般若野荘（徳大寺実定家領）・加賀国額田荘近隣・越前国志比荘の知行が確認され、実平同様山陽道惣追捕使である梶原景時は河内国新関《開カ》・富島・三野和・長田、摂津国平野・安垣、播磨国浦上荘、その息梶原朝景が美作国所衆大江行義女子領所を知行しており（巻末附表1《頼朝期新恩給与表》参照）、これらは個々の国の支配というより勧農使・惣追捕使の職務の給分として数箇国に散在する所領を各々の職務上、一体のものとして知行していたのであろう。

治承寿永の内乱後の地頭制度は、頼朝の政治的統制下で所領経営能力に長けた文官や頼朝に近しい京官人らに預けられ、また広域行政官たる守護人・惣追捕使・勧農使・鎮西奉行・奥州惣奉行などに管理が委ねられており、「在地領主層の武力による支配域の拡大」の手段といった定義にはあてはまらない。

これは川合康（序章1参照）の明らかにしようとした敵方所領没官行為を否定するものでない。戦争状態においては、そうした行為は当然あってしかるべきだろう。ただし内乱時では、敵対者の攻撃とその所領の占拠に正当性があったとしても、平時における知行の正当性は、別に設定しなければならない。

近藤成一は川合著書『鎌倉幕府成立史の研究』（校倉書房、二〇〇四年）の書評[5]にあたり、その視線に地域的な偏りがあることを指摘する。これにも関係するのであろうが、川合の鎌倉幕府成立＝内乱の終結と、内乱後の社会の成立にあたっての農民層や村落側の主体性の評価の仕方、つまり内乱において農民層もその主体として参加していたという戦争論上の評価に止まる点には不満が残る。内乱後、新しい領主を受け入れるのは農民層・村落であり、新たな領主権力の正当性が彼等に納得されなければ、それはいわゆる違法行為、すなわち武士狼藉にすぎないのではないか。ひいては内乱、及び内乱後体制の構築にあたっての農民層・村落を含めた地域社会の役割を、積極的に位置付けてゆく必要があろう。

例えば元暦元年（一一八四）九月、摂津国垂水西牧萱野郷へ源義経の代官山二郎房が、三〇余人を率いて入部してきたが、彼は「号㆓源判官殿仰㆒許」で証文を提示することなく「只以㆑詞被㆓知行㆒」ため、百姓等はこれに反発し訴状を提出し、義経より狼藉停止命令を得ている(6)。この際、百姓等は義経代官の暴力的入部に対しても、通常の法的手続きである証文の提示を要求して支配の妥当性に疑義を突き付けている。法的に不当な知行は、第六章でみるように武士狼藉として停止されるのが原則なのであり、その原則の実行にあたって農民層・村落側の意志が大きく作用していたことが想定される。

また奥州合戦の後の文治五年（一一八九）十一月八日、頼朝は鎌倉帰還にあたり葛西清重に奥州所務を命じたが（『吾妻鏡』同日条）、その際、頼朝軍の駐留により「民戸殆難㆓安堵㆒」状態にあり、私に計沙汰を廻して窮民を救うよう指示し、農料・種子の手筈を整え「兼日可㆑相㆓触土民等㆒」とする。頼朝は奥州合戦を謀叛人追討行為として朝廷に認めさせ、また文治五年十二月には、奥州・羽州地下管領の許可と降人等への配流官符の発布を申請するなど、法的な手続きを進めるだけでなく（『吾妻鏡』同六日条）、勧農による再生産の保護と、安堵をもたらすべき姿勢を積極的に土民層へアピールすることにも努めている。

やはり幕府を単なる武装組織とするのは無理であり、また武力や封建制度の立ち上がりのみで、幕府の成立を説明するのは難しい。川合が公権委任による幕府成立論を否定し、内乱を契機とする独自権力の成立を説明しようとしたことは評価されるべきだと思うが、内乱論だけではなく、いかに新しい政治権力が立ち上がるのか、という部分での説明が必要だろう。

かつて入間田宣夫は一九八四年の論文で[7]「文治五年奥州合戦とその余波ともいうべき大河兼任の乱の結果、奥羽の地はこれまでの主を失い、広大な欠所地となった。既存の社会勢力が雲散霧消せしめられるにいたった真空地帯とでもいうべきこの政治的空間の存在は、新しい支配方式の導入にとって、きわめて好都合な理想的環境をかたちづくった」とし、七八年の論文[8]でも同様の発言をしている。これにつき入間田は二〇〇二年の論文[9]で、「(郡)・荘・保の地頭職の推移の基調のみに目を奪われてしまい」、戦乱を生き延びた残存地域勢力を取り込んだかたちで、地頭制度が成立していたという、地域に即した具体的な思考が不足していたと自戒している。

こうした入間田の視角の変化の背景には恐らく、八〇年代以降の地域社会論の高まりがあるのだろう。川合の幕府論・地頭論も入間田論文と同じ八〇年代半ばに提起されたものであり、多元的・重層的な地域社会のありかたを踏まえ、そこに新たな権力がいかに乗りかかって内乱後体制を構築してゆくのか、といった視線で鍛え直されて行く必要があろう。

2．地域社会の転換

御家人制度は治承四年（一一八〇）末の本領安堵により、ほぼその枠組みが成立するが、その後、上総介広常の謀殺から比企氏の乱、和田義盛の乱など幾多の武力紛争を繰り返し、多くの御家人が没落しその所領が没収される。また承久の乱では田中稔が分析したように、全国の多数の武士が処分され、彼等の所領には幕府より新補地頭が設置される。[10]

しかし、例えば和田合戦の場合をみても、平家没官領と同様、新恩給与が軍功に応じて実施されてはいない。『吾妻鏡』建暦三年（一二一三）五月七日条に載る「勲功事、為レ宗」分の注文を整理すれば、全二四箇所のうち九名は文官・女官（☆印）であり、その多くは軍功に基づく給付ではなかろう。また北条義時・同時房・同泰時（★印）は北条一門であり、恩賞を給付する主体であり、封建制的な機能は実質的に存在しない。[11]すなわち給付の半分は家政職員と、実質的な政権担当者である北条氏に蓄積されたのであり、将軍権力体内部に留保されたのである。

つまり鎌倉幕府成立以後、関東を中心に成立した本領安堵による御家人所領は、内紛を経る毎に減少してゆき、没官による新恩給与所領へ転じてゆくことになる。従来、本領安堵と新恩給与を区別せず一律に封建制度とし、御家人は地頭に補任されると幕府の庇護を受けつつ、領主支配を拡大・深化させると理解してきた。すなわち地頭に補任された御家人は、在地領主として所領支配を強化し、都市領主たる荘園領主権力を排除し一円支配化を進めるのであり、幕府訴訟制度もそうした封建領主的発展に対する荘園領主層からの妨害に対し、政治的に保護を与える機能を果たしたのである。

しかし前述のように、頼朝政権期の本領安堵と新恩給与制度には地域・機能に大きな隔たりがあり、後者は統治制度であって両者を同質のものとして扱うことは適当ではない。こうした本領安堵地頭と新恩給与地頭との相違について入間田宣夫は、本来、在地運営により発展すべき在地領主制において、武力により生み出された地頭領主制は、正常な発展ではなく異端であるとする。[12]そうした異端の領主たる地頭の鎌倉後期へ向けての展開につき工藤敬一は、鎌倉後期には在地領主が流通支配へシフトしてゆくことを論じ、[13]近年の領主制論においても、市場・湊の支配の重要性が指摘されている。[14]

鎌倉時代後期には、北条氏・得宗被官へ所領が集中してゆくが、彼等は原則的に鎌倉・京都に居住しており、地頭の非在地化・都市領主化は時代とともに進んで行くと考えてよいだろう。また一般御家人についても、追加法で所領の質入・売却、悪僧の請負が規制されてゆくということは、そうした行為が盛んに行われていたことの裏返しであり、鎌倉後期を在地領主制の深化の時代と捉えることが絶対ではないことの証拠となろう。

実例をあげてみるに、高野山領備後国大田荘では、内乱期に下司橘氏が山陽道惣追捕使土肥氏の権力をかりて、給田の拡大・在家支配・加徴米徴収の増加といった手段で荘園支配を拡張するが、建久年間に謀叛の咎により所職を没収され、三善善信が地頭として入部する。地頭三善氏は鑁阿置文と下司橘氏の提出した得分注文に基づいて荘園所務を遂行し、鎌倉中期においては、多数の地頭代官を荘内に配置するなど支配を強めるが、後期以降は年貢未進に伴う

《和田合戦勲功表》　※☆印は文官・女官、★印は北条一門

武田冠者（信光ヵ）	甲斐国波加利本荘（都留郡）
☆島津忠久	甲斐国波加利新荘
加藤光資	甲斐国古郡　光資は光員男
☆伊賀光宗	甲斐国岩間（八代郡）
鎌田兵衛尉	甲斐国福地
大須賀胤信	甲斐国井上（山梨郡）
★北条義時	相模国山内荘・同菖蒲
☆二階堂行村	相模国大井荘
☆二階堂元行	相模国懐島
近藤左衛門尉	相模国岡崎
☆女房因幡局	相模国渋谷荘
志村次郎	相模国坂東田原
☆安達時長	武蔵国長井荘
☆大江広元	武蔵国横山荘
★北条時房	上総国飯富荘
三浦胤義	上総国伊北郡
藤内兵衛尉	上総国幾与宇
伊賀朝光	常陸国佐都郡
藤原季康	上野国桃井
★北条義時	陸奥国遠田郡
☆二階堂行光	陸奥国三迫
三浦義村	陸奥国名取郡
☆大弐局	陸奥国由利郡
金窪行親	武蔵国金窪

領家高野山の訴訟に敗訴し所務権限を序々に喪失し、所領自体も部分的に譲渡するにいたる（瀬野精一郎編『備後国大田荘史料　二』吉川弘文館、一九八六年）。古澤直人によれば、こうした事態は、幕府が結解と年貢皆済を義務付けているにも拘わらず、地頭三善氏はそれをなしえず、幕府の年貢支払命令に背いたとして下知違背の咎に問われて追い詰められていった結果だという。[15] 入間田宣夫によれば、結解作成の主体は老人(おとな)百姓等であり、地頭はその作業に関与しておらず、その結果として地頭の結解不能・年貢未進に至ったのであり、所務機能の低下が敗訴の根本的な要因なのである。[16]

また東寺領丹波国大山荘では鎌倉後期、領家・地頭中沢氏の下地中分を契機として地下請が成立する。旱損・水損を論ぜずに一定年貢を名主連名で請負っており、同荘でも百姓等による所務運営が確立しており、地頭の所務関与がなくとも荘園運営は可能な状況にあった。[17] 同様に地頭海老名氏と領家との下地中分が行なわれた東寺領播磨国矢野荘では、公文寺田氏が在地領主として荘園支配にのぞむが、やがて領家と対立して荘務から排除され悪党化する。[18] 南北朝期には村落共同体が武力を伴った荘園の安全保証をも担ってゆくのであり、[19] こうした活動が可能なのは、彼等が在地領主に頼ることなく再生産活動を行ない村落を運営し得ていたからだろう。

新補地頭は前任の開発領主とは異なり地域への新参者であるので、実際の在地支配にあたっては畠山重忠がいうように、良い眼代を探し出したり、大田荘地頭三善善信のように前任者との妥協の上でその協力を得たり、旧支配者層を取り込んでゆくなど、在地支配の手がかりが必要となる。また海津一朗[20]は渋谷氏が相模から郎党を連れて西国に入部し、開発活動を行なっており、安芸国沼田荘に入部した小早川氏も新田開発に力を入れていることを明らかにした。ただし、現地有力者の取り込みや、資本投下による支配地拡大といったことに成功するとは限らないし、成功したとしても開発領主が築いていた伝統的支配には及ばない可能性は高いのではないか。

地頭職の進止権は将軍が所持しているので、その点、御家人ではない下司・惣追捕使・公文といった荘官のように、荘園領主の恣意によって罷免されることはまずない。しかしだからといって地頭職の保有が、在地支配の深化に直結するわけではない。むしろ大田荘や大山荘のように、開発領主系領主の排除と関東より派遣される新補地頭の着任とは、在地に君臨してきた伝統的領主の支配からの解放という面が強く、その分、村落共同体の自立を早めたのではないか。少なくとも新補地頭への改補が、その大きな契機となったことは確かだろう。

もちろん、鎌倉後期における村落共同体の自立化は、開発領主から新補地頭への改補という外的な理由だけではなく、村落共同体自身の問題、例えば再生産機能の充実などにも由来するだろう。拙稿「大和国平野殿庄の庄領と構造」(21)で示した東寺領大和国平野殿荘の場合、開発領主であろう平姓の下司・惣追捕使という両荘官が鎌倉〜室町期を通じて在地に強い影響力を行使している。両荘官の前身は名主であり、鎌倉時代中期には強豪名主と評される強固な在地支配力により、領家東寺の荘園支配権を苦境に貶めた。彼等は荘内山野へ植樹して森林資源を確保し、同荘平地部の耕地を灌漑する用水の利権を握り、それら開発領主的な要素により支配基盤を構築したものと想定される。しかし鎌倉後期になると、年貢対捍・預所排除・他荘との境相論といった在地問題の前面に現われるのは百姓等となり、一方の下司・惣追捕使については、荘園内よりはむしろ、荘を越えたより広い範囲での活動、ことに周辺武士層と結び付いた悪党活動が目立つようになる（第一章1節）。

矢野荘の寺田氏も悪党化するが本来は開発領主であり、平野殿荘の悪党にしろ、かつては荘官として君臨していた人々が、鎌倉後期には地域からも荘園領主からも放逐される。それは本来彼等が地域において果たしてきた、勧農や荘園所務などの役割が失われたことに本質があるのだろう。恐らく御家人地頭でも同様で荘官として所務に従事し、地域の再生産活動を主導する立場は失われ、給主として得分を得ることに特化する。すなわち都市領主的性格を強くし、その分、勧農・所務は村落共同体に降下していった。こうした傾向は、西国だけでなく、関東においても同様であろう。

幕府の成立と没官領地頭の大量発生は、開発領主系領主の減少、都市的領主の増加に決定的な役割を果たしたのであり、それに反比例して村落共同体の高度化が鎌倉末期にむけて高まっていった。この結果、地域社会に君臨していた在地領主層と百姓層が分裂・独立化して、在地領主層は武家権力と結び付きながら一揆的結合という地域社会を、百姓層は村落共同体から惣国一揆的な方向へと、それぞれに進んで行くことになる。ひとまずこうした道筋を示しておきたい。

注

（1）「鎌倉幕府の東国掌握過程」（羽下徳彦編『中世の社会と史料』吉川弘文館、二〇〇五年）。
（2）「御家人制の周縁」（『鎌倉幕府軍制と御家人制』吉川弘文館、二〇〇八年、初出九六年）。
（3）『地頭及び地頭領主制の研究』附表鎌倉時代地頭表（山川出版、一九六一年）。
（4）「初期鎌倉幕府の九州支配における没官領地頭の意義」（『鎌倉幕府御家人制の政治史的研究』校倉書房、二〇〇七年、初出〇一年）。
（5）「研究展望　川合康氏の鎌倉幕府成立史論について」（『日本史研究』五三一、二〇〇六年）。
（6）元暦元年九月日摂津国垂水西牧萱野郷百姓等解案　春日神社文書『平安遺文』四二〇七。
（7）「守護・地頭と領主制」（『講座日本歴史　三』東京大学出版会）。
（8）「鎌倉幕府と奥羽両国」（小林清治・大石直正編『中世奥羽の世界』東京大学出版会）。
（9）「陸奥国の案内者佐藤氏について」（入間田宣夫編『日本・東アジアの国家・地域・人間』入間田宣夫先生還暦記念論集編

集委員会)。
(10)「承久京方武士の一考察」(『鎌倉幕府御家人制度の研究』吉川弘文館、一九九一年、初出五六年)。
(11)これら所見は、中西望介の吾妻鏡研究会における口頭報告「横山党の成立・和田合戦と横山党」(二〇〇七年)にて示唆を受けた。
(12)入間田(7)論文。
(13)「鎌倉時代の領主制」(『荘園制社会の基本構造』校倉書房、二〇〇二年、初出六一年)。
(14)菊池浩幸他「特集　中世在地領主論の現在」(『歴史評論』六七四、二〇〇六年)。
(15)「幕府権力の変質と領主制」(『日本歴史』四一六、一九八三年)。
(16)入間田「鎌倉前期における領主的土地所有と『百姓』支配の特質」(『百姓申状と起請文の世界』東京大学出版会、一九八六年、初出七二年)。
(17)大山喬平「鎌倉時代の村落結合」(『日本中世農村史の研究』岩波書店、一九七八年、初出六三年)。
(18)小泉宜右『悪党』(教育社、一九八一年)。
(19)伊藤俊一「中世後期における「荘家」と地域権力」(『日本史研究』三六八、一九九三年)。
(20)海津一朗「鎌倉時代における東国農民の西遷開拓入植」(中世東国史研究会編『中世東国史の研究』東京大学出版会、一九八八年)。
(21)『地方史研究』三〇三、二〇〇三年。

まとめ（Ⅰ部の総括をかねて）

Ⅰ部では内乱のバックボーンたる地域社会の解明を試みた。そこで内乱の主体をなす地域勢力を「大名小名」とし、それが後の幕府構成員たることから、プレ武家社会と位置付けたのである。あえてこれを武士団・武士と呼ばず、幕府成立後の武家・武士と区別した。それは大名小名を「武士」という既成概念で括ることによって、固定化した「武士」概念に遮られて、その歴史的な存在意義や、「武士」概念以外の重要な要素が削られてしまうと考えたからである。よって「武士」「在地領主」といった使い慣れた概念ではなく、「大名小名」という新しい概念を立ててみた。

大名とは後世には戦国大名といった名称に引き継がれることはもちろんだが、平安末期においては負名主に由来する名称で、その規模の大小を区別して大名小名とする。平安期には大名を住人とも称しており、本来、法的には一般住民扱いである。しかし内乱の前段階では、在庁官人や郡郷司層といった地方の有力者を指すようになり、また婚姻などを通じて階級的な結束を持つようになる。それは地縁血縁による緩やかで流動的な結束であったが、長老的指導者により政治的・軍事的なまとまりも持つようになっていた。大名小名は、流通・交通に規定されながら行政単位たる「国」を越えてむすびついてゆく。こうして形成されつつあった大名小名社会をいかに制御し、取り込んでゆくかが中央権力側の課題であり、平家政権の成立はその一つの答えであったといえよう。頼朝の挙兵勢力は、東海道東辺諸国の大名小名社会であるが、全国で同様な武力蜂起が起きていることからすれば、各地に様々な大名小名社会が形成されていたと考えるべきだろう。

頼朝期の御家人を五四九人検出したが、そのうち身元の判明する四五八名中、三七九名は武蔵・相模・上野・信濃・

常陸・伊豆・下総・甲斐・下野・上総・遠江・駿河・安房・越後の出身であった。いわゆる東国一五箇国の範囲（陸奥・出羽が入っていない）が幕府御家人の基盤であることが確認できる。つまりこれらは東海道東辺諸国の大名小名社会を中心として、その周辺の大名小名社会を取り込んで構成されたものと想定される。内乱期には独自の枠組みを持っていた木曾義仲、信濃・甲斐源氏、佐竹などの周辺大名小名が併合・吸収されてこうしたかたちとなったのであろう。

東国の大名小名社会を統合して構成された頼朝勢力は、朝敵追討と謀叛防止機関として国家権力の一部を担うことになり、その結果、伊勢伊賀地域でみたように朝廷と連携して地域を抑圧してゆく。この結果、開発領主を排除し都市領主的な地頭を没官地へ配置してゆくことになり、それが大名小名より下層の農民層の自立を促す結果をもたらした。

武士・在地領主といった概念により遮られていたものとは、地域社会の胎動であり、またそれと国家権力との関係である。内乱をめぐって表出する地域社会の胎動として、つぎの点をおさえる必要がある。すなわち、地縁血縁などを介して国を超えて横につながってゆく共同体が各地に発生し、それが独自の政治的・軍事的な活動を行なって内乱の進行を規定したこと。そうして内乱を勝ち抜いた共同体の一つが国家権力に上昇するとともに、村落・荘郷といった在地レベルの共同体が自立・発生する契機となったことである。以後、国家権力側は、こうした地域社会の動き・エネルギーをいかに制御し、かつ取り込んでゆくかが課題となる。

Ⅱ部　将軍権力の生成

第五章　源頼朝「御権威」の成立と新秩序

本章について

私は、源頼朝が内乱に勝利したから幕府ができたとは思わない。そうではなくて、幕府ができたので頼朝は内乱に勝利したのだと思う。先にプレ武家社会というのを提起したが、もしプレ武家社会があるならば、プレ幕府があって然るべきだろう。このプレ幕府があって、それに頼朝が乗っかって内乱を勝ち抜いた、というように考えてみたい。かりに「プレ幕府」なるものがあるとすれば、それは「幕府」とはどう違うのだろうか。プレ幕府は幕府へと引き継がれるような国家的な機能、すなわち公権的な要素はあったのだろうか。あるいはまた、幕府の鎌倉殿を頂点とする御家人秩序のような組織化は、どこまで達成されていたのだろうか。そうした疑問を解いてゆく方法は、唯一、幕府の国家的な機能と御家人構造を明らかにし、その上で考えてみる以外に方法はないだろう。Ⅱ部では、前者を第六章・第七章で、後者を第五章で考えてみたい。

鎌倉殿＝主、御家人＝従という関係上、御家人同士は傍輩として平等だというのが常識的な理解である。しかし実際はさほど単純ではなく、鎌倉殿を頂点として門客門葉―御所中番衆（鎌倉中）―大番衆（在国）・内裏番衆（西国御家人）といった階層をもつ構造体であった。それは供奉行列など、儀式の際に明確な上下秩序として表わされる。こうした確固とした秩序は粗暴な「哀しき世」たる大名小名社会にはなかったはずで、頼朝の威風による「治められた世」

（第一章1）によって生み出されたと考えるべきだろう。鎌倉殿の権威とはこうした秩序体系の頂点に居ることにより得られたのであり、権力もそこから生まれたのである。本章では、その権威・権力の淵源を明らかにしてみたい。

1節　源頼朝独裁権力への道のり

はじめに

源頼朝は最終的に幕府内における独裁的権力を握ることになるが、もちろん挙兵当初からそうした権力を持ち得たわけではなく、内乱の過程で徐々に構築されていったものと想定される。またその独裁権力は、幾多の内紛を経て北条氏に継承されることになるが、北条氏が頼朝後継者として台頭するのもまた、紆余曲折を経てのことである。頼朝とその後継者たる北条氏が掌握することになる独裁的権力が、いかにして生まれてくるのか、その過程は幕府成立の一つの道筋でもある。内乱の質的変化とも対比しながら、各段階での指導者を抽出しつつ、その道筋を提示してみたい。

1．挙兵期における土肥実平

『吾妻鏡』治承四年（一一八〇）八月二十日条によれば、山木攻めに成功した頼朝は、同日、相模国土肥郷へ兵を移すが、その際の源頼朝随兵は四六人で、その内、規模の大きな武士は伊豆国狩野荘の工藤氏、同国仁田郷の新田氏、相模国中村荘・早川荘・土肥郷の中村党（早川党）、同国大庭御厨・豊田荘の鎌倉党である。この他、伊豆田方郡内の小規模な武士である北条氏・天野氏・那古谷氏などで構成されている。この面々が頼朝挙兵段階の与党であり、後述するように、彼等を中心として頼朝政権の中核メンバーが形成される。彼等の内、初期頼朝政権の主導的人物として取り上げるべきは土肥実平である。(1)

もとより頼朝軍が土肥郷内に布陣したということ自体、その行動に実平の主導性が見出されるが、それは『吾妻鏡』石橋山の合戦の叙述の端々にうかがえる。同八月二十四日条では、合戦に敗北した頼朝が大庭景親軍に追われて杉山に逃れた時、景親軍の接近を防いでいた加藤景員・同光員・同景廉・宇佐美祐茂等が、北条時政の許しを得て隠れている頼朝の許へ参じると、頼朝の傍らに居た実平は、大勢で逃げると見付かってしまうので、御供には加えられないと突き放す。景員らは再度、御供することを願い、頼朝もこれを受け入れようとしたが、実平は「今の別離は、後の大幸」であるとして拒絶している。さらに同二十八日条では、土肥郷真鶴崎から頼朝が安房へ向けて出港する際、実平はその乗船を準備し、実平の息子遠平は頼朝の無事を伊豆の北条政子に伝えている。

《中村党関係図》(2)

平良文―忠頼―忠常―頼尊―恒遠―恒宗―宗平（中村庄司）
- 重平（中村太郎）
- 実平（土肥次郎）―遠平（弥太郎、小早川）
- 宗遠（土屋三郎）―義清（土屋三郎）
- 友平（二宮四郎大夫）
- 頼平（境五郎）
- 女子
  ＝
  三浦義継―義実（岡崎四郎）
  - 義忠（真田与一）
  - 義清（土屋三郎）

これら石橋山の合戦・安房脱出での土肥実平の活躍を語る『吾妻鏡』の記事は、『延慶本平家物語』『四部合戦状本平家物語』、あるいは『妙本寺本曾我物語』等に載る〝頼朝七騎落説話〟との関連性が指摘されている。[3] すなわち『吾妻鏡』『平家物語』『曾我物語』は、土肥一族の物語として独自に発生していた〝頼朝七騎落説話〟を共通に取り入れたものと考えられる。よって、初期頼朝勢力内での実平の主導性というものも慎重に検討されるべきではあるが、実平の主導性に言及する〝頼朝七騎落説話〟が発生し、それが広く流布し受容されたという結果からすれば、説話に近い事実、準じた史実が存在したと判断できよう。また『愚管抄』巻五の石橋山の合戦の記事では、老武者実平が箱根山中に追い詰められて自害しようとした頼朝にその故実を指導したとあり、やはり実平の主導性が指摘されている。少なくとも『愚管抄』の成立する承久以前には、すでに実平の評価も定まっていたといえる。

相模国中村荘を名字の地とした宗平を祖として、西相模に展開した一族を中村党という。『延慶本平家物語』巻五では「早川党」と呼称されており、早川荘を党の中心地域とみる見方もあったようだ。天養元年（一一四四）十月、宗平は源義朝の名代や三浦義継らとともに、大庭御厨乱入事件を起こしており、[4] この頃から源家との関係が認められる。つまり源家譜代の家人である。

中村党の所領は、

◇中村荘：神奈川県中井町・大井町・小田原市付近　◇土肥郷：同真鶴町・湯河原町・静岡県熱海市付近
◇早川荘：神奈川小田原市、早川流域　◇二宮荘：同二宮町　◇岡崎郷：同伊勢原市・平塚市付近
◇土屋：同平塚市　◇真田：同市

であり、さらに小早川氏の成田荘（小田原市）も加えられるが、足柄下郡・淘綾郡・大住郡といった相模西南部の広い範囲に分布している様子がうかがえる。殊にその勢力域が国府（大磯町）に隣接し、国府の湊である国府津（二宮町）を含み込んでおり、また土肥郷真鶴崎も頼朝を安房へ脱出させたように湊であって、相模湾の海上交通の要衝を掌握

している点が重要である。

また山木攻め・石橋山の合戦で頼朝軍に与した武士団のうち、工藤一族では伊東祐親が、鎌倉党では大庭景親が平家方に味方するなど一族が分裂していたのに対し、中村党は実平の指揮下に一族が揃って参陣している。

源家譜代の家柄で大規模な所領を有して交通の要衝を押さえ、かつ国衙に影響力を持つ相模屈指の武士団で、それが惣領土肥実平の指揮下に結束して参じているという状況からすれば、挙兵段階の頼朝軍の主力が中村党であって、その惣領実平が頼朝軍を実質的に指導していたとの想定は順当であろう。

また『妙本寺本曾我物語』では、仇討ちの発端となった伊豆奥野での牧狩の際、土肥実平は老（おとな、長老）と紹介されている（第一章参照）。やがて相撲の勝負から俣野方と河津方に分れて闘争に及ばんとすると、実平は双方に割って入って説き伏せて和解させている。こうした記述からすれば、実平は頼朝の挙兵以前より東国武家社会の重鎮であり、まとめ役だったことがうかがえる。こうした立場であったからこそ頼朝挙兵に際しても主導力を発揮し得たのである。

2. 地域棟梁連合体制における上総介広常

安房へ逃亡して以後、源頼朝の許に相模の三浦氏・下総の千葉氏・上総の上総氏・武蔵の秩父一族・下野の小山氏・上野の新田氏といった各国の棟梁格の武士が参集する。敗残者である頼朝に彼等を武力で服属させる力がなかったことは当然で、千葉氏や上総氏等の主体的な参集により頼朝の挙兵は成功したといえる。

野口実は、上総介広常への平家の坂東八箇国の侍別当伊藤忠清の圧迫、千葉常胤と平忠盛の婿藤原親政との対立が、上総・千葉両氏挙兵の背景であるとする。(5) また相模では三浦氏と大庭景親、下野では小山氏と藤姓足利氏といった地域対立が、平家政権の介入により先鋭化する状況が生じていた。東国の棟梁格の武士たちは、こうした地域内矛盾を軍事力で解決しようという利己的欲求に基づいて頼朝軍へ参加したと考えられる。内乱の本質を武力勢力間の地域対立の表出・連鎖拡大とみる川合康等の理解は、こうした実体をとらえたものであろう(6)。

頼朝の傘下へ関東各地の地域棟梁格の武士が参集した結果、頼朝軍は棟梁格武士の連合軍となり、頼朝の意思決定も彼等の合意を前提とするようになる。富士川の合戦で平家軍を退けた後、これを追撃しようとする頼朝に対して、千葉常胤・三浦義澄・上総介広常等より、常陸国佐竹義政・同秀義を攻撃するのが先だという意見が出されると、頼朝もこれに従うしかなかった。この体制下で主導力を得たのが上総介広常である。

頼朝が上洛を断念したのは常陸佐竹氏の脅威が理由であるが、その佐竹攻撃は広常の主導で行なわれており、そうした行動の背景として、下総東部地域の水上交通路をめぐる対立が存在していたことは、岡田清一により指摘されている(7)。また上総介広常の主導性について『玉葉』治承四年九月十一日条では、一旦は箱根山に敗走した頼朝であったが、「上総国住人、介八郎広常并足利太郎等与力、其外隣国有勢之者等、多以与力、還欲レ殺二景親等一了」とあって、広常は頼朝の与力者の筆頭に挙げられている。『玉葉』養和元年（一一八一）十月二十七日条では、頼朝軍上洛の噂が風聞し「於二竹園一（以仁王）者、奉レ留二置相模国一、以二上総国住人広常一称二介八郎一奉二守護一云々」と、上洛にあたって広常が王を守護する鎌倉の留守居役に指定されたとあり、頼朝勢力の重鎮としての広常像がうかがえる。『愚管抄』巻六では、頼朝が後白河院に対面するにあたり、広常を味方に召したからこそ平家追討に成功し得たとその功績を言上している。

さらに、治承四〜五年（七月改元、養和元年）ころの頼朝勢力の筆頭としての広常の立場をよく表わしているのが、『吾妻鏡』治承四年十二月十二日条の鎌倉新造御亭に関する記事である。この場面では「自二上総権介広常之宅一、入二御新亭一」とあり、一見、些細な記事のようではあるが、それ以前に頼朝は広常の家にいたこと、そして広常の家から新亭へ移っているということは、広常が頼朝の最も重要な後見人であることを意味しよう。

しかし周知のように、それから三年後の寿永二年（一一八三）末には頼朝亭内で殺害されてしまう。そのつまずきは、早くも治承五年六月頃には顔をのぞかせる。相模三浦へ遊覧に出た頼朝と途中で参会した広常は、頼朝に対して下馬の礼を行なわず、さらに功績をめぐって岡崎義実と口論して頼朝の不興を蒙ったという（『吾妻鏡』同十九日条）。次いで翌養和二年正月、広常の許にあった平時忠の子息時家を「広常去年以来御気色聊不快」だったので頼朝に差し出したとある（『吾妻鏡』同二十三日条）。ここで広常が蒙った叱責が六月のものかは定かではないが、六月〜十二月の間に何等かの問題が生じたことが想定される。つまり、頼朝に参じた治承四年九月からわずか一年前後で広常の主導力は失墜していたと考えてよいだろう。

この広常失脚の要因につき伊藤邦彦は、「広常にとって「鎌倉政権」とは、自らを頂点とする「豪族的領主」層中心に運営されるべきものであり、頼朝は彼らに推戴されたいわば「養君」でなければならなかった」のに頼朝は安堵政策により広範な中小領主層を統轄して自らを専制化しようとしたこと、また元より上総氏一族には「族長広常の支配からの離脱現象」が存在し、頼朝はそれを利用して広常を追い詰めていったことなどを指摘する(8)。

広常の謀殺以前の寿永二年二月、常陸の志太義広・大掾氏、下野の足利忠綱が野木宮合戦で没落し(9)、謀殺以後の元暦元年（一一八四）六月十六日には甲斐源氏の一条忠頼が頼朝亭内で殺害され、武蔵秩父一族の棟梁である畠山重忠は、文治三年（一一八七）九月二十七日に伊勢国治田御厨の押領事件で囚人となり千葉胤正に身柄を預けられ、さらに同年十一月十五日には謀叛の嫌疑にまで至っている（以上『吾妻鏡』同日条）。つまり、土肥・三浦・千葉といった最も早い段階で頼朝に参じた武士を除く、上総・武蔵・常陸・下野・甲斐の棟梁格の武士が次々と粛清されていったのであり、政治史的にはこうした棟梁格の武士の粛清を経て頼朝の独裁が確立されてゆくのである。

頼朝の安堵と公権力の発生を問題にした青山幹哉は「源頼朝は挙兵後、関東の在地領主たちを安堵した。そしてかれらによって自己の権力を公権力として正当化されたのである」とした。[10] つまり頼朝の公権力は安堵する側＝頼朝と、安堵される側＝御家人との相互作用により発生したということになる。こうして頼朝が「安堵」する権限を集中管理するようになると、それまで地域の指導者、族長として振る舞ってきた棟梁格の武士への中小武士たちの影響力は低下することになる。棟梁格の武士の失脚と頼朝の独裁という方向性の要因は、基本的にはこの部分に求めるべきだと思う。

ただし安堵を媒介とする広範な中小領主との主従関係の推進が、棟梁格の武士の弱体化に直結するものとすれば、彼等は当然それに強く反発したであろう。また幕府は惣領制内部の惣領権の問題には不介入が原則なので、惣領制的支配権の解体を主眼として安堵政策が行なわれたわけではなく、結果的に族長権の弱体につながったということであろう。つまり頼朝政権における安堵政策の位置付けを、地域棟梁格の武士から頼朝へという単なる主従関係の切り替えと考えてはならないと思う。

3. 独裁権力の後継者

正治元年（一一九九）、源頼朝が没すると子息頼家が二代将軍となるが、その独裁は拒否されて一三人の合議制が発足する（『吾妻鏡』同四月十二日条）。一三人を一覧で掲げる。

北条時政　北条義時　＊大江広元　＊三善善信　＊中原親能　三浦義澄　八田知家
＊和田義盛　比企能員　安達盛長　＊足立遠元　＊梶原景時　＊二階堂行政

この構成員の内、いわゆる地域の棟梁格は三浦義澄・和田義盛のみで、あとは姻戚関係者（北条・比企）と、旧頼朝側近（八田・安達）及び家政機関職員（＊）で占められている。

この傾向は嘉禄元年（一二二五）に発足する評定衆制度でも同じで、細川重男によれば『関東評定伝』中、北条氏以外の外様御家人系が一五家で、法曹官僚系が一二家と二分している。[11]

外様御家人系の一五家は、安達・伊賀・宇都宮・大曾祢・小田・狩野・後藤・佐々木（京極・隠岐）・中条・千葉・土屋・三浦・武藤・結城であり、一三人の合議衆と比較して、新出は伊賀・宇都宮・大曾祢・狩野・後藤・佐々木・中条・千葉・土屋・武藤・結城である。大曾祢は安達盛長の子孫、中条は八田知家の養子、宇都宮は知家の兄朝綱系で、頼朝の乳母寒河尼とは兄弟の関係にある、つまり頼朝の疑似血縁者であり側近集団の一角といえる。佐々木は挙兵以前に近江を追われた牢人である。後藤実基・基清父子は治承寿永の内乱で頼朝軍に参じて御家人となったが、基清の実父仲清は「内舎人摂政随身」とあり（『尊卑分脈』二―三九一頁）、『吾妻鏡』元暦元年六月一日条には「京都に馴るる輩」の一人にみえ、また同二年五月十七日条には「左典厩（一条能保）侍後藤新兵衛尉基清」とあり、いわゆる京武者である。つまりこれらは関東の伝統的武士という立場で評定衆に加わったのではなく、頼朝の引き立てにより幕府内の地位を得た側近集団の系列につながる人々といえる。これら大曾祢・中条・宇都宮・後藤・佐々木を除く家は、いずれも評定衆を世襲するには至っていない。[12]

一三人の合議衆にしても評定衆にしても、武蔵秩父党系・甲斐武田系・上野新田氏といった地域棟梁格の武士の系統を引くような人材が登用されることはない。つまり鎌倉幕府は東国の武力制圧によって誕生した軍事政府ではあるが、その支配機構は文官と旧頼朝側近系により構成されており、武力の大小を基準として権力編成がなされていたわけではない。

佐藤進一は北条氏を政治的主導者として形成された執権政治体制を、将軍独裁制を克服して武士階級自身による武家政治を実現する大きな一歩とし[13]、また杉橋隆夫は一三人の合議制を東国御家人・鎌倉側近官僚による合議機関であり、こうした合議的政治形態は、いずれも前の独裁・専制体制が崩壊した後の過渡的な措置であるとする[14]。しかし、人的構成からすれば、一三人の合議制も評定衆制もその構成員は、旧頼朝側近とその子孫にほぼ限定されており、頼朝独裁体制の継承者が政権の中枢を幕末まで独占したと評価すべきである。すなわち、頼朝独裁体制は、側近・姻戚関係者・家政職員によって担われていたのであり、それが二代頼家政権下では一三人の合議体制へと移行したといえよう。

幕府主導権の推移は、挙兵段階の土肥実平からはじまり、房総平定・武蔵国勢力の参加後は、地域棟梁格武士連合へ移行し、さらに頼朝の独裁に至り、頼朝の独裁権力は頼家政権では一三人の合議衆に継承されると整理できる。これを本書第二章2節で示した内乱の第一段階：地域内部の紛争統一、第二段階：地域社会間の抗争統合、第三段階：政権争奪という三段階の理解に照合するならば、第一段階が土肥実平主導体制、第二段階が地域棟梁格武士連合体制、第三段階が頼朝独裁体制となろう。つまり内乱の各段階に応じて政権体制は変化していったといえる。

第三段階では、木曾義仲の没落・平家の滅亡を経て内乱が終結に向うわけだが、西国を主な舞台とする平家追討戦における中心人物は土肥実平である。寿永三年初頭に法住寺合戦でクーデターを起こした義仲を討つため、源範頼・同義経を大将とする上洛軍が編成され、同年二月の一ノ谷の合戦で平家を一蹴すると、範頼本隊は鎌倉へ帰還し、義経が頼朝在京代官に、土肥実平・梶原景時が山陽道惣追捕使に任命されて、そのまま西国に留まり、元暦二年（一一八五）まで幕府の西国軍事政策を主導することになる（第三章1節）。

三人のうち播磨・美作の惣追捕使となった景時は当初は平家方で、そのため頼朝への初参も治承五年（一一八一）正月と遅れている。この時、景時の初参を頼朝に取りなしたのが実平であり、つまり実平は景時の後見人である

（『吾妻鏡』同十一日条）。よって景時が惣追捕使に抜擢されたのも、景時個人の能力もあるだろうが、実平の引き立てによる部分が大きかったと考えられる。

また実平の上司にあたる義経も実平の後見を受けていた可能性が高い。すなわち、治承四年十月、有名な黄瀬川の陣での兄弟の対面の場面で、頼朝の旅館に来訪した義経を頼朝に取り次いでいるのは、実平・土屋宗遠兄弟である（『吾妻鏡』同二十一日条）。そもそも、ふらりと現れた武将を取り次いでみたら義経だった、という話しは出来すぎで、もともと実平の差配で兄弟が引き合されたのであり、当初から土肥実平は義経の後見人だったのであろう。故に養和元年（一一八一）十一月、足利義兼・義経を大将とする平家軍迎撃部隊の遠江派遣が計画された際にも、土肥実平・土屋宗遠兄弟が副えられている（『吾妻鏡』同五日条）。

つまり西国での軍事政策は、実平自身とその後見する義経・景時を頼朝代官・山陽道惣追捕使に配して遂行されており、内乱の第三段階は実平の主導のもとで開始されたといえる。

ただし実平の軍政官的な傾向は内乱の第三段階で突如として現われるわけではなく、挙兵後の早い段階からみられる。すなわち頼朝が房総半島を巡って鎌倉へ入った直後の治承四年十一月には、武蔵国内寺社へ赴いて寺社への狼藉停止の下知を遵行し（『吾妻鏡』同十四日条）、また同年十二月では武蔵国住人に対して本知行地主職の安堵を北条時政とともに奉行するなど、新たに勢力下に組み入れられた武蔵国の奉行人になっている（『吾妻鏡』同十四日条）。つまり実平は頼朝政権発足当初から、新たに支配下に組み込んだ地域の担当官を勤めており、そこで狼藉停止・安堵作業にあたっていたのである。西国出陣に際しても、その役割を継続していたと考えられる。土肥実平は義経の補佐であったためか、文治以後は政権の中枢から後退するが、そうしたつまずきがなければ、当然一三人の合議衆に入っていただろう。

実平と同様に頼朝側近的人材が、頼朝勢力の支配地域の拡大に伴って、その管理者・頼朝代官として新支配地域へ派遣されるケースは他にも指摘できる。実平とともに武蔵国の地主職の安堵奉行人となった北条時政は、義経の後継者として京都・畿内近国の頼朝代官を勤めており、比企朝宗は北陸道勧農使、安達盛長は上野国の国奉行人、天野遠景・中原親能は鎮西奉行人、八田知家は常陸守護、近藤国平は中原久経とともに鎌倉殿両御使として畿内近国・鎮西にて武士狼藉停止活動に当たるなどである。

これら土肥・北条・比企・安達・天野・中原・八田（小田）などの頼朝側近の面々が、頼朝政権の領域支配権の執行を支えたのであり、政権の内部抗争を経て北条氏を中心とした政権へと収斂してゆく。すなわち梶原景時の排除・比企の乱・北条時政の失脚といった数々の幕府の政権抗争は、上総介・一条・佐竹といった地域棟梁格の武士を排除して創出した頼朝の独裁的支配権力をだれが継承するのか、という争いであったと考える。

これまで和田合戦と宝治合戦は、豪族的武士を代表する三浦・和田氏と頼朝独裁権力の後継者北条氏の対立とされてきた。しかし三浦・和田は豪族的武士として唯一、一三人の合議衆に入り、河内・和泉・美作・土佐守護に補任されるなど、統治機能の分担者であって、頼朝権力の継承者の主要な一角を占めていた。霜月騒動についても、安達氏は、その施政方針が御家人保護か否かは別として、安達氏の出自は頼朝流人期からの後見役で、側近中の側近という点では北条氏などよりも頼朝権力に近い家柄で、東国御家人系という分類は不適当である。

頼朝の統治権・領域的支配権は、土肥実平・比企能員・北条時政・梶原景時・八田知家など、側近武士がおよそ分担しており、その争奪戦としての権力抗争を経て北条氏の専制政権へ至る。よって守護・地頭という領域的支配権が、北条氏に独占されて行くのは、当然の結末といえる。

注

（1）八幡義信「治承寿永内乱過程における土肥実平の史的評価」（『政治経済史学』一〇〇、一九七四年）。
（2）『小田原市史　史料編原始古代中世Ⅰ』所収の『正宗寺本諸家系図』、『続群書類従』第六輯上所収「三浦系図」を参照して作成。
（3）大羽吉介「頼朝七騎落説話の構成について」（『説話』六、一九七八年）。
（4）天養二年（一一四四）三月四日官宣旨案　大庭御厨古文書『平安遺文』二五四八。
（5）『中世東国武士団の研究』第八章　平家打倒に起ちあがった上総広常（髙科書店、一九九四年）。
（6）川合「治承・寿永の内乱と地域社会」（『鎌倉幕府成立史の研究』校倉書房、二〇〇四年、初出九九年）。
（7）「佐竹合戦と侍所の創設」（『鎌倉幕府と東国』続群書類従完成会、二〇〇六年、初出九四年）。
（8）「上総権介広常について（上）（下）」（『史潮』九・一〇、一九八一年）。
（9）野木宮合戦は、石井進「志太義広の蜂起は果して養和元年の事実か」（『鎌倉武士の実像』平凡社、一九八七年、初出六二年）参照。
（10）「鎌倉幕府の「御恩」と「奉公」」（『信濃』三九―一一、一九八七年）。
（11）『鎌倉政権得宗専制論』（吉川弘文館、二〇〇〇年　五三頁）。
（12）細川（11）著書六七～六八頁。
（13）「鎌倉幕府政治の専制化について」（『日本中世史論集』岩波書店、一九九〇年、初出五五年）。
（14）「鎌倉執権政治の成立過程」（御家人制研究会編『御家人制の研究』吉川弘文館、一九八一年）。

2節　御家人制の立体的把握

はじめに

石井進は治承四年（一一八〇）十二月十二日の鎌倉の上総権介広常宅から大倉新造御亭への移徙（『吾妻鏡』同日条）を、「一つの独立した小国家の成立を内外に告げる祭典」であるとした(1)。その移徙の儀では、源頼朝は水干・騎馬、最前に和田義盛、御駕の左に加々美長清、右に毛呂季光、他に北条時政・同義時・足利義兼・山名義範・千葉常胤・同胤正・同胤頼・安達盛長・土肥実平・岡崎義実・工藤景光・宇佐美助茂・土屋宗遠・佐々木定綱・同盛綱以下が供奉し、最末に畠山重忠という行列であった。新造頼朝亭とそこへの移徙の儀により「東国皆その有道を見」て「推して鎌倉の主となし」た。つまり移徙の儀は鎌倉殿の権威の表象として機能したわけである。

武家権力者の行列や行粧に関する先行研究につき紹介してみるに、二木謙一「室町幕府御共衆(2)」は、室町将軍家の「室町的行列」の中心となる御共衆は足利義政期に形成されたこと、それは幕府諸大名間の派閥抗争・権力闘争が激化して、従来の大名一騎打による出行の形式が維持できなくなり、また本来、将軍出行の供奉に関与した小侍所が機能不全となり、近習による供奉の形式として整えられた制度であるとする。また矢部健太郎「「布衣」考―豊臣期「諸大夫成」の一形態―(3)」は行列に際しての狩衣・布衣の用法規定から、豊臣政権と徳川政権との身分秩序の相違を明らかにしている。

江戸時代においても参勤交代や朝鮮通信使などのパレードが大々的に挙行されるのであり、武家政治が終了する明治維新まで、いずれの武家政権においても行列が、権威とその権力構造を内外部へ視覚的に公示する機能を、共通に果たしていたのである。

鎌倉幕府の行列についての先行研究としては、五味克夫「鎌倉幕府の番衆と供奉人について」(4)・青山幹哉「王朝官職からみる鎌倉幕府の秩序」(5)が挙げられる。五味は、将軍出行に随行する供奉人は鎌倉に住居を有する在鎌倉の御家人から選ばれており、鎌倉中・京中に在籍していない地方の在国御家人は、排除されていることを明らかにしている。また源氏将軍三代の行列につき検討した青山は、行陣の隊形と上流貴族の隊形の二種類に区別し、頼朝が主に前者を用いているのに対し、源実朝は後者を主に選択しており、それは将軍の王朝貴族化であり、幕府の階層秩序意識が朝廷の階層秩序意識に一体化してゆく過程であるとする。かように行列の構成の分析から、権力の秩序や特質とその変化を読み取る作業が試みられている。

本節では、はじめに文治元年（一一八五）十月の勝長寿院建立供養の儀を取り上げ、そこに表出する頼朝期段階での幕府内身分秩序の構造を検討し（1.～4.）、さらに頼朝期の供奉人を総括的に整理して総量的把握を試みたい（5.）。

1.　勝長寿院供養の儀

文治元年十月の源頼朝亡父義朝の菩提寺勝長寿院建立供養の行列記事は、行列の全体像が示されている最初の史料であり、その行列の構成と供養法会への参列者の配置・役目などを検討してみる。

『吾妻鏡』文治元年十月二十四日条

廿四日癸酉、天霽風静、今日南御堂〈号二勝長寿院一〉被レ遂二供養一、（中略）巳剋、二品御出〈御束帯御歩儀〉、

行列
先随兵十四人
畠山次郎重忠　千葉太郎胤正　三浦介義澄　佐貫四郎大夫広綱　葛西三郎清重　八田太郎朝重
榛谷四郎重朝　加藤次景廉　藤（安達）九郎盛長　大井兵三次郎実春　山名小太郎重国　武田五郎信光
北条小四郎義時　小山兵衛尉朝政
小山五郎宗政持二御剱一　佐々木四郎左衛門尉高綱着二御鎧一　愛甲三郎季隆懸二御調度一
御後五位六位布衣下括廾二人　※傍線は頼朝推挙の受領　＊は布施取役　＃は引馬役
＊源蔵人大夫頼兼　武蔵守（平賀）義信　参河守（源）範頼　遠江守（安田）義定　＊駿河守（源）広綱　＊伊豆守（山名）義範　相模守（大内）惟義　＊越後守（安田）義資
御沓　＊上総介（足利）義兼　＊前対馬守（藤原）親光　＊前上野介範信　＊宮内大輔（藤原）重頼　＊皇后宮亮（源）仲頼　＊大和守（山田）重弘　＊因幡守（大江）広元
＊村上右馬助経業　＊橘右馬助以広　関瀬修理亮義盛　＊平式部大夫繁政　＊安房判官代（野瀬）高重　＊藤判官代邦通　新田蔵人義兼　奈胡蔵人義行　＊所雑色基繁　＃千葉介常胤　同六郎大夫胤頼　宇津宮左衛門尉朝綱御沓手長　＃八田右衛門尉知家　梶原刑部丞朝景　牧武者所宗親　後藤兵衛尉基清
＃最末足立右馬允遠元
次随兵十六人
下河辺庄司行平　稲毛三郎重成　小山七郎朝光　三浦十郎義連　長江太郎義景　天野藤内遠景　渋谷庄司重国
糟屋藤太有季　佐々木太郎左衛門尉定綱　小栗十郎重成　波多野小次郎忠綱　広沢三郎実高　千葉平次常秀
梶原源太左衛門尉景季　村上左衛門尉頼時　加々美二郎長清
次随兵六十人被レ清二撰弓馬達者一、皆供二奉最末一、御堂上後、各候二門外東西一

東方
足利七郎太郎　佐貫六郎(広義)　大河戸太郎(広行)　皆河四郎(宗員カ)　千葉四郎(大須賀胤信)　三浦平六(義村)　和田三郎(宗実)　同五郎(義長)　長江太郎(明義)　多々良四郎(明宗)　治(沼)田太郎　曾我小太郎(祐綱)　宇治蔵人三郎(義定)　江戸七郎(重宗)　中山五郎(為重)　山田太郎(重澄)　天野平内(光家)　工藤小次郎(行光)　新田四郎(忠常)　佐野又太郎(国綱カ)　宇佐美平三(祐茂)　吉河二郎(友兼)　岡部小次郎(忠綱カ)　岡村太郎　大見平三(家政カ)　臼井六郎(常安)　中禅寺平太　常陸平四郎　所六郎(伊賀朝光)　飯富源太(宗季)

西方
豊島権守(清元)　丸太郎　堀藤太(親経)　武藤小次郎(資頼)　比企藤次　天羽次郎(直経)　都筑平太　熊谷小次郎(直家)　那古谷橘次(頼時)　多胡宗太　萊《ヨモキ》七郎　中村右馬允　金子十郎(家忠)　春日三郎(貞幸)　小室太郎(光兼)　河勾七郎(政頼)　阿保五郎　四方田三郎(弘長)　苔田太郎　横山野三　西太郎　小河小二郎(祐義)　戸崎右馬允(国延)　河原三郎　仙波二郎(安家)　中村五郎　原二郎　猪俣平六(範綱)　甘糟野次(広忠)　勅使河原三郎(有直)

この行列の構成を図示すると、次の様になる。

①　先随兵14人
　◎(頼朝・歩)御剣持・着御鎧・御調度
②　御後(五・六位)布衣
③　次随兵16人
④　次随兵60人東西

この行列形式は、二木・青山論文で示されたところの二形式のうち、公家風ではなく軍陣風・行陣の隊形にあたる。

「供奉人」につき五味は「随兵以下将軍出行に随従する御家人等の総称」とする。確かに『吾妻鏡』では「随兵以下供奉人」という表現があるように、[6]①〜④全体を供奉人と呼ぶ。ただし随兵と供奉人を区別する例もあり、例えば建久五年（一一九四）十二月二十六日条では「供奉人布衣」とあって、布衣を着る者を供奉人と呼んで「随兵」と区別し、同二年七月二十八日条では「武蔵守・参河守……和田左衛門尉等供奉、梶原左衛門尉役二御釼一、橘右馬允公長懸二御調度一、河匂七郎着二御甲一、随兵十六人」と供奉と御剣役・御調度懸・随兵を書き分け、弘長元年（一二六一）八月十四日条では「随兵并布衣供奉人等次第」と随兵・布衣供奉人とを区別する。また文治四年正月二十日条では三所参詣に際して、平賀義信・源範頼等が扈従し、伊沢信光・加賀美長清以下の随兵が三〇〇騎以上に及んだとし扈従と随兵を区別しているが、この場合の扈従とは布衣供奉人を指すのだろう。

そもそも供奉人が布衣・浄衣などを着するのに対し、随兵は鎧をまとっており、その点からしても行事での立場は根本的に異なる。矢部論文では豊臣・徳川政権での布衣衆・狩衣衆といった服装による身分区分に着目し、鎌倉期に遡及して検討しているように、そうした区別は鎌倉幕府成立当初からみられる。山岸裕美子は、[7]供奉装束としての直垂は本来、身分の低いものの象徴であったが、幕府においては将軍警護にあたる〝武家のならい〟に秀でた人物の表象であり、非武装たる「布衣の者」と区別され、独自の価値を創出していたとする。衣冠・布衣・直垂など装束による身分秩序は朝廷で構成された文化であり、頼朝はそれを自身の権力体に導入したが、武家文化の熟成のなかで再構成されていったといえる。

『吾妻鏡』建永二年（一二〇七）八月十七日条において、新調した鎧を鼠にかじられて随兵を欠如したという吾妻助光に対して二階堂行光は、「随兵者非レ可レ餝二行粧一、只為二警衛一也」と叱責している。つまり随兵とは軍備を施した行事の警固者であり、行事自体への参加者ではない。こうした随兵に対して供奉人は、後述するように布施取や引馬などの役を勤めるなど、主宰者とともに行事に関わる参列者であり、双方の行事における役割は異なる。つまり、供奉人とは広義では行列の供奉人全体を指すが、狭義では行事への参加者であり、この場合、随兵は除かれることになる。こうした意味で、②御後（布衣）と①③④随兵（武装）との行事における立場の相違は明確である。そこで広義の供奉人との区別のため、②御後に相当する供奉人を〝布衣供奉人〟と表記する。

次に法会の次第を略述し、参加者の役割・立場を明らかにしてみたい。

会場以下の布設を奉行したのは京官人の藤原重頼であり、重頼が儀式全体の差配を行なったのであろう。堂の左右には仮屋を設けて頼朝・北条政子・一条能保室（頼朝妹）の聴聞所とし、堂前の簀子を布施取二〇人の座としていた。

頼朝が勝長寿院の門内に入ると、侍所別当和田義盛・同所司梶原景時は門外の東西に配置し、寺院門外を警固する④次随兵六〇人を指揮した。頼朝が堂に上がると一条能保と布施取の人々が堂前の座に着し、②御後（布衣供奉人）で布施取を勤めない平賀義信以下もその傍らに着した。布施取二〇人のうち会場で参会した三人（前少将平時家・侍従公佐・平光盛）以外は全て②御後である（＊印）。堂前に着座する平賀義信以下についての具体的な記述はないが、恐らくは、②で布施取をしない一三人が「平賀義信以下」であり、布施取の座の傍らに着座したのだろう。つまり、頼朝は勝長寿院に着くと直に堂に上がり（その後に聴聞所へ退くのだろう）、その後についてきた布衣供奉人は堂上せずに堂前の庭に設けられた座に着す。この時、布施取役は布施取の座へ、それ以外はその傍の座へと着したのである。

こうして随兵・布衣供奉人・布施取が配置につくと、供養の導師公顕と伴僧二〇人が参堂し法会が開始される。法会が終ると、藤原俊兼・二階堂行政を奉行として、布施取役二〇人による僧侶への布施取が行なわれる。導師の引馬三〇疋のうち鞍置きの一〇疋は「御家人等引レ之」とあり、二人一組で計二〇人がこの引馬役を勤めているが、その冒頭三人は布衣供奉人（＃印）の千葉常胤・八田知家・足立遠元で、始めの一・二御馬を担当している。それに続いて引馬を勤めた一七人は供奉・随兵には見えない。

ここで引馬役は「御家人等引レ之」とあるが、特にこれを御家人の役と明記してあるのは、布施取役との対比であろう。つまり引馬役は家人の役であり、布施取は家人以外の役ということだろう。『吾妻鏡』元暦元年八月六日条においても、「武衛（頼朝）招二請参河守（範頼）・足利蔵人（義兼）・武田兵衛尉（有義）一給、又常胤（千葉）已下為レ宗御家人等依レ召参入」とあり、門客門葉に相当する人々と、宗《むね》とたる御家人千葉常胤以下とはやはり区別している。

京都の事例で嘉応二年（一一七〇）十一月二十六日の皇嘉門院の持仏堂供養では、右大臣九条兼実以下が布施を引き、摂政藤原基房の引馬は基房の随身が引いており（『玉葉』同日条）、布施取と引馬役とで勤める身分が全く異なっている。養和元年（一一八一）七月二十日、鶴岡八幡宮上棟において大工への引馬役を命じられた義経がこれを渋り、頼朝に「所役卑下之由」を存ずるによるかと叱責された件は有名だが（『吾妻鏡』同日条）、義経がこれを渋ったのは、もとよりそれが卑下なる所役であって身分不相応と感じたからであろう。②御後の中においても、布施取役と引馬役とでは身分的に大きな格差が存在していたと考えられる。

なお翌月に上洛した糟屋有久が九条兼実に、この供養の様子を「廿四日堂供養、卯時事始、申剋終、願主浄衣云々、布施物之長櫃百八十合、導師馬卅疋十疋置レ鞍、讃衆廿口、各三疋一疋置レ鞍」と伝えており、卯〜申刻という朝方から夕方まで、日中のほとんどを費やして行なわれたらしいことがわかる（『玉葉』同十四日条）。

2.　布衣供奉人と門客

この儀式の最上位は一条能保、それに続くのが会場で参会した平時家・三条公佐・平光盛であり、次に②御後・布衣供奉人である。前述のように①③④の随兵は儀式の警固役だが、②は供養法会の参列者、本質的な儀式参加者である。

②御後は五位・六位の三二人とされるが官位順で並んでいるわけではない。伊豆守山名義範の伊豆国は下国なので守は従六位下に相当するが、上国にあたる相模・越後守（従五位下）より前に位置する。また千葉常胤・同胤頼父子は、『吾妻鏡』文治二年（一一八六）正月三日条で座次問題を起こしており、常胤が六位で、子胤頼が五位と、子の胤頼が官位は上であり、そのため頼朝は「官位は君の授くるところ」であるので、それを重視すべきとして父子の座次を並置させているが、②御後の順番は常胤―胤頼と官位順ではない。

②は官位順ではないが、前述のように布施取役は前半に、引馬役は後半に集中しているように、なんらかの身分・立場を基準として列しているらしい。そこで個々人ごとに検討し、並び順の基準を想定してみたい。

②の筆頭の源頼兼は、源頼政の子で、大内守護につき頼朝に申状を捧げているように大内守護の責任者である。(8) また頼朝が受領に推挙した九人のうち七人までがここにみえ、それに傍線を付してみると前半に集中していることがわかる。(9) また七人受領に挟まれている安田義定の遠江守は、寿永二年（一一八三）の上洛に際しての恩賞で、朝廷から直接拝領したものであり、頼朝より同国守護にも補任され、子息義資も文治元年、越後守に推挙されており、甲斐源氏の惣領格として特に頼朝に重視されている。

一方、②御後の後半は、新田義兼・奈胡義行・千葉常胤・宇都宮朝綱といった地方棟梁格の武士と、それに続き八田知家・梶原朝景・牧宗親・後藤基清・足立遠元など頼朝側近系の有力武士が列する。

中間に位置する藤原親光は、内乱期、対馬守として同国にいたが平家に従わなかったため追討を受けて高麗へ逃亡していたという人物で、文治二年五月には頼朝の推挙により対馬守に還任されている（『吾妻鏡』同二日条）。藤原範信は熱田大宮司藤原季範の子で、頼朝の義理の兄弟にあたる。子息信綱は関東に奉公し尾張国海東荘の地頭職を給付され、子孫より六波羅評定衆が出ている（『尊卑分脈』二―四七一～三頁）。藤原重頼は源頼政の娘二条院讃岐を妻としており（『尊卑分脈』二―九七頁）、その縁故からか、文治元～二年にかけて鎌倉に下向して頼朝に奉公している京下り官人である。仲頼は源資遠の子で、『尊卑分脈』（三―四四頁）によれば資遠の娘に「源為義妻、掃部助頼仲母」とあり、頼朝の祖母の血筋にあたる近親者である。また仲頼の注記には「後白河院北面、依二平相国訴一、配二流讃岐国一、又被二召返一」とし、京武者として院に仕え、反平家的な立場であったことがわかる。藤原重弘は京下り官人で、頼朝妾大進局の子の乳母に選ばれるなど、頼朝の信頼の厚い人物であった（『吾妻鏡』建久三年四月十一日条）。次の大江広元はいうまでもなく京下り官人で頼朝の家司である。次の村上経業は源為国の子、基国（村上判官代）の弟にあたる。『尊卑分脈』（三―一八七頁）の注記には「中務権大輔、左馬助、従四下、使 左衛門尉」とある。同じく経業の子仲盛には「後白川院非蔵人」とあるなど、京武者として活動していた。また『尊卑分脈』（三―一三二頁）によれば、頼政の息女を妻としている。次の橘以広は橘公業の弟であり、『吾妻鏡』文治元年九月五日条に、小山有高の狼藉行為につき政所への参上を命じる奉行を勤めるなどみえ、鎌倉では吏寮として活動していた。この後に続く関瀬義盛・平繁政・源高重なども、その官職からして京都を活動拠点とする京武者であろうが、彼等は必ずしも御後ではなく、随兵として供奉することもあり、また源高重は正治二年（一二〇〇）正月二十六日条に梶原景時の「朋友」とみえ、景時に与同し合戦・逃亡して生虜にされている。[10] この中間メンバーは京都系の面々であるが、親光～経業と以広～邦通との間には身分的な差があり、前者が京都からの招待者で、後者が頼朝家の家司的な人々なのであろう。

以後、行列構造が確認できる九件[11]では、招待客にあたる親頼朝京官人は、勝長寿院の供養ほど大規模に招致されることはないが、A重鎮武士―B京下り幕府吏寮―C地域棟梁格武士―D頼朝側近武士という順序で御後の行列はほぼ不動である。

前述のように②Aのメンバーが幕府内で最も頼朝に尊重された面々であり、これに文治元年六人受領であって勝長寿院供養に参加していない加賀美遠光・源義経を加えた一一人が、寿永・元暦期を通じて幕府内で最高位を占めた面々といえる。彼等の特徴は清和源氏で摂津源氏・甲斐源氏・新田足利氏といった、先祖以来、京都でも活躍してきた伝統的名家で、②Cの千葉常胤・宇都宮朝綱などと並んで軍事的にも秀でていたことである。

元暦元年（一一八四）七月二十日、鶴岡八幡宮への熱田大明神勧請に際しては、「武蔵守（平賀義信）・駿河守（源）広綱已下門客等」が供奉したとある（同日条）。ここに門客とみえる平賀義信・源広綱は、ともに②Aメンバーであり、彼等は門客と呼ばれていたらしい。

『吾妻鏡』治承四年九月十九日条では、平将門の乱の際、藤原秀郷は偽って「称下可レ列二門客一之由上」して平将門を訪ねて、その人となりを探った故事を載せている。また『延慶本平家物語』巻七では、平家の福原落ちの場面で平時子・同宗盛は、召し集めた平貞能・平景家以下の侍共へ「一旦従付ノ門客ニモアラズ、累祖相伝ノ家人也、或ハ近親ノ好仕（他）ニ異ナル末モ有、或ハ重代ノ芳恩コレ深キ者モ有」と諭して奉公の貫徹を命じている。ここでは、貞能・景家といった譜代相伝の家人と、一時的に付属する門客とを対比させている。将門に対する秀郷のように、対等に近い身分同士が、状況に応じて一方に従属する形で同盟をむすんだものを門客と呼んだのであろう。

3．随兵と昵近衆

次に①③④の随兵について検討してみたい。この①③随兵三〇人のうち□で括った九人は、『吾妻鏡』養和元年四月七日条の交名一一人と重複することに着目したい。この養和元年の交名は、御家人のうち弓箭に達し隔心なき輩一一人を選び「毎夜可レ候二于御寝所之近辺一」ことが定められた際のものである。その一一人とは、

北条義時　下河辺行平　結城（小山）朝光　和田義茂　梶原景季　宇佐美実政
榛谷重朝　葛西清重　三浦義連　千葉胤正　八田知（朝）重

である。この内、和田義茂は寿永年間で足跡が途絶えているので夭亡したらしく、抜けは宇佐美実政のみといえる(12)。つまり交名のほぼ全員が①③随兵に列し、かつ②供奉には全く入らない。この一一人を〝養和交名衆〟としておく。『吾妻鏡』文治五年二月二十八日条では、頼朝が彗星を見るため寝所から庭に出た際には、三浦義連・結城朝光が御前を、梶原景季・八田朝重が御後を警固した。夜中に出御の時には常にこのようにするのであり、彼等四人は「皆近臣也」と説明する。四人はいずれも養和交名衆である。文治五年八月七日、結城朝光は奥州合戦の阿津賀志山の陣で先登を目指して御寝所近辺を抜け出したというが、結城朝光は「近習」であったのでここに祗候していたとある。また建久四年（一一九三）八月十日、寝所へ忍び込んだ範頼の家人当麻太郎の気配に気付いた頼朝は、密かに結城朝光・宇佐美祐茂・梶原景季を呼んで当麻を捕えさせた。この朝光・景季は養和交名衆である。また宇佐美祐茂は養和交名衆ではないが、同六日、昵近に候ずべしとの頼朝の命により伊豆より参上したという（以上『吾妻鏡』同日条）。

このように養和元年の寝所祗候人制度は建久年間でも継続・機能しており、そのメンバーも創設当初のメンバーを基礎として構成されていたらしい。頼朝の信頼を得て寝所の夜間警護などにあたる人々を「近臣」「近習」、あるいはそうした行為を「昵近」すると表現している。「近臣」「近習」衆では概念が広くなりすぎるので、養和交名衆とそれに後補された寝所祗候人を〝昵近衆〟と呼んでおこう。この昵近衆の機能は頼朝の寝所を警護するだけではない。

養和元年九月七日、頼朝は敵対した下野国の藤原俊綱の追討命令を同国へ触れるよう和田義茂に命じ、義茂に副えて三浦義連・葛西清重・宇佐美実政を派遣することにしているが、この四人はいずれも養和交名衆である（『吾妻鏡』同日条）。また『吾妻鏡』元暦元年四月二十一日条では、木曾義仲の子で頼朝の聟となっていた志水義高の謀殺を計画した頼朝は、それを「被レ仰二含此趣於昵近壮士等一」たが、それが大姫の女房に漏れて義高は御所より逃亡する。また前掲『吾妻鏡』建久四年八月六日条では、曾我兄弟の仇討事件後の不穏な動静に際して頼朝は、曾我祐茂に昵近を命じ、その他の腹心の壮士に召集をかけている。八月二日に範頼が起請文を進上して潔白を誓っているように（『吾妻鏡』同日条）、曾我兄弟事件以後、幕府には不穏な空気が漂っており、八月十日の当麻太郎の潜入事件もその一環であり、伊豆へ引き籠っていた祐茂を呼び寄せ、寝所の警備を固めた結果が、当麻の逮捕に至ったということだろう。昵近衆は頼朝の命令を現地に伝達したり、御所内での暗殺謀議に参画したりと、頼朝の施策を実行してゆく手足となっていた。

この昵近衆の特徴として二世世代が多いことが挙げられる。すなわち北条義時は時政息、和田義茂は義盛息、梶原景季は景時息、榛谷重朝は小山田有重息、三浦義連は義明息、千葉胤正は常胤息、八田知重は知家息である。

このうち小山朝政の弟結城朝光は、頼朝の最も代表的な近臣であり、それは頼朝期の御剣役を全二二回中、一〇回と半数近くを朝光が勤めていることにも端的に表われている（後掲《頼朝期御剣役表》一九〇頁参照）。『吾妻鏡』治承四年十月二日条によれば、石橋山の敗戦後、頼朝が房総半島を経て武蔵国に入る際、頼朝乳母が鍾愛の末子を連れて隅田宿に参向し、その子息（一四歳）を以て「可レ令レ致二昵近奉公一之由」を望み申したという。頼朝はこれを許可し成人させて烏帽子親となって宗朝と名付けた。これが改名して結城朝光となる。比企尼・寒川尼といった頼朝の乳母は、その配流時代からの援助者で、頼朝は乳母を介しての人間関係を重視していた。それゆえ朝光も頼朝に昵近奉公するようになる。養和交名メンバーが朝光のように若年ではないにしても、基本的には惣領が健在で次世代を担うであろう人材が選出されているといえよう。

また養和交名衆と石橋山の合戦にあたっての『吾妻鏡』治承四年八月二十日条の交名とでは、ほとんど重複しない

《甲斐源氏系図》　※◆門客、◇昵近衆的存在

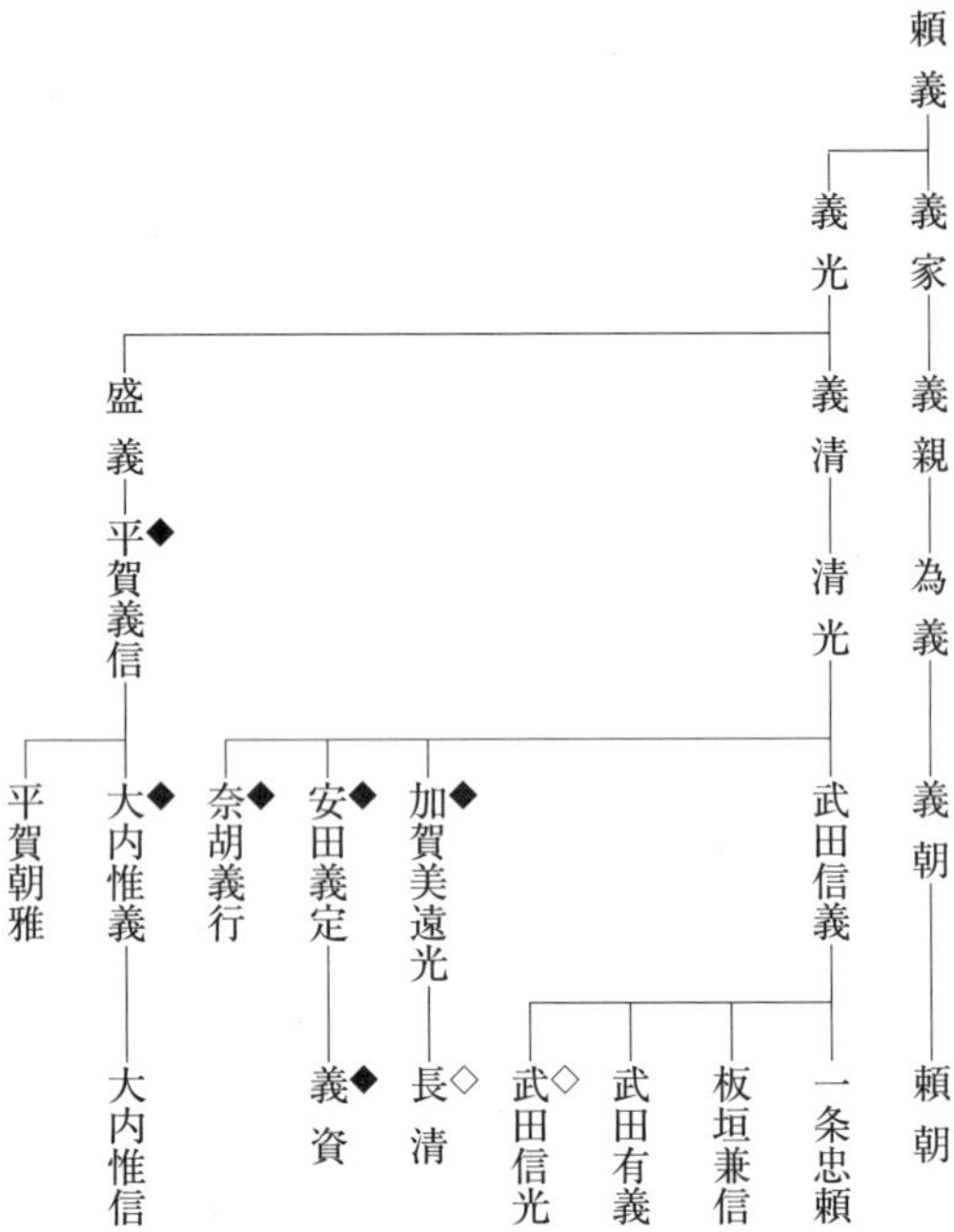

というのも特徴である。重複するのはわずかに北条義時・宇佐美実政であり、その他の下河辺・結城・三浦・和田・梶原・榛谷・葛西・千葉・八田といった一族は、いずれも石橋山の合戦後に頼朝に参じている。挙兵に参じた土肥・工藤・佐々木・加藤といった武士が顔を出さないのも養和交名衆の特質であり、石橋山の合戦後に頼朝に参じた小山・千葉・三浦・秩父という大規模武士団の第二世代を取り込んだのが養和交名衆なのである。

養和交名以後、昵近衆は入れ替わっているはずだが交名などは存在しない。しかし『吾妻鏡』建久四年三月二十一日条では、頼朝の那須野・三原牧狩に伴って狩猟に長じ、かつ頼朝に対して「隔心」なき二二人を選び、それ以外の御家人については騎馬するのみで弓箭を携帯してはならないと命じている。頼朝は二二人を狩猟に長じ、隔心なき人々として優遇したのである。このうち六人が養和交名との重複であり、宇佐美祐茂は前述のように昵近衆の内であり、少なくとも三分の一程度は昵近衆から選出されていると考えられる。この人々が頼朝の寝所の警護役を勤仕する昵近衆とは限らないが、頼朝が武芸優秀にして信頼できる武士と認めている点で、昵近衆と共通する要素が多分に含まれている集団といえる。その二二人（□は養和交名衆）とは、

北条義時　武田《(伊沢)》信光　加賀美長清　里見義成　結城朝光　下河辺行平　三浦義連　和田義盛
千葉成胤　榛谷重朝　諏方盛澄　藤沢清近　佐々木盛綱　渋谷高重　葛西清重　望月重義
梶原景季　工藤行光　新田忠常　狩野宗茂　宇佐美祐茂　土屋義清

である。養和交名との違いで注目すべきは、武田信光・加賀美長清という甲斐源氏系の二人が選出されていること、佐々木盛綱・工藤行光・新田忠常・狩野宗茂・宇佐美祐茂・土屋義清といった頼朝挙兵時の武士が含まれていることである。

武田信義の子息一条忠頼は元暦元年（一一八四）六月、鎌倉御所中にて謀殺され、その弟板垣兼信は、円勝寺領遠江国双侶荘地頭の不法をめぐって、建久元年七月に配流の官符を蒙って失脚しているが（『吾妻鏡』同年九月十七日条）、その弟有義・信光は頼朝随兵にもしばしば参じており、幕府内での地位も安定した状態にあったといえる。信光が隔心なき二二人の内に選ばれていることは昵近衆に近い存在として信頼を得ていた証である。加賀美長清は甲斐源氏中で最も早く頼朝に参じており、文治の受領の一人である父遠光の地位を順調に受け継いでいると理解される。

甲斐源氏中の門客＝◆・建久四年の二二人＝◇を系図で示すと《甲斐源氏系図》（前頁）のようになる。

頼朝との世代関係から考えると、頼朝より一世代上が門客待遇で、同世代についてはそれを昵近衆的に処遇していることが明確になる。つまり頼朝は自身の立場を基準として上の世代の一族を門客に、それ以下を昵近衆に編成しているのである。

4．門客門葉・昵近衆にみる幕府内上下秩序

一般に源頼朝は親族を重用していなかったと認識されているが、それは弟源義経の処遇をめぐっての理解の影響が

大きいのではなかろうか。養和元年（一一八一）七月、頼朝が鶴岡八幡宮の大工への被物として引馬役を義経に命じたところ、義経はこれを不服としたので頼朝が叱責したという記事が象徴的に用いられることが多い（『吾妻鏡』同二十日条）。例えば渡辺保『源義経』（吉川弘文館、一九六六年）では、同記事を以て「義経は頼朝から一般の御家人武士と同列に扱われた」（二二頁）とし、頼朝は東国武士と主従関係を築くにあたり、嫡庶の別を明確にする必要があったのに、政治に無頓着な義経はそれを理解できなかったといった評価へと帰結させる。

確かにお家騒動がお家芸ともいえる源家であるから、頼朝が源範頼・同義経を棟梁争いの対抗馬として警戒するのも当然といえる。しかし拙著『源義経の合戦と戦略』（角川書店、二〇〇五年、二一二～六頁）で示したように、義経が頼朝に冷遇されたかのような先行研究は誤りであって、むしろ範頼・義経は、ともに遠征軍の大将軍に任じられ、恩賞として三河守・伊予守に推挙されるなど親族として重用されている。こうした点からして頼朝は彼等を信頼し重用していたのであり、両人が没落したことから、頼朝は血縁者に対して冷酷だったと判断するのは結果論にすぎない。

また他の源氏一門についても同様であり、文治元年（一一八五）九月三日、頼朝亡父義朝の遺骨を勝長寿院へ埋葬する際には、多数の御家人等が供奉していたが、平賀義信・毛利頼隆・大内惟義以外は郭外に止め、この三人のみを召し具したという。それは義信が平治の乱にあたって義朝に従軍し、惟義はその子息であり、また頼隆の父義隆は同じく義朝に仕えて戦死しているという義朝との旧好跡によるという（『吾妻鏡』同日条）。頼朝はこの亡父義朝の供養の場を利用して、伝統的・血統的な理由による源氏一門と御家人との身分区別を明示している。

また元暦元年六月には参河守源範頼・駿河守同広綱・武蔵守同義信の三人が、文治元年八月には伊豆守山名義範・相模守大内惟義・上総介足利義兼・信濃守加賀美遠光・越後守安田義資・伊予守源義経の六人が受領に推挙されており[13]、朝廷の身分制度である位官についても頼朝は一門を優遇し、自身の恩賞を真っ先に一門に配分することで、一門の一体化とその集団の優位性を誇示していた。

源氏一門は「門葉」と称される。すなわち、一ノ谷の合戦の直後の寿永三年（一一八四）三月、西国平家の一方追討使、つまり追討軍の指揮官に任命された甲斐源氏の板垣兼信は、加賀美遠光・安田義定の甥にあたるが、山陽道の惣追捕使として同じく平家追討の任務にあった土肥実平に対する不満を頼朝に訴えた。すなわち実平は自分の配下にありながら、西海雑事・軍士手分けなど兼信に相談することなく単独で処置しており、面目を失っているという（『吾妻鏡』同十七日条）。ここで信兼は「適列二御門葉一」ことにより、「一方追討使」を拝命したと述べている。つまり門葉として一方追討使に任命された信兼は、山陽道惣追捕使の土肥実平よりも上位であった。ただし兼信は門葉として重用されながらも布衣衆中には見出せず、むしろ文治二年正月三日の鶴岡参詣には随兵に列しており（『吾妻鏡』同日条）、門客としては扱われていないらしい。つまり門葉であっても必ずしも門客にはなり得なかった。

同日の鶴岡参詣には兼信の弟武田有義も随兵に列している。有義は対平家戦のため大規模な西海追討軍が編成された元暦元年八月、範頼・新田義兼らとともに、頼朝に招請された三人の内の一人であり（『吾妻鏡』同六日条）、甲斐源氏の棟梁の一人として重視されていたことはまちがいない。また正治二年（一二〇〇）正月二十八日、有義の弟伊沢（武田）信光の報告するところでは、有義が謀叛した梶原景時に与同したという風聞により、その館を探索したところ既に逃亡しており、そこで、日頃の良好な関係と源家との深いつながりにより、有義を大将軍に立てるという景時の書札が発見されたという（『吾妻鏡』同日条）。信光の伝える景時の企ての実否は不明だが、景時謀叛の大将軍として有義が相応しい人物だったことは確かだろう。有義が頼朝に供奉する場合は、本節1で述べた勝長寿院供養行列の内①③にあたる随兵の位置に列している。(14)

文治四年三月十五日、鶴岡道場にて景時宿願の大般若経供養大法会への御出の際、武田有義には御剣役が命じられた（『吾妻鏡』同日条）。有義はこれを不服としたため頼朝は、かつて平宗盛の御剣役を勤めたことは源家の恥辱ではないのか、頼朝は一門の棟梁であり宗盛との違いはないはずだ、と叱責して結城朝光にその役を替え、有義は逐電した。前に触れたように義経は、大工への引馬役を勤めることに躊躇して頼朝に叱責されているが、有義もまた頼朝の御剣役は身分不相応という認識があり、恐らく頼朝もそうした理解は共有していながら、有義との上下関係を明確にするために意図的に御剣役を命じたのであろう。頼朝期の御剣役を列記してみると、結城（小山）朝光・佐々木盛綱・三浦義連・梶原景季・千葉成胤など、頼朝昵近衆が勤める場合が多い。有義が御剣役の勤仕に難色を示したのは、それが頼朝門葉としての不当な扱いと感じたからであろう。

毛呂季光は大宰権帥藤原季仲の孫で、文治二年二月二日、頼朝により豊後守に推挙されているが、建久六年（一一九五）正月八日、中条家長と喧嘩を起こした（『吾妻鏡』同日条）。その原因は、季光は由緒があって門葉に准じていたが、八田知家の養子として権威を誇っていた中条家長の無礼を咎めたことによるのだという。『吾妻鏡』建久四年二月十日条では、季光の子息季綱は武蔵国泉勝田を頼朝より拝領しているが、その理由は、頼朝の伊豆配流時代、季綱

《頼朝期御剣役表》

治承 5.閏 2.27	結城朝光
元暦 1.7.20	結城朝光
文治 1.10.24	小山宗政
文治 4.2.28	結城朝光
文治 4.3.15	結城朝光
文治 5.2.27	佐々木盛綱
文治 5.6.9	佐貫広綱
文治 6.1.3	結城朝光
建久 1.8.15	結城朝光
建久 2.1.11	三浦義連
建久 2.1.28	小早河惟平
建久 2.3.13	佐貫広綱
建久 2.7.28	梶原景茂
建久 2.8.6	糟屋有季
建久 2.11.21	北条義時
建久 3.11.25	結城朝光
建久 4.8.15	結城朝光
建久 4.11.27	千葉成胤
建久 5.8.8	結城朝光
建久 5.12.26	北条時連
建久 6.1.13	結城朝光
建久 6.8.15	梶原景季

出典はすべて『吾妻鏡』

の近辺に牢籠した頼朝の下部を扶持して伊豆へ送ってくれたことに報いるためだという。恐らく季光父子は、頼朝配流時代からの支援者の一人だったのであり、季光が門葉に准じたのも、その血の高貴さばかりでなく、頼朝とのつながりの古さ、深さによるものと考えられる。

季光が頼朝に供奉する場合は常に②御後で、建久三年十一月二十五日の鎌倉永福寺供養の際には御後の八番目、山名義範の前に列しており（『吾妻鏡』同日条）、門客身分に属していたといえる。

また同様に准門葉とされたのが下河辺行平である。行平は八条院領下河辺荘を本拠とする秀郷流藤原氏で、小山・結城氏一族に属する武士であるが、建久六年十一月六日、行平は頼朝の芳情により、その子孫を永く門葉に准ずるの旨の御書が下されている（『吾妻鏡』同日条）。源頼政の郎党であった関係から、治承四年五月、以仁王の挙兵を頼朝に知らせるなど（『吾妻鏡』同十日条）、挙兵当初からの頼朝与党であり、後述するように頼朝昵近衆の一人となり、頼家の弓の師となるなど頼朝の最も信頼する家人の一人である（『吾妻鏡』建久元年四月七日条）。

毛呂季光・下河辺行平ともに藤原姓であるが、挙兵以前からの深いつながりにより、門葉に准じるという栄誉に浴している。本来、門葉とは一門・一族といった血統によるつながりであるが、頼朝政権下では、源氏一門・一族のみならず、頼朝の判断で他姓でも准門葉として門葉待遇を得ていることがわかる。武田有義・板垣兼信のように門葉であっても門客とは限らず、毛呂季光のように異姓であっても門客・門葉に准じるのであり、門客門葉とは頼朝が創り出し管理する幕府内身分秩序といえる。

川合康は頼朝が東国武士を従える資格は、河内源氏棟梁としての貴種性にあり、嫡宗権の移動は政治的な問題であって、頼朝の貴種性も挙兵期にはいまだ確定しておらず、その確立が緊急の課題であった。そのため奥州合戦において は、全国から動員した武士たちに前九年合戦を追体験させ、源頼義の戦功を彼等に認識させ、その後胤たる自己の貴種性を確立させようとしたとする。[15]また保立道久は、頼朝の目標は、王権の守護者としての源家の復興であり、後白河院の皇統を嗣ぐべき後鳥羽天皇の即位を擁護し、その守護者となることを目指したとする。[16]その皇位継承に関わるためには、武家の棟梁という貴種性が不可欠であったとする。

すなわち頼朝には主従制の点からしても、政治上の点からしても、自己を頂点とする源家の復興が課題であったわけだが、平家や平治の乱以前の源家を考えれば明らかなように、棟梁のみで武家の家は成り立たない。たとえ激しい継承者争いを起こすことになっても、一族一門がいてこその棟梁であり、棟梁―家人のみの関係では、源家の再興は叶わない。しかし頼朝の近親者は保元・平治の乱でほとんど滅亡している。だからこそ兄弟である範頼・義経は貴重であり、また一族一門に准じる門客門葉制度を設けたのであろう。これら源氏一門は、関東の大名衆に対し、頼朝が自身の権威を支えるべき存在として、幕府内の最上位に位置付けられていたと考える。

ただし頼朝の門客門葉制度は定着しなかったし、兄弟も子孫も途絶えた。その結果、源家棟梁の藩屏としての門客門葉の多くは頼朝とともに姿を消し、足利・平賀など残存する一部は北条氏と血縁関係を結び、北条氏の藩屏と化す。つまり頼朝の源家再興は失敗したのである。政権を掌握した北条氏は、惣領たる得宗家を擁護すべき多数の庶子家を分出しており、これは頼朝が門客門葉を以て自身の権威の体系化を試みたことの延長であろう。

5．鎌倉内供奉衆の抽出とその位置付け

源頼朝期にあたるA～Kの『吾妻鏡』の供奉記事から、創草期の御家人を抽出してみたい。期間は文治元年～建久五年の一〇年間となるが、内乱も一応終結し、幕府もおよそ形を整えた時期にあたる。

ＡＢＣは奥州・京都への出陣・出行に伴う大規模な動員であり、そのため供奉人数が突出している。これに対して

D以下は鎌倉内、或いは近辺への出行であって供奉人の規模も小さい。よってABCとD～Kでは、御家人の動員基準が異なることが想定されるので区別した。

これらA～Kの供奉人数は延べ一二六五人であり、ここには頼朝に見参し侍所に掌握された直臣御家人のおおよそが記載されているものと考えられ、その重複を整理すると五四九名となる（巻末附表2《頼朝期供奉人表》参照）。治承四年（一一八〇）十二月、頼朝新造御所への移徙の儀が挙行され、供奉の御家人等は一八箇間の侍所に二行に対座し、侍所別当和田義盛の着到を受けるが、そこへの「出仕之者」は「三百十一人」であったという（『吾妻鏡』同十二日条）。

供奉案件	『吾妻鏡』	供奉人数
A：奥州合戦従軍	文治五年七月十七・十九日条	一六七
B：頼朝上洛	建久元年十一月七日条	三三八
C：東大寺供養	建久六年三月十日条	二七四
D：勝長寿院供養	文治元年十月二十四日条	一二五
E：鶴岡宮大般若経供養	文治四年三月十五日条	六八
F：鶴岡塔供養	文治五年六月九日条	五五
G：二所参詣	建久二年二月四日条	八八
H：御所新造造畢移徙	建久二年七月二十八日条	三四
I：永福寺供養	建久三年十一月二十五日条	五五
J：永福寺薬師堂供養	建久四年十一月二十七日条	二〇
K：永福寺新造薬師堂供養	建久五年十二月二十六日条	四一
		都合一二六五名

この時期はまだ御家人編成も発展の途上で、ことに甲斐・信濃・遠江などの周辺国の御家人はまだ参じていないので、それを考えれば治承四年末で三一一人、文治～建久期で五四九人という数字は妥当ではないか。

この五四九人以外にも、守護に把握される東国一五箇国以外の在国御家人もいるわけだが、周知のように地頭職の給付どころか本領安堵もままならないのであり、もちろん守護・評定衆などの幕府要職に就くこともなく、御家人としての立場や権利は東国御家人と明確に区別されている。[17]また、この五四九人は、西国御家人のように守護を介して主従関係を結ぶのではなく、頼朝と直接主従関係を結んだ頼朝直属の御家人である。A～Kより抽出された五四九人が頼朝期における事実上の幕府構成員といえる。

『沙汰未練書』によれば、「一、本秩トハ　地頭御家人先祖俗姓也、縦近年中二給安堵一、雖レ令レ勤二仕関東六波羅御公事一、不レ帯二将軍家本御下文一者、糺二明本秩一之時、皆以非御家人也」とあり、ここでは単に将軍の安堵を受けたとしても、「将軍家本御下文」が付与されていなければ非御家人だという。つまり先祖の俗姓たる本秩は、往古の将軍家下文により確認され、その本秩を持たないものは御家人とは認定されないのである。この御家人規定がどれだけ実態に近いかは不明だが、御家人身分を独占的なものとする認識が存在していたことは確かである。

先に抽出した五四九人は「本秩」をもつ御家人の家柄にあたるのであろう。その本貫地を地図上に落としてみたのが巻末の《頼朝期御家人分布図》である。分布は遠江・駿河・伊豆・相模・武蔵・上総・下総・安房・常陸・下野・上野・信濃・甲斐の一三箇国中にほぼおさまり、また相模・武蔵・伊豆で密集地域をなしていることがわかる。これが初期幕府の空間構造であり、没官領地頭を得て全国展開する以前の原始形態であって、幕府・武家政権はここから始まったといえる。

この幕府の空間構造は平面的でフラットなものではないだろう。前掲五味克夫「鎌倉幕府の番衆と供奉人について」では、侍所に所属し鎌倉大番役を勤仕する在国御家人と、小侍所に所属し御所中番役を勤仕する鎌倉中御家人（御所中番衆）との区別があり、後者は時期により変動はあるものの一五〇～一八〇人程度であったと想定している。

五味が明らかにしたところによると、御所中番衆は鎌倉に住居を持つ鎌倉中の御家人から選出され、当初は侍所別当・所司の所管で、摂家将軍藤原頼経期に小侍所が置かれると小侍所の管轄となる。また大番役勤仕の侍は年に一箇月程度、西侍へ出仕するのに対し、小侍へ出仕する御家人は日常的に将軍に候じて、近習番・格子番・問見参番など御所中番役にあたり、小侍所の支配を受ける。これら御所中番衆と行列の供奉人はほぼ重複しており、御所内警備の人員が出行に際しても引続き警護役を勤めることになる。こうした御所中番衆から多くの評定衆・引付衆・守護人が選出されるとする。

つまり五味論文では、在国御家人たる大番衆と、鎌倉中御家人たる御所中番衆とでは明確な身分的区別があり、後者が幕政を運営する特選御家人という御家人制の重層構造が明らかにされている。では頼朝期において御所中番衆の前身となるような特選御家人といった身分集団の形成はあったのであろうか。逆の言い方をすれば、御所中番衆は、いつどのように形成されたのだろう。五味論文では御所中番衆と行列の供奉人が重複することが指摘されている。頼朝期においても、鎌倉内供奉D～Kでの供奉を独占的に勤仕する御家人が抽出できれば、それを頼朝期における御所中番衆に比定できるのではないか。なお五味論文では「御所内番」と記すが、史料上は「御所中番」であるので、本稿では後者を用いる。

三代将軍実朝期ではあるが『吾妻鏡』承元三年（一二〇九）十一月一日条では、実朝に嫁していた御台所（坊門信清女）御方に祇候する諸大夫侍等は、将軍御出供奉に随うべきが命じられている。さらに彼等には新恩が給付されており、それに応じた平均公事を勤むべきことが定められている。ここでいう実朝室に祇候する諸大夫侍は京下りの侍かもしれないが、いずれにせよ実朝御所内の御台所御方に祇候する諸大夫侍がおり[18]、それは御所中番役の一つと考えられるが、それが実朝の出行の際には供奉人を勤めたのである。また彼等は新恩に応じた平均公事の勤仕が命じられているが、信清女は元久元年（一二〇四）十二月十日に鎌倉に下着し（『吾妻鏡』同日条）、その直後の二十二日には「御台所御方祇候男女数輩、拝二領地頭職一」とあり（『吾妻鏡』同日条）、その役に伴う所領が付与されているので、それに応じた平均公事の負担も命じられたのであろう。摂家将軍期以前から、御所中番衆に相当する人々がいて、彼等が出行の供奉人を兼務していたことがわかる。

D～Kの八回の供奉は延べ四八六人であり、このうち三回以上に供奉しているのは六七人で、彼等の供奉回数は延べ二九四回で供奉回数全体の六割に及ぶ。つまり頼朝期の鎌倉内供奉の半分以上は、御家人総数五四九人中の一割強の限定された御家人により勤仕されていたのである。もちろん後で触れるように、鎌倉内供奉を勤めなくとも、鎌倉に住んで頼朝に日常的に奉仕していた御家人はいたであろうが、ここで鎌倉内供奉を三回以上勤めた人々を、五味論文でいう御所中番衆の前身に措定し、まずその是非を検討してみたい。

この六七人を、Ⅰ姻戚・疑似血縁系、Ⅱ家司・京下り系、Ⅲ譜代・古参系、Ⅳ門客門葉、Ⅴ武芸系、Ⅵその他に分類して一覧にしたのが《鎌倉内供奉衆分類表》である。

Ⅰの疑似血縁とは乳母関係のことで、頼朝の乳母寒川尼は八田知家の父宗綱の娘である関係から、乳母子にあたる知家、及びその子息知重はⅠに入れた。Ⅱ家司・京下り系は頼朝の家政機関の職員と京下り官人。Ⅲ譜代・古参系は源家譜代の郎党の家柄、及び伊豆挙兵期以来の与同者。Ⅳ門客門葉は2節2で検討したメンバー。Ⅴ武芸系は、前述の吾妻助光のように弓箭の技術に長じたものは、その芸により特別に大名身分に取り立てられたらしいので、この枠を設けた。これら以外のものはⅥその他へ入れた。

Ⅰ～Ⅵへの分類は本章1・2節での検討に基づくものだが、明確な分類は難しく、また六七人という鎌倉中御家人の枠組みも厳密なものではない。しかし従来の鎌倉殿と御家人との関係は同格という原則から踏み出し、御家人制の立体構造を具体的に提示してみる必要があるだろう。

先に2節3で検討した養和交名衆で、鎌倉内供奉衆にみえるものにa～kを付した。同じくl～pは、建久四年の牧狩の際、弓箭に長じて隔心なき人物と認められた一二人中で、養和交名衆との重複を除いた人々である。前述の

《鎌倉内供奉衆分類表》

ａ～ｐ　は養和交名衆と建久四年の弓箭を携える輩
①～⑬　は正治元年の一三人の合議衆
〈鎌〉は六条八幡宮造営注文の「鎌倉中」に配される家柄
＊　は守護人　＃　は被所領給与者

Ⅰ　姻戚・疑似血縁（乳母関係）系（５名）

八田知家（⑦＊＃）　八田知重（ｋ）　比企能員（⑨＊）
北条時房（〈鎌〉）　北条義時（②ａ＃〈鎌〉）　（北条時政（＊＃①〈鎌〉））

Ⅱ　家司・京下り系（12名）

伊賀朝光（〈鎌〉）　大江広元（③＃〈鎌〉）　梶原景定
梶原景季（ｅ）　梶原景時（⑫＊＃）　梶原朝景（＊＃）
後藤基清（＊＃）　関瀬義盛　野瀬高重
橘公長　藤原邦通　和田義盛（⑧＃）
（三善善信（④＃〈鎌〉）　二階堂行政（⑬＃〈鎌〉）　中原親能（⑤＃〈鎌〉）　天野遠景（＃〈鎌〉））

Ⅲ　譜代・古参系（９名）

足立遠元（⑪〈鎌〉）　安達盛長（⑩＊＃〈鎌〉）　加藤景廉（＃〈鎌〉）
工藤祐経（＃〈鎌〉）　工藤行光（ｏ＃〈鎌〉）　佐々木盛綱（ｎ＊＃）
佐々木定綱（＊＃〈鎌〉）　土肥実平（＊＃）
新田忠常（ｐ）

Ⅳ　門客門葉（19名）

足利義兼（＃〈鎌〉）　大内惟義（＃）　加々美長清（ｍ＃〈鎌〉）
加々美遠光（〈鎌〉）　里見義成　武田有義
武田信光（ｌ＊〈鎌〉）　奈胡義行　新田義兼
平賀義信（〈鎌〉）　源広綱　源範頼
源頼兼　村上頼時　村上基国
毛呂季光（＃）　安田義資（＃）　安田義定（＊）
山名義範

Ⅴ　武芸系（４名）

愛甲季隆　熊谷直家（＃）　勅使河原有直　曾我祐綱

※『吾妻鏡』建久五年十月九日条「弓馬堪能等」を集める
「愛甲三郎季隆」「曾我太郎祐信」「那須太郎光助」がみえる

Ⅵ　その他（18名）

稲毛重成　大井実春（＃）　小野寺通綱（＃〈鎌〉）
小山朝政（＊＃〈鎌〉）　葛西清重（ｈ＃〈鎌〉）　佐貫広綱
下河辺行平（ｂ＊）　千葉常胤（＊＃〈鎌〉）　千葉胤正（ｊ〈鎌〉）
東胤頼（〈鎌〉）　長沼宗政（＃〈鎌〉）　畠山重忠（＃）
榛谷重朝（ｇ）　三浦義澄（⑥＊＃）　三浦義連（ｉ＊〈鎌〉）
三浦義村　結城朝光（ｃ＃〈鎌〉）　吉川友兼

ように養和交名衆は頼朝に昼夜を通じて近仕する集団で、また建久四年（一一九三）の弓箭衆も人的に重複し、かつ頼朝から特別の信頼を受ける特別待遇集団であり、両者を合せて頼朝昵近衆とした。彼等は唯一、頼朝期より存在が確認できる御所中番衆といってよいだろう。この内、早世したと思われる和田義茂と、一時期、頼朝昵近衆を離れた宇佐美実政以外はすべて鎌倉内供奉衆に属する。

①〜⑬は1節で言及した正治元年（一一九九）の一三人の合議制メンバーで、①北条時政　④三善善信　⑤中原親能　⑬二階堂行政を除いた九人は鎌倉内供奉衆に含まれる。時政は『吾妻鏡』寿永元年（一一八二）十一月十四日条に、頼朝へ「不レ申二身暇一雖二下国一」とあり、日常的に頼朝近辺に祗候していたことは確かで、供奉に参加していないので鎌倉内供奉衆には入れられないが鎌倉中御家人である。また、同建久二年正月十五日条に載る家司表によれば、三善善信が問注所執事、二階堂行政が政所令、中原親能が公事奉行人、天野遠景が鎮西奉行人とみえ、鎌倉内供奉衆には入らないが、頼朝の家政機関の職員であり、幕府の重要メンバーであって、当然鎌倉所属とされるべき人材であるのでⅠⅡの末尾（　）内に参考として追加した。これらはそれぞれの事情により鎌倉内供奉衆には入らないのであり、それらを除く一三人の合議衆の全員が鎌倉内供奉衆にみえる。

1節では、一三人の合議衆は頼朝の独裁権力を継承すべき頼朝側近集団であり、それは評定衆にも引き継がれるとした。その合議衆一三人はⅠⅡⅢに集中しており、頼朝側近衆とは具体的にはⅠⅡⅢ、つまり頼朝の血縁者、家政機関の職員、流人期からの家人で日常的に頼朝に奉仕する者（鎌倉中御家人）ということになる。

前述のように治承四年（一一八〇）十二月には頼朝御亭が新造されているが、その際には「御家人等同構二宿館一」とあり、頼朝と同時に御家人らも鎌倉に宿館を構えたとされる。実際、頼朝の新造亭への移徙は上総介広常亭からであり、十二月二十日には安達盛長の甘縄宅へ御行始の儀があるなど（『吾妻鏡』同日条）、御家人らの屋敷が鎌倉に造られ、頼朝の活動を補佐する機能を果たしつつあることがうかがえる。

また建治元年（一二七五）の六条八幡宮造営注文には、鎌倉中・在京・尾張等諸国という区別があるが、同注文には幕府草創期の三浦義連・中条家長・小山朝政など、頼朝期に遡る「〜跡」が造営料の賦課単位となっている場合が多いので、鎌倉中・諸国といった区別が頼朝期に遡及する可能性がある。海老名尚・福田豊彦「「六条八幡宮造営注文」について」(19)では、鎌倉中と諸国の区別につき、千葉氏の場合、常胤の子孫は鎌倉中に、常胤以前に別れた一族は諸国に入れられているとし、少なくとも千葉氏の場合は、「鎌倉中」として格付けされた御家人は、その本籍が鎌倉であり、鎌倉に屋敷を持ち交代で御所内の諸番役を勤めていたと想定されている。鎌倉内供奉衆中の千葉氏は常胤・胤正・胤頼の三人であるが、いずれも造営注文で「鎌倉中」に入れられた御家人の先祖の系統にあたり、千葉一族でも常胤系のみが鎌倉中御家人に選ばれたという海老名・福田の想定を、頼朝期に遡及させることは可能であろう。

反対に総数五四九人中、ＡＢＣのみにみられるのは約六割の三二一人となる。ＡＢＣはその人数の多さからして、召集可能な御家人が総動員されたのであり、三二一人は鎌倉内供奉を勤仕することはなかった。よってこの六割程は大番役に専従する在国御家人だった可能性が高い。『吾妻鏡』建暦二年（一二一二）六月七日条には、「於㆓御所侍所㆒、宿直田舎侍起㆓闘乱㆒」とあり、翌八日条によれば、それは伊達為家と荻生右馬允であったという。藤原頼経期以降、小侍所が御所中番衆の詰所で、侍所が大番衆＝在国御家人の詰所となる。この段階ではまだ未分化であったが、「田舎侍」という枠組みがあるということは、対概念として非田舎侍＝鎌倉中侍がいたことを示唆する。

ⅣＶの多くは地域の棟梁格で、内乱の第二段階以降に頼朝に参じている。頼朝が小姓的に重用した昵近衆はこのＶからが多く、それは棟梁格の武士の第二世代の取り込みを意図した処置であろう。

さらに守護人には＊印を付した。佐藤進一『増訂鎌倉幕府守護制度の研究』（東京大学出版会、一九七一年）によれば、全六八箇国中、頼朝期の守護設置国は四八箇国で、守護人は三四人。その中、鎌倉内供奉衆は一六人と約半数であり、それに鎌倉内供奉衆の近親者七人を加えると二三人となる（本節末の《頼朝期守護人表》参照）。これ以外の一一人であるが、上総守護の上総介広常は没落、但馬・出雲の安達親長、尾張の小野成綱、安芸の惟宗孝親は在京人なので、鎌倉内供奉には参加していない。また日向・大隅・薩摩の島津忠久、若狭の若狭忠季は比企能員と姻戚関係にあることにより、また筑前・豊前・肥前の武藤資頼は平家家人であった者を頼朝がスカウトし、伊勢の山内経俊はかつて謀叛人であったが、頼朝の乳母子という関係から守護に抜擢されたのであろう。守護任命の由緒が明らかではないのは、但馬・淡路の横山時広、紀伊の豊島有経、対馬の河内義長ぐらいである。頼朝が個人的にスカウトした者などを除く武士は、おおむね鎌倉内供奉衆から任命されていると考えてよいだろう。

また、所領の給付が確認されるものには#印を付した。所見したところでは、直轄御家人五四九人中、新恩給与に預っているものが六六人。そのうち鎌倉内供奉衆は二九人で、その残り三七人の内訳は本節末の《非鎌倉内供奉衆で新恩給付された御家人の内訳》で一覧にした。同表で示したように、1.在京人・畿内近国西国守護人の一五名は、活動地域が京・西国なので鎌倉内供奉には参加できないが、幕政の重要人物か、頼朝の重用する人物であり、また2.鎌倉内供奉衆の親族三人への給付は、実質的に親族たる供奉衆への給付である。この1.2.の一八人は、鎌倉内供奉衆と幕府内での地位・立場は同格である。残りの3.～5.の一九人にしても、地方有力者への頼朝の政治的配慮や、頼朝側近の土屋・宇佐美・下河辺といった面々で占められており、純粋な武功による恩賞はごく一部であろう。

また六条八幡宮造営注文との比較でいうと、鎌倉内供奉衆六七人中、その子孫は四三人が確認できるが、そのうち「鎌倉中」が二四人であり、諸国分が一九人である。この「鎌倉中」については《鎌倉内供奉衆分類表》に〈鎌〉印を付した。三分の一強が鎌倉中御家人として残ったことになるが、この内、

梶原景定　梶原景季　梶原景時　梶原朝景　和田義盛　新田忠常　大内惟義　武田有義　平賀義信
源範頼　源頼兼　安田義資　安田義定　稲毛重成　畠山重忠　榛谷重朝　三浦義澄　三浦義村

ら一八人は比企の乱、畠山重忠の失脚、和田の乱、承久の乱、宝治合戦などの政変・戦乱で先に没落しており、そのことからすれば滅亡しなかった家の多くは、そのまま「鎌倉中」の御家人へ引き継がれたといえよう。

ただしⅣ門客門葉・Ⅴ武芸系では、

里見義成―上野　奈胡義行―信濃　村上頼時―信濃　村上基国―信濃　毛呂季光―武蔵
山名義範―上野　熊谷直家―武蔵　勅使河原有直―武蔵　曾我祐綱―相模

というように諸国へ配置されている割合が高い。これは頼朝没後、門客門葉の枠組みが消滅し、北条氏と姻戚関係を結んだ平賀・大内・足利家など以外は、幕府中枢から排除され、Ⅴ武芸系も武芸によって、幕府中枢の家格に定着することは出来なかったものと想定される。これら九人と、没落した一八人を合せると二七人になり、これを除く四〇人の内、二四人という半数以上が鎌倉中に引き継がれたということになる。

《六条八幡宮造営注文との比較表》

鎌倉内供奉衆67　　造営注文にみえる43（内訳　鎌倉中24　諸国19）

鎌倉内供奉衆六七人のうち、一三人の合議衆は九人、守護人は一六人、地頭職などの新恩に浴しているのが二九人であり、それら三つの何れかにかかるのは三七人と半数以上に及ぶ。

このように、将軍の鎌倉内供奉を独占する鎌倉中御家人と、大規模な総動員の際にのみ頼朝に参じるような在国御家人という枠組みは、すでに頼朝期にもみられるのであり、それが摂家将軍期以降に整備される御所中番衆と大番衆という枠組みへつながってゆくという想定は妥当だろう。つまりすでに頼朝期において、御所中番衆の前身となるような特選御家人身分は形成されていたと考えられる。

　では鎌倉内供奉衆というような枠組みはいかに形成されたのか。三代将軍実朝期の建永二年（一二〇七）八月、吾妻助光は「指《さ》したる大名」ではなかったが、「累家の勇士」であったので鶴岡放生会御出の随兵に召し加えられた。ところが、「晴儀」のために用意した鎧が鼠に損なわれ、助光は度を失って参勤できず、実朝の御気色を蒙って出仕が止められたという（『吾妻鏡』同十七日条）。

　『吾妻鏡』建永二年八月十七日条

　十七日庚申、晴、放生会御出之時申レ障之輩事、相州（北条義時）・武州（同時房）・広元朝臣・善信・行光等参会、有二其沙汰一之処、或軽服、或病痾云々、而随兵之中、吾妻四郎助光無二其故一不参之間、以二行光一被レ仰云、助光雖レ非二指大名一、賞レ為二累家之勇士一被二召加一之訖、不レ存二面目一乎、臨二其期一不参、所存如何者、助光謝申云、依レ為二晴儀一、所二用意一之鎧、為レ鼠被レ損之間、失レ度申レ障云々、重仰云、依二晴儀一称二用意一者、若新造鎧歟、太不レ可レ然、（下略）助光者所レ被レ止二出仕一也、

すなわち鶴岡放生会御出の随兵といった鎌倉内供奉役に従事するのは、原則として「指したる大名」なのであり、准大名にあたる助光は勇士の家柄を賞されて特別に随兵に加えられたのであった。

　吾妻助光は上野吾妻郡の武士で、吾妻氏は『吾妻鏡』に散見するが御所中番役を勤める家柄ではないし、頼朝期の鎌倉内供奉にもみえないので在国御家人に属する。しかし助光は、建仁四年（一二〇四）正月の御弓始を勤め（『吾妻鏡』同十日条）、前述のように源実朝への供奉随兵に選出されるなど、大名への昇格の道がみえていた。ところが随兵役の無断欠席を譴責され出仕が止められる事態にいたる。この後、助光はなんとか実朝の宥しを得ようと、御所近辺で機会を待っていたところ、承元元年十二月三日、御所へ入りこんだ青鷺の射手として助光にお声がかかり、見事な

芸を披露して元の如く昵近奉公することを許可された（『吾妻鏡』同日条）。このおかげか同三年正月の幕府的始の儀には射手を勤めている（『吾妻鏡』同六日条）。

准大名であった吾妻助光は、大名の役である将軍への昵近奉公・供奉随兵役勤仕が、できるかできないかのボーダーライン上に位置しており、そのため実朝の叱責を蒙るなどの失態は大名身分からの転落に直結したのであり、必死にその回復に努めた。

このように随兵役など晴儀への参勤や、将軍への昵近奉公は大名の特権であるが、同時に義務負担でもあって、しばしば供奉役や番役の欠如が問題にされている。幕府の御家人への課税である御家人役について検討した七海雅人は、頼朝期の御所造営などが特定有力御家人＝大名の財力に依存して行なわれていたとし、こうした賦課形態を「大名賦課」と概念化している[20]。

例えば鶴岡上下宮常燈油番についての『吾妻鏡』建久六年（一一九五）八月二十九日条では、燈油番は大名が月ごとに結番して進上するよう定められていたが、しばしば対捍の聞こえがあり、そのため人数を加増し日ごとの結番とし懈緩を無くすよう改定されている。この際、月の上旬の五箇日は頼朝の分として毎日燈油を宮寺に持参することとし、雑色安達清常（経）へその施行が指示されている。ここで鶴岡燈油料が大名の結番とされているのは、彼等が東国の鎮守たる鶴岡八幡宮を支える役割を分担する特別メンバーであること、またそうした負担に堪え得る経済力を持っているからであろう。さらには、日ごとの勤仕という鶴岡八幡宮に日常的に奉仕できる状況、つまり鎌倉内に屋敷を持っていなければ不可能だろう。そして、その大名の頂点に立つのは、上旬五箇日を負担する頼朝であり、鶴岡上下宮常燈油結番制度は、頼朝を頂点とする上下秩序を可視的に表現する制度といえる。

大名は大名賦課を負担することにより大名たり得る。燈油番同様に御所中番役・鎌倉内供奉役なども大名賦課役であって、それらを勤仕することにより、評定衆・引付衆・守護人などに任命されるべき特権身分も得られたと想定される。この大名＝鎌倉中御家人に相当するであろう鎌倉内供奉衆を、巻末の《頼朝期御家人分布図》上に、白抜黒丸（❶など）で示してみると、東国全体に散らばっていることがわかる。幕府の大名制度は、鎌倉中—諸国という東国における武士社会の上下秩序を基盤として生み出されたといえよう。

鎌倉内供奉衆は関東一三箇国の大名・京下り官人・頼朝側近・源氏一門で構成されている。この鎌倉内供奉衆が出仕すべき頼朝の御所は「営中」と称される。営中とは「陣営の中」の意味であり、つまり頼朝の居所は戦陣の延長なのである。『吾妻鏡』元暦元年（一一八四）六月四日条では、河内源氏の石河義資が関東に参じ、「朝夕官仕」する由を申している。頼朝に仕えることが官仕であり、実朝期の建保二年（一二一四）には、官爵の事は官仕の労につき家督が把握して申請すべきことが定められている（『吾妻鏡』同十二月十二日条）。また『吾妻鏡』元暦元年四月二十三日条では、下河辺政義は「臨二戦場一竭二軍忠一、於二殿中一積二労効一」により、頼朝の御気色殊に快然とあり、恩賞の給付理由として軍忠と殿中官仕の労が併記されている。また追加法九四条「新補并本地頭不レ叙二用御下知一事」では、御下知違背の咎に処された本地頭の所領を「官仕忠労輩」に宛行うべきが定められている。軍忠と官仕の労は並置すべき功績であり、ともに新恩給付理由たりうるのである。

逆に罪科があった場合は、前掲吾妻助光のように出仕が止められる。出仕停止処分は、御成敗式目三四条「密懐他人妻罪科事」にもあり、同罪科を犯した者の所領半分を召し、出仕を停止すると規定されている。こうした出仕停止処分は、早くは『吾妻鏡』建久六年正月八日条にみえ、毛呂季光と中条家長が喧嘩騒動を起こした際には、季光には営中にて頼朝から諷詞を加えられ、家長は出仕が止められている。

さらに謀叛などの重罪になると鎌倉中から強制退去させられる。大庭景能は『吾妻鏡』建久六年二月九日条の申状によれば「以㆓疑刑㆒被㆑追㆓放鎌倉中㆒」とあり、それは三年前の曾我兄弟の仇討事件に関わる嫌疑であったらしい(21)。また正治元年（一一九九）十二月十八日条によれば、有力御家人連名の訴状により排斥された梶原景時は、「鎌倉中」を追出され「破㆓却彼家屋㆒、被㆑寄㆓附永福寺僧坊㆒」ている。政争に敗れた御家人は、容赦なく鎌倉中から排除されるのである。

東国一三箇国の有力者である大名が、鎌倉に居住し日常的に営中に参じて官仕するという制度は、鎌倉幕府の誕生とともに成立した。逆にいえば、東国一三箇国の大名が鎌倉に集住して恒常的に御所中番役に詰め、小名が定期的に大番役に参勤し、また西国御家人が守護支配により定期的に京都大番役に参勤する制度が御家人制であり、そのシステムの成立が幕府の成立であるともいえよう。

勝長寿院供養の供奉人・随兵一二五人中、鎌倉内供奉人は五二人である。この中の四四人は、①先随兵　②御後　③次随兵という前半部に集中しており、①〜③六五人中の七割近くを占める。さらに①〜③六五人中の在京・在西国が確実な佐々木高綱・藤原親光・藤原重頼・源仲頼・山田重弘・天野遠景などを除くと、①〜③のほとんどが鎌倉内供奉人＝鎌倉中御家人によって占められていることになろう。

これに対し、④次随兵では、全六〇人中三九人が、この時以外に鎌倉内供奉を勤仕してはいない。つまり④次随兵中半数以上が一度きりの鎌倉内供奉であり、鎌倉内供奉の常連で占められている①〜③と、④とでは全く性格の異なる集団といえる。この点からすると④の多くは在国御家人であったのだろう。

例えば、文治四年（一一八八）三月十五日の鶴岡八幡宮大般若経供養会への御出供奉は、勝長寿院供養と同様に先陣随兵・御後布衣・後陣随兵・路道随兵という四区分で行なわれている（『吾妻鏡』同日条）。この際、路道随兵の最末尾には、

山口太郎（家任）：但馬朝来郡　　夜須七郎（行宗）：土佐香美郡夜須荘
高木大夫（宗家）：肥前佐賀郡　　大矢中七：尾張中島郡

が列しており、かれらは東国一三箇国外に属し、ことに大矢の尾張を除くと、いずれも西国御家人に属する。

山口家任は、文治三年十一月、木曾義仲・源義経に従っていた関係で北条時政によって鎌倉に召進されており、その際、自身が源家譜代の家人であり、頼朝の祖父六条殿為義の御下文を持っていたことで本職安堵を受けている（『吾妻鏡』同二十五日条）。夜須行宗は、寿永元年（一一八二）九月、頼朝の兄弟源希義を助け、壇ノ浦の合戦にも参じていたが、梶原景時は行宗の同合戦への参陣を認めず「自然帰降」の輩であると主張し、文治三年三月十日、御前対問を遂げてその軍功が認められている（『吾妻鏡』同日条）。

高木宗家は文治二年八月四日源頼朝下文（高城文書『鎌倉遺文』一五一）により、肥前国深溝北郷内甘南備峯地頭職に補任されている。同所は「当時為宗家住城」とあるので実質的には本領安堵であり、本領安堵＋地頭補任という御恩に恵まれた特選西国御家人である。また建久六年八月二十五日肥前国御家人結番注文（大友文書『鎌倉遺文』八〇八）を作成し、同国押領使大監藤原宗家と署名しており、同注文には疑問が呈されているが、守護に準じる高木氏の地位を示す史料といえよう。実際、高木氏は鎌倉期を通じて国内各地に所領所職の給付を受け、またその一族が同国一宮河上大宮司に就任している[22]。

高木氏は皇室領神崎荘に強い影響力をもち、文治二年五月、宗家と彼に同意した窪田高直・南季家らは、荘官海重実を追い出し、荘官春勝から河上社座主職を奪うなどの濫妨により、後白河院庁下文を以てその停止が命じられている（河上山古文書『鎌倉遺文』一〇七）。幕府は高木一派の後ろ盾になっていたらしく、同年八月九日源頼朝下文を以て肥前国小津東郷内龍造寺村への平家方人海重実の妨げを止め、藤原（南）季家を地頭に補任している（諫早家系事蹟集

『鎌倉遺文』一五五）。周知のように神崎荘は平家が日宋貿易の拠点としていた荘園であり、後白河院は平家滅亡後、その支配権を奪還しようとして荘官等の保護に乗り出し、幕府は高木一派を通じて没官を挺に進出を謀っていたものと想定される。

そうした幕府の高木氏への後ろ盾は承久の乱後でも同様で、貞永元年（一二三二）三月二十五日関東御教書では、肥前国在庁権介基直が、高木家知が関東御教書を得て同国「六箇里書□（生カ）・税所執当両職」を押領する旨を幕府に訴えている(23)。両職は在庁権介が本知行者であることから、在庁・郡司に関わる所職なのであろう。高木家知（法名進西）は、北条泰時・同時頼の追善のため、肥前国春日山高城禅寺等へ寄進を行なっており、その点から高木氏が得宗家とも近しい関係にあったことがわかる(24)。頼朝政権下では西国御家人でありながら、本領安堵とともに鎌倉内供奉人として晴儀に列する栄誉を得て、北条政権下でも引き続き重用され、恐らくは被官となっていた。

大矢中七は、尾張国住人大屋中七安資に近しいか、あるいは同一人物であろう。安資は和田義盛の聟という関係から内乱期以来の頼朝与党であり、寿永三年四月三日には本領が安堵され、尾張国中の狼唳を鎮むべきが命じられている（『吾妻鏡』同日条）。

つまり文治四年頼朝御出の路道随兵の末尾には、非東国御家人の有力者・大名で、地方支配の核となるような人材が集中して配置されていたのであり、こと山口家任・夜須行宗・高木宗家などは、近年訴訟や安堵の申請などの理由で鎌倉に参じ、その結果、大名として認められ鎌倉内供奉に参加したのであろう。頼朝行列への供奉とは、本領安堵・地頭補任などを経て正式に御家人となった人物の披露の場となっていた。

頼朝出御の供奉行列は、頼朝を頂点とし、門客門葉―鎌倉中御家人―在国御家人といった秩序構造の表現の場であったといえる。こうした秩序世界の中で、御家人たちは幕府における自己の位置を認識・誇示し、将軍の恩賞もこうした秩序に沿って給付されていったと考えられる。

注

(1)「鎌倉幕府論」(『岩波講座日本歴史　五』岩波書店、一九六二年)。
(2)『中世武家儀礼の研究』(吉川弘文館、一九八五年、初出八三年)。
(3)『栃木史学』一六、二〇〇二年。
(4)『鹿児島大学文科報告七　史学篇四』一九五八年。
(5)『中世史研究』一〇、一九八五年。
(6)『吾妻鏡』建久元年八月十五日条・同六年五月二十日条など。
(7)「「直垂」にみる鎌倉武家の文化一」(『群馬社会福祉短期大学研究紀要』三、二〇〇〇年)。
(8)『尊卑分脈』三―一三〇頁・『吾妻鏡』文治四年六月四日条。
(9)『吾妻鏡』元暦元年六月二十日条・文治元年八月二十九日条。
(10)関瀬義盛は建久二年七月二十八日新亭御移徙の際には後陣、同六年三月十日東大寺供養御列でも先陣随兵、同五月二十日天王寺参詣では後陣随兵(『吾妻鏡』同日条)。源高重は、美濃源氏系。『吾妻鏡』建久五年四月二十七日条で、相模国中の寺社草創の注進が命じられる。同六年三月十日条の東大寺供養、同五月二十日条の天王寺参詣に際しては随兵。この天王寺参詣供奉中の先陣随兵に村上基国・新田義兼がみえる。
(11)文治四年三月十五日：鶴岡八幡宮参詣、文治五年六月九日：鶴岡八幡宮参詣、建久元年十一月十一日：京都六条若宮・石清水八幡宮参詣、同二年二月四日：二所詣、同三年十一月二十五日：鎌倉永福寺供養、同五年八月八日：相模国日向山参詣、同五年十二月二十六日：鎌倉永福寺薬師堂供養、同六年三月十日：東大寺供養、同六年五月二十日：摂津国天王寺参詣。
(12)建久八年三月二十三日源頼朝善光寺参詣随兵日記『相良家文書』の「和田次郎」につき『大日本古文書』編者は義茂を宛

てるが不審。
(13)『吾妻鏡』元暦元年六月二十日条・文治元年八月二十九日条。
(14)『吾妻鏡』文治五年六月九日・建久元年十一月十一日・同二年二月四日・同五年十二月二十六日・同六年三月十日・同六年五月二十日条。
(15)「奥州合戦ノート」(『鎌倉幕府成立史の研究』校倉書房、二〇〇四年、初出八九年)・『源平合戦の虚像を剥ぐ』(講談社、一九九六年)二〇八頁〜。
(16)「日本国惣地頭・源頼朝と鎌倉初期新制」(『国立歴史民俗博物館研究報告』三九、一九九二年)。
(17)追加法六八条　西国御家人所領事・高橋典幸「御家人制の周縁」(『鎌倉幕府軍制と御家人制』吉川弘文館、二〇〇八年、初出九六年)。
(18)和田の乱の際、実朝御台所は北条政子とともに御所より鶴岡別当坊へ避難しており(『吾妻鏡』建暦三年五月二日条)、実朝御所に同宿していたと考えられる。
(19)『国立歴史民俗博物館研究報告』四五、一九九二年。
(20)「鎌倉幕府の御家人役負担体系」(『鎌倉幕府御家人制の展開』吉川弘文館、二〇〇一年)。
(21)『吾妻鏡』建久四年八月二十四日条・坂井孝一『曾我物語の史実と虚構』(吉川弘文館、二〇〇〇年)。
(22)瀬野精一郎『鎮西御家人の研究』(吉川弘文館、一九七五年)一六五〜七頁・同編『肥前国神崎荘史料』(吉川弘文館、一九七五年)・森本正憲「肥前高木氏について」(『九州史学』四九、一九六七年)。
(23)吉川聡・遠藤基郎・小原嘉記「「東大寺大勧進文書集」の研究」(『南都仏教』九一、二〇〇八年)所収　NO八〇。
(24)(23)のNO八〇解説。

《頼朝期守護人表》 ○ は鎌倉内供奉衆　△ はその近親者

	安達親長	(但馬 出雲)	
○	安達盛長	(三河)	
△	大内惟義	(伊賀 美濃)	朝雅兄
	小野成綱	(尾張)	
○	小山朝政	(下野)	
○	梶原景時	(播磨 美作)	
○	梶原朝景	(土佐)	
	上総介広常	(上総)	
	河内義長	(対馬)	
○	後藤基清	(讃岐)	
○	佐々木定綱	(近江 石見 隠岐 長門)	
△	佐々木高綱	(長門)	
△	佐々木経高	(阿波 土佐)	
○	佐々木盛綱	(越後 伊予)	
	島津忠久	(日向 大隅 薩摩)	
○	下河辺行平	(播磨)	
	惟宗孝親	(安芸)	
○	武田信光	(安芸)	
△	武田信義	(駿河)	信光父
△	橘　公業	(讃岐)	公長子
○	千葉常胤	(下総)	
	豊島有経	(紀伊)	
○	土肥実平	(備前 備中 備後)	
○	八田知家	(常陸)	
△	比企朝宗	(若狭 越前 加賀 能登 越中 越後 佐渡)	
○	比企能員	(信濃 上野)	
△	北条時政	(駿河 伊豆)	義時父
○	三浦義澄	(相模)	
○	三浦義連	(和泉)	
	武藤資頼	(筑前 豊前 肥前)	
○	安田義定	(遠江)	
	山内経俊	(伊勢)	
	若狭忠季	(若狭)	
	横山時広	(但馬 淡路)	

《非鎌倉内供奉衆で新恩給付された御家人の内訳》

※本表は、直轄御家人544名のうち新恩給与に預かったものが66名で、
その内、鎌倉内供奉衆が29名、残り37名の内訳を示してある。

1．在京人・畿内近国西国守護人（15名）

伊佐為宗（陸奥長世保）　宇都宮朝綱（伊賀壬生野郷等）　小野成綱（阿波麻殖保）
糟屋有季（河内国内某所）　加藤光員（伊勢豊田荘等）　島津忠久（伊勢波出御厨等）
橘公業　（出羽小鹿島）　伊達為家（陸奥伊達郡）　豊島有経（紀伊三上荘）
常陸資綱（伊勢三ヶ山）　藤原重頼（若狭松永保等）　三善康清（美作内某所）
武藤資頼（筑前遠賀郡内等）　山内経俊（伊勢黒田荘等）　横山時広（阿波国分寺）

2．鎌倉内供奉衆の親族（３名）

大友能直（肥後富塚荘等 中原親能猶子）　土肥遠平（安芸沼田荘 実平子）
中条家長（陸奥刈田郡 八田知家猶子）

3．準鎌倉内供奉衆 ※供奉回数二回（４名）

宇佐美祐茂（常陸多珂郡等）　岡部忠綱（伊勢安富名）
金子家忠（播磨鵤荘）　土屋義清（上総武射北郷）

4．尾張以東有力者（５名）

石河義資（河内天野谷 拠点河内）　河野通信（伊予久米郡 拠点伊予）
惟宗孝親（安芸能美荘等 拠点安芸）　夜須行宗（土佐夜須荘 拠点土佐）
山田重澄（某所一村 拠点美濃）

5．東国御家人（10名）

宇都宮信房（豊前伊方荘等）　大見家秀（陸奥国内）　渋谷重国（陸奥志田郡）
四方田弘長（伊勢松永名）　下河辺政義（常陸南郡）　平子有長（周防仁保荘）
中野助光（信濃志久見荘）　長江義景（陸奥深谷保）　広沢実方（備後三谿郡）
吉見頼綱（伊勢治田御厨）

合計37名

《鎌倉内供奉衆表》 ※記号の説明　「合議」は一三人合議衆、「昵近」は養和昵近衆、「弓」は建久四年弓箭衆、「▽」は新恩給与地、「△」は守護、
（　）内は本貫地とその比定地、「A B C D E F G H I J」は、それぞれ
A：文治五年　奥州合戦従軍　B：建久元年　頼朝上洛　C：建久六年　東大寺供養
D：文治元年　勝長寿院供養　E：文治四年　鶴岡宮大般若経供養　F：文治五年　鶴岡塔供養
G：建久二年　二所参詣供奉人　H：建久二年　御所新造造畢移徙　I：建久三年　永福寺供養
J：建久四年　永福寺薬師堂供養　K：建久五年　永福寺新造薬師堂供養　への供奉

武蔵（一〇名）			
安達盛長　合議▽出羽大曾祢荘（武蔵足立郡）	ABCDEF	**足立遠元**　合議（足立郡・桶川市）	ABCDEFIK
稲毛重成（多摩郡小山田荘・町田市付近）	ABCDEFI	**大井実春**　▽伊勢香取五ヶ郷（荏原郡大井郷・品川区）	ABCDEG
熊谷直家　▽陸奥本吉荘等（大里郡熊谷郷・熊谷市）	ABCDEF	**勅使河原有直**（賀美郡・埼玉県上里町）	ABCDGI
畠山重忠　▽伊勢治田御厨（男衾郡・埼玉県川本町）	ABCDEFGHIJ	**榛谷重朝**　昵近　弓（都筑郡・横浜市保土ケ谷区付近）	ABCDGI
比企能員　合議△信濃等（比企郡・東松山市）	ACEFHI	**毛呂季光**　門客（入間郡・毛呂山）	ABCEFI
相模（一一名）			
愛甲季隆（愛甲郡厚木市）	DJK	**梶原景季**　昵近（鎌倉郡・鎌倉市）	ABCDEFGHIJK
梶原朝景　△土佐守護（鎌倉郡・鎌倉市）	ABCDEFGIK	**梶原景定**（鎌倉郡・鎌倉市）	ABCEGIJ
梶原景時　合議△播磨等▽河内新関等（鎌倉郡・鎌倉市）	ABCGHIK	**曾我祐綱**（足柄下郡・小田原市付近）	BCDEGF
土肥実平　△備前等▽備後有福名等（足柄下郡・湯河原町）	ABFGI	**三浦義澄**　合議　（三浦郡・横須賀市付近）	ABCDEFGHJK
三浦義連　昵近　弓△和泉（三浦郡・横須賀市付近）	ABCDEFHIK	**三浦義村**　△相模守護　（三浦郡・横須賀市付近）	ABCDEGK
和田義盛　合議　弓▽陸奥栗原荘等（三浦郡・三浦市）	ABCFGHIJK		
上野（四名）			
里見義成　弓（碓氷郡・榛名町）	BEFH	**佐貫広綱**（邑楽郡佐貫荘・館林市付近）	ABCDEFGI
新田義兼（新田荘・新田町付近）	ABCDEFGI	**山名義範**　門客　（多胡郡・高崎市）	ABCDEGHI
信濃（三名）			
平賀義信　門客（佐久郡・佐久市）	ADFHIK	**村上頼時**（更級郡・坂城町）	BCDHJ
村上基国（更級郡・坂城町）	BEGI		
常陸（三名）			
八田知家　合議△常陸▽常陸田中荘等（小栗御厨・下館市）	ABCDEFGHIK	**八田知重**　昵近▽伊勢近津連名（小栗御厨・下館市）	ABCDEFGHJ

結城朝光　昵近　弓（結城郡・結城市）　ABCDFGIJK
伊豆（五名）
加藤景廉　▽美濃国遠山荘等（静岡県修善寺町）　ABCDEGI
新田忠常　弓（田方郡仁田・函南町）　ABCDFGJ
北条義時　合議　昵近　弓▽丹波国由良荘等（田方郡・韮山町）　ABCDFGHK
下総（五名）
葛西清重　昵近　弓▽武蔵国丸子荘等（葛飾郡・葛飾区付近）　ABCDEFGHIJK
千葉胤正　昵近（千葉郡・千葉市）　ABCDFIK
東胤頼（香取郡・東荘町）　ACDEFGIK
下野（四名）
足利義兼　門客△上総守護（足利郡・足利市）　ACDEGHIK
小山朝政　△下野（都賀郡・小山市付近）　ABCDEFGHIK
甲斐（八名）
加々美長清　弓（巨摩郡・若草町）　ABCDGK
工藤行光　弓▽陸奥国岩井郡（巨摩郡・韮崎市）　ABCDEGJ
武田信光　△安芸（八代郡・石和町）　ACDFGHI
安田義資　門客（八代郡・山梨市）　ABCDEFGHI
駿河（一名）
吉川友兼（有度郡・清水市）　ABCDEG
その他（一三名）
佐々木盛綱　弓△越後（近江）　ABCFGI
野瀬高重（摂津能勢郡・大阪府）　CDEFGI
源広綱　門客　ABDEF
伊賀朝光　京官人　ABCDFG
後藤基清　△讃岐▽丹波国志楽荘　京官人　DIJK
橘公長　京官人　FHI
源頼兼　門客　CDJK

工藤祐経▽日向国県荘（田方郡・伊東市）　ABEHI
北条時房（田方郡・韮山町）　ACFGJK

下河辺行平　昵近　弓△播磨▽播磨国書写山等（葛飾郡）　ABCDEFGIJK
千葉常胤　△下総▽陸奥好島荘等（千葉郡・千葉市）　ABDEFHK

小野寺通綱　▽陸奥国新田郡・登米郡（都賀郡小野寺）　ABCEGH
長沼宗政　▽美濃大榑荘（芳賀郡・栃木県二宮町）　ACDHI

加々美遠光（巨摩郡・若草町）　AEIK
武田有義（巨摩郡・韮崎市）　ABCEKG
奈胡義行（巨摩郡・甲西町）　BCDGI
安田義定　門客△遠江（八代郡・山梨市）　ADFI

佐々木定綱　△近江等▽近江安曇河御厨等（近江）　CDJK
大内惟義　門客△摂津等（伊賀伊賀郡ヵ）　ABCDFGIK
源範頼　門客　ABDEFKHI
大江広元　合議▽周防国大島三箇荘等　京官人　BCDFIK
関瀬義盛　京官人　CDEHIK
藤原邦通　京官人　DEFI

3節　勧進にみる諸国大名と源頼朝の「御権威」

有力者たる大名を選んで課役を分配賦課するという大名賦課制度は幕府固有の制度ではない。『玉葉』文治四年（一一八八）四月五日条では、東大寺造営に関して後白河院より諮問を受けた九条兼実は、大柱の海浜への引き出しは「便宜国々大名」に仰せて、堪否に随い本数を定めて宛てるのが宜しいとし、その他は院の御沙汰として「不レ論二貴賤一、可レ被二勧進一歟」と、勧進による造営費用調達を進言している。東大寺造営という国家事業にあたり、国々の大名への夫役賦課、院の主導による勧進が試みられていることがわかる。

これに関連して、文治四年三月二十八日院宣（『吾妻鏡』同年四月十二日条所収）によれば、造東大寺材木引夫を諸国荘園公田へ支配したとしても、面々の対捍により欠如する可能性が高く、「諸国大名等」に宛て催すのが適当であると、東大寺勧進上人重源からの申し出があり、その旨が源頼朝に伝えられている。すなわち、東大寺造営費用の捻出に際しては、内裏造営や伊勢神宮役夫工米と同様の一国平均役賦課と、諸国大名勧進の両方の適用が検討され、前者による実現が困難であるため、後者、つまり諸国大名勧進方式が選択されたのである。

『吾妻鏡』文治四年四月十二日条

十二日戊寅、院宣等到来、或自レ是被レ申二　勅答一、或始被二仰下一条々事也、

院宣云、

今月十七日御消息、同廿六日到来、委　奏聞候畢、造東大寺材木引夫事、雖レ可レ被レ支二配諸国庄園公田一、以二他事一令二推察一御之処、面々対捍、中々為二闕如之基一歟、仍令レ宛二催諸国大名等一給者、定終二不日之功一歟、且

又勧進上人依レ令二計申一、被レ仰二遣其旨一畢、然而今令レ申給之趣、非レ無二其謂一、且経二議定一、且被レ仰二含上人一、重可レ被二仰遣一之由、御気色所レ候也、仍執達如レ件、

三月廿八日　　大宰権帥藤経房奉

勧進による東大寺再建の方針は、養和元年（一一八一）八月二十日の造東大寺知識詔書が根拠となっていると考えられるが[1]、それを大名勧進方式の提起などにより具体的に推し進めたのが重源である。

重源がそうした提案を行なったのは、もとより諸国大名を対象とした勧進制度がそれ以前より存在し、利用されていたからであろう。中ノ堂一信は、顕密教団が世俗化・権力化する中で離脱者が生まれ聖となり、聖は支配階級の独占物であった仏教を民間に流布させる役割を果たし、その際の経済活動が勧進であったとする[2]。また一二世紀に入ると勧進を職業とする勧進聖の集団化が進み、勧進聖の頭目にあたる大勧進が生まれ、鎌倉時代以降になると国家的事業として勧進が認可されるようになり、重源など勧進主任者が大勧進職に補任され、大勧進＝大勧進職補任者という認識が一般化すると説明している。

さらに氏が指摘した治暦三年（一〇六七）八月二十五日讃岐国曼荼羅寺僧善芳解（東寺百合文書『平安遺文』一〇二〇）の同寺勧進の事例では、同国前司の奉加米を受けた善芳が、それを安芸で材木に交易して講堂一宇を修造したとある。また永保三年（一〇八三）、豊後国速見郡津波戸山での写経・造仏では、願主永尊に対し、同地方の有力者である宇佐一族や藤原・清原一族が結縁大衆として助力している（大分県津戸山出土経筒銘『平安遺文　金石文』一三二）。こうした事例により、平安末期の勧進聖の活動を経済的に支えたのは、地方に土着した受領・地方貴族といった地域有力者であったとする。

重源が造東大寺勧進を引き受けるにあたっても、従来からの地方有力者への勧進制度を、頼朝を取りまとめ役とし

て施行させることを狙っていたのであろう。

ただし重源が、衆庶の「結縁志」がない場合には、頼朝の「御権威」により和順させてほしいと述べていることに明白なように、勧進は法的強制力を持つものではなく、原則としては個々人の「志」による不安定なものであった。そうした背景もあり、『吾妻鏡』文治四年三月十七日条では、院宣で「被レ宛二諸大名一者、存二結縁一可二沙汰進一」との通達に対し、頼朝は「諸御家人趣二善縁一之類少者歟」と御家人の善縁に期待するのは困難なる旨を返答している。この大名勧進の実施困難なる意見の上奏は、「今月十七日御消息」を以て行なわれたらしく、院側では前掲三月二十八日院宣で「令レ申給之趣、非レ無二其謂一」と一応その説明に理解を示している。

『吾妻鏡』文治四年三月十日・十七日条

十日丙午、東大寺重源上人書状到着、当寺修造事、不レ恃二諸檀那合力一者曾難レ成、尤所レ仰二御奉加一也、早可下令レ勧二進諸国一給上、衆庶縦雖レ無二結縁志一、定奉レ和二順御権威重一歟、且此事奏聞先畢者、此事未レ被二仰下一、所詮於二東国分一者、仰二地頭等一、可レ令レ致二沙汰一之由被二仰遣一、

十七日癸丑、東大寺柱於二周防国一出レ杣之処、十本引失訖、仍被レ宛二諸国一者、還可レ為二懈緩一之、因被レ宛二諸大名一者、存二結縁一可二沙汰進一歟之由、雖レ有二　院宣一、諸御家人趣二善縁一之類少者歟、有二難渋思一者、其大功難レ成歟之由、今日被レ進二二品請文一、

つまり諸国大名勧進制度によって打ち出の小槌のように資金を引き出せるわけではなく、結縁の志へと導く頼朝の権威・組織力が必要だったのであり、逆にいえば、頼朝は諸国大名の東国分は組織していたので、重源に対しては「於二東国分一者、仰二地頭等一、可レ令レ致二沙汰一」（十日条）、あるいは「関東方ハ、頼朝勧進御使として可二相励一候也[3]」と回答したのだろう。

文治四年の大名賦課制度による東大寺造営材木引案は、翌年の頼朝の奥州侵攻もあって思惑どおりにはゆかなかったが、建久二年末から佐々木高綱を奉行として実現されることになった(4)。南都復興が象徴するように、幕府では頼朝を筆頭に神仏興行としての勧進に積極的に対応し、社会的役割を担って行く方針であり(5)、鹿島社造営についてもそれを保護しているが、信濃国善光寺でも同様で、文治三年七月、治承三年の回禄からの再興にあたって信濃国荘園公領沙汰人等に対し、一味同心して勧進上人へ与力するよう命じている（『吾妻鏡』同二十七日条）。

『吾妻鏡』文治三年七月二十七日条

廿七日丙寅、信濃国善光寺、去治承三年廻（回）禄後、有二再興沙汰一之間、殊可レ加二合力一之由、被レ仰二付諸人一云々、

其状云、

下　信濃国庄園公領沙汰人等所

可二早結縁助成一善光寺造営間土木人夫事

右件寺、霊験殊勝伽藍也、草創年旧、堂宇破壊、加之動有二火災之難一、礎石之外更无レ残、有情之輩何不レ歎二此事一、早国中不レ云二庄園公領一、一味同心与二力於勧進上人一、土木之間、励二出人夫一、令レ終二其功一、若不レ奉二加此功一之者、不レ可レ有二所知領掌之儀一之状如レ件、以下、

文治三年七月廿七日

この時期、信濃国は関東御分国であったので、信濃目代宛僧某書状で明らかなように、この源頼朝下文も国衙機構を通じて執行されている（『吾妻鏡』同二十八日条所収僧某書状）。この善光寺の再建への結縁助成は、その焼失につき「有情之輩何不レ歎二此事一」とあるように、沙汰人等の「有情」に依拠するもので義務ではない。但し、僧某書状に「このたび不二奉加一之人ハ、所知をしらさりけりとおほしめさむする」とあり、知行地をもつ者の当然の行為とされ

ており、実質的な強制ではある。

では、結縁助成は国司権力による強制であろうか。『明月記』安貞元年（一二二七）三月二十日条によれば、信濃国には「鎌倉近習侍、夙夜勤厚之輩二百余人」が名主として居住しており、彼等の「嗷々」により国務遂行は極めて困難とされ、また同九月二十五日条によれば、「於レ古は尤広博国、温潤之地歟、乱以後隆仲卿使者不レ忠二検注一、百町郷只麻布之類二三段注レ之、一国已如レ此」とあり、国司支配はままならず、在庁等にいたっては「皆当世之猛将之輩」であって所勘に随うはずがないとする。

また同日条によれば、眼代・在庁らは「善光寺近辺号二後庁一、為二眼代等之居所一」とあり、善光寺に近い後庁付近に集住していたらしい。時代は降るが、『吾妻鏡』文永二年（一二六五）十一月二十日条によれば、幕府は信濃国善光寺辺の悪党鎮圧・警固のために奉行人を定め置いていたが、それは「和田石見入道仏阿・原宮内左衛門入道西蓮・窪寺左衛門入道光阿・諏方部四郎左衛門入道定心等」であったという。和田は善光寺東隣の和田郷を本貫地とし、窪寺は善光寺西隣の窪寺である。諏方部の名字地は小県郡内（現上田市内）であるが、後庁郷地頭として諏方部四郎左衛門入道定心が確認される。[6]つまり幕府は善光寺・後庁近隣の有力者を奉行人に起用しており、『明月記』に載る鎌倉近習侍・夙夜勤厚之輩と呼ばれているのは、こうした人々であろう。

頼朝は内乱を通じて信濃国衙の実質的管理者たる猛将を御家人に編入し、近習として夙夜勤仕させていたのであり、結縁助成の強制といった指導力はそうした鎌倉殿としての権威によるのである。国司権力では国務もままならないのであり、ましてや結縁助成を強制するような指導力があるはずもない。

以上のように、東国では頼朝の「御権威」のもとに、各地域における経済的・政治的・軍事的有力者である大名が組織され、一つの政治権力体を構成し、勧進などの公共的・社会的な義務を担っていた。こうした「御権威」の生成は、前節で論じた門客門葉、鎌倉中・在国という頼朝による秩序の生成が大きく作用しているのである。では西国の場合はどうか。

建仁二年（一二〇二）頃と推定される十二月六日運西申状[7]では、畿内周辺とおぼしき「あけちのみたう《(御堂)》」の修理費用を「无縁のひしり」による勧進によって捻出しようということになり、その際の奉加先として「国の守護みたちをはしめまいらせ候ひて、国中の大名のとの□《(はカ)》ら」が予定されている。この無縁聖による奉加作業も重源周辺の可能性が高いが、守護御館を始め、国中大名殿原が勧進の対象とされており、東大寺造営ほどの大規模なものではないが、大名が造営費用負担者としてリストアップされている点は同様である。

全国・東国という大規模な造営の場合は、頼朝を通じて諸国・東国大名へ勧進が行なわれ、地方の場合は守護に大名殿原の取りまとめが期待されることになったのであろう。こうした守護権力がいかにして生み出されていったのかは、また別に検討されなければならないが、勧進という法的規定外の行為において、それを強制する権威を建仁段階で守護がすでに獲得していたことは確かであり、関東における頼朝と同質の権威が、西国では国単位に守護に備りつつあったことを示唆する。

東大寺造営勧進での西国守護の動向が明らかになるのが、吉川聡・遠藤基郎・小原嘉記らの紹介による東大寺大勧進文書集である[8]。寛喜三年（一二三一）三月二十八日後堀河天皇綸旨[9]により、周防国が東大寺造営料国として同寺に付され、行勇がその請文を捧げる四月十日より以前の四月八日には関東御教書が発布され、その旨が周防国の「守護人地頭并在庁官人」へ通達され、材木引人夫につき「地頭等各随ㇾ堪可ㇾ令㆓合力㆒」ことが命じられている（前掲文書集1・2号）。この翌々年の天福元年（一二三三）末には、大講堂材木引人夫役が周防国のみならず、関東御教書を以て石見・長門・豊前・豊後・伊予・讃岐という周辺六箇国の「守護分并御家人等」へ賦課されている（同65・67・69・

70・71・73号）。さらにそれが各国守護代を経て現地に通達されていることがわかる（同66・68・72・75号）。

この際の大勧進たる行勇は、幕府に「右大将《（頼朝）》家御時、仰二近隣諸国庄公一被レ召二人夫一、差二遣行事一被レ引二大仏殿材木一畢、又右大臣《（実朝）》家御時、造二営九重御塔一之頃、被レ雇二召当国庄公人夫一畢」という先例を引き助成を願う申状を捧げており、これを容れた幕府の天福元年（一二三三）十一月二十五日関東御教書（同25号）が、周防とその周辺諸国の守護人・地頭・御家人等への人夫役賦課の基点となっている。頼朝以来、整備されてきた守護・地頭制度が、東大寺造営などの大規模な国家的事業を担っていたことは間違いなく、ことに「地頭等各随レ堪可レ令二合力一」（同2号）という文言に着目すれば、それは一国平均役・勅院事の賦課といった課税ではなく、それが喜捨・善縁の勧めという本質は失われていないといえよう。

戦国大名の寺社政策を分析した横田光雄[10]によると、戦国大名の公権力は寺社に対して掠奪・破壊を抑止し、また修理・造営を行なうというかたちで機能する。しかしその一方、大名自身が寺社の破壊・掠奪にも及ぶこともあり、その場合、大名は公権たる立場を以て自身の犯罪的行為を正当化する。小罪たる窃盗強盗・山賊海賊と「奪レ国之大盗」との相違は、大小であって実際は同質だという認識からすれば（『異制庭訓往来』）、大名の公儀たる立場も、所詮は大小の問題だといえよう。それは反対の造営・修理の問題でも同様で、大小はともに、その義務を持つが、ことに大たる大名は大としての義務を負っており、それにより地域社会の指導者たる地位＝公権たる立場を得ることになるのだろう。

佐藤進一は、前掲東大寺勧進の東国分の沙汰を頼朝が分担したこと、また文治四年（一一八八）三月二十六日、諸国四天王寺造立の宣旨を奉じて東国に施行したことは、寿永二年（一一八三）十月宣旨により頼朝に与えられた東国行政権の発動とする。しかし勧進はもとより結縁助成の有情という自発的意志に基づくのであり、頼朝はその「御権威」を以て強制し得たのであり、統治権の委譲といった問題とは直結しないのではないか。

頼朝の権威とは、国司の権威にもなびかないような当代の猛将を、近習侍として夙夜祇候させることにより生み出されたのであり、それは鎌倉殿―門客門葉―鎌倉中御家人―在国御家人という、頼朝を頂点とした上下秩序内に関東諸国の大名小名を取り込み、一つの権力体に編成した結果である。そして頼朝によって構築された幕府内の上下秩序構造は、頼朝以後、多様な御所中番役の設置と番衆の拡大によってより緻密化していった。

六条八幡宮造営注文では、費用の負担は鎌倉中・在京・その他諸国に別れ、また御家人個々もその所領規模に従って負担額に大きな差がある。そうした負担の差は大小の分に応じた賦課であり、そうした大小の序列に応じた賦課が大名賦課制度の原則である。大小・上下秩序体系は、小・下が大・上を尊敬し、大・上が大・上たる役割を果たすことによって成り立つ。

勧進という側面でのみの検討ではあるが、関東の長者として大名小名社会の頂点に立った頼朝の公的機能は、幕府成立以前に、各地域において大名小名が、それぞれの規模に応じて担ってきた公的な役割を吸収し、体系化したものという道筋が描けるのではないか。

注

（1）田中文英『院政とその時代』（思文閣出版、二〇〇三年）二四六～二五一頁。
（2）「中世的「勧進」の形成過程」（日本史研究会史料研究部会編『中世の権力と民衆』創元社、一九七〇年）。
（3）三月十六日源頼朝書状　赤星氏旧蔵文書『鎌倉遺文』二一九。
（4）小原嘉記「鎌倉前期の東大寺再建と周防国―重源と行勇―」（吉川聡・遠藤基郎・小原嘉記「「東大寺大勧進文書集」の研究」『南都仏教』九一、二〇〇八年）。

（5）久野修義「東大寺大仏の再建と公武権力」（上横手雅敬監修『古代・中世の政治と文化』思文閣出版、一九九四年）。
（6）『長野』一八五（特集 鎌倉時代の信濃御家人）、一九九六年。
（7）高山寺所蔵釈摩訶衍論々義草裏文書『鎌倉遺文』一三〇六。
（8）前掲（4）「「東大寺大勧進文書集」の研究」（『南都仏教』九一）。
（9）前掲（4）論文、1大勧進行勇請文の解説に掲載。
（10）横田「戦国大名と寺社の破壊・修造」（『戦国大名の政治と宗教』國學院大學大学院研究叢書、一九九九年、初出九六年）。

まとめ

たとえ北条氏が執権として幕府の主導権を握っても、それは将軍権力・鎌倉殿の代行・補佐にすぎない。下文・下知状・御教書、いずれの幕府公文書もすべて「鎌倉殿の仰せ」を伝える形式である。つまり表向き鎌倉殿が幕府の絶対的指導者であることは間違いなく、そうした鎌倉殿の権力・権威があってこそ、その代執行によって政権を確保できたといえる。ただし端緒たる頼朝の絶対的権力・権威は、挙兵当初から存在していたわけではなく、内乱の過程で創出されたものであり、またそれが、なぜ・いかにして生み出されてきたのかという点も明確ではない。

内乱の第一段階：地域の内部紛争段階、つまり東海道東辺地域における頼朝反乱勢力と親平家勢力との紛争段階における頼朝勢力の主導者は土肥実平であり、第二段階：地域間の抗争統合段階、つまり上総・下総の上総氏・千葉氏、武蔵の秩父一族、常陸の佐竹氏、下野の小山氏、上野の新田氏、甲斐の武田氏、信濃・越後の木曾義仲勢力など東国諸勢力を競合しながらも統合・吸収してゆく段階では、各地域棟梁による連合指導体制であり、それ以後、治承五〜

六年にかけて頼朝の絶対的権力が確立されてゆくのである。

この地域棟梁による連合指導体制から頼朝の絶対的権力が確立し、頼朝独裁体制が生まれてくることは、上総介広常・一条忠頼といった有力者の暗殺という形で現象化するが、ではなぜそうした地域棟梁格の巨大勢力が、かくも容易に排除されてゆくのか、個別の事由もありその一般的な説明は意外に難しい。その謎を解く一つの方法は、完成された頼朝の権威の構造から逆算して要因を浮び上がらせる試みだろう。

頼朝が創り上げた御家人組織の構造は、鎌倉殿―御家人という単純な主従関係に割り切って考えがちだが、実際は、鎌倉殿―門客門葉―鎌倉中御家人―在国御家人という重層的な上下秩序より構成されている。ここでいう門客門葉とは、平将門が藤原秀郷を門客としてもてなしたように、頼朝の軍門に参じた客人が門客であり、一族ならば門葉である。つまり頼朝のもとに組織された、いわゆる「幕府」には家人のみでなく、一門・客人も組み込まれているのであって、鎌倉殿―御家人という主従関係が「幕府」の本質ではない。幕府内上下秩序体系と称する場合、非御家人たる門客門葉をも含んだ秩序体系ということになる。

この組織化・秩序化は、実質的には東国一三箇国の大名小名が、鎌倉殿の居所たる営中（軍営）を経営することから始まった。すなわち、治承四年十二月、鎌倉に頼朝の御所が新造され、その侍所一八箇間に三一一人の御家人が着到し、それと並行して大名たちの屋敷も鎌倉に建てられていった。これにより、鎌倉に居住して日常的に営中に参じる門客門葉・家人・文官的家政機関職員、大番役や合戦など特定の時期のみに参じる家人など、それぞれの役割が定められて営中を運営してゆくことになる。すなわち幕府内秩序体系とは頼朝軍の運営体系に等しいのである。

頼朝期では最終的に五〇〇人以上の東国の大名小名が御家人として幕府内秩序体系に編成されるのであるが、そうした大規模な大名小名衆を一つの権力体としてある秩序の下に統轄するためには、超越的、独裁的な権威と権力が必要とされたのであり、それは頼朝によって供給された。すなわち組織が組織としてまとまってゆくためには一定のルールが必要で、それを創出・供給したのが頼朝だったのである。

ただしこうした幕府内秩序は、全く新たに創設されたのではなく、従来から存在した大名小名地域社会内の秩序としてその原型が存在していたのであり、それを基礎に頼朝を核とするより高度に体系化・強化したものとして供給された。これにより東国一三箇国を一つの地域として包括する政治権力体を構成することが可能となった。

その一方、御家人等にとっては、鎌倉殿という超越的権力がのしかかることになり、頼朝への従属、御家人役の負担、上下秩序の厳守が強制される。この頼朝の規定する幕府内秩序を遵守する限り安定が保証され、損えば制裁される、これこそが曾我兄弟の母のいう「怖しき世」の到来である。

ただし幕府内上下秩序の中にあって上位に抑圧される一方、下位を支配する地位も得るわけで、そうした支配構造の組み上げによって安定がもたらされていたものと考えられる。また在地においては大名小名等は、鎌倉殿の権威と権力の一部となることにより、その威光をバックにそれぞれの地域に君臨することができる。あるいはその奉公によっては、守護・地頭といった地域の統治者としての地位を得たり、政治的・経済的に発展する可能性も見出せる。例えば、信濃国の善光寺平の御家人等が頼朝の近習として国司権力を忽諸にするほどの実力を発揮し、また善光寺奉行人に任命されている。こうして東国の大名小名等は、鎌倉殿という新たな権威を創り上げ傘下に入ることによりその余光を背負えるわけで、積極的か消極的かに拘わらず、大方が無抵抗に頼朝の秩序体系に組み入れられて行く背景の重要な要素であろう。

幕府内秩序体系は、治承四年十二月段階で成立していたわけでなく序々に整備されていった。そこには頼朝の意志が強く反映されている。頼朝の近親・源家一門は門客門葉として御家人の上位に位置付けられるが、毛呂季光や、本来御家人である下河辺行平も、藤原姓にも拘わらず頼朝の懇意により門葉待遇とされていて、本来の源氏一門という血統に基づいた客観的な基準ではなく、頼朝の恣意的選択が門葉編成に大きく作用している。

また年少者を宿直番に編成し自身に近仕させる昵近衆の場合は、より恣意性が強く、同じ源氏一門中でも、頼朝よりも上の世代は門客門葉とし、下の世代からは適宜選択して昵近衆に組み入れる。また有力御家人の家からは、その傍流筋よりピックアップし、ことに寵愛した小山朝光や三浦義連等は成長すれば、それぞれ結城・佐原を名乗らせ本家から独立させている。中原親能の猶子大友能直も、昵近衆から頼朝が育てて創り上げた御家人の家の一つである。門客門葉・昵近衆などの秩序体系の整備により、頼朝は自己を頂点とする幕府内上下秩序を確定し、それによって構成される門客門葉・御家人組織をも恣意的に操作し権威・権力の集中化を進めていった。

こうした幕府内秩序体系の創出にあたっての矛盾の噴出が、上総介広常・一条忠頼・源義経・同範頼らの排斥劇であり、それは幕府の主導権闘争に敗れた結果としての幕府内秩序体系からの排除であるといえる。

幕府内上下秩序の独裁者であった頼朝が死去すると、武力紛争を経て北条氏が後継者となる。まず頼朝期の門客門葉は、その死没とともに、足利・平賀・大内などの北条氏と血縁をもった一部を除く大部分は表舞台から姿を消し、昵近衆も鎌倉殿の「子飼い」という実質が失われ、有力御家人のバランスの中で選出されるようになる。つまり幕府内秩序の構成における鎌倉殿の主導権は大きく後退したのである。

さらに北条泰時政権下では初代小侍所金沢実時を中心に御所中番役の整備が進められる。源家将軍期の御所中番は、選抜された年少者二〇人程と、一握りの有力御家人による宿直番のみであったが、近習番・格子番・問見参番・台所番など多種の番役が増設され、一五〇人程の鎌倉中御家人によって組織されるようになる。これにより鎌倉中御家人の大部分を当番に編成し、御家人を北条氏の差配によって将軍に近仕させる制度が徐々に整備されていったのであり、幕府内秩序の厳格化・体系化が進められた。こうした方向性は、源氏将軍の滅亡、摂家将軍・親王将軍の就任に伴って生じた鎌倉殿の権威失墜・求心力低下危機への対応であり、幕府内秩序を安定維持するための方策と考えられる。

この御所中番の拡充により、実質的に鎌倉中御家人＝御所中番衆となり、評定衆・守護などの主要ポストは基本的にその中から任命されており、細川重男の論じる「特権御家人」家もここに含まれる。御所中番・鎌倉中より疎外された大番衆・在国御家人は、実質的に鎌倉中・御所中番衆に従属する地位に置かれ、幕政の中枢へ近付くことはない。さらに政争に敗れた者は、容赦なく営中・鎌倉中から追放される。例えば、梶原景時は失脚の途端、鎌倉の屋敷を破却され、大庭景義は免罪を願って鎌倉への帰参を訴えるといった具合である。こうして頼朝・北条氏による幕府内秩序の創出と高度化により、鎌倉殿御所を中核として、鎌倉中・諸国・西国という同心円的な地域構成が、かたちづくられた。

複数の大名小名地域社会を取り込んで、それを幕府内上下秩序に基づいて再編することにより、営中を中核とする同心円的な地域構造をつくりあげた。この際には、勧進でみたように各地域社会が担っていた公共的な機能が頼朝の支配下に移植された。地域を頼朝の作り出した新秩序へ再編するにあたっては、その公共的機能を引き継ぐことが不可欠であったからだろう。本章では象徴的に勧進を取り上げたが、もちろんそれは機能の一部であり、『曾我物語』のいうように「頼朝の威風」のもっとも重要な部分は「公私争を留めて帰伏」させ社会に安定をもたらす機能であろう。

『曾我物語』の冒頭では、大名小名衆が相撲での諍いをきっかけにあわや合戦に及ばんとし、また彼等は日常的に武具を携帯してそうした事態に備えていたとする。これを制止したのは長老であった土肥実平・大庭景義であり、地域社会の代表格が調整役を担った。この一部始終を傍観していた頼朝は、「哀れなる世の習ひかな、奴原が心のままに振舞ふこそ安からね」と眉をひそめる。そもそも、相撲の諍いは、俣野景久が長老たる実平を侮辱する無礼がきっかけであった。『曾我物語』は、頼朝以前の上下秩序が厳格でなく、そのために紛争がおきる「哀れなる世」と、頼朝以後の「頼朝の威風」により安定化した社会を対比させて描いている。もちろん、『曾我物語』の作者が贔屓するのは前者だが。

第六章　武士狼藉停止と安堵

本章について

単に武力組織や武装集団が、いかに大規模であって秩序化されていても、それが国家的・国政上の機能を持っていなければ政権とは呼ばない。東国国家論では、東国の実力支配、つまり軍事的な制圧を以てではなく、十月宣旨による東国行政権の委譲によって幕府が成立したとするし、権門体制論では、幕府を独立した政権とはみなさず国家機構の一部とする。ただし十月宣旨の主旨を東国行政権の委譲と評価するのは強引だし、幕府の役割を武力に求めるのも割り切りすぎだろう。

源頼朝の国家的・国政上の機能は、原則的にいえば「徳政」だと思う。この場合の徳政とは、本来あるべき姿に戻すこと、すなわち平家の悪政の是正であり、仏法王法の復活・源家の復興・荘園公領秩序の復旧といった課題はすべて徳政の一環といえる。徳政の第一は謀叛の軍事力による鎮圧、すなわち追討追捕であるが、それだけでは徳政は達成し得ない。あるべき元の状態に戻すためには、その最大の障害となっていた内乱による弊害たる武士狼藉を停止し、治安秩序を回復させることが必要であり、それも頼朝の責任で行なわれた。しかし追討追捕・寺社造営・荘園公領支配の復旧といった作業は、本来は国家、すなわち朝廷の果たすべき義務であり、自らの機構を以て遂行されるべきである。しかし現実として不可能であり、だから頼朝が代行せざるをえなかった。

本章では、幕府の国家的機能について、「武士狼藉停止」と、それによる「安堵」からアプローチする。狼藉停止令・狼藉の主体と内容・安堵の意味などについて再定義し、武士狼藉停止・安堵が、内乱後の国家体制の再構築にいかに関わり、幕府固有の機能として定着してゆくのかを考えたい。

1節　武士狼藉停止の機能

はじめに

武士狼藉停止とはなにか。それは内乱期、寿永二年（一一八三）十月宣旨を端緒とし、宣旨・院宣として連々と発布される狼藉停止令に基づいて執行される治安回復作業であり、田中稔が着目した鎌倉殿両御使は、この狼藉停止令を遵行する専使として畿内近国・鎮西へ派遣されたものである。十月宣旨が東国行政権の付与とされたように、狼藉停止令は幕府に治安維持等の公権を付与する宣旨・院宣であり、その執行は同権の行使であって、それが地頭進退権であるとの評価もある。

しかしこうした公権委譲の議論において、停止されるべき武士狼藉とはなにか、武士とはなにものか、という基本的な課題に関する実証的検証は行なわれていない。むしろ幕府は朝廷から公権を奪ってゆくという理解を前提とし、そこから武士とは幕府に帰属していない武力勢力のことで、それを圧服させてゆく作業が武士狼藉停止であるという結論が導き出されていたのではないか。

武士とは何をさし、それによる狼藉行為とはなにか、それを幕府が停止することには如何なる意味をもつのか、といった基本的な検証が必要であろう。

1. 寿永二年十月宣旨について

寿永二年（一一八四）二月十九日宣旨（史料一〈C〉）は、鎌倉幕府権力が全国的に展開するにあたって重要な政治的画期に位置付けられている。五味文彦[1]は、全国的検断権付与の宣旨と評価し、また、大石直正[2]は、武勇の輩の違乱禁制を遂行するに必要な全国的国衙指揮権・違乱の輩の追捕検断権を付与されたとする。河内祥輔[3]も、十月宣旨の全国規模への拡大版との理解を示す。また石井進[4]も、こうした常識的解釈を採って、鎌倉幕府初期政治史の重要な一画期とする。氏の整理では、頼朝は治承四年（一一八〇）に以仁王の令旨を受諾して挙兵し、その実力を以て東海東山地域を占領下に置いたが、この令旨の法的効力の限界と、未だ源頼朝が謀叛配流の身であったがため、現実に進められていた国衙・荘園公領支配が朝廷の認可するところではなかったとし、これが寿永二年十月宣旨による朝廷の頼朝承認により正当化され、さらに三年二月宣旨＝〈C〉宣旨により頼朝の沙汰権が全国的に確認されたとしている。

本節では、武士狼藉に関する常識的解釈を相対化するため、十月宣旨とともに初期幕府政治史を解く鍵として重要とされる二月宣旨（〈C〉宣旨）の再検討から取り組んでみたい。

頼朝が受けた最初の正式なる追討使任命は、史料一『玉葉』寿永三年二月二十三日条に掲載されている〈A〉同年正月二十六日宣旨である。同条文中では、同日、小槻隆職より九条兼実に提示された、近日発給の〈A〉～〈D〉宣旨四通が引用掲載されている。〈A〉〈B〉宣旨は追討・追捕の命令、〈C〉〈D〉宣旨は、武士押領停止・兵粮米徴収停止の命令を内容とする。四通を連続して引用したのは、当然これらが密接に関係しているからであり、四通の相互関係を明らかにすることにより、各宣旨の理解がより深化するであろう。四通が引用されている二十三日条は、史料一として掲載した。

史料一『玉葉』寿永三年二月二十三日条（図書寮叢刊『九条家本玉葉 九』）

廿三日壬午、大夫史隆職（小槻）、近日所レ被レ下之宣旨等注送之、仍続加之、施行更以不レ可レ叶事歟、有レ法不レ行、不レ如レ無レ法、

〈A〉応レ令三散位源朝臣頼朝追二討前内大臣平朝臣（宗盛）以下党類一事

右左中弁藤原朝臣光雅伝宣、左大臣（藤原経宗）宣、奉レ　勅、前内大臣以下党類、近年以降専乱二邦国之政一、皆是氏族（脱アルカ）之為也、遂出二子（王カ）城一、早赴二西海一、就レ中掠二領山陰・山陽・南海・西海道諸国一、偏奪二取乃貢一、論二之政途一事絶二常篇一、宜レ令三彼頼朝追二討件輩一者、

寿永三年正月廿六日　　左大史小槻（隆職）宿祢

〈B〉応レ令三散位源朝臣頼朝召二進其身一源義仲余党事

右左中弁藤原朝臣光雅伝宣、左大臣宣、奉レ　勅、謀反首義仲余党、遁而在二都鄙一之由、普有二其聞一、宜レ令三彼頼朝召二進件輩一者、

寿永三年正月廿九日　　左大史小槻宿祢

五畿内七道諸国同下知之

〈C〉応レ令下散位源朝臣頼朝且捜二尋子細一経二言上一且従中停止上武勇輩押妨神社仏寺并院宮諸司及人領等事

右近年以降、武勇輩不レ憚二皇憲一、恣耀二私威一、成二自由下文一廻二諸国七道一、或押二黷神社之神供一、或奪二取仏寺之仏物一、況院宮諸司及人領哉、天譴遂露、民憂無レ定、前事云存、後輩可レ慎、左中弁藤原朝臣光雅伝宣、左大臣宣、奉レ　勅、自今以後、永従二停止一、敢莫二更然一、但於レ有二由緒一者、彼頼朝相二訪子細一、言二上于官一、若不レ遵二制旨一、

猶令二違犯一者、専処二罪科一曾不二寛宥一者、

寿永三年二月十九日　　　　左大史小槻宿祢

〈D〉左弁官下五畿内諸国　七道諸国同之

応下早仰二国司一停止上宛催公田庄園兵粮米事

右治承以降、平氏党類暗称二兵粮一、掠二成院宣一、恣宛二五畿七道之庄公一、已忘二敬神尊仏之洪範一、世之衰微、民之凋弊、職而由レ斯、況源義仲不レ改二其跡一、益行二此悪一、曾失二朝威一、共背二幽冥一、爰散位源朝臣頼朝、不レ廻二幾日一、討二滅両賊一、然則干戈永斂、宇宙静謐、権大納言藤原朝臣忠親宣、奉レ勅、早仰二諸国司一、宜レ停二止件催一者、諸国承知、依レ宣行レ之、

寿永三年二月廿二日　　　　大史小槻宿祢

中弁藤原朝臣（光雅）

四通の宣旨が、隆職より九条兼実にもたらされる前日、吉田経房が兼実に「諸国兵粮之責并武士押取他人領事可二停止一之由」[5]の宣旨が発給されたことを伝えており、この頃、武士狼藉と諸国兵粮米徴収の停止が、朝廷内での重要な議題となっていたことがわかる。

また、九条兼実は、二十三日条中で、四通の宣旨を一見し「施行更以不レ可レ叶事歟、有レ法不レ行、不レ如レ無レ法」と、発布されても実行は見込めないと、悲観的な感想を述べている。頼朝軍が一ノ谷の合戦で平家に大勝した直後であり、〈A〉〈B〉宣旨は既に一定の成果が出されていたのであるから、実行不可能とされているのは〈A〉〈B〉宣旨ではない。

さらに、兼実が日記を記述した二十三日と、〈C〉〈D〉宣旨の日付が、より近いことからして、二十三日条を記述

するにあたって、兼実の関心は武士狼藉と諸国兵粮米徴収停止問題、つまり、〈C〉〈D〉宣旨の発給にあったはずであり、〈A〉〈B〉宣旨は、武士狼藉と諸国兵粮米徴収停止の関係書類として、〈C〉〈D〉宣旨に付記されたと想定される。では、隆職は、一箇月も以前に発給された〈A〉〈B〉宣旨を、〈C〉〈D〉宣旨に付して兼実に一括提示し、兼実が、そのまま四通続けて記載したのはなぜか。

〈A〉正月二十六日宣旨は「応レ令三散位源朝臣頼朝追二討前内大臣平朝臣以下党類一事」とあり、平宗盛以下の平家軍の追討命令。〈B〉正月二十九日宣旨は「応レ令三散位源朝臣頼朝召二進其身一源義仲余党事」とあり義仲残党の追捕命令である。二通は、頼朝軍が正月二十日に入京した直後に発給された宣旨となる。

〈A〉〈B〉宣旨は、朝敵たる謀叛人の追討・追捕のための宣旨であるが、王朝国家体制下での国家軍制の検討を行なった下向井龍彦「王朝国家軍制研究の基本視角」[6]は、これら追討追捕のために発布される宣旨を「追捕官符」と総称し、王朝国家体制下において、最高の軍事指揮権の発動命令であり、追討軍には、軍事目的遂行のために必要な、軍勢催促権・命令違反者への軍事罰令権・兵粮米等催徴権・勲功賞推挙権が付与されるとしている。氏は、〈A〉宣旨も、王朝国家体制下での最終段階の追討官符と促え、頼朝の軍事行動も同宣旨による国家軍制下での活動の一環と理解する。

頼朝軍の入京直後より、朝廷では、平家への対処について、追討使を発遣し、これを追討すべきか、又は三神（三種神器）の安全を考慮して、和平を模索するかについての討議が行なわれていた。正月二十三日、兼実は院司藤原範季から、「平氏猶可レ被二追討一之由被二仰下一了」との情報を得ており、この日には、朝廷側の方針が平氏追討に、ほぼ決定したらしい[7]。この後、二十九日には、追討軍が出陣しているが、『玉葉』同日条では追討使は「今日已下向去廿六日出門云々」とあり、追討軍が出発したのは二十九日であるが、二十六日に出門しているらしい。渡辺保[8]は、出門の門を宮門、すなわち内裏の門とするが、とすれば〈A〉宣旨が発給された二十六日に朝廷から追討宣旨を受け取り、内裏を退出して、二十九日に出陣したと理解されよう。[9] また、〈B〉宣旨は、下向当日の発給となる。これらの経過からして、寿永三年正月から一ノ谷合戦までの頼朝軍の軍事行動は、朝廷内での平氏追討方針の決定と、それによる〈A〉〈B〉宣旨の発給に基づくものといえる。

下向井は、追討使は国家から軍勢催促権利・命令違反者への軍事罰令権・兵粮米等催徴権・勲功賞推挙権などの権限が付与されたとする。寿永三年の西海道追討使＝頼朝軍による兵士兵粮米の徴収は、畿内近国を中心に散見され[10]、その停止を求めた春日神社が「勅院事大小国役無㆓宛催之例㆒」（史料二〈b〉）を理由としていることや、高野山では、兵士兵粮米賦課停止命令に際しては、勅院事を免除するという表現を使用していることから（第三章1節）、追討使の派遣に際しての費用は、国家の負担として、内裏造営役や伊勢役夫工米等と同様、一国平均役、臨時雑役として賦課されていたことがわかる。

これら兵士兵粮米の徴収は、春日神社や高野山をはじめ、賦課された側からの強い反発を受けている。一ノ谷の合戦の直後には、二月十七日付の二通の後白河院庁下文により、春日社領摂津垂水西・東牧での兵士役・兵粮米の賦課と追討使の供奉雑人の乱入狼藉が停止されており、その狼藉発生から停止に至る過程を検討してみたい。

史料二　摂津国垂水牧牧務職重書案『春日神社文書』三―六五五

〈a〉後白河院庁下文案

院庁下　摂津国在庁官人等

可㆘早令㆗任㆓度度院宣并長者宣㆒停止㆖春日社領垂氷〔水〕西牧勅院事国役雑事并西海道追討使兵士兵粮米催及武士狼藉事

右得二社司等今月日解状一偁、謹検二案内一、件御牧者相伝摂政家御領也、而去年夏、有二殊御願一当社長日御供料被二寄進一畢、仍社壇奉レ祈二天長地久御願一、牧家専励二年貢日次之営一、厳重無双之地、何事過レ之、而或宛二兵士兵粮米一、或追討使下向之時、供奉雑人乱二入牧内一狼藉連綿不レ絶、以二地子一宛二兵粮一者、以二何物一可レ備二御供一哉、以二神人一狩二兵士一者、以二誰人一可レ令レ勤二社役一哉、是牧内住人者皆為二神人一之故也、伊勢以下七社御領被レ免二如レ此役一者例也、望請庁裁、任二申請一被レ成二下庁御下文一者、将レ欲レ仰二神威之貴一者、任二度度院宣并長者宣一、可レ令レ停二止彼牧勅院事大小国役并兵士兵粮米催及武士狼藉一之状、所レ仰如レ件、在庁官人等宜承知、勿二違失一、故下、

寿永三年二月十八日　　主典代織部正兼皇后宮大属大江朝臣判

別当権大納言藤原朝臣（忠親カ）判　　判官代勘解由次官兼皇后宮権大進藤原朝臣

民部卿藤原朝臣（成範）同　　右衛門権佐藤原朝臣（定長）同

参議修理大夫藤原朝臣（親信）同　　左衛門権佐兼皇后宮大進藤原朝臣（親雅）同

右京大夫藤原朝臣（基家）同

式部権少輔藤原朝臣（光長）同

権右中弁藤原朝臣同

〈b〉後白河院庁下文案

院庁下　　摂津国在庁官人等

可三早令二停止一春日社領垂氷〔水〕東牧国役雑事并兵士兵粮米催武士狼藉事

右得二社司等今月日解状一偁、謹検二案内一、件御牧者相伝摂政家御領也、而保安比、有二殊御願一当社毎月三旬御供・

二季神楽・五節供・長日社頭御宿直、旁神事用途料所レ被二寄進一也、爾以降、勅院事大小国役無二宛催之例一、而依レ為二路次一、追討使下向之時、雑人乱二入御牧一、取二穢御供米一冤二陵〔凌〕住人等一、已如レ無二神威一、随又可レ被レ宛二催兵士兵粮米一云々、御牧住人者皆神人也、争脱二黄衣一着二甲冑一哉、甚非二其器量一、伊勢以下七社領被レ免二如レ此役一者例也、望請庁裁、任二申請一被レ成二下庁御下文一者、将レ仰二神威之貴一者、早任二申請一、可レ停二止彼牧勅院事国役雑事并兵士兵粮米催武士狼藉一之状、所レ仰如レ件、在庁官人等宜承知、勿二違失一、故下、

寿永三年二月十八日　　主典代織部正兼皇后宮大属大江朝臣判

（院司連署略）

〈c〉勧学院政所下文案

勧学院政所下　摂津国在庁官人并春日社領垂氷〔水〕西牧司等

可下早任二院庁御下文一停止上勅院事国役雑事并西海道追討使兵士兵粮米催及武士狼藉事

副下　院庁御下文

右、当牧者、有レ限神領也、早任二彼御下文状一、宜レ令レ停二止勅院事国役一之状、依二長者宣一所レ仰如レ件、不レ可二違失一、故下、

寿永三年二月廿一日　　知院事右史生高橋判

別当参議造興福寺長官右大弁藤原朝臣〔兼光〕判　　蔭子藤原判

〈d〉勧学院政所下文案　〈c〉と同内容につき略す。

〈e〉源義経請文案

九郎御曹司請文

垂氷〔水〕牧兵粮米事、諸国々兵粮米停止了、下知仕候了、不レ可レ有二御承引一候歟、仍庁御下文二枚返上之候、義経恐惶謹言、

寿永三

二月廿二日　義経

〈a〉〈b〉二月十八日後白河院庁下文案では、春日社司等により「或宛二兵士兵粮米一、或追討使下向之時、供奉雑人乱二入牧内一狼藉連綿不レ絶」との訴えにより、朝廷では「春日社領垂氷〔水〕西牧勅院事国役雑事并西海道追討使兵士兵粮米催及武士狼藉事」を停止すべしとし、西海道追討使＝頼朝軍による兵士兵粮米の徴収の停止を命じた。この裁許が摂関家に伝えられ、それを遵行する勧学院政所下文が発給されている（〈c〉〈d〉）。さらに、この四通が西海道追討使大将軍たる義経に下され、義経は同二十二日、請文を以て遵行の旨を述べ春日社へその停止を約束した（〈e〉）。この際、義経は、「諸国々兵粮米停止了、下知仕候了」と述べ、諸国の兵粮米停止命令に従い、当牧の兵粮米を停止したとする。

つまり、西海道追討使＝平家追討軍の派遣が、一ノ谷に近隣する垂水牧への兵士兵粮米の徴収と、武士及びその供奉雑人の乱入を発生させ、春日社司の訴訟により兵粮米・兵士役・武士濫妨停止の院宣が発給され、義経は、院宣を受諾し、「諸国々兵粮米停止了」との認識により、その施行を春日社へ約束したという経過が知られる。

この諸国兵粮米の停止とは、内容と日付からして〈D〉宣旨のことであろう。つまり平家追討宣旨である〈A〉〈B〉宣旨で発生した兵士兵粮米の徴収権が、諸国兵粮米停止命令である〈D〉宣旨により停止抑制されたと理解で

きる。

兼実が、その日記に〈D〉宣旨を記載するにあたり、〈A〉〈B〉追討・追捕の宣旨を付記しているのは、諸国兵粮米の責停止作業の原因を、追討・追捕命令の発令に求めているからと理解される。

〈A〉〈B〉宣旨と〈D〉宣旨の関係の理解が、原因と結果にあるとすれば、〈D〉宣旨と併記されている〈C〉宣旨も、その発布の要因を、〈A〉〈B〉宣旨による追討・追捕命令の発令に求めるべきだろう。

『吾妻鏡』寿永三年三月六日条には、〈C〉宣旨と同内容の二月十八日の口宣を掲載しており、この口宣は、〈C〉宣旨で左大臣大炊御門経宗に宣を伝えている蔵人頭藤原光雅の奉書で、〈C〉宣旨の前日であることから、〈C〉宣旨発給を命じる口宣と考えられる。(11)

史料三『吾妻鏡』寿永三年三月九日条

九日戊戌、去月十八日　宣旨状到二着鎌倉一、是近日武士等寄二事於朝敵追討一、於二諸国庄園一打二止乃貢一、奪二取人物一、而彼輩募二関東威一歟、無二左右一難レ処二罪科一之由、公家内々有二其沙汰一云々、武衛依下令二伝聞一之給上、下官全不レ案下煩二庶民一之計上、其事早可レ被二糺行一之由、被二申請一之云々、

寿永三年二月十八日　宣旨

近年以降、武士等不レ憚二皇憲一、恣耀二私威一、成二自由下知一、廻二諸国七道一、或押二黷神社之神税一、或奪二取仏寺之仏聖一、况院宮諸司及人領哉、天譴遂露、民憂無空〔定カ〕、自今以後永従二停止一、敢莫二更然一、前事之存、後輩可レ慎、若於レ有二由緒一、散位源朝臣頼朝相二訪子細一、触レ官言上、不道〔遵制カ〕行旨、猶令二違犯一者、専処二罪科一、不二曾寛宥一、

蔵人頭左中弁兼皇后宮亮藤原光雅奉

二月十八日口宣を記載するにつき、『吾妻鏡』編者は、朝廷で「近日武士等が事を朝敵追討に寄せて、諸国荘園に

於いて乃貢を打ち止め、人物を奪取す、しかれども彼輩は関東の威を募るか、左右無く罪科に処し難し」との内々の沙汰があったことが、頼朝の耳に入り、すなわち「全く庶民を煩すの計らひを案ぜず。その事、早く糺し行はるべき」を申請してこの宣旨が発給されたのだと説明する。

つまり、〈C〉宣旨には、平家による押領以後と記述されているが、宣旨による停止命令の主たる対象となったのは、頼朝勢力下にあって平家追討軍に参加している武士であったと『吾妻鏡』の編者は理解していることがわかる。つまり、この編者の理解が正しければ、〈C〉宣旨も〈A〉〈B〉宣旨により追討使が発遣され生じた弊害を是正するための宣旨であったといえる。

しかし、松島周一[12]は、この『吾妻鏡』編者の説明を誤りとし、独自の解釈を試みている。氏は、宣旨中では「近年以降、武勇輩不レ憚二皇憲一」して不法行為を行なったとあり、この近年以降とは、平家・義仲の行動であるから、頼朝勢力は、検断の対象から本来は外されているとする。しかし、続く文章では「前事云存、後輩可レ慎」とあり、この一文は、非法行為を行ない、天の罰を受けた平家・義仲の前例を存じて、後輩はそうした行為を慎みなさいという結論へと帰結するのである。後輩とは、平家・義仲以降の人物、すなわち頼朝などの平家・義仲に類する武力を有する存在を指すのであろうから、頼朝勢力が宣旨の対象外であったとは言えない。逆に、押妨主体を平家・義仲与党と理解する点については、彼等には、すでに追討追捕の宣旨が下されており、当然、朝敵たる彼等の所領は没収に一定しており、改めて彼等の非法行為を糾弾するには及ばない。とすれば、押領する武士とは、追討軍に組織されている武士、もしくは、平家・義仲与党・頼朝勢力どれにも属さない武士がそれにあたることになる。しかし、〈C〉宣旨中で糾弾の対象となっているのは、諸国に廻らされた自由の下文、或いは下知を受けて押領行為を行なう武士であるので、平家・義仲与党・鎌倉勢力、どれにも属さない武士では、全国規模で発給された命令を受諾すべき存在にはなりえない。すなわち、消去法で、残された可能性は、『吾妻鏡』編者の説明のごとく、頼朝勢力下で追討軍に編成された武士と考えるのが妥当であろう。

実際、追討宣旨発布まもなくの、二月七日後白河院庁牒(13)では、賀茂別雷社司等が二月三日に解状を院に提出し、若狭国遠敷郡宮河荘・矢代浦において「為レ追二討件平家一、被下向［（官兵之処、彼御庄）］内乱入狼藉輩損亡御庄令二□（亡カ）散一」と、平家追討のために発遣された武士等により乱入狼藉が行なわれていることを訴えている。これに対し、院庁では「可□□□（早停止）官兵并国中武士等狼藉」と官兵＝頼朝軍に狼藉の停止を命じている。

同牒によれば賀茂社司等は、「但件狼藉事、触二中大将軍一之処」と平家追討軍の大将軍に直接、狼藉停止の要請を行なっているようで、大将軍からは「各不レ可レ有二狼藉一之由、雖レ被二下知一、郎従物取等中如レ此所レ致二狼藉一也」との返答を得ている。大将軍は、義経か範頼と想定されようが、官兵下向に伴う狼藉の発生につき、その郎従に狼藉停止命令が下されていることからして、追討軍構成員が狼藉に関与し、それが問題化していることは明らかであろう。

前述の垂水西牧では、二月十八日以前に、「或宛二兵士兵粮米一、或追討使下向之時、供奉雑人乱二入牧内一狼藉連綿不レ絶」（史料二〈b〉）と、追討使下向に伴って供奉雑人の乱入が指摘されている。また、二月十六日摂政家政所下文では、和泉国内の摂関家大番舎人等の名田内に「武士逗留之間、或追二捕住宅一、或追二取妻子牛馬一」という狼藉が発生しており、時期的にこの武士とは、追討軍の一部であった可能性が高い(14)。

これら現在知られる事例は、たまたま上級権門と結び付いて、訴訟しうる立場の人々の主張が残存したにすぎず、恐らくは、追討軍展開地域では、この様な狼藉が頻発していたものと思われる。こうした状況を前提とすれば、『吾妻鏡』編者の認識は、宣旨発給時の状況をある程度正しく表現していると考えられる。すなわち、〈C〉宣旨は、頼朝の追討使任務の遂行に伴う弊害＝武士狼藉行為の抑止を主旨として発給された宣旨と考える。つまり〈C〉宣旨も

〈D〉宣旨同様、〈A〉〈B〉宣旨により追討使が発遣されて生じた弊害の是正のための宣旨であったといえる。すなわち、〈A〉〈B〉追討・追捕宣旨と〈C〉〈D〉武士狼藉・兵粮米停止宣旨は、原因と結果の関係にあり、〈A〉〈B〉宣旨発給による武士狼藉・兵粮米徴収の発生により、その是正のための〈C〉〈D〉武士狼藉・兵粮米停止宣旨が発給されたのである。

冒頭で述べたように、〈C〉宣旨（以下、二月宣旨とする）の前提として十月宣旨を置き、十月宣旨により東国支配権を獲得し、二月宣旨によりそれが全国化されると理解されてきた。しかし前述のように、武士狼藉停止令の主たる目的は、義仲余党の追捕と平家追討に伴う頼朝軍の狼藉行為といった弊害の抑止であり、社会一般に対する検断機能の発動を目的としたものではない。よって、幕府が東国、あるいは全国に対する統治権を獲得してゆくことを前提とし、そうした公権力の成立を十月宣旨・二月宣旨に直結させて理解することは妥当ではない。武士狼藉停止令として十月宣旨・二月宣旨をとらえ、それが幕府成立にあたって如何なる意味を持っていたのかを改めて考え直してみる必要がある。

2. 鎌倉殿両御使の狼藉停止

武士狼藉停止令の端緒たる寿永二年十月宣旨は、東国行政権・国衙在庁指揮権の付与と理解され、引き続き発布される同三年二月宣旨（〈C〉宣旨）も十月宣旨の全国版として「武士の狼藉を停止する」という素朴な意味を越えて拡大解釈されてきた。これに対し、全国を対象とする二月宣旨が、頼朝軍の軍事行動に伴って発生する頼朝配下の武士狼藉が停止の対象であったことを1.で検証した。つまり武士狼藉停止令の一つである二月宣旨は、社会一般に対して機能したのではなく、直接的には頼朝配下に対して自己抑制的に機能した法令であり、とすればそれは行政権・統治権へ一足飛びに結び付くものではないだろう。引き続き武士狼藉停止業務の代表的事例である元暦二年（一一八五）に、畿内近国・鎮西へ派遣された鎌倉殿両御使中原久経・近藤国平の事例を検討し、御使の果たした機能を具体化し自己抑制的機能と理解した狼藉停止令との関係について考えてみたい。

十月宣旨・二月宣旨が単に狼藉停止令としてのみでなく、国衙在庁指揮権などの権限の付与と解釈されてきたように、御使の停止作業とその権限も、単に狼藉停止に止まらず、国衙在庁指揮権や地頭輩成敗権などと結び付けられてきた。高田実[15]は、頼朝の御使中原久経・近藤国平は、武士濫妨停止の権限と、諸国諸荘を国司領家に委附する権限を有していたとし、没官領に沙汰人職を置く権限は両権限に付随するとする。御使派遣を、頼朝の武士狼藉停止の権限の行使とし、この権限の行使が頼朝の権力の強化を促進したとする評価は、田中稔[16]でも共通しており、ほぼ定説化しているといえる。しかし武末泰雄[17]は御使の行使した武士濫妨停止職務を幕府の権限とする通説を否定し、頼朝にとって不可避な義務と解している。また、木村茂光[18]も御使は、頼朝配下の占領部隊による濫妨行為を抑え、朝廷側との協調をはかろうとして派遣されたとしており、やはり頼朝配下による濫妨の抑止を主たる目的と理解している。

本節では、御使の機能につき、実例をあげ、個々に検討してみたい。御使を発遣する際の元暦二年三月四日頼朝書状（『吾妻鏡』同日条）では、武士狼藉につき「武士之上洛候事者、為レ令レ追二討朝敵一候也、朝敵不レ候者、武士又不レ可レ令二上洛一、武士又不レ令二上洛一者、不レ可レ致二狼藉一候歟、而敵人隔レ海之間、于レ今不レ遂二追討一、経廻之武士、国々庄々無二四度計一事、其聞多候也」とあり、御使の目的は、朝敵追討の為に、頼朝が上洛させた武士の狼藉を処理するためとする。また御使を上洛させる際の『吾妻鏡』元暦二年二月五日条でも、「追二討平氏一之間、寄二事於兵粮一、散在武士於二畿内近国所々一、致二狼藉一之由、有二諸人之愁緒一、仍雖レ不レ被レ相二待平家滅亡一、且為レ被レ停二止彼狼唳一、所レ被二差遣一也」とあり、地の文ではあるが、ほぼ吉田経房宛頼朝書状と同内容である。武士濫妨停止を頼朝の権限と評価する場合は、頼朝配下ではない武士・在庁官人層への検断権を行使しているとの認識が基本にあるが、ここでは頼朝配下で追討軍として上洛した武士の狼藉停止を、主たる対象としていることが明らかである。

次いで御使の実際の停止作業について検討してみよう。前掲田中が挙げる御使久経・国平の武士狼藉停止例の四件は、いずれも元暦二年の下文である。[19]

(1) 四月二十四日　近江国金勝寺への村上蔵人の押領・往反武士の狼藉の件
(2) 四月二十八日　賀茂別雷社領丹波国私市荘への賀茂久平と武士玉井次郎の濫妨の件
(3) 五月　一日　摂関家領山城国泉木津荘への梶原景時の押領濫妨の件
(4) 七月　一日　粉河寺領紀伊国栗栖荘の年貢・雑事の件

まず、(3) 山城国泉木津荘の例では、梶原景時が「不レ帯二指　院宣并長者宣一、又不レ蒙二鎌倉殿御下知一、任二自由一令二押領一」ているので、彼の濫妨を停止せよとする。景時が押領の主体であることは明らかであり、当然頼朝配下の武士となる。

ついで、(2) 丹波国私市荘では、氏人賀茂久平が、武士玉井次郎を相語って濫妨を行なっているとある。『吾妻鏡』元暦元年九月二十日条では、玉井四郎資重なる者が、蓮花王院領丹波国一宮出雲社に対し、地頭と称して濫行に及び頼朝から停止命令が下されている。さらに同二年六月十六日条では、御使久経・国平に玉井四郎助重の濫妨停止を遵行させようとしたところ、助重はこれに従わなかったため、頼朝は「不レ可レ参二鎌倉一、早可二逐電一」ことを助重に命じたとする。

まず、『吾妻鏡』にみえる玉井資重と同助重は、資と助が訓で通じており、同一人物と考えてよいであろう。また、この資重(助重)は、鎌倉に参ずべからずとあるので、頼朝の家人であろう。(2) 丹波国私市荘を押領する玉井次郎と、同国出雲社を押領する玉井資重（助重）は、同姓で同国内での活動が認められることから、近しい存在と判断するのが適当と考える[20]。

また、玉井次郎の押領は、同じく賀茂久平の語らいを得て、美作国河内南荘にも及んでいるが[21]、後の建長六年（一二五七）八月日徳大寺実基家政所下文[22]では、私市・河内荘について「去元暦二年被レ下二院宣一、停二止実平（土肥）之濫妨一」とあり、両荘への濫妨は玉井次郎のみならず、惣追捕使土肥実平をも関連させた事件であった可能性が指摘できる。

さらに、私市・河内荘は、ともに本所は徳大寺家であり、同家より預所が補任されている。同家領に関し『吾妻鏡』文治二年六月十七日条では、越中国般若野荘には比企朝宗、筑後国瀬高荘には天野遠景、周防国大島荘には土肥実平、近江国三上荘には佐々木秀綱が、各々二～三年間にわたり濫妨行為に及んでいると、徳大寺実定が頼朝に訴えている。両荘の押領問題も、この一連の幕府御家人による徳大寺家領押領行為の一環として捉えるべきではなかろうか。

この問題は（4）粉河寺領紀伊国栗栖荘の例にも関係する。当荘も領家は徳大寺家であり、御使久経・国平の遵行直後には、院司高階泰経が実定子息公守に遵行遂行の連絡を行なっている[23]。この際には「依二武士妨一、寺僧等触二訴鎌倉使者一」とあり、（4）の七月一日下知状では触れていないが、実際は「武士妨」を訴えたものであることがわかる。当荘も私市荘と同様に、幕府配下の武士による濫妨行為であった可能性は否定できない。

最後に、（1）近江国金勝寺の例であるが、ここでは村上蔵人が院宣もなく自由押領していること、往反の武士の輩が狼藉していることが問題となっている。村上蔵人は『平家物語』に、はじめ義仲郎党とみえ、後に法住寺合戦で院方に転じ、義経に従軍して一ノ谷合戦に参加している源基国であろう。基国は通称村上判官代であるが、『尊卑分脈』（三―一八六頁）には「八条院蔵人」とある。また往反武士については、金勝寺に狼藉を加えている「往反武士之輩」＝近辺を行き来する武士、すなわち外部から侵入して狼藉を成す存在として、謀叛人の探索や兵士兵粮米徴収などのために行動していた幕府配下の武士であった可能性を想定することは可能である。

鎌倉殿両御使の派遣に際しての『吾妻鏡』元暦二年三月四日条では「経廻之武士、国々庄々、無二四度計一事其聞多候」とあり、平家追討のために派遣され狼藉をなす武士を「経廻之武士」と表現しており、(1)の「往反武士之輩」と類似した表現がなされていることからすれば、むしろ彼等も頼朝配下の武士であった可能性は高いのではないか。

四件の事例をまとめると、(3)梶原景時は頼朝配下の武士、(2)玉井次郎は頼朝配下の武士である可能性は濃厚、(1)(4)は不明であるが可能性は否定できないとなる。鎌倉殿両御使の職務例の確認からは、その対象が頼朝配下の武士であるという理解を否定する材料はなかった。

さらに、御使と頼朝配下の武士との関係を示す具体例として、七月二十二日源頼朝御教書(24)をとりあげたい。

私ニ令二沙汰一たらハ、早可レ令二沙汰直一也、　院宣にて沙汰したらは、尤可二下知申一候、国平か過怠ニハあらす、

文覚房知給自レ　院所レ被レ給之所知を、為二国平(近藤)沙汰一遣二使者一、或武士之令二押妨一之由、自二高雄一所レ令レ申也、若為二私結構一者、不当之所行也、奉二　院宣一於レ令二下知一者、不レ能二左右一事也、凡者、久経(中原)・国平雖二一塵一、不レ奉二院宣一之外、輙不レ可レ致二自由下知一之由、殊仰含了、然者実平(土肥)・景時(梶原)武士之輩、於二僻事一者、任二　院宣一可レ令二成敗一之由、令二仰含一了、定無二自由沙汰一歟之旨、思食之処、今有二此訴一、何様事哉、早可レ令二沙汰直一也、仍執達如レ件、

七月廿二日　　広元(大江)奉

近藤七殿(国平)

ここでは久経・国平に「実平・景時武士の輩、僻事においては、院宣に任せて成敗せしむべきの由」を仰せ含めたと記され、御使の狼藉停止対象として実平・景時の名が挙げられている点が重要である。

前掲田中論文では、久経・国平の任務を惣追捕使的存在と評価しているため、惣追捕使景時・実平の管轄する山陽地域を、御使の活動範囲から除外している。しかし、書状中「おおよそは」＝だいたいにおいてと切り出された御使の行動一般の話題のなかで、あえて実平・景時の狼藉停止の件に言及しているのは、御使派遣の目的を語るにあたり、彼等の狼藉停止が特筆すべき事項であったからであろう。

久経・国平が関与した実平・景時の狼藉地は、山陽以外であって、惣追捕使としての実平・景時の立場とは、無関係との指摘もできよう。しかし、実平・景時を連名一括して記載しているということは、両者の併記されるべき同質の性格が意識された結果、つまり両者がともに惣追捕使であるが故の併記と考えるのが自然であろう。実際、実平・景時の狼藉事件の多くが、各々の惣追捕使管轄地域に分布しているし、[25]『吾妻鏡』元暦二年四月二十六日条では、頼朝が近国惣追捕使に定めた土肥実平・梶原景時両人眼代等の押領行為が問題化しており、院宣に随って押領地を退出せよとの頼朝下文が同日付で両人へ発給されている（景時宛下文は実平宛と同文により省略す）。

『吾妻鏡』元暦二年四月二十六日条

廿六日己卯、近年兵革之間、武勇之輩耀二私威一、於二諸庄園一、致二濫行一歟、依レ之、去年春之比、宜レ従二停止一之由、被レ下二綸旨一訖、而関東以二実平・景時一、被レ差二定近国惣追捕使一之処、於二彼両人一者、雖レ存二廉直一、所二補置一之眼代等、各有二猥所行一之由、漸懐二人之訴一、就レ之早可レ令二停止一之旨、所レ被レ成二御下文一也、俊兼奉二行之一云々、

　下　畿内近国実平押領所々

　　可レ令下早任二　院宣状一停止上実平濫妨知行事

右畿内近国庄公、無二指由緒一空以押領、各代官輩偏居二住郡内一、不レ随二于本所下知一、忽二緒国宣庁催一、或掠二取年貢一、或犯二用官物一、所行之至尤以不当事也、於レ今者早随レ被レ下二　院宣一、不レ論二是非一、令レ退二出堺内一之後、

帯レ理者追可レ令レ言二上子細一之状如レ件、以下、

元暦二年四月廿六日

すなわち、七月二十二日頼朝書状からは、惣追捕使実平・景時の狼藉停止は、御使の主要な職務であるとの認識が読み取れよう。御使は頼朝が派遣した山陽道惣追捕使の僻事を院宣に任せて停止しているのであり、この点からすれば彼等の職務内容は、前掲木村がいうように惣追捕使とは区別されなければならないと考える。

先の吉田経房宛頼朝書状の説明では、両者の発遣理由は、頼朝より派遣され上洛している武士の濫妨問題に対処するためとするが、御使遵行の四例、及び七月十二日頼朝書状の例では、およその説明と一致している。すなわち、御使の武士狼藉停止業務は、頼朝の配下の軍事行動に伴う狼藉を抑止するための作業であったことは明らかだろう。

御使の停止対象として特記される土肥実平・梶原景時は、一ノ谷の合戦直後の寿永三年二月十八日、「播磨・美作・備前・備中・備後已上五ヶ国」の惣追捕使として派遣されている（『吾妻鏡』同日条）。『吾妻鏡』同年三月十七日条では、実平が西海雑務・軍士手分を掌握していることにつき、頼朝門葉である板垣兼信が頼朝に抗議したが、実平に「西国巨細を委付す」として受け入れられなかったとあり、義経が管轄する畿内以西は実平・景時が管轄していた。ただし同年八月に範頼軍が再編されて中国地方に下向するまでは、平家軍の反攻も盛んで、『玉葉』六月十六日条では平氏党類により備後の守備についていた実平の子息遠平が追い散らされ、播磨国にいた景時がその援護に向かったところ、同国室泊が平家軍により焼き払われたとあって、相当に困難を伴う職務であったらしい。つまり実平・景時は、平家追討戦における最大級の功労者である。下文を下すにあたり「両人は廉直であるが眼代等が猥らな所行を行なった」と直接的な非難に及んでいないことは功績ある両人への配慮であろう。

両人の濫妨停止令は元暦二年四月という壇ノ浦の合戦、すなわち平家追討戦の終了直後に発布されている。しかも

それは地の文によれば「去年春」に発布された「近年兵革之間、武勇之輩耀二私威一、於二諸庄園一致二濫行一」ことを停止する綸旨に準拠して発布されたとある。この寿永三年春の武士濫行停止の綸旨とは前節で検討した二月宣旨のことであろう。二月宣旨は一ノ谷の合戦直後に、頼朝軍の追討活動に伴う狼藉を抑止することを主旨としていたが、壇ノ浦の合戦直後に発布された実平・景時への下文も、二月宣旨と同様の主旨を以て発給され、それを遵行したのが鎌倉殿両御使であったことになろう。二月宣旨で示された頼朝配下の武士狼藉を頼朝自身が抑止してゆく方向性は、鎌倉殿御両使の活動へと継承されていたことが理解される。

注

（1）「初期鎌倉幕府の二つの性格」（『日本歴史』三四五、一九七七年）。
（2）「鎌倉幕府体制の成立」（永原慶二編『日本史を学ぶ 二』有斐閣、一九七五年）。
（3）『頼朝の時代』（平凡社、一九九〇年）一一九頁。
（4）『日本中世国家史の研究』（岩波書店、一九七〇年）二九九頁。
（5）『玉葉』寿永三年二月二十二日条。
（6）坂本賞三編『王朝国家国政史の研究』（吉川弘文館、一九八七年）。
（7）『玉葉』の記述によれば、正月二十二日、兼実は後白河院御所に参じた際に、院より神器の安全を優先するか、平家追討を強行すべきかとの下問を受ける。兼実は、追討使派遣には消極的な進言をしている。この時、奏者の任にあたっていた藤原定長は、同二十一日の院の評定にて平家追討につき、大炊御門経宗・徳大寺実定は追討の強行を主張し、後白河院の意思も同様であったことを兼実に告げ、強行策の台頭を示唆している。翌二十三日、兼実は院司藤原範季から、「平氏猶可レ被二追討一之由被二仰下一了」との情報を得ており、朝廷側の方針が平氏追討に、ほぼ決定したらしい。

（8）『源義経』（吉川弘文館、一九六六年）四九頁。

（9）『玉葉』寿永三年二月一日条では「昨今、追討使等、皆悉下向云々」とあり、『吾妻鏡』寿永三年正月二十九日条では「関東両将為レ征二平氏一、率二軍兵一赴二西国一、悉以今日出京云々」とあり、『延慶本平家物語』巻九でも、「廿九日、九郎義経イツシカ平家征伐ノ為ニ、西国へ下向」とあり、二十九日の出陣は、各史料一致している。

（10）春日神社領摂津垂水東西牧・高野山領紀伊国七箇荘・河内国古市郡通法寺（第三章1節参照）。淡路・播磨・備前・備中・安芸・周防・長門・美作・伯耆・出雲所在石清水八幡宮領（元暦二年正月九日源頼朝下文 石清水文書『平安遺文』四二一七）。

（11）富田正弘「口宣・口宣案の成立と変遷（一）（二）」（『古文書研究』一四・一五、一九七九・八〇年）。『延慶本平家物語』巻一〇では「去（寿永三年二月）十八日、在々所々ノ武士ノ狼籍（藉）ヲ可レ止之由、可レ下二宣旨一之旨、蔵人右衛門権佐定長（藤原）宣旨ヲ承テ、頭左中弁光雅朝臣ニ仰ス」との記事を掲載しており、十八日の宣旨発給命令が確認される。定長は、後白河院司で吉田経房の弟。『玉葉』同月二十二日条では、その経房が兼実に武士狼藉停止宣旨に関する情報をもたらしている。

（12）「寿永三年二月十九日宣旨の位置づけについて」（『年報中世史研究』二〇、一九九五年）。氏は〈C〉宣旨は「本来、頼朝側の調査・判断によって旧平家与同勢力の所領安堵を行ない彼らを麾下に組み込んで行くための機能を」持っていた宣旨であるとする。

（13）寿永三年二月七日後白河院庁牒 弘文荘待賈鳥居大路文書『平安遺文』四一二八・（後欠）後白河院庁案 賀茂別雷神社文書『同』四八八九参照。

（14）寿永三年二月十六日摂政家政所下文案 田代文書『平安遺文』四一三〇。

（15）「地頭領主制と鎌倉幕府」（『歴史教育』八―七、一九六〇年）。

（16）「「鎌倉殿御使」考―初期鎌倉幕府制度の研究―」（『鎌倉幕府御家人制度の研究』吉川弘文館、一九九一年、初出六二年）。

（17）「鎌倉幕府庄郷地頭職補任権の成立」（竹内理三編『荘園制社会と身分構造』校倉書房、一九八〇年）。

（18）「鎌倉殿御使下文の政治史的意味」（河音能平編『中世文書論の視座』東京堂出版、一九九六年）。

(19)（1）金勝寺文書『平安遺文』四二四二、（2）賀茂別雷神社文書 同四二四三、（3）書陵部所蔵谷森文書 同四二四五、（4）御池坊文書 同四二六五。
(20)『吾妻鏡』元暦二年六月十六日条には「尾張国有二玉井四郎助重云者一」とあるので、尾張の国の住人のようであるが、埼玉県熊谷市玉井を本貫地とする武蔵七党横山党玉井氏であるという説もある（八代国治・渡辺世祐『武蔵武士』有峰書店新社、一九八七年 六三頁）。
(21) 元暦二年六月六日源頼朝下文 賀茂別雷神社文書『平安遺文』四二五七。
(22) 鳥居大路家文書『鎌倉遺文』七七九二。
(23) 元暦二年七月三日高階泰経書状 御池坊文書『平安遺文』四二六六。
(24) 東京国立博物館所蔵『頼朝文書の研究』（黒川高明編、吉川弘文館、一九八八年）六五・『鎌倉遺文』一三〇。前掲二書は、「文治二年ヵ」とするが、御使久経・国平の活動時期からすれば、文治元年の可能性も考慮すべきであろう。
(25) 梶原景時の場合は、山城国泉木津荘・美豆牧、播磨国楫保・桑原・五箇・上遍・東這田・安田荘・福田荘・西下郷・大部郷・浦上荘。土肥実平・同遠平では、長門国阿武御領、備後国有福荘・大田荘、周防国大島荘などへの押領が知られる。

2節　武士狼藉停止から所務沙汰へ

はじめに

寿永三年（一一八四）二月宣旨が、木曾義仲追捕・一ノ谷の合戦に伴う頼朝配下の武士の狼藉を停止することを主旨とした立法で、その後、元暦元（一一八四）～二年（八月改元、文治元年）にかけて鎌倉殿両御使の職務は、畿内近国・西国へ展開した頼朝軍の武士狼藉停止であり、それは二月宣旨の主旨を継承しての作業であったことを前節で確認した。本節では文治元年以降の武士狼藉停止について検討し、それが如何に継承されてゆくのか提起したい。

1．文治・建久年間の武士狼藉停止

源頼朝は文治元年十二月六日書状を以て、鎌倉殿両御使が畿内近国の狼藉停止作業を終え、引き続き鎮西・四国へ派遣したところ、源行家・源義経を四国・九国地頭に補すという非常事態が発生した、両人の探索に伴ってきっと狼藉が発生するだろうが、彼等を召し取った後に狼藉を鎮めるつもりだと述べている（第七章1節）。御使の狼藉停止作業は順次進められていたが、行家・義経の造反事件の勃発により中止され、また両人の探索に伴う武士狼藉が予測され、それについては探索終了後に停止作業を行なうつもりだという。平家の滅亡により内乱が終息し、武士狼藉停止作業も進行したが、義経等の造反により武士狼藉は再び増加することになり、その停止作業が予想される、つまり軍事行動→武士狼藉発生→狼藉停止というサイクルは再び繰り返されることになった。

しかし文治年間での大規模な武士狼藉停止作業により、建久五年（一一九四）頃には、すでにそうした作業は終了し、武士狼藉も過去のものと意識されるようになっていたことが、次の史料でうかがわれる。

『吾妻鏡』建久五年十二月十日条

十日丙寅、越前国志比庄、為㆓比企藤内朝宗㆒被㆓押領㆒之由、有㆓領家之訴㆒、此事、去文治元年、為㆑羂㆓索叛逆衆㆒、被㆑遣㆓軍士於諸国㆒之時、雖㆑被㆑入㆓兵粮米催使㆒、散在御家人等、寄㆓事於左右㆒、現㆓狼藉㆒之由、民庶含㆓愁歎㆒之趣、度々被㆑下㆓院宣㆒之間、三十七ヶ国内諸庄園、於㆑今者不㆑可㆑有㆓武士妨㆒之旨、奏聞之後、歴㆓年序㆒訖、今更此訴

出来、太依二驚思食一、被レ尋二朝宗一之処、陳下謝不二押領一之由上、召二其請文一、被レ遣二本所一云々、

右に載せた『吾妻鏡』によれば、建久五年十二月に越前国志比荘への比企朝宗の押領訴訟が起きた際、かつて文治元年には源義経・行家追捕のために諸国に軍士を派遣し、兵粮米を徴収したところ、御家人らがそれにかこつけて狼藉を行なったので、「三十七ヶ国内諸庄園、於レ今者不レ可レ有二武士妨一之旨」を奏聞したが、年序を経た今更の訴えに頼朝は驚いたという。つまり頼朝は、文治二年（一一八六）に武士狼藉停止を奏聞して実行し、それがほぼ十年後の建久五年段階では、すでに狼藉停止作業は終了したと認識されているのである。この三七箇国武士妨停止は文治二年六月二十一日頼朝書状にみえる。

『吾妻鏡』文治二年六月二十一日条

廿一日丁卯、為レ捜二尋求行家・義経隠居所々一、於二畿内近国一、被レ補二守護地頭一之処、其輩C寄二事於兵粮一、譴責累レ日、万民為レ之含二愁訴一、諸国依二此事一令二凋弊一云々、仍雖レ可レ被レ待二義経左右一、有二人愁一歟、諸国守護武士并地頭等早可二停止一、但於二近国没官跡一者、不レ可レ然之由、二品被レ申二京都一、以二帥中納言(吉田経房)一可二奏聞一之旨、被レ付二御書於廷尉公朝帰洛便宜一、又因幡前司広元為二使節一所二上洛一也、為二天下澄清一、被レ下二　院宣一、

糺二断非道一又可レ停二止武士濫行一国々事

山城国　大和々　和泉々　河内々　摂津々　伊賀々　伊勢々　尾張々　(中略)　土佐々

右件卅七ヶ国々、被レ下二　院宣一、糺二定武士濫行方々之僻事一、可レ被レ直二非道於正理一也、但鎮西九ヶ国者、帥中納言殿御沙汰也、然者為二件御進止一被レ鎮二濫行一、可レ被レ直二僻事一也、又於二伊勢国一者、住人挾二梟悪之心一、已発二謀反一了、而件余党、尚以逆心不レ直候也、仍為レ警二衛其輩一、令レ補二其替之地頭一候也、A抑又国々守護武士、神社仏寺以下諸人領、不レ帯二頼朝下文一、無二由緒一任二自由一押領之由、尤所二驚思給候一也、於レ今者被レ下二　院宣於彼国々一、

被レ停二止武士濫行方々僻事一、可レ被レ澄二清天下一候也、凡不レ限二伊勢国一、謀叛人居住国々、凶徒之所帯跡ニハ、所下令レ補二地頭一候上也、然者庄園者本家領家所役、国衙者国役雑事、任二先例一可レ令二勤仕一之由、所下令二下知一候上也、各悉二此状一、公事為レ先、令レ執二行其職一候ハンハ、何事如レ之候乎、若其中ニB不レ用二本家之事一、不レ勤二国衙役一、偏以令レ致二不当一候ハン輩ヲハ、随下被二仰下一候上、可レ令レ加二其誡一候也、就レ中武士等之中ニハ、頼朝モ不レ給候ヘハ、不二知及一候之所ヲ、①或号二人之寄附一、②或以下無二由緒一之事上、令二押領一所々、其数多候之由承候、尤被レ下二院宣一、先可レ被レ直二如レ此之僻事一候也、A′③又縦為二謀反人之所帯一、令レ補二地頭一之条、雖レ有二由緒一、可二停止一之由、於下被二仰下一候所々上者、随レ仰可レ令二停止一候也、　院宣争違背候哉、以二此趣一、可下令二奏達一給上之由、可レ令レ申二帥中納言殿一也、

文治二年六月廿一日　　御判

ここで処罰の対象とあげられている武士狼藉は、

A：神社仏寺以下諸人領、不レ帯二頼朝下文一、無二由緒一任二自由一押領

A′：雖レ有二由緒一、可二停止一之由、於下被二仰下一候所々上

B：不レ用二本家之事一、不レ勤二国衙役一、偏以令レ致二不当一

C：寄二事於兵粮一、譴責累レ日

の三項目であり、建久五年にはこれらの停止作業が終了したと認識されていることになる。

まずCは、平家追討にあたって幕府に認められた、一国平均役としての兵士兵粮米の賦課徴収に関する訴訟であり、文治二年三月頃まで多く見られるが、同三月十六日頼朝書状（『吾妻鏡』同日条）を以て停止されてからは、ほぼみられなくなる。

次にBは、領家・国衙の指揮に従わず、国役・領家役を対捍する没官領地頭の懲戒であり、つまりは設置した地頭

の所務運用に関する作業である。文治地頭勅許に際しての十二月六日頼朝書状（第七章1節）において頼朝は、没官領地頭を設置した後、「先例有ㇾ限正税已下国役、本家雑事、若致二対捍一、若致二懈怠一候者、殊加ㇾ誡、無二其妨一任ㇾ法可ㇾ被ㇾ致二沙汰一候」と、本家・国衙への年貢公事の納入を確約し、それに対し責任を負うことを明言している。つまり武士狼藉Bの停止は、没官領地頭設置にあたっての国衙・本家側への約束だったわけである。

Bの早い事例では、『吾妻鏡』文治二年七月二十八日条にて、新日吉社領武蔵国河越荘地頭の去々年分の乃貢対捍と同領長門国向津奥荘の武士狼藉の処理を命じる院宣が到来し、頼朝は同八月五日書状（『吾妻鏡』同日条）を以てこれに回答している。すなわち、河越荘は領家の逝去により納入先が不明となり、領家側の指示を待っていたのであり、地頭の身勝手な抑留ではないこと、向津奥荘は謀叛人豊西郡司弘元の所帯であるので景国を地頭に補任したのであり、種々の悪行があれば上洛して陳答し、また社家使の命令に従うよう命じている。両荘とも地頭の設置が問題となっているのではなく、河越荘ならば年貢抑留、向津奥荘は、内容は不明としても地頭景国の悪行行為、つまりは地頭としての行動の善悪が問題とされている。また『吾妻鏡』同年九月十三日条では、最勝寺領越前国大蔵荘への北条時政代（同）時定の新儀を停止し、年貢課役を進納すべきことが命じられており、同十一月八日条では、藤沢盛景に対し諏訪社領信濃国黒河・藤沢郷の御狩役の勤仕を命じている。

これらは知行すべきか否かではなく、知行を前提としその内容を規定するための裁許である。

残るAは、頼朝下文を帯さない由緒のない勝手な押領についてである。ここでいう由緒、すなわち理由とはA′「縦為二謀反人之所帯一、令ㇾ補二地頭一之条、雖ㇾ有二由緒一」とあるように、謀叛人跡＝没官領たることである。本来は、この没官領たる由緒に基づいて没官領地頭職に補任する旨の頼朝下文が下されて地頭支配が行なわれる。しかし、そうした下文・由緒によらない支配、つまり押領がなされている。

川合康は内乱において敵方所領の没収が頼朝軍により独自に遂行されていたことを明らかにした[1]。この没収行為は、地頭職の獲得に直結するのではなく点定＝臨時の接収と考えるが、戦域の拡大に伴って、いわゆる敵方所領が順次、接収されてゆくのは川合の指摘するとおりであろう。

こうして接収された没官領が地頭職の前提となるが、文治二年十月八日太政官符（『吾妻鏡』同年十一月二十四日条）に、没官領地頭は「現在（＝あきらかな）謀反人跡」のみであり、それ以外の「非指謀反（＝重罪ではない）跡」は、「地頭綺（いろい）」として停止されなければならないとあり、没官領地頭の設置に際しては「現在」か「非指謀反」かが問題となる。この量刑は同官符に「所詮は院宣」による＝朝廷側が判断するので、たとえ武家側に正当な理由（謀叛人跡）があっても、一旦は占拠を解き退去した後に理由を述べよとされる。六月二十一日頼朝書状にも「縦為二謀反人之所帯一、令レ補二地頭一之条、雖レ有二由緒一、可二停止一之由、於下被二仰下一候所々上者、随レ仰可レ令二停止一」とあって同様である。

第七章で触れるように、没官領地頭の設置にあたっては、没官処置の適性が朝廷・幕府間で個々に確認されていったのであり、武士狼藉のＡ「不レ帯二頼朝下文一、無二由緒一任二自由一押領」とは、まず没官処置が不適当な所領への武士の関与、及び謀叛人跡であっても朝廷側で没官領たることを否定した所領への関与があげられる。

例えば『吾妻鏡』文治二年六月二十五日条では、歓喜光院領播磨国矢野別符において、海老名能季が地頭と称して寺家所堪に従わないとの訴えにより、院宣が下され頼朝が「可レ止二非分押妨一」を命じている。この際の頼朝下文では、能季は指したる由緒なく濫妨したとして干渉を退けられ、下司矢野盛重に年貢沙汰が命じられている[2]。この後、下司職は盛重―上有智頼保を経て、頼保の猶子となった海老名季茂に譲渡されるが[3]、この時まで、海老名氏は矢野荘例名・浦分地頭は保有できても、別符（別名）へは関与できなかった。海老名能季が実際に頼朝から別符地頭職を付与されていたか否かは不明だが、領家・院は海老名能季の知行の由緒＝正当性を認めず、その関与自体を否定し頼朝もそれを追認していることから、これはAの案件にあたる。

次に伊勢大神宮領河田御園一志・武富、大橋御園などへの武士狼藉問題は、棚橋光男・川合康が、平家の基盤としての伊勢と同地への幕府勢力の侵攻を示す素材として検討しているが[4]、同じくAの案件として例示してみたい。

大神宮領伊勢国大橋御園具書案（『大日本古文書　醍醐寺文書二』四一四）にみえる両御園への武士押領は、次の六度である。

（1）文治元年（一一八五）十二月以前　大橋御園への源義経使主税大夫隆康の乱入
（2）同年十二月二十五日　大橋御園への武士乱入
　　同二年正月十二日　大乃木・大橋両郷への武士乱入
　　同年正月　河田別所・槻本御園への紀藤四郎の入部
（3）建久八年（一一九七）　河田郷への地頭山内通時の補任
（4）元久元年春（一二〇四）　大橋御園・神封戸散在田畠の没官
（5）貞応元年（一二二二）八月以前　大橋御園へ山内景通が濫妨する
（6）文永八年（一二七一）以前　河田郷地頭職につき山内通重・義通濫訴する

すでに棚橋・川合により指摘されているように、大橋御園・河田別所の領主行恵は伊勢平氏貞正の子息であり、それがこうした鎌倉勢力の乱入の要因である。

（1）の場合、大橋御園への乱入した義経使者隆康は当御園領主行恵を「平家方人」と称しているし、（2）でも紀藤四郎は、河田入道（蓮智・貞正）子息私領は宇佐美祐政が知行すべしという北条時政下文を根拠として入部し、これに対して行恵（仮名正富）は、貞正から伝領したのではなく「自二甲乙之輩一伝得之名田」であり、「論望」すべき謂れはないと反論している。つまり義経・時政が接収しようとした由緒は、大橋御園・河田別所が故平貞正領＝謀叛人跡であるのに対し、行恵はそれに相当しないことを訴えているのであり、謀叛人跡という由緒の是非が論点として争われている。この相論は元久元年十二月日醍醐寺法橋継尊解に「故右大将殿御時、依二無実之讒訴一、雖レ被レ止二所領知行一、申二無レ誤子細一之日、縦雖レ為二平家枝葉一、無二指過怠一、可二安堵一之由有レ仰」とあり、平家一族であっても「さしたる過怠」はないとして、頼朝の安堵を受けて知行を回復している。この過怠が「さしたる」かどうかの線引が、没官されるか否かの瀬戸際なのであり、朝廷・頼朝の下した判断を遵行してゆくのが武士狼藉Aの停止作業なのである。

しかし、没官の危機はこれで去ったわけでなく、（3）建久八年には、行恵から継尊への伝領にあたって、讒言により河田郷へ地頭山内通時が補任され、また（4）元久元年春には、伊賀・伊勢における平家の反乱（元久元年の反乱）に伴って大橋御園・神封戸散在田畠が没官を受けている。また（5）貞応元年八月以前、大橋御園へ山内景通が濫妨しているが、これは時節がら承久の乱に関連しているのだろう。また時代が下って（6）文永八年頃には、河田郷地頭職につき山内通重・同義通が訴訟を起こすなど、伊勢守護山内首藤俊経の弟通時の一族が機会を得ては訴訟を繰り返しており、没官の危機にさらされ続けたといえる。

（6）は山内道専（俗名通茂）が建久八年に補任されたことを根拠として河田郷地頭職の知行を訴えた訴訟であり、同九年の頼朝下文には「継尊一期可二知行一」と記されていることを道尊が主張したところ、継尊の死去が建長二年（一二五一）で、すでに年紀二〇箇年を過ぎており、年序を経た訴訟として却下されている。このことからすれば、道尊は継尊一期の後の知行権を主張したのであろう。このように所務沙汰裁判に持ち込まれても、その論点が地頭を設置するか否かにあることは変わらない。

もちろん、武家の関与を排除すべきAなのか、武家の所務を規定するBなのか判別が難しいものは多い。例えば、賀茂社領荘郷への武士の狼藉による神役欠如の訴えに対し、武士狼藉・武士知行を停止して神役を勤仕すべき旨が命じられている文治二年九月五日付源頼朝下文が五通ある（『鎌倉遺文』一六六～一七〇）。この一連の処置は『吾妻鏡』同年九月五日条に「賀茂別雷社領事、院宣到来之間、停二止地頭知行一、被レ付二社家一之由、令レ下知一給」とあることから、同社神領への没官領地頭の一律停止令に基づく処置であることがわかる。実際、五通のうちの一通、山城国森本郷・水主郷・富野郷など六箇郷に関する下文（賀茂注進雑記坤『鎌倉遺文』一六七）は、「武士寄二事於左右一、任二自由一企二濫妨一」ことによる「恒例臨時所役及二闕如一」ことを停止し本役を勤仕せよとの下文であるが、これに関係する年未詳山城国富野郷下知状目録（金沢文庫文書『鎌倉遺文』一一六〇八）をみると、「文治二年九月五日御下知」は、「停二止武士妨一、可レ勤二仕社役一之由」を命じたもので、「全所レ不レ被レ補二地頭職一」の証拠とされている。つまり、地頭の所務内容を問う訴訟ではなく、地頭職を設置するかどうかの判断を争う訴訟であったことがわかる。同じく丹波国由良荘の場合では、「義時（北条）之知行」により神役闕怠に及んだとの訴訟なので、一見すると義時知行の善悪を問う相論に思える。しかし、同日付の例を勘案するとそうではなく、『吾妻鏡』同日条での地頭一律停止令に基づく地頭停廃処置の執行であろう。

頼朝は寿永二年（一一八三）十月十日という極めて早い段階で賀茂社領を安堵し、翌年四月二十四日下文で諸国賀茂社領への武士狼藉を停止している。[5] つまりこうした頼朝政権初期段階からの方針に沿って、文治元年末の諸国没官領地頭設置にあたっても、賀茂社領への武家の関与を止めているものと考えられる。それが文治二年九月五日の一連の下文発給の背景である。

また文書自体は失われているが、貞永元年（一二三二）八月十九日関東下知状（賀茂別雷神社文書『鎌倉遺文』四三六二）によれば、出雲国福田荘においても文治二年九月五日付の源頼朝下文が存在し、同荘への土屋宗遠の知行が停止されているらしい。同荘は承久の乱で京方として処罰された神主能久の所領として、貞応元年に伊北胤明の勲功により、その子息時胤に宛行われた。その地頭職の是非をめぐり賀茂社と伊北氏の間で相論が行なわれ、幕府は「当庄非㆓指能久之私領㆒為㆓代々神領㆒」と、福田荘が賀茂社の神領であることを認め、没収所領にはあたらないとの判断から地頭職を停止した。承久の乱後、一〇年もの歳月を費やし、一旦は地頭が設置されたにも拘わらず、没官処置が撤回されている。その裁決理由は、福田荘は賀茂社の神領であり、神領には地頭を置かないという頼朝以来の原則に従ったものだった。承久の乱の戦後処理においても、文治の地頭勅許においても、ともに相論の核心的問題は没官領地頭設置の基準にあったといえよう。

またAの源頼朝下文を帯さない由緒のない勝手な押領について、その由緒とは「縦為㆓謀反人之所帯㆒、令㆑補㆓地頭㆒之条、雖㆑有㆓由緒㆒」とあるように、謀叛人跡＝没官領たることである。ただし現実には他のさまざまな理由付けで武家権力の介入が横行していたと考えられる。『吾妻鏡』文治二年六月九日条に掲載されている政道興行に関する勅答条々を記した職事目録の「播磨国武士押領所々事」項は、当国惣追捕使であった梶原景時に関する案件である。ここで朝廷側は、同国の狼藉をめぐる頼朝の成敗への取り組は評価しているが、さらに「揖保・桑原・五ヶ庄・上遍・東這田庄等」については去文を進上するよう頼朝へ指示している。その理由として、景時の申状は道理があるようにみえるが、実際は内乱期において当座の難を遁れるための寄附の所であったり、自由の押領地であり、これらは相伝の所領とはいえないと抗弁を却下している。また景時一味が国務を妨げているので、播磨国は他の者に去り進らすよう仰せたとあり、景時の押領行為が惣追捕使の職に起因していると考えられる。景時はその職権を利用して、寄進など合理的な方法も含めて支配所領の拡大を試みていたのである。

前節で、賀茂社氏人賀茂久平が、武士玉井次郎を相語って同社領丹波国私市荘を濫妨している事例をあげた。ここで久平は社領を武士に寄付しているが、これが「無道」と糾弾され、同荘への濫妨が停止されている[6]。こうした玉井の活動は、惣追捕使土肥実平の権威に支えられたものと想定され、またここでの玉井の狼藉も景時同様、没官領措置に関係した狼藉ではないだろう。

六月二十一日書状のなかで頼朝が停止しようとした「不レ帯二頼朝下文一、無二由緒一任二自由一押領」とは、

① 寄進・相伝の由緒をかかげて違法知行する場合

② (示すべき) 由緒なく押領する場合

③ 謀叛人跡として地頭を補任したが院宣で停止された場合

である。こうした様々な手段で行なわれる武家、ことにそれは土肥実平・梶原景時・北条時政・山内経俊やその関係者による場合が多く、そうした守護・惣追捕使・在京代官などの地域軍事管理官らが中心となって進めた武家側の関与がA狼藉である。

前掲、伊勢国河田郷の場合、文永年間に至って所務沙汰裁判の場において相論されているのは地頭職設置の是非であり、建久八年（一一九七）、行恵から継尊への伝領に際して、一旦は山内通時が地頭職を得るが直後に翻された。この後も通時一族は、文永年間に至るまで一貫して地頭職の獲得を試みて挫折している。文治元年（一一八五）九月五日付で沙汰された賀茂社領所々についても同様である。こうした地頭職の設置の是非を問う武士狼藉Aの裁判と、地頭職の所務を規定する狼藉Bの裁判は、ともに所務沙汰であっても所務権の存否を問うものか、所務権の内容を問うものかという点で相違している。

これまで、こうした区別、ことAにあたる〝武家の関与を排除する〟ことが狼藉停止として遂行されていることは

意識されなかった。よって狼藉停止をＡ：知行権の是非を問うもの、Ｂ：知行の執行の状態を問うもの、Ｃ：兵粮米訴訟に読み分ける試みもなかったのである。前述のように判断が困難なものもあるが、文治二年〜建久五年の間にて頼朝による武士狼藉処理を抽出区別してみた。

　Ａは幕府不関与地設定の案件、Ｂは没官領地頭の所務に関する案件というのが、端的な表現となる。これを一覧表にしたのが巻末の附表３《文治〜建久年間武士狼藉表》で、これを整理した《文治〜建久年間武士狼藉略表》を掲げておく。同略表では、Ａ

《文治〜建久年間武士狼藉略表》

	Ａ	Ｂ	Ｃ	合計
文治２年	30	6	8	43（不明１・重複３）
３年	3	8	1	11（重複１）
４年	1	7	0	8
５年	9	4	0	13
建久１年	2	7	0	11（不明２）
２年	1	4	0	4（重複１）
３年	0	2	0	2
４年	1	0	0	1
５年	1	5	0	6

は二・三・四年と減少するのに対し、Ｂは二〜五年でほぼ平均し、Ａに対して相対的に割合が大きくなるのが一見できよう。殊に、それは三年には既に逆転しているのである。つまり武家の関与地と非関与地を区別する、これは基本的には地頭設置・非設置の案件を中心としたものだが、こうした案件は文治二年段階で大規模に処理され、文治三年以降は地頭制度はその実施の内容、つまりは年貢公事の賦課徴収・得分の問題など、所務の内容を具体的に確定する段階へと移行している。よって節の冒頭で触れた建久五年十二月で頼朝のいう「今更の武士妨」とは、文治年間以降、極端に少なくなる狼藉Ａのことであろう。つまり文治勅許による没官領地頭設置にあたって、謀叛人跡没官処置などの由緒を以て武家が関与すべきではない所領、及び朝廷側で没官処置を否定した所領について、没官対象から除き武士を退去させる作業としての武士狼藉停止は、建久五年頃には既に終了していたということであろう。

　本節では文治・建久年間の武士狼藉停止について検討した。それは１・２節で検討した二月宣旨・鎌倉殿両御使による狼藉停止と同様、頼朝軍の軍事行動に伴って発生した狼藉の停止であるが、より具体的に一国平均役としての兵粮米徴収の停止・没官領地頭の所務運用の正常化・没官領以外からの武家勢力の撤去であることを明らかにした。冒頭に掲げた『吾妻鏡』建久五年十二月十日条では、源義経等の追捕にあたって兵粮米を徴収したところ、それにかこつけて御家人等が狼藉をあらわしたので、文治二年六月以降、その停止が行なわれて鎮まったとする。この兵粮米徴収にかこつけた狼藉という説明は、恐らく本質をついた理解であろうが、より具体的には、前述のように兵粮米問題も含めた三点と考えられる。

これら武士狼藉は内乱がもたらした弊害であり、その停止作業とは端的にいえば内乱後の政治・社会の安定化のための政策といえる。この安定化政策の遂行の過程で、謀叛人跡没官領には地頭が置かれ、非指謀叛人跡は本主に安堵され、没官領地頭が置かれた場合には、その所領の所務の規定と、その順守が頼朝の責任において命じられていった。こうした再秩序化政策の結果、没官領地頭制を組み込んだ上で荘園公領制が再構築され、幕府が監督者・調停者としてそれを維持してゆくことになる。監督・調停は所務裁判を介して執行されるのであり、頼朝治政下で再編された荘園制秩序を維持してゆくというのが、所務沙汰の機能であると考える。

2.　理非裁判への政治的道筋

文治四年（一一八八）三月二十八日、武家伝奏吉田経房は諸国荘園の地頭の非法について源頼朝に、その懲戒を促すために院宣を認めた。

『吾妻鏡』文治四年四月十二日条

十二日戊寅、院宣等到来、或自レ是被レ申二勅答一、或始被二仰下一条々事也、

（中略）

院宣云

諸国庄園地頭等、国者令レ随二宰吏一、庄者可レ随二領家一之由、或成二進下文一、或可レ加二下知一之旨、再三令レ申給畢、然而自二所々一、如レ令二申訴一者、只以レ云レ補二地頭一、偏如レ押二領庄家一、貴賤上下徒疲二愁歎一、神社仏寺鎮（領、北条本）抱二訴訟一、兆民之歎猶為二天責（変、吉本）一、何況於二仏神一乎、神領者恐二神事之違例一、定成咎出来歟、寺領者悲二仏事之陵（凌）遅一、難レ謝二罪業一歟、倩思二天下之擾乱一、豈非二地頭之濫妨一乎、被レ散二衆庶之愁一者、定為二落居之基一歟、但地頭之中、依二其性之好悪一、有二其勤之軽重一云々、然者能尋二捜子細一、随二其勤否一、改二易無レ勤者一、抽二賞有レ勤輩一者、偏忩二奸謀一、盍レ表二勤節一哉、一向於下不レ用二領家一之輩上者、可レ被レ処二罪科一也、兼又、去々年巳後庄々年貢巳下領家得分等、委尋進、未レ随二其済否一、可レ被レ加二賞罰一歟、遂レ年召二取領家返抄一、且令二進覧一、且可下令レ付二本家一給上歟、雖レ為二家人不当一、已如二一身不当一、所レ積尤有二其恐一事歟、難レ去思食余、如レ此所レ被二仰遣一也、就レ中、近曾天変地妖連々有二奏聞一、是則人愁重畳之故歟、妖不レ勝レ徳、不レ可レ如二徳政一、謂二徳政一者、以レ散二人愁一可レ為レ先也、存二此旨一、殊令レ致二沙汰一給者、四海静謐、万民帰レ仁歟者、院宣如レ此、仍執達如レ件、

三月廿八日　　大宰権帥藤経房奉

謹上　源（頼朝）二位殿

ここで吉田経房は頼朝に対し、「妖不レ勝レ徳、不レ可レ如二徳政一（不吉な禍いも徳には勝てない、徳政を行なえば禍いは防げる）」という徳政にまつわる慣用句を引用し、この徳政の原則は「人の愁を散ずる」ことであり、それにより「四海静謐、万民帰レ仁」のであるとして徳政の執行を促している。

時代は遙かに下って正平六年（一三五一）二月、南朝の後村上天皇は摂津国住吉社へ臨幸するが、臨幸三日目に社

頭の大松が南へ向けて折れるという怪異が起こった（『太平記』巻三〇）。これを聞いた経房の子孫にあたる南朝の廷臣吉田宗房は、「妖ハ不レ勝レ徳」と述べて驚いた様子もなかったという。この後、折れた松を削って「君ガ世ノ短カルベキタメシニハ兼テゾ折シ住吉ノ松」と書かれた落書が見付かった。すなわち天皇の治世の短いことを暗示して松は折れたのだ、という天皇批判である。宗房は後醍醐天皇の重臣三房の一人定房の子で、父同様、後醍醐天皇以下の南朝天皇に仕えながらも、武家との和解を目指す現実主義者であった。[7] そのためか、正平七〜八年にかけて天皇の勅勘を蒙っている（『園太暦』正平八年正月八日条『大日本史料』六―一七）。宗房の発言を聞いた伊達有雅は、天皇の御政道に「徳」はないので、「妖ハ不レ勝レ徳」というたとえは、不適切で使い方を間違っていると批判するが、もとより宗房は天皇を批判して「妖ハ不レ勝レ徳」といったのだろう。経房は頼朝に対して「妖不レ勝レ徳」といって徳政を促し、宗房は「妖ハ不レ勝レ徳」といって後村上天皇の政道に徳がないことを批判した。経房の言によれば徳政とは、人の愁を除くことが第一で、その執行者は天皇・治天の君でなくともよかったのであり、逆に徳政の執行者こそが政道を掌るものなのであろう。

　三月二十八日書状で経房が頼朝に示すには、「天下之擾乱」の主要因は「地頭之濫妨」であり、それによる「衆庶之愁」を散らすことが徳政であるという。その具体的な方法として、地頭の「性之好悪」「勤之軽重」を見極めて改易・抽賞を行ない、全く「不レ用二領家一之輩」については罪科に行なうべきだとする。そしてその賞罰は去々年、つまり文治二年以後の「庄々年貢已下領家得分等」を調査しその済否を基準にせよ、という具体的なものだった。

　この文治四年三月には、領家得分の済否という客観的な基準を設けて地頭の所務状況を調査する制度が定められるが、それ以前は全く違っていた。すなわち、文治三年九月二十日院宣（『吾妻鏡』同十月三日条）の「所々地頭等事」の項に、寺社の訴訟については「且随二人申一、且不レ尋二決是非一、為下令二計沙汰一給上、連々所二仰遣一也」とあるように、朝廷側では訴人が訴え申すに随い、是非を調査せずに、頼朝側に丸投げして計沙汰を命じていた。文治二年の中旬以降に、大規模な狼藉停止作業が行なわれ、武士狼藉停止の訴えも前年の三分の一程度と大分世情も安定した段階ではあるが、朝廷側は依然として理非を問うことなく、受理した訴訟すべてについて幕府に処置を命じていた。続けて経房は、源義経逮捕に伴う武士狼藉には一定の理解を示しながら「但依二所々訴一、猶雖レ被二仰遣一、只任二理非一、可下令二成敗一給上歟、為二御存知一、兼所レ被二仰置一也」と結んでいる。所々の訴は理非に任せて成敗されるのがよろしいとするが、経房のいう理非とは、善悪の合理的判断・公平なる判断という意味であろうか。否、もとより朝廷側は善悪・公平性などを問題にしてはおらず、全ての武士狼藉の停止を要求しているのだから、武士狼藉が停止されること＝理非と解すべきである。義経の探索に狼藉が伴うのは仕方がないが、武士狼藉は停止するのが原則だというのが経房の主張であろう。つまり武士狼藉＝悪、それが払拭されること＝善なのである。

頼朝は文治元年初頭に中原久経・近藤国平を畿内に派遣する際、「武士又不レ令二上洛一者、不レ可レ致二狼藉一候歟、而敵人隔レ海之間、于レ今不レ遂二追討一、経廻之武士、国々庄々、無二四度計一事其聞多候」と追討軍の活動による武士狼藉が多発する状況を説明している[8]。すなわち内乱期及び義経謀叛時においては、軍事行動の一環である兵粮米徴収、謀叛人・同跡探索に伴う武士狼藉、或いはそれに乗じた犯罪行為により治安秩序が混乱していたのであり、朝廷側ではその取り締まりと抑止を頼朝へ命じ、頼朝も積極的に応じる姿勢を示していた。武士狼藉＝悪、その停止＝善という認識は、こうした平家追討の軍事行動に伴う弊害から、諸国没官領地頭職設置に伴う弊害へという過程で一貫して培われてきた。

三七箇国武士狼藉停止令に言及する前掲文治二年六月二十一日書状において源頼朝は、武士狼藉の内容について、

a：神社仏寺以下諸人領、不レ帯二頼朝下文一、無二由緒一任二自由一押領（或号二人之寄附一）

b：（地頭中には）不レ用二本家之事一、不レ勤二国衙役一、偏以令レ致二不当一候ハン輩の二分類、a：頼朝の地頭補任なく勝手に知行する場合、b：頼朝が補任した地頭で本家・国衙の命令に従わない場合、を想定している。これらについては速やかに院宣に従って僻事を直すこと、その際に「謀反人之所帯」という由緒があっても仰せに従って停止するという原則を上奏する。

　この書状と共に上洛した大江広元は、閏七月十九日に鎌倉に帰参し、諸国守護地頭条々事につき頼朝の下問に預ったとあり（『吾妻鏡』同日条）、『吾妻鏡』九月五日条では、「諸国庄公地頭等忽二緒領家所務一」につき地頭所務緩怠を誡め、違越の輩は罪科に処すとの決定がなされている。十月一日頼朝書状（『吾妻鏡』同日条）では朝廷側から下された御下文（狼藉案件の目録）のうち神社仏寺領は先頃処置し、それ以外の院宮貴所・諸家などについて処理を行なったという。六月下旬から始まった三七箇国の狼藉停止作業は、十月にかけて作業が進められていることがわかる。

　そうした一連の作業に一応の区切りをつけたのが、この十月一日頼朝書状であるが、ここでは武士の押領不当については朝廷側の指示に沿って誡を加え、また頼朝配下の武士とは無関係の案件についても本来は関与すべきではないが、今回に限っては下文を作成したと六月二十一日の書状で上奏した原則に沿って処理したことを述べている。それに続けて、頼朝配下の武士以外に関する処理について、以後は摂政に命じて記録所にて成敗してほしいと述べ、ここに至って、これまでの朝廷側の訴状の丸投げ状況の改善を求めている。文治二年（一一八六）六月以降の大規模な武士狼藉停止作業と世情の安定化に伴って、武士＝加害者、本所領家＝被害者という一方的な関係は徐々に見直されて行く方向が示されたといえる。

　つまり地頭所務の是々非々を客観的に評価するよう転化していったのであり、その結果として、例えば『吾妻鏡』文治四年九月三日条所収の同日付頼朝書状では地頭不当無極の所は多いが、年貢を懈怠していないのに、地頭を憎み有利な立場を利用して訴訟を起こす領家もいると聞くので、記録所へ召し出して真偽を尋ねて裁許してほしいとする。また『吾妻鏡』建久元年（一一九〇）四月十九日条所収同日付頼朝書状では、神宮役夫工米の地頭未進につき、配符が下されていない場合は地頭の対捍とは言い難いので、配符の発給の確認をせずに無分別に地頭未済と主張するのは道理に合わないと朝廷・神宮側へ抗議している。

こうした変化において文治四年三月二十八日院宣（『吾妻鏡』同四月十二日条）で、文治二年以来の年貢已下領家得分の済否につき領家返抄を取り寄せて調査するように通達されたのは決定的である。つまり地頭設置自体の否定から、その不当行為の否定へと転化し、それに伴って所務遂行の善悪を合理的に判断する方向への推移が明確にされたのである。古澤直人は幕府訴訟における最も重要な論点が、結解の実行とそれによる年貢進未にあり、殊に弘安以降は「下知違背之咎」による地頭職罷免という厳格な処断体制の成立と連関して重要性を増すことを指摘する。(9) こうした結解と未進問題の端緒は、朝廷の対地頭政策転換の際の地頭所務評価方法の提示にあるのだろう。

注

（1）「鎌倉幕府荘郷地頭職の展開に関する一考察」（『鎌倉幕府成立史の研究』校倉書房、二〇〇四年、初出八五年）。
（2）文治二年六月日源頼朝下文案　海老名文書『鎌倉遺文』一一八。
（3）弘安二年（一二七九）三月五日沙弥願念譲状写　海老名文書『海老名市史　二資料編中世』六八。
（4）棚橋「伊勢平氏の基盤をめぐって」（『歴史公論』六五、一九八一年）・川合『源平合戦の虚像を剝ぐ』（講談社、一九九六年一六八頁～）。
（5）寿永二年十月十日源頼朝下文案　賀茂別雷神社文書『平安遺文』四一〇九・同三年四月二十四日源頼朝下文写『史料纂集

賀茂別雷神社文書一』二〇。

（6）関東下知状　賀茂別雷神社文書『平安遺文』四二四三。

（7）佐藤進一『日本の歴史9　南北朝の動乱』（中央公論社、一九六五年）四四二頁。

（8）『吾妻鏡』元暦二年三月四日条所収同日付源頼朝書状。

（9）古澤「幕府権力の変質と領主制」（『日本歴史』四一六、一九八三年）。

まとめ

武士狼藉停止の政治上重要な機能は、非没官領からの武家側の干渉の排除であり、これにより武家の管理する没官領と、それ以外の荘園・公領とが区別され、没官領についてはその本所領家得分は幕府側で保証することになった。この点は文治の諸国没官領地頭勅許の際に公・武双方で確認し、さらにその後の関連立法でその徹底が図られ、また結解による進未確認という具体的な手段も提起されている。こうして没官領地頭制度を組み込んだ上での荘園公領制秩序が構築され、幕府はこの秩序を訴訟制度によって維持してゆくことになる。

朝敵の追討追捕は国家事業・公務であるので、それを遂行する軍隊は官軍であり、その費用も公費として一国平均役から捻出される。しかし追討にあたる追討使は、平宗盛・源義仲・源頼朝など個人であり、彼等の私兵を主体とし、それを兵士役賦課による、いわゆる狩武者で補って追討軍が編成される。つまり追討業務の私的請負である。個人請負なので、報償も個人宛で、かつ佐藤進一が説く官司請負制度（『日本の中世国家』岩波書店、一九八三年）と同様、「収益を前提とした職務」となる。つまり追討作業は、謀叛人跡の獲得を前提とするのである。それは宗盛・義仲・頼朝いずれも同じであろう。ここで頼朝と宗盛・義仲との決定的な違いは、頼朝は追討と並行して武士狼藉停止を行なっていたことである。朝敵追討とともに、内乱後の秩序再形成にも引き続き、個人的に責任をもって対処し、朝廷側・権門側からの催促を受けながらも独自に狼藉停止を進めて、内乱後の荘園公領制秩序に地頭制度を盛り込んだかたちで再構築し、それを維持してゆくべき所務沙汰を準備した。頼朝政権の成立を考える上で、官司請負制度としての朝敵追討という軍事行動とその成功とともに、内乱後秩序の構築という部分に目を向ける必要がある。

第七章　統治手段としての地頭制度

本章について

幕府の地方統治を担ったのは、いうまでもなく守護と地頭である。守護は国単位に、地頭はその下部の郡郷荘を単位として設置された。ただし、地頭が統治機能を帯びるのは、承久の乱以後という見方が強い。確かに、内乱において武力勢力が、各自のテリトリー拡大を目指して独自に軍事活動をし、それが地頭職の獲得として固定化されたならば、年貢は支払いなさい、そこは不法占拠なので退去しなさい、などという朝廷側の要請や源頼朝の命令に従ったとは思えない。

しかし武士狼藉は頼朝による停止作業によって数年で鎮静化するし（第六章2節）、そもそも地頭に補任されたのは、頼朝のお気に入りの側近とか、文官とか、京官人とかで、軍功が優先されてもいない（第五章2節）。所務がまともにこなせない板垣兼信は、地頭に補任されていながらも年貢未進・違勅の咎で失脚するし、畠山重忠は良い代官が見つからない時は、新恩地頭を辞退した方がよいとまで言う。ましてや武力による違法占拠など許されるはずがなかろう。

つまり地頭制度は頼朝の政治的な統制下にあったのであり、没官領の拝領と、家人への地頭職の配分という政策は、幕府による地方統治という目的に沿って行なわれていった。地頭職の給付が封建的な意味を持つのはむしろ後のことで、本来的には統治手段である。ことに文治勅許以前の地頭は、地域の軍事管理官という性格をもつが、これが本質的な地頭の性格なのであって、それがやがて変質して恩賞物と化したのだと思う。

本章では、文治勅許による没官領地頭制度について1節で、その前提である軍事管理官的地頭制度について2節で取り上げる。従来、封建制・主従制上のシステムとされてきた地頭制度の位置付けを相対化し、将軍権力による地域支配執行の手段、という視角で捉えなおしてみたい。

1節　文治勅許と没官領地頭制度

はじめに

現在、鎌倉幕府の成立は文治元年（一一八五）で固まりつつあるようで、高校教科書にもそのように記述されている。文治元年説の由来は文治勅許だが、一九六〇～八〇年にかけての地頭論争の段階から、ことさらに同勅許に関する新見解が提示されたわけではない。

そもそも文治勅許により「五畿七道の公領と庄園とに例外の地なく、守護（惣追捕使）と地頭の任命を義経行家の追捕使たる源頼朝の裁量のまゝに行ひ得べきものとした[1]」というように、文治勅許は「例外の地なき地頭任命権」の付与と理解されていた。こうした通説に対して、石母田正は一国地頭に関する一連の論文[2]で、文治勅許の地頭は一国単位の国地頭であり荘郷地頭の勅許ではなく、また荘郷地頭は没官領に限定されているとした。これにより文治元年地頭勅許＝地頭制度の成立、という前提が崩れ、封建国家＝鎌倉幕府の成立にとっての文治元年の重要性も低下することになった。

この一国地頭論を契機として、後述するような地頭論争が生まれたのであるが、これといった「定説」に至らぬまま終結したかたちになっている。こうして議論がとぎれた要因は、先行研究者から「文治勅許に関する最も信用しうる史料[3]」「文治地頭職に関する鎌倉殿の意図をもっとも正確にしめす原史料[4]」と評価されている十二月六日源頼朝書状の分析が不充分であったことが要因の一端ではないかと考えている。そこで本節では、『吾妻鏡』文治元年十二月六日条・『玉葉』同年十二月二十七日条に引用されている藤原光長宛同年十二月六日源頼朝書状を分析し、文治勅許による没官領地頭制度を検証する。国地頭・荘郷地頭制が如何なるもので、如何にして成立したのか、その運用の実体と法規定につき解明を試みたい。

1. 没官刑に関する先行研究と問題点

藤原光長宛文治元年十二月六日源頼朝書状は、同二十七日、光長により九条兼実の許にもたらされた（『玉葉』同日条）。書状は光長宛であるが、文末にこの旨を以て右大臣殿（兼実）にお伝え下さいとあり、実質は兼実宛である。光長宛としたのは、彼が兼実の家司であったことと、武家伝奏吉田経房の同母弟であった関係からと推測される[5]。兼実はあまりの珍事により、後鑑のため自己の日記に続ぎ加え、本書状と具進された折紙に、自己の書状を副えて、後白河院へ進上したのであった。兼実は、頼朝書状に副えられた折紙で摂政に推薦されており、同月二十八日に内覧の宣旨を蒙っている[6]。すなわち、頼朝はこの書状により次期摂政と治天の君である後白河院の双方に、自己の意思を伝えたのであった。次に『玉葉』同日条を引用する（『図書寮叢刊　九条家本　玉葉九』、但し一部写真により改めた。また最終行の「令」は『吾妻鏡』より補う）。

『玉葉』文治元年十二月二十七日条

廿七日丙子、天晴、午刻、右中弁光長朝臣持二来頼朝卿書札并折紙等一、如レ夢如レ幻、依レ為二珍事一、為二後鑒一続二加之一、

頼朝書状

言上

事由

右〈A〉、言二上日来之次第一候者、定子細事長候歟、但平家奉レ背レ君、旁奉レ結二遺恨一、偏企二濫吹一候、世以無レ隠候、今始不レ能二言上一候、而頼朝為二伊豆国流人一、雖レ不レ蒙二指御定一、忽廻二籌策一可レ追二討御敵一之由、令二結構一候之間、御運令レ然之上、勲功不レ空、始終令二討平一候て、伏二敵於誅一、奉二世於君一、日来之本意相叶、公私依悦思給候、先〈B〉不レ待二平家追討之左右一、為レ停二近国十一箇国武士之狼藉一、差二上二人使者久経・国平一候て、猶私下知依レ有レ恐、一々賜二院宣一可二成敗一之由、仰含候了、仍彼国狼藉、大略令二沙汰鎮一候之後、依二別仰一、重又件使者男被レ下二遣鎮西四国一候、已賜二院宣一令二進発一候了、如〈C〉レ此之間、種直・隆直・種遠・秀遠之所領者、依レ為二没官之所一、任二先例一可レ置二沙汰人職一之由雖二令レ存候一、且先乍レ申二事由一、尚輙于レ今不二成敗一候、何況自余之所不レ及二成敗一候、如二近国沙汰一、任二院宣一可レ鎮二旁狼藉一之由、兼令二存知一候之処、〈D〉①不審之次第出来候て、以二義経一補二九国之地頭一、以二行家一被レ補二四国之地頭一候之条、前後之間、事与レ心相違、彼輩各相二憑其柄一、巧二非分之謀一、令レ下向一候之刻、雖レ無二指寄攻之敵一、天譴難レ遁、乗船解纜之時、入海浮浪、郎従眷属即時令二滅亡一候之条、誠非二人力之所一レ及、已是神明之御計也、而②彼両人、其身未二出来一、晦レ跡逐電、旁分レ手令二尋求一候之間、国々庄々、門々戸々、山々寺々、定狼藉之事等候歟、③召取候之後、何不二相鎮一候哉、但〈E〉於レ今者、諸国庄園平均可レ尋二沙一汰地頭職一候也、其故者、是全非下思二身之利潤一候上、土民或含二梟悪之意一、値二遇謀反之輩一候、或就二脇々之武士一、寄二事於

左右一、動現二奇怪一候、不レ致二其用意一候者、向後定無二四度計一候歟、然者、雖二伊予国候一、不レ論二庄公一、可レ成二敗地頭之輩一候也、〈F〉但其後、先例有レ限正税已下国役・本家雑事、若致二対捍一、若致二懈怠一候者、殊加レ誡、無二其妨一任レ法可レ被レ致二沙汰一候也、兼可下令レ御二心一得此旨一給上候、〈G〉兼又当時可レ被二仰下一候事、愚意之所レ及、乍レ恐注二折紙一、謹以進二上之一、一通　院奏料令レ付二帥中納言卿一候了、今度天下之草創也、尤可レ被レ究二行淵源一候、殊可下令二申沙汰一給上也、天之所レ令レ奉レ与也、全不レ可レ及二御案一候、以二此旨一可下令レ洩二申　右大臣殿一給上之状、謹言上如レ件、

文治元年十二月六日　　頼朝在判

謹上　（藤原光長）右中弁殿

礼紙状云、

逐言上、

同二意謀反人（源）行家・（源）義経一之輩、先可レ被二解官追却一交名注二折紙一、謹以進二覧之一、一通院奏料、令レ付二帥中納言卿一候也、民部卿成範卿者、令レ同二意彼輩一候之由、雖二承及一、依レ為二御縁人一、輙不レ申二左右一候、定御計候歟、恐惶謹言、

（中略）

此事、旁以不レ可レ然、仍招二遣経房卿一、及レ晩来、付二件卿一、進二消息・折紙等於院一、其上申二固辞之子細一、其状云、

自二頼朝卿許一注遣旨如レ此、須レ待二仰下一之処、近日武士奏請事、不レ論二是非一有二施行一、仍若無二左右一被二宣下一者、後悔無益、仍忌憚遮以所二言上一也、

（下略）

本書状を正面から扱った論文として

石母田正「鎌倉幕府一国地頭職の成立」（『石母田正著作集　九』岩波書店、一九八九年、初出六〇年）

高田実ａ「地頭領主制と鎌倉幕府――いわゆる文治元年地頭設置説をめぐって――」（『歴史教育』八―七、一九六〇年）

同　ｂ「頼朝の「惣追捕使」補任について　鎌倉幕府成立史序説」（『和歌森太郎先生還暦記念　古代・中世の社会と民俗文化』弘文堂、一九七六年）

義江彰夫『鎌倉幕府地頭職成立史の研究』二編一章　頼朝書状の検討（東京大学出版会、一九七八年、初出七五年）

武末泰雄「鎌倉幕府庄郷地頭職補任権の成立」（竹内理三編『荘園制社会と身分構造』校倉書房、一九八〇年）

などがある。

まず石母田は「諸国庄園平均可レ尋二沙汰地頭職一」の部分につき、「尋ね」とは調査の意味であり、具体的には平家没官領および謀叛人跡の調査、地頭と号して狼藉を行なう輩の調査であろうとし、それらの調査の上で「沙汰」するという意味になり、従来の尋沙汰＝（地頭）補任という理解は妥当でないとする(7)。この部分は「諸国および諸庄園に現存する地頭および「尋ね沙汰」すべき地頭にたいする「成敗」権は、鎌倉殿たる自分が掌握する」と解釈すべきで、「地頭職の「惣補任権」の掌握(8)」などには触れていないとする。さらに「雖二伊予国候一、不レ論二庄公一、可レ成二敗地頭之輩一候也」の部分についても、兼実の知行国に予定されていた伊予国を一例として挙げたのであり、「成敗」＝補任権ではなく、諸国荘園平均の場合と同様であるとする。

安田元久は、この石母田説を「尋沙汰」の内容には調査して地頭職を設置することを含むと解しており(9)、イコール補任ではないが、結局は補任行為が含まれていると類推できるのではないか。つまり、既存の地頭、ならびに要調査で未処分の地頭の管理・処置権は、頼朝が掌握するという意味であろうとする。

高田aは、石母田氏が書状中から一国地頭を見出し、一国地頭の解明のための史料として利用しているのに対し、題に「地頭領主制」とあるように、荘郷地頭制の解明を目的として本書状を取り上げている。

当書状の検討に先立ち、文治元年以前の荘郷地頭設置の実例をあげて「文治以前における頼朝の地頭職補任成敗権は、在地領主に対する本領安堵及び平家没官領における新恩としての地頭職補任権」であったとし、文治元年に、頼朝が獲得しようとした地頭に関する権限の解明を目的として、当書状の検討を行なっている。

まず、頼朝の御使中原久経・近藤国平は、武士濫妨停止の権限と、諸国諸荘を国司領家に委附する権限を有していたとし、没官領に沙汰人職を置く権限は両権限に付随するとする。しかし朝廷は、源義経・同行家を九国・四国の地頭に補任し、彼等に没官領以外をも含む成敗権を付与してしまった。この処置に頼朝は反発し、没官対象の謀叛人に限らず、在地領主全般に対する「濫妨狼藉非法に対する処断権をふくむところの沙汰・成敗権」付与の申請にいたったとする。

次に、義江は、「尋沙汰」とは、地頭職の存否・実情を調べたうえで、補任・停廃を行なう行為とし、治安維持を目的として、義経・行家問題を契機に、平家時代からの先駆的地頭に対する「尋沙汰」権を朝廷に要求したとする。

高田・義江は、畿内近国・九国・四国で頼朝御使が行使した狼藉鎮圧権が、義経・行家の九国・四国地頭補任により侵害され、その結果頼朝は、義経・行家相当、或いはそれ以上の権限の付与を要求したと整理する。石母田は、「地頭職の尋沙汰」「地頭輩の成敗」とはイコール地頭職補任の意味ではなく、謀叛人跡・自由狼藉調査の上での地頭職の掌握権としているが、この点では、高田・義江の狼藉鎮圧権を書状の眼目とする理解と共通であるか、あるいはその基となった理解といえよう。

以上の先行研究に対し武末は、地頭に関する権限や、武士狼藉停止行為の内容について異なった理解を示す。まず、高田が「地頭職尋沙汰」「地頭之輩成敗」を、一般在地領主層に対する濫妨狼藉非法の処断権としている点を批判する。書状中では「土民」を取り締まるために地頭職を尋沙汰するとあるが、この土民とは通常農民層を指す語句なので、農民層の取り締まりのために地頭職が尋沙汰されたと理解され、高田の如く、尋沙汰を一般在地領主らの取り締まり＝濫妨狼藉非法に対する処断権と解することはできないと批判する。[10]この批判は、義江論文についても同様であろう。

また「地頭職尋沙汰」「地頭之輩成敗」＝「調査の上処置する」の意味は、書状中で没官所領に沙汰人職を補任しようとした件、あるいは源範頼が鎮西で没官領の調査を行なって、地頭沙汰人職を設置せよとの命令を受けている実例を考慮すれば、「謀叛人跡の実否を調査した上で地頭職を補任すると解することもまた可能なのである」とする。

武末も着目するように「尋沙汰」「成敗」の理解には、その後に接続する「但其後、先例有レ限正税已下国役・本家雑事、若致二対捍一、若致二懈怠一候者、殊加レ誡、無二其妨一任レ法可レ致二沙汰一候也」の文章への配慮が必要である。

この一文は、前文と「但し」で接続されており、前文から続ければ「伊予の国であろうとも、荘公を論ぜず地頭の輩を成敗します、但し、成敗の後、正税已下国役・本家雑事にもし対捍懈怠が生じた場合は厳重に処分し進納させます」となる。この文意からすれば、地頭の輩の成敗にあたっては、国役・本家雑事の進納業務の遂行を補償する文言を付加する必要があった、つまりは、地頭の輩の「成敗」とは諸役対捍を誘発する危険性を伴った行為であったと理解すべきであろう。

高田は「成敗」権には、武士の濫妨の停止・諸国諸荘を国司領家に委附する権限が含まれるとするが、この権限の行使は諸役進納を円滑にすることがあっても、諸役対捍を誘発するような行為にはあたらない。逆に地頭職の補任が、諸役対捍を引き起こす例など挙げるまでもなく、地頭職の設置と諸役対捍は不可分な関係ですらある。諸役進納の補償文言を付加したのは、諸役対捍の危険を伴う処置＝地頭補任を遂行すると述べたからであって、「地頭之輩成敗」は「地頭職の補任行為」に限定するのが適当と考える。

さらに文治二年六月二十一日源頼朝書状（『吾妻鏡』同日条）では「凡不レ限二伊勢国一、謀叛人居住国々、凶徒之所帯跡ニハ、所下令レ補二地頭一候上也、然者庄園者本家領家所役、国衙者国役雑事、任二先例一可レ令二勤仕一之由、所下令二下知一候上也」とあり、地頭職設置にあたり、諸役進納の補償文言を付属させる例は他にも多く確認できる。諸国荘園に関する「地頭職尋沙汰」についても、「雖二伊予国候一、不レ論二庄公一、可レ成二敗地頭之輩一候也」の部分は、九条兼実の知行国に予定されていた伊予国を一例として挙げたとする石母田論文での理解に基づき、同様に考えられよう。

武末は「地頭職尋沙汰」「地頭之輩成敗」を「謀叛人跡の実否を調査した上で地頭職を補任する」と理解し、また私もそれを肯定する。しかし他の先行研究ではこれを、濫妨狼藉非法を処断する権限と解して、書状全体の趣旨を把握している。

高田は御使久経・国平の行使してきた濫妨狼藉非法の処断権が、義経・行家の九国・四国地頭補任により侵害され、頼朝は義経等に付与された権限以上の処断権＝「地頭職尋沙汰」「地頭之輩成敗」の付与を求めたとし、それは平家没官領のみならず、それ以外への処断権の拡大を意図した主張であったとする。

一方、武末は九国での謀叛人跡への沙汰人職の補任を、御使久経・国平の狼藉停止職務の遂行のため差し控えていたが、義経問題を契機に、諸国荘園への謀叛人跡地頭補任を決行したいと頼朝が主張しているとする。

武末以外は、頼朝による武士狼藉停止は、頼朝の行使する権限と認識している。高田は前述の如く、御使久経・国平の権限は①武士の濫妨の停止、②諸国諸荘を国司領家に委付するの二つの権限であり、没官領に沙汰人職を置くという権限も①②の権限に付随すると論じる。さらに、地頭補任権についても「地頭の輩」に対する濫妨狼藉非法に対する処断権＝成敗権に含まれると考えている。つまり、濫妨狼藉非法に対する処断権に、地頭補任の法的根拠があるということであろう。

御使派遣を、頼朝の武士狼藉停止の権限の行使とし、この権限の行使が頼朝の権力の強化を促進したとする評価は、前掲高田論文に限らず、田中稔「鎌倉殿御使考」[11]などでも共通しており、ほぼ定説化しているといえる。しかし武末は、御使の行使した武士濫妨停止職務を、幕府の権限と理解する通説を否定し、頼朝にとって不可避な義務と解しているのである。この点は、第六章2節で具体例を検討して示したように、御使の停止対象は基本的に幕府内部の武士であり、寿永三年（一一八四）二月宣旨での武士狼藉停止から連続する頼朝の狼藉停止政策の一環に位置付けられる。よって御使の武士狼藉停止業務は、頼朝の権限ではなく不可避な任務であるという武末の理解が適当だろう。

これまで、武末論文の特徴的な二点につき検討した。一つは、十二月六日頼朝書状の地頭尋沙汰権（成敗権）は、地頭補任権を意味すること、一つは、鎌倉殿両御使の武士狼藉停止業務は、頼朝が自己配下の武士の不正行為を糺す任務遂行であり、自己管理義務であって、頼朝にとって有益な権限とはいえないとの理解である。

この二点を前提として十二月六日源頼朝書状を俯瞰しみよう。

〈A〉冒頭で「日来の次第を申し上げれば、事情は長くなる」とし、「但し」として話しを切り出す。言上すべき事象は多いが特に申し述べたいことは、とても解釈すべきであろう。これにつづけて、平家が君（後白河院）に背いて遺恨をなし、非法狼藉を企てたことは世に明らかであり、頼朝は流人の身でありながら朝敵平家を追討して、政権を院に御返し申し上げげた。これは、院・自分にとって悦ばしいことであるとする。

〈B〉では、武士狼藉を停止するために、近国・鎮西・四国に派遣した御使久経・国平について述べている。この御使は前述のごとく、頼朝配下の武士による狼藉停止を目的として派遣された。

〈C〉では、御使の派遣に関連して、没官所領である原田種直以下の所領、及びそれ以外の所領への、沙汰人職の設置を保留し、御使の任務を遂行せんとしたとする。

〈D〉は義経・行家謀叛問題に関する叙述であり、この部分は、さらに①〜③に分割した。

①義経・行家の反乱に際し、院が義経を九国地頭に、行家を四国地頭に補した処置に不満を述べ、彼等の没落するさまを述べる。

②義経・行家が逃走中であるので、方々に探索の手を入れて尋ね求めるため、諸国諸荘・家々・諸山諸寺では、きっと狼藉が発生するであろうとの予測を述べる。諸方面で狼藉に及ぶのは、義経・行家探索の主体である頼朝の配下の武士であろう。

③「(義経・行家を)召取候之後、何不㆓相鎮㆒候哉」とある部分は、「何ぞ相鎮まらず候や」と義経・行家逮捕により狼藉が鎮まるであろうとするか、或いは「何ぞ相鎮めず候や」と狼藉鎮圧への頼朝の意思表示とするかのいずれかであろう。しかし、頼朝配下による武士狼藉を停止するのは頼朝の義務であり、また武士狼藉停止は朝廷・諸権門が、再三頼朝側に命令・申し入れを行なって、初めて達成されているのが常である。例えば、平家の滅亡は、武士狼藉の鎮静には直結してはおらず、同様に義経・行家が捕縛されても、武士狼藉が自然に終息してゆくとは思えない。つまり、「召し取った後には、どうして相鎮まらないことがあろうか」といった悠長・無責任な発言は、武士狼藉停止に責任をもつ立場上、許されないことは明らかで、「召し取った後には、どうして相鎮めないことがあろうか」と、追捕終了後には武士狼藉停止職務を遂行するという、頼朝の意思表示と理解すべきと考える。

〈E〉では、〈D〉③の狼藉鎮圧業務遂行の意思表示につづき、治安維持の必要性から、狼藉停止に先行して、地頭職の調査と設置を行なうことを伝えている。次いで兼実の知行国に予定されていた伊予国においても、同様に処置することを付け加える。

〈F〉は諸国荘園への地頭設置以後における、年貢課役進納の確認である。

〈G〉では、本書状に添えられた、謀叛関与者の処置に関する折紙の件と、吉田経房を介して院に奏上すべき他一通の件に触れ、兼実の理解を求めて院へのとりなしを依頼している。

書状を右の如く分割し、各々の解釈を示したが、内容的に、過去の経緯を述べた〈A〉～〈D〉①部分、現在の問題と将来の課題に関する〈D〉②～〈F〉部分、当書状と添付の折紙の取り扱いを兼実に依頼する〈G〉部分の三つの部分に大別できよう。

書状末〈G〉部分では、「殊可㆘令㆓申沙汰㆒給㆖也」と兼実に申沙汰を依頼しているが、申沙汰してほしいとは、上位者への取り次ぎを依頼しているのであり、(12)この場合の兼実の上位者とは後白河院であろうし、実際、兼実は即日院に「固辞之子細」を申した書状を添えて頼朝書状を進上している。つまり、基本的に当書状は、頼朝が何かを申請し、院への上奏を兼実に依頼した書状なのであり、書状の中で、頼朝の申請内容に相当するのは、〈E〉「於㆑今者、諸国庄園、平均可㆑尋㆓沙汰地頭職㆒候也」＝諸国荘園地頭職の調査と設置の申請部分と判断される。

つまり構成の面では、〈E〉の諸国荘園地頭の調査・設置について、〈G〉でその理解と取り次ぎの便宜を依頼するに際し、〈A〉～〈C〉過去の経緯と、〈D〉及び〈E〉にて現在の問題・将来の課題と方針の説明を行なっている。

第六章では、十二月六日源頼朝書状中の武士狼藉の武士とは、頼朝配下の武士のことであり、その停止とは頼朝配下の武士の狼藉を、自己規制してゆく作業であり、追討の遂行に伴って生じた弊害の是正が武士狼藉停止であるとした。つまり軍事行動→狼藉発生→狼藉停止という経緯は、端的には軍事活動に伴う弊害是正の過程であるといえる。

具体的には、頼朝の挙兵自体が、武士狼藉停止業務の必要性を生んだのであり、頼朝軍の戦線拡大に伴ない、畿内近国から四国・九国へと武士狼藉の範囲は拡大し、その停止業務も追って拡大していったのである。書状中の〈A〉～〈C〉は、軍事行動とそれに伴う弊害の是正過程について叙述されたものと理解されよう。

武末は、武士狼藉（濫行）停止と地頭補任の関係について、主に『吾妻鏡』文治二年（一一八六）六月二十一日条所収の同日付頼朝書状を素材として分析している。まず書状中で、武士狼藉は院宣に基づいて停止するとあるのは、武士狼藉停止の責任が、国家の最高責任者である院に帰属することを明示するためとする。さらに謀叛人跡への地頭補任は、勅許などの法的手続きによらず、幕府が事実上行使してきた権限と認識しており、この点を考慮すれば「武士濫行停止の責任が院に属することを明確にすることによって、一方の地頭職補任権が幕府に属する正当な権限であることを主張せんとしたものと推測することも可能ではないか」とする。

同頼朝書状では、武士狼藉停止と地頭補任問題が交互に言及されており、幕府が承認していない所領への干渉である武士狼藉は、朝廷側の責任により停止が遂行され、一方、謀叛人跡の由緒に基づき補任した地頭の知行に関する問題は、幕府側で責任をもつとして、責任関係を明確化し、その結果、幕府の地頭補任行為自体を、既成事実として承認させようとしたと解する理論であろう。武末論においては、武士狼藉は幕府の許可なく行なわれる違法行為であり、謀叛人跡の由緒に基づく幕府の地頭補任行為とは、まったく無関係に存在する。これらがことさら同一の書状において取り上げられているのは、あくまでも政治的配慮にすぎないことになろう。

この認識は、同様に武士狼藉停止と地頭補任問題を趣旨とする十二月六日頼朝書状にも適応するものとして、武末論文は作成されているのであろう。同書状前半部の武士狼藉停止遂行過程から、諸国荘園地頭設置の主張へ至る経緯は、朝廷側の武士狼藉停止要求を尊重してそれを遵行し、この間は地頭職などの設置を差し控えていたが、義経・行家問題を契機に、狼藉発生の原因である義経・行家の逃亡を助けた「後白河院の失政の機をとらえ」て、地頭設置の主張に至ると説明されている。

ここで地頭・沙汰人職の設置を、武士狼藉停止職務遂行の間、差し控えなければならなかったのは、新地頭による年貢所役不勤仕の問題と、土地所有関係の変革を必然的にもたらすという問題が障害となり、貴族側に謀叛人跡には地頭を設置するという原則が承認されなかったためと説明する。

とすれば、幕府は謀叛人跡への地頭設置を、事実上行なっていたが、一方で朝廷の理解・了解を必要としていたことになる。武末は幕府の謀叛人跡地頭補任権の独自性を主張するが、補任権の実行に朝廷の承認を求めること自体に、その独自性に疑問を抱くべきだろう。

また武末は、六月二十一日頼朝書状中「縦為㆓謀反人之所帯㆒、令㆑補㆓地頭㆒之条、雖㆑有㆓由緒㆒」の部分から、地頭職は正当な理由に基づき頼朝から補任されたもので、一方、武士狼藉は頼朝から正当な権利が付与承認されていない行為とする。しかし前の引用部は続けて「可㆓停止㆒之由、於㆘被㆓仰下㆒候所々㆖者、随㆑仰可㆑令㆓停止㆒候也」とあり、由緒があって地頭が補任された場合でも、院の仰せにより停止されている。この際、院側が地頭停止を命じる理由は特定されていないが、幕府側の地頭補任の由緒を否定して停止命令に及んでいることも当然想定し得る。朝廷が謀叛人跡たる由緒による地頭補任行為を承認していないとするならば、朝廷側では地頭知行の有無を問わず、問題が生じれば、一様に武士狼藉と認識して停止を命じるのではないか。武末は、武士狼藉と地頭職の知行は「法的に全く異なった行為」と理解するが、それは謀叛人跡への地頭設置は先例であると称する幕府側の理論に基づくのであって、朝廷側でその理論を承認していないとすれば、当然それは法的に異なった行為とは認識されないであろう。

かように武末論文への問題点も指摘できるかと思う。幕府の謀叛人跡地頭補任権の独自性の問題、及び武士狼藉をいかに定義するかの問題、これらを再考する必要がある。さらに、武士狼藉停止と諸国荘園地頭補任に関する理解を提示した上で、改めて双方の相対関係を明確化できなければ、十二月六日頼朝書状を理解したことにはならない。

本節冒頭で述べたように、かつては文治勅許により特定の荘園・公領を問わず、一律に地頭を補任する権限が、幕府に付与されたと理解されていた。しかし、石母田が一国地頭論を提唱した後、文治元年勅許とは別に、荘郷地頭の成立を検討する余地が生じた。また同じく本領安堵と後白河院「平家没官領注文」による給与以外の荘郷地頭は、謀叛人跡に限定すべきことが提唱された。これにより、謀叛人跡に荘郷地頭を補任する制度が成立する契機・過程を解明するという課題が認識されることになる。

大山喬平[13]は荘郷地頭の成立過程を次のように示す。まず、寿永三年（一一八四）三月の後白河院「平家没官領注文」による没官領給与を契機とし、頼朝の平家没官領処分権が法的に整備された。次いで、同年七月の伊勢伊賀平氏叛乱鎮圧後、伊勢国の没官注文が作成され、それに基づき謀叛人跡地頭が補任されており、頼朝の没官領処分権が、平家旧領のみならず朝敵たる謀叛人一般に適応された。次いで、壇ノ浦の合戦後、範頼は鎮西没官領の調査を遂行しており、伊勢同様に「平家没官領注文」の枠組みにとらわれない謀叛人跡処分権行使の例とする。

武末は「没官領謀叛人跡地頭の成立については、この大山の見解にほぼ従う」としながら、「平家没官領注文」による没官領の給付が、頼朝の没官領処分権の法的成立の契機となったという点については疑問とし、「幕府の謀叛人跡地頭補任」は、「院の意向とは関係なく、謀叛人の鎮圧を理由に頼朝が事実上行なってきたもの」とする。あるいは、地頭職補任権は「勅許などの法的形式に基づいて獲得された権限とはみなしがたく、むしろ幕府が事実上行使してきたものと考えられる」とする。

川合康[14]はこれを継承し、さらに没官領地頭制度の形成過程を具体化した。すなわち、頼朝軍は当初謀叛人の勢力であったので、朝廷の法規に準拠して没官刑を執行する必要はなく、独自に没官処置を遂行し、敵対者に対する軍事行動の一環として、軍事的占領と家人への没収地の宛行＝「敵方所領没収」を行なっていた。この「敵方所領没収」行為は、朝廷を主権とする没官刑と抵触する行為であったが、朝廷は頼朝軍援助の意味から、寿永三年以降、西国でもそれを継続して行なうことを容認した。この結果、頼朝軍による「敵方所領没収」は、「(従来王朝国家が行使してきた)謀叛人に対する没官刑の執行という国家的意義をあわせもつようになる」とする。つまり、頼朝は東国において、軍事行動の一環として敵対勢力の所領を占領し、独自に配下の武士に地頭職として配分したが、朝廷は頼朝の軍事行動を阻害することを憚って、西国でも独自の没官刑執行を黙認し、合法化したということになる。

大山論文では、後白河院平家没官領注文に没官領処分権成立の法的根拠を求め、武末・川合論文は、朝廷側からの権限付与に拠るものではなく、事実上行使してきたものと理解している。これら論文では、文治元年末段階では、既に幕府の没官領処分権・謀叛人跡地頭補任権・没官刑執行権といった、謀叛人跡を没収して地頭職相当を独自に設置する状況が成立していたとする点では共通している。

これら三氏の謀叛人跡地頭論から、次の二つの課題を抽出したい。

［一］謀叛人跡への幕府地頭補任権が確立していたか、または独自に行使し得ていたかの確認・再検討。

［二］幕府による謀叛人跡の探索と占拠が、本来朝廷の執行すべき没官刑を統合したものと評価できるかという点。

このうち、［一］は三氏に共通する問題、［二］は川合論文からの課題であり、［一］はa．で、［二］はb．で検討してみる。

2．没官刑の主権と執行手順

a．没官刑の主権の所在について

謀叛跡処理における幕府の独自性を説く際に引用されるのは、十二月六日源頼朝書状では「依レ為二没官之所一、任二先例一可レ置二沙汰人職一之由雖二令レ存候一」の部分、文治二年六月二十一日頼朝書状では「不レ限二伊勢国一、謀叛人居住国々、凶徒之所帯跡ニハ、所下令レ補二地頭一候上也」の部分であり、文治三年六月二十日頼朝下文では「於二謀叛輩之所領一者、任二先蹤一令レ補二地頭職一許一」の部分となる（各『吾妻鏡』同日条）。これら史料では、頼朝が没官の所・謀叛の輩所帯跡へ沙汰人職・地頭職を設置することは、先例・先蹤であると主張されている。当時、先例・先蹤と称することは、違反すべからざる慣習、つまりは慣習法であるとの主張に等しい。この点から、没官の所・謀叛の輩所帯跡への沙汰人職・地頭職の設置を、頼朝は自己の権限と自認し、主張していると考えられる。実際、文治元年以前より、謀叛人跡の没収と地頭職の設置は実行されている[15]。

しかし没官刑は律令の規定であり、謀叛人に対する没官刑の執行は、朝廷の権限であることが原則であって保元の乱でも朝廷が執行している[16]。幕府が実質的にその権限を行使するとすれば、重大な法制上の変更であろう。しかしそれを立証すべき史料は、前述のようにすべて頼朝書状であり、幕府独自の謀叛人跡処理権の成立を実証するに足るのか、あるいは、謀叛人跡処理権が存在するとしても、朝廷に対していかほどの独自性を有するものであるかについては、さらに慎重な判断が必要ではなかろうか。

私が幕府の謀叛人跡処理権の確立に躊躇する理由は、まず十二月六日頼朝書状の存在にある。頼朝は同書状により、挙兵から現在に至る経緯を説明し、諸国荘園地頭職の調査と設置に関する申請への理解と承認を求めているが、頼朝が独自の謀叛人跡処理権を確立していたならば、これほど丁寧に事情を説明し、兼実に後白河院へのとりなしを求める必要があろうか。その権限などが確立しているならば、諸国荘園地頭職設置に関する朝廷側への伝達は、もっと淡泊に、事務的・断定的文章でよいだろう。

さらに書状の内容から私の疑問を具体化するならば、頼朝は「種直・隆直・種遠・秀遠之所領」については、「没官之所」であるので、「任二先例一可レ置二沙汰人職一之由」を存じていたが、「且先乍レ申二事由一、尚輙于レ今不二成敗一候」＝とりあえず事情を申し上げながら成敗はしていないとする。つまり、没官領処理について、頼朝は朝廷側に申請しているのであり、その決定は頼朝独自に行なうのではなく、朝廷の認可承認を要するのである。

また「何況自余之所不レ及二成敗一候」とある部分は、「種直等の所領も成敗していないのに」に続いており、「どうしてその他の所について成敗することがあろうか、いやない」と訳せる。没官領である種直等の所領でさえ容易に処分することはなく、ましてや「自余之所」については、さらに慎重な処置が必要とされていた[17]。

さらに、幕府独自の没官刑執行に否定的な史料を提示したい。まず、文治地頭勅許で有名な『鎌倉年代記裏書』文治元年十二月二十一日条では「諸国地頭職拝領　綸旨到着、去六日　宣下也、広元（大江）加二計議一、諸国均等可レ相二交関東沙汰一也、仍守護地頭補任事申二行之一」とあり、諸国地頭職は綸旨を以て給与されたとする。また『吾妻鏡』同年十二月三十日条でも「令レ拝二領諸国地頭職一給之内、以二土佐国吾河郡一、令レ寄二附六条若宮一給」とある。これらの史料では諸国地頭職は拝領すべきものと認識されている。

次いで、文治二年六月二十一日頼朝書状（『吾妻鏡』同日条）では、「不レ限二伊勢国一、謀叛人居住国々、凶徒之所帯跡ニハ、所下令レ補二地頭一候上也」と、諸国の謀叛人跡へ地頭を補任したことを明らかにし、本家領家所役・国衙国役雑事の勤仕を怠らなければ問題はないとしながら、「縦為二謀反人之所帯一、令レ補二地頭一之条、雖レ有二由緒一、可レ停二止之由、於下被二仰下一候所々上者、随レ仰可レ令二停止一候也」と、謀叛人跡として由緒があっても、朝廷から停止命令があればそれに随うとする。この場合、謀叛人跡の由緒よりも朝廷の判断が優先されていたことになる。

前に、頼朝は没官の所・謀叛人跡への沙汰人職・地頭職設置を先例と認識する先行研究と、その根拠とする史料を提示した。しかし一方では、没官の所・謀叛人跡は、朝廷から頼朝へ給与されるという性格を示す史料も存在するのであるから、前者のみを捉えて、頼朝は独自に没官の所・謀叛人跡へ沙汰人職・地頭職の設置を実行していたとするのは一面的であろう。双方の史料を、如何に整理して実態を把握できるかを考えるべきである。

さらに謀叛人跡地頭問題に関して、『吾妻鏡』文治二年十一月二十四日条所収同年十月八日付太政官符を検討し、没官刑執行をめぐる朝廷と幕府の関係について明らかにしてみたい。

廿四日丁卯、去月八日　宣旨、同九日　院宣、去比到来、今日被レ奉二御請文一、大夫属入道(三善善信)・筑後権守(藤原俊兼)等加二所談一云々、是平氏追捕跡地頭等以[衍カ]非二指謀叛跡一、宛二行課役一、煩二公官等一之間、国司領家所二訴申一也、現在謀叛人跡之外者、可レ令二停止一之由云々、

太政官符　諸国

応三早令二停止一国衙庄園地頭非法濫妨事

右内大臣(徳大寺実定)宣、奉レ　勅偁、依レ令レ追二伐平氏一、被レ補二其跡一之地頭、称二勲功之賞一、非二指謀反跡一之処、宛二行加徴課役一、張二行検断一、妨二惣領之地本一、責二煩在庁官人郡司公文以下公官等一之間、国司領家所二訴申一也、然者、仰二武家一、現在謀反人跡之外者、可レ令レ停二止地頭綺一之状如レ件、依レ宣行レ之、符到奉行、

文治二年十月八日　　正六位上行左少史大江朝臣

修理左宮城使従四位上左中弁兼中宮権大進藤原朝臣(光長)

この太政官符は、十二月六日頼朝書状同様、さまざまな論議を生み出した史料である。昭和三十年代以前の研究で

は、文治元年末に地頭職が荘園公領を問わず普遍的に設置されたことを前提とし、その後、本太政官符により、現在謀叛人の跡を除いて総ての地頭が停止されたと理解され、地頭政策に大きな変革をもたらした内容と評価されていた(18)。これに対し、石母田(19)は同太政官符中の「地頭綺」の停止は、地頭そのものの停止の意味ではなく、地頭の違法行為の停止にすぎず、現在謀叛人の跡を除き他の総ての地頭を停止するといった、大きな制度変更ではないとした。この理解は上横手・川合等により肯定継承されている(20)。その解釈の主旨は、平家追伐の跡に補任された地頭が、地頭を置くべきではない所領へ非法濫妨を行なっており、実在する謀叛人跡以外での地頭の非法濫妨を停止せよとなろう。

同官符の検討にあたって、史料中の語句の確認をしておきたい。

まず、「非㆓指謀反跡㆒之処」の「処」であるが、この字は文と文を接続させる意味で用いられる場合と、「所」と同じく場所の意味で用いられる場合があり、「指したる謀反跡でない場所に」とも「指したる謀反跡ではないのに」とも両方に訳せる。ただし、使用例としては、接続に使われることが圧倒的に多い。

また同部分の「指」は「指《さ》したる」と読み、中原久経・近藤国平を評して「非㆓指大名㆒」などと用いられているように(21)、「たいした」「さほどの」という意味であり、「たいした（さほどの）謀反跡ではない」と直訳できよう。即ち謀叛の罪の程度が軽微なことを表現しているものと考える。

次に、「現在謀反人跡」の「現在」とは、近代では主に時間の「今」に意味に用いられるが、先行研究の多くは、現実に存在する、現存するの意味を採っている。しかし、小学館『日本国語大辞典』では、他に血縁・肉親などの関係に関してと条件付きながら「まぎれもない事実であるさま」の意味をあげている(22)。「現（あら）はれ在る」と訓読すれば、目に見えるの意味であり、転じて「まぎれもない」の意味を持つのであろう。「現在謀反人跡」が、前述の「指したる」＝軽微な罪科と対比されている語句とするならば、「まぎれもない謀叛人」は遠からずその反対の意味を示すことになろう。

これら語句の考察を踏まえて、内容の検討を行ないたい。まず、前述の石母田論文に対し、羽下徳彦は、石母田が地頭綺の停止を、地頭そのものの停止ではなく、単なる不法行為の停止であると理解する点につき、その疑問について次のように論じる。[23]「現在謀反人跡之外」では地頭の綺を停止せよ、という保留条件が付されているが、これは保留条件であるから、この場合は反対解釈が可能であり、「現在謀反人跡」では地頭の綺が行なわれることを認める、と解される。然りとすれば、院側では、現在謀叛人跡において、地頭の綺＝不法行為を認めていることになり、不自然である。やはり「現在謀反人跡之外」では地頭の綺を停止する、とは地頭そのものを停止することであり、現在謀反人跡では、地頭の存在を認めると理解するほうが自然であるとする。

この指摘に対して石母田は「形式的にはたしかにそうであり、その反対解釈を考慮にいれなかった拙稿の不備はあきらか」としながら、「その反対解釈がこのような場合に厳密に成立するのかどうかについては、私は疑問に思っている」[24]とする。石母田のいう「この場合」とは、事書にいう「「謀反人跡」の外は地頭の「非法・濫妨」を停止するというこの宣旨」の場合であるが、事書の「非法・濫妨」をそのまま反対解釈にあてはめれば、「謀反人跡」では「非法・濫妨」を承認するとなり、その反対解釈は成り立つものとは思えない。しかし、事書で停止されている「非法・濫妨」について、事実書では「宛㆓行加徴課役㆒、張㆓行検断㆒」と具体化している。本来、事書は事実書の要約であり、より具体的に記述する事実書を以て文意を解すべきと考える。事実書により反対解釈を行なえば、「謀反人跡」では加徴課役の賦課・検断権の行使が承認されていたとなる。加徴課役の賦課・検断権の行使は文治年間から確認され、新補地頭の最低限の権利のなかにも盛り込まれており、[25]当時でも一般的な地頭の職権であったとの考えを否定するのは困難であろう。

つまり、「地頭綺の停止」を地頭そのものの停止と理解することにより、反対解釈が成立するが、「地頭綺の停止」を非法濫妨の停止と理解したならば、反対解釈が成り立たず正しい法文とはいえない。すなわち現在謀叛人跡の外は地頭非法濫妨は停止せよという解釈では、謀叛人跡での地頭非法濫妨を認めているとの解釈も可能であり、法律としては片手落ちの文章といえる。

ここで、現在謀叛人跡であっても地頭非法濫妨が停止されるべきことは、極めて当然のことであるので、法文としては不完全となっても、現在謀叛人跡の地頭非法濫妨の停止文言は省略されたとの想定は可能であろう。しかし、ことさら「非指謀反人」と「現在謀反人」との区別を強調しているのであるから、罪の軽い謀叛人跡への地頭設置を拒否し、現在謀叛人に限定して地頭設置を容認している法文とする解釈の方が優れていると考える。

また、石母田は地頭職の停止の場合には、「停㆓止地頭㆒」と表記するか、もしくは地頭の「知行」「沙汰」を停止すると記述されるのが一般的であり、「停㆓止地頭綺㆒」では地頭の非法・狼藉・濫妨を停止する以上の解釈は導かれないとする。

しかし、一般論として反論するならば、相論の場では、地頭は知行と自称し、訴人はその行為を綺（不当な干渉）と主張するのであり、そうした意味では地頭の綺と知行は表裏の関係にある。訴訟の結果、裁許者が地頭の非を認めれば綺と表記し、正当性を認めれば知行と表記して裁許を下すのであり、表記に相違があっても行為自体に相違があるとは限らない。本太政官符は、訴人である荘園国衙領主側を擁護する立場から発給されたという性格上「停㆓止地頭綺㆒」と表現されているが、地頭綺停止と地頭知行停止の間に、決定的な差異は存在しないと考える。現に本官符では、「非㆓指謀叛跡㆒」への加徴課役・検断の張行が問題となっているが、この行為は「現在謀叛跡地頭」といった正当な知行者の場合は、権限として認められるのである。

語句と「地頭綺」の解釈検討を経た上での、私の解釈は「平家を追討させたことにより、その跡に補任された地頭が、勲功の賞であると称して、さほどの謀叛人跡ではないのに、加徴課役を宛行い、検断を張行し、惣領の地本を妨げ、在庁官人・郡司・公文以下の公官等を責め煩わせるので、国司領家が訴えている。よって武家に命じて、あきらかなる謀叛人跡の外は、地頭の干渉を停止させなさい」となる。文末の「地頭の干渉を停止させなさい」とは直訳であり、地頭そのものの停止が意訳である。

この解釈からすれば、太政官符は平家追討跡に置かれた地頭のうち、軽微な罪科の謀叛人跡、つまりは没官刑には相当しない謀叛人の所領に、地頭を設置したことを不当とし、没官刑に相当する地頭のみに限定せよとすることと考える。すなわち謀叛の罪が没官刑に相当するか否かという量刑を徹底させるための立法であり、謀叛人跡に限定して地頭が設置されるという原則の上で、その原則をより厳密化して執行させる命令といえる。では何故、既に設置された地頭につき、再検討を促すための太政官符が発給される必要が生じたのであろう。いいかえれば、何故厳密な量刑がなされずに地頭が設置されたのであろうか。この点については、先に検討した十二月六日頼朝書状の内容を回顧していただきたい。

頼朝は御使久経・国平を鎮西に派遣して武士狼藉停止の職務を遂行していたが、義経・行家の反乱が起こり、その追捕の実施により新たな武士狼藉の発生が予想された。しかし追捕職務完了後には、その停止業務を遂行するつもりであり、今は治安維持の必要を重視して、諸国荘園への地頭職設置を行なうべきである。頼朝書状からこうした趣旨を読み取った。

つまり義経・行家の反乱以前では、地頭の設置より、武士狼藉の停止業務が優先されていたのであるが、義経・行家事件を契機に、諸国荘園地頭設置が断行されたため、設置以後に、地頭停止を含めた武士狼藉停止業務が、頼朝の約束どおりに実行されたという状況が想定される。つまり、文治の諸国荘園地頭設置は、地頭設置箇所の確定を充分に行なわずに執行されたため、追ってその確定作業が必要とされたのであり、地頭設置箇所の確認作業を促すために文治二年十月八日太政官符が発給された。

これまでの検討により、太政官符は地頭が補任されるのは明らかな謀叛人跡のみであり、没官刑に相当しない所領へ設置された地頭は退去すべしとするものと理解する。すなわち謀叛人跡を没官し地頭を補任することの是非は、謀叛人の罪状が明らかであるか、或いは没官刑に相当する重科であるか否かに求められる。

刑の執行にあたって罪の是非と重軽を問うことは極めて当然であるが、没官刑が実際上、戦争状態での敵対勢力の駆逐として実行されているとの理解に対しては、それがあくまでも尋常な法理に沿って執行されるべきと認識されている点を主張しておく必要があろう。

さらに、文治二年十月八日太政官符の返答である同年十一月二十四日源頼朝請文（『吾妻鏡』同日条）によれば、この「地頭綺」について「早仰二国司領家一、可レ有二御禁断一候歟、此上致二張行一之輩候者、注二給交名一、可レ加二炳誡一候」とあり、地頭の綺は、国司・領家に朝廷から命令して禁断あるよう進言し、それに従わない場合には、その交名を給わって自分が炳誡を加えるとする。没官刑に相当しない場合は、朝廷が国司・領家に命じて地頭停止を行なうのが原則であり、頼朝はその施行を補助する立場を明確にしている。もちろんこれは原則論であり、「地頭綺」を命じる太政官符が頼朝宛に出されていることからしても、頼朝を介さなければ、地頭綺の停止は成し得ないというのが現実であり、また頼朝にとっても無制限に地頭停止に応じたとは思えない。但しこの部分からは、謀叛人某が没官刑に相当するか否かの基準が、幕府独自のものであったとは考え難く、基本的には朝廷側の判断が優先されているという原則を読み取るべきだろう。

本節での課題［一］謀叛人跡への地頭補任権が確立していたか、または幕府独自に行使し得ていたか、については、没官刑執行の是非の判断は朝廷の主権のもとに行なわれており、幕府独自の基準で執行されてはいない、つまり没官刑は幕府独自に行使し得ていたとはいえないと解答できよう。

また、没官刑の執行権は、あくまで朝廷に所在すると考えるが、頼朝は没官領に地頭を設置することを先例と認識し主張しているのも事実である。双方の整合性を模索するならば、頼朝による没官刑の執行と地頭職・沙汰人職の設置が先例・先蹤なのではなく、謀叛の罪科により没官刑に処された所領は、朝廷より頼朝に給与され、頼朝の判断で処分することが先例・先蹤と認識されていたという理解が提示できよう。つまり、没官領を給与する主体は朝廷であり、頼朝は没官領を給与されることを先例・先蹤だと主張しているのであろう。

この場合、没官刑執行の主権は朝廷に所在し、一方頼朝は、謀叛人の没収所領を没官領として給与されることを先例と認識し、給与された所領は、地頭職設置など独自に処分していたとして、双方の権限を並立させ得る。

b．謀叛人跡暫定占拠（＝点定）期間の想定

没官刑執行に関する課題［二］、謀叛人跡（或いは敵方所領）の探索と占拠の実行が、本来朝廷の執行すべき没官刑を統合したものと評価できるかという点について検討したい。

前述のように没官刑の主権は朝廷にあり、幕府はそれに準じる立場にあり、幕府が独自に没官刑を執行していたのではないとした。一方、川合は、没官領地頭職は「東国における戦争状態のなかで必然的に展開した敵方本拠地の軍事的占領行為[26]」であり、西国でもそれが継承されたとする。

幕府は西国にても東国同様に、敵方所領没収を遂行し、朝廷はこれを軍事的配慮から容認した。ここに公的刑罰で

ある没官刑が、幕府の敵方所領没収と統合されることになったとする。私は、基本的に謀叛とは朝廷に対する反逆であるから、謀叛人に対して行なわれる没官刑と、幕府の私的敵対者に行なう没収行為とは、法的に区別されるべきと考える。(27) しかし、今問題にすべきは、幕府が現実に行なっている謀叛人跡、或いは敵方所領の占拠行為が、没官刑に相当する行為と認められるか否かである。

軍事制圧により謀叛人跡所領が接収され地頭職設置などの処理が行なわれる場合、これは大山論文の謀叛人跡注文による処置、或いは川合の御家人個々の探索行動による、いずれの場合であっても、謀叛人跡が発覚し、制圧された直後に地頭が補任されることは一般的ではない。

文治元年十二月六日頼朝書状では、鎮西の原田種直らの謀叛人跡は、同年三月の壇ノ浦の合戦を契機として幕府により把握されたはずだが、十二月に至っても沙汰人職を設置し得ていない。また、同年末の朝幕交渉により、諸国荘園への大規模な没官領地頭設置が実行されたが、この時期に一斉に補任されたということは、それまで実施を延期されていた多くの補任候補地が存在していたはずである。

こうした謀叛人跡処理が、一時期に一斉に行なわれるのは、文治地頭に限らない。治承四年八月に挙兵した頼朝が、初めて論行功賞を行なったのは同年十月二十三日（『吾妻鏡』同日条）であり、北条・武田・千葉・三浦・上総介・土肥・佐々木ら御家人一般に対する本領安堵・新恩給与と、敵対者の処罰として身柄の拘束、所領の没収が行なわれている。寿永三年正月に義仲を逐って上洛した後、同年十一月十四日（『吾妻鏡』同日条）には、西国に所領を宛行われた輩の沙汰付が源義経に命じられている。恐らくは、鎌倉で論行功賞があり、その決定を遵行したのであろう。(28)

このように地頭新恩給与は東国・西国を問わず、兵乱の状況に応じた各段階で、一斉に行なわれている。これは、頼朝の棟梁たる地位の、最も顕著なる表現が論行功賞行為なのであり、臨機に軽々しく行なうのでなく、勲功の優劣の評価を明確にするため、また戦果と棟梁の威信を誇示するためといった様々な意味において、儀式的に厳重に執行されるべきものと考える。川合は、敵方没収地の新恩給与は、敵方所領没収と同時並行的に進められていくとするが[29]、没収地は、戦争中に随時生じるのであり、給与は特定の時期に一斉に執行されるのであるから、双方が同時並行的であるという認識には違和感を覚える。

また川合は、御家人が自己の裁量で、謀叛人とその所領を探索制圧し、追ってその地頭職に補任される場合があり、これを幕府追認型の地頭とする[30]。もし御家人が自己の判断で、謀叛人跡を制圧駐留しても、幕府の確認がなければ、地頭と自称しても、客観的には自由押領となんら変わるものではなく、地頭への補任が行なわれて初めて、占拠などの行為も正当化されるのであろう。それは地頭職は鎌倉殿から補任されるという性格上当然である。幕府追認型の地頭であっても、武力占拠してから地頭補任の認可が下るまでは、時間を要することになろう。

つまり、謀叛人跡の探索・制圧により旧所有者の権利が剝奪された後、幕府・朝廷などの没官刑執行者の裁量を経て、地頭設置などの最終的処理が行なわれるのであろうと考える。とするならば、謀叛人跡の探索・制圧の後、地頭設置或いは本主への返還などの処理があるまでは、その跡地はいかに処遇されていたと考えるべきであろうか。

東島誠は「義経沙汰没官領」を検討し[31]、義経沙汰と称されている没官領は、戦乱による占領から一定期間を置いて地頭職が設置されており[32]、その間の義経は地頭に補任されたのではなく、一時的な管理者にすぎないとするが、旧所有者の権利剝奪の後、暫定管理を経て最終処置が下されるという理解には興味をひかれる。つまり謀叛人跡が制圧されその処分が決定する間は、幕府の暫定管理下に置かれていたと考えるべきではなかろうか。

史料上、謀叛人跡を接収する行為は、「没官」「没収」「収公」などと表記されるが、特に「差し押さえ」の意味である「点定」が使用される場合があり、これが暫定管理を考える上で参考になるのではないかと思う。

元暦元年七月二十四日一院御座作手等解案[33]では、洛中の旧待賢門院領で、後に後白河院領となった御莚料藺田を、中原親能（当時は藤原姓）が平家関係所領として点定している。親能は「平家不審ヲハ、次官（斎院次官親能）被㆑奉㆑誡」という職務にあり、その結果「為㆓平家領㆒之由有㆓其聞㆒」により、この所領を点定したとする。さらに、七月二十六日藤原（中原）親能書状[34]では、この点定行為につき「近辺散在田地等、可㆓尋沙汰㆒之由、蒙㆓鎌倉殿仰㆒候之間、所㆑令㆓尋沙汰㆒也」と説明しており、親能が頼朝の命を受けて洛中の平家に縁座する人物・所領の探索と点定業務にあたっていたらしい。

北条時政入京に関する『吾妻鏡』文治元年十二月十五日条では、「謀叛人家屋等先点㆓定之㆒、同㆓意悪事㆒之輩、当時露顕分、不㆓逐電㆒之様、廻㆓計略㆒」と時政は頼朝に報告しており、謀叛人同意の輩の逐電を防ぐため「先点㆓定之㆒」とあるように、理非を問わず迅速な処置がとられている。

時代は降るが、建武三年（一三三八）三月十二日足利尊氏御教書[35]には、「薩摩国闕所并京進年貢等事」につき「平均令㆑点㆓定之㆒」という命令が、守護島津貞久等に下されており、この際には「寄㆓事於寺社領㆒、雖㆑令㆓遁避㆒、先点㆑之、令㆑糺㆓明実否㆒、可㆑被㆑注㆓申子細㆒」とある。すなわち、実否の究明以前にまず点定を行ない、後にその調査と報告を行なえというのが尊氏の指示であった。

寿永三年三月日感神院所司等解[36]では、同院社頭・四至内において、義経の命令を受けたとする武勇輩が謀叛人所縁の咎人が居ると称し、あるいは同院に寄宿している者に嫌疑をかけて社家住僧・神人等を追捕している。義経は、この訴状に対して狼藉停止の外題を加えている。これにより義経及びその配下が、平家もしくは義仲などの謀叛人の探索行為をしていることが理解され、こうした謀叛人関連での探索行為には、中原親能・北条時政と同様の点定行為を伴うことが想定されよう。

また、所務法ではあるが、式目追加「点定物事[37]」では、係争中の点定物は、点定を被った人に返付せず、糺明の後、その決定に随って処分せよとする。ここでの点定物は、裁決が下されるまでは未処分状態におかれ、被点定者・点定者のいずれかが保管しておき、相論の是非が下されてのちに没収などの処置を行なうよう規定されている。すなわち本条での点定は、没収・没官とイコールではなく、処分が決定するまでの一時的差し押さえ処置と理解される。

前述の如く、軍事制圧後、地頭設置などの謀叛人跡処理が行なわれる場合には、謀叛人跡の探索と占拠の後、即座に地頭補任の沙汰に及ぶことはなく、一定期間をおいて最終的な処置が下されるのであり、この期間は、点定＝未処分暫定占拠の状態に置かれていた。この点定は、没官という最終処置に至る過程での一段階であり、また、暫定処置であるので、最終的に没官刑が執行されない場合、あるいは没官刑が執行されても、頼朝以外の第三者へ給与・返付される場合なども想定し得る。

頼朝軍は、謀叛人追討追捕の一環として、謀叛人跡の調査と不穏分子の排除を目的とした謀叛人跡の占拠を行なっているが、その占拠行為自体を没官刑の執行と認識すべきでなく、最終判断が下されるまでの暫定処置と考える。川合の幕府追認型地頭論は、御家人個々が独自の判断で没官行為を行なうとするが、私は御家人個々が独自の判断で行ない得るのは点定までであり、点定地に没官刑を執行し得るのは、朝廷・幕府といった行政機関であると考える。すなわち謀叛人の追討追捕とその所領の占拠行為は、為政者による没官刑の執行に至る前段階であり、最終判断の下される迄の期間は、暫定占拠＝点定状態である。

注

（1）　牧健二『日本封建制度成立史』（弘文堂書房、一九三五年）二八頁。

（2）「鎌倉幕府一国地頭職の成立」「文治二年の守護地頭停止の史料について」（『石母田正著作集　九』岩波書店、一九八九年、初出六〇年・五九年）。

（3）上横手雅敬『日本中世政治史研究』第二章三節 文治の守護・地頭（塙書房、一九七〇年）。

（4）石母田（2）著書一八五頁。

（5）『尊卑分脈』二―六六～六九頁。

（6）『公卿補任』元暦二年項。

（7）石母田は三浦周行『続法制史の研究』三編第五章二五節 守護地頭の設置と兵粮米の徴収（岩波書店、一九二五年）・牧健二（1）著書第二章一節 守護地頭補任の勅許（弘文堂書房、三五年）などをあげる。

（8）牧健二（1）著書第二章二節 総守護及び総地頭。

（9）『地頭及び地頭領主制の研究』第三章一「文治地頭」の勅許について（山川出版社、一九六一年）。

（10）武末は「土民とは通常農民層を指す語句」と認識するが、例えば永仁五年（一二九七）十一月二日平野殿荘雑掌聖賢申状案（東寺百合文書『鎌倉遺文』一九五二〇）では「下司清重・惣追捕使願妙以下土民等」とあり、下司・惣追捕使を土民に含めている場合もある。

（11）「「鎌倉殿御使」考―初期鎌倉幕府制度の研究―」（『鎌倉幕府御家人制度の研究』吉川弘文館、一九九一年、初出六二年）。

（12）例えば、元暦二年三月四日吉田経房宛頼朝書状（『吾妻鏡』同日条）でも文末に「以㆓此旨㆒可㆘令㆓申沙汰㆒給㆖候」とあり、明らかに院奏の依頼である。他、例は多数。

（13）「没官領・謀叛人所帯跡地頭の成立」（『史林』五八―六、一九七五年）。

（14）「鎌倉幕府荘郷地頭制の成立とその歴史的性格」（『鎌倉幕府成立史の研究』校倉書房、二〇〇四年、初出八六年）。

（15）泉谷康夫『日本中世社会成立史の研究』第一〇章 守護・地頭制度の成立に関して（髙科書店、一九九二年）、及び前掲高田・川合論文など。

（16）義江彰夫「院政期の没官と過料―中世財産刑形成前史―」（土田直鎮先生還暦記念会編『奈良平安時代史論集 下』吉川弘

文館、一九八四年）・川合康「鎌倉幕府荘郷地頭職の展開に関する一考察」（14）著書、初出八五年・小川弘和『古代・中世国家と領主支配』第三部三章 治承・寿永の内乱と中世国家（吉川弘文館、一九九七年）。

（17）「種直・隆直・種遠・秀遠之所領」は、没官の所領であるので、朝廷への報告を済ませ、頼朝いわく先例として沙汰人職を置くことが可能な場所であり、これと区別される「自余之所」＝種直等以外の所領の性格は「没官の所領」・「事の由を申した所領」の両方、あるいは一方の条件を満たしていないものと考えられる。「自余之所」を種直以下の所領以外の全ての所領と理解するのは抵抗がある。それらは、今後、御使の狼藉停止業務の対象地となる可能性を含んだ所領であるはずで、つまりは武士狼藉を被っている場所と考えるべきであろう。つまり、没官領と決定していない、あるいは報告がなされていない武士押領所領との性格づけができよう。

（18）牧（1）著書第二章二節 総守護及び総地頭・龍粛『鎌倉時代 上』（春秋社、一九五七年）。また『大日本史料』四―一の文治二年十月八日条の綱文は「官符院宣ヲ頼朝ニ下シテ、諸国現在謀叛人ノ跡ヲ除ク外、地頭ノ進止ヲ停メシム、尋デ、頼朝命ヲ奉ズ」である。

（19）石母田「文治二年の守護地頭停止について」（2）著書所収、初出一九五八年。

（20）上横手（3）著書第三章一節 鎌倉初期の公武関係・川合「荘郷地頭職の展開をめぐる鎌倉幕府と公家政権」（14）著書所収、初出八六年。

（21）『吾妻鏡』元暦二年二月五日条。

（22）同辞典では「いかに勲功を望めばとて、相伝の主を討ち現在の聟を害しける忠宗が所存をば（『平治物語』）」「いはんや、彼等はけんさいの孫なり、しかも嫡孫なり（『曾我物語』）」との例をあげる。

（23）「石母田正氏「文治二年の守護地頭停止について―吾妻鏡の本文批判の試み（その二）」―を読んで」（『中世日本の政治と史料』吉川弘文館、一九九五年、初出五九年）。

（24）「文治二年の守護地頭停止の史料について」（2）著書所収、一九五九年。

(25)　高野山領備後国大田荘では、建久元年十一月金剛峯寺根本大塔供僧解状案で、下司（後に地頭）橘兼隆・大田光家の加徴米段別二升五合が文治四年からの押領とされ、建久三年正月十五日鑁阿置文では、そのうち二升が給与されている（『備後国大田荘史料一』吉川弘文館）。また、貞応二年（一二二三）七月六日「去々年平乱以後所ㇾ被ㇾ補二諸国庄園郷保一地頭沙汰条々」（『中世法制史料集一』追加法一〇～一四条）では、加徴段別五升・犯科人糺断三分一が規定されている。

(26)　川合（14）論文。

(27)　第六章1節では、西国での軍事行動は、追討の宣旨に基づく朝敵追討使としての行動であるとした。故に、軍事力は朝敵に対して行使されるのが原則であり、軍事行動の発動は朝廷の政治指揮下にあった。例えば一ノ谷の合戦以前に朝廷では、平家を追討すべきか、平和的解決の途を求めるかの僉議の末、追討に決して追討宣旨を発給した。この決定を受けて幕府軍が出陣していることから、幕府側も、その原則を認識していたことが推測できる。

(28)　『吾妻鏡』元暦元年二月二十五日条所収源頼朝書状では、平家追討事は「任二義経之下知一」としながら「於二勲功賞一者、其後頼朝可二計申上一」として、論行功賞の権限を代官に代行させることはなかった。

(29)　川合（14）論文。

(30)　川合（16）論文。

(31)　東島誠「義経沙汰没官領」（『遙かなる中世』一一、一九九一年）、同『公共圏の歴史的創造』東京大学出版会、二〇〇〇年一三九頁～も参照。

(32)　『吾妻鏡』元暦元年九月九日条所収の源頼朝書状では「於二信兼領一者、義経沙汰也」とあり、この義経沙汰旧信兼領には、元暦二年六月十五日源頼朝下文（島津家文書『平安遺文』四二五九・四二六〇）を以て地頭島津宗忠が補任されたとする。

(33)　白河本東寺百合文書『平安遺文』四一八五。

(34)　白河本東寺百合文書『平安遺文』四一八六。

(35)　二階堂文書『中世法制史料集二』第三部　参考史料三。

(36) 神田孝平氏旧蔵文書『平安遺文』四一四五・『源頼朝文書の研究』（黒川高明、吉川弘文館、一九八八年）一一九。
(37) 貞永元年（一二三二）十二月十九日事書『中世法制史料集一』追加法五一条。

2節　地頭淵源――地域軍事管理官としての地頭――

はじめに

地頭制度が文治勅許以前から存在することは、田中稔等により指摘されている（後述）。1節で述べたように文治勅許の諸国地頭勅許は、没官領地頭職の給付であるので、没官領と地頭とが密接に関係するのは確かだが、地頭＝没官領地頭とは限らない。

もちろん、地域的にも数量的にも文治勅許以前の地頭は限定されているが、その相違をつきつめることにより「地頭」の本質を明らかにできるのではないか。

1．文治勅許以前の地頭の地域性の問題

田中稔が「鎌倉幕府創設期の地頭制度について」（『鎌倉幕府御家人制度の研究』吉川弘文館、一九九一年、初出八三年）で文治勅許以前の地頭として指摘したのは、

寿永三年（一一八四）正月日　源頼朝寄進状（『吾妻鏡』）　武蔵国大河土御厨地頭
元暦元年（一一八四）四月二十三日　藤原俊兼奉書（『吾妻鏡』）　常陸国南郡地頭下河辺政義

元暦元年五月日　後白河院庁下文（仁和寺文書）越前国河和田荘地頭代僧上座
元暦二年六月十五日　源頼朝下文（島津家文書）伊勢国須可荘・波出御厨地頭惟宗忠久
元暦二年七月日　某注進状（高山寺文書）相模国前取社地頭

である。このように事例を列挙した上で、事例は東国に集中しており、これら文治以前の補任は寿永二年十月宣旨と密接な関係にあるとした。

しかし、こうした田中の事例収集には問題がある。例えば信頼性の問題から『吾妻鏡』の地の文は検討対象外とされ、そのため元暦元年五月二十四日条にみえる伊賀国壬生野郷地頭職への宇都宮朝綱補任例は取り上げられない。また『玉葉』文治元年十月十七日条では、源義経が恩賞として拝領した伊予国には「皆補二地頭一不レ能二国務一」との記述があるが、この地頭設置を頼朝勢力外と考えることは難しいだろう。また『吾妻鏡』の地の文ではあるが、元暦二年七月十二日条で、源頼朝が九州を管轄した源範頼に、平家没官領へ地頭を定補し沙汰人を差し置いて帰還するよう命じている例が指摘でき、たとえ実行されなくとも置こうとしたことになる。このように、文治勅許以前の非東国地頭の事例は少なくない。

また古文書であっても、次の①～④は検討から除外されている。

①寿永三年五月八日　源頼朝下文案　大森洪太氏文書『平安遺文』四一五六
②元暦元年八月三十日　後白河上皇院宣　『吾妻鏡』同九月二十日条所収
③元暦二年四月二十二日　後白河院庁下文案　到津文書『平安遺文』四二四一
④元暦二年四月二十九日　後白河院庁牒　賀茂別雷神社文書『平安遺文』四二四四

田中がこれらを除外したのは、「現地を管轄する者を意味する「地頭之輩」」の例であり、幕府地頭制度とは関連しないと判断されたためであろう。これらの史料につき具体的に検討しているのは安田元久である。[1] 安田は、①の「武勇之輩、或面々張二行庄務一、或称二私任地頭一、施二自由威一」、③「鎮西有勢土民等、或成二権勢武家郎従一、或称レ得二替別当之宛文一、有レ号二地頭一、有下称二下司一之族上、押二領御庄園一」といった行為を、「各地の在地領主がその主体性と自己の武士的存在を主張するとき、地頭を自称する」のだと解釈された。恐らく田中が、幕府地頭制に関する史料から除外したのは、この安田の理解を継承してのことと思う。

②〜④の史料は武士狼藉の停止を命じる院宣であり、①は頼朝による狼藉停止令だが、これは院庁御下文と社家解状の遵行であって、つまり①〜④はいずれも朝廷の武士狼藉停止命令である。従来、寿永二年十月宣旨を始めとする武士狼藉停止令、あるいは中原久経・近藤国平鎌倉殿両御使による狼藉停止作業は、頼朝勢力以外の一般を対象としたものと解釈されてきたが、それは誤りで、頼朝配下の武士を主たる対象とした立法である（第六章1・2節）。よって①〜④においても、その停止の対象は頼朝勢力と無関係な在地武士ではなく、頼朝配下の武士である可能性が高いと考える。そこで各々の事例を検討してみよう。

②で丹波国出雲社を押領し地頭を称する玉井資重は、第六章2節で検討した。すなわち、この後、元暦二年六月には鎌倉への下向を禁じられているので頼朝家人であろうこと、また同国私市荘を押領する玉井次郎は同資重との近しい関係が想定され、その押領行為の背後には西海道惣追捕使土肥実平がいる。こうした点から、玉井資重は、頼朝家人で惣追捕使の配下として活動していたと考えられる。

③は元暦二年四月二十二日、つまり平家追討が終了したのが三月二十四日なので、その報告がもたらされてまもなくに発給されたものとなる。鎮西の有勢土民等による宇佐八幡宮弥勒寺領荘園への押領停止が命じられているが、彼等は権勢の武家郎従となり、また別当の宛文を得たと称して、地頭・下司を名乗ったという。この時期の第一の訴訟

は地頭・下司の濫行であり、その停廃が寺領の復旧に不可欠であるという。③下文中の「権勢の武家」には平家政権も該当するが、下文を得た弥勒寺が対決し、退けなければならなかったのは、消滅した平家政権の残像ではなく、新たに進出してきた権勢の武家＝幕府の武威であろう。幕府は平家滅亡の報告を受けると、四月十二日に西海沙汰の条々の群議を行ない「参州暫住二九州一、没官領以下事、可レ令二尋沙汰一」を命じているが（『吾妻鏡』同日条）、こうした決定とほぼ同時に③下文が発給されていることになる。宇佐八幡―朝廷は、平家滅亡後の秩序復旧に向け、その最大の障害となるであろう幕府勢力と、それに追従する在地勢力の動向を事前に予測し、迅速に対応した結果が③下文の発給による地頭・下司の濫行停止令であろう。その予測は的中し、五月十一日、大宰府管国内の狼藉につき所々より訴えが起きているので、早く範頼を召喚するようにとの院宣が頼朝に下っている（『吉記』同日条）。前述のように、この後、頼朝は地頭を定補し沙汰人を置いてから帰還するよう範頼に命じているが、朝廷側もそうした頼朝の地頭施策を予想し、事前の対処を施していたと考えられる。

④は③同様、平家追討の終了の時期に合せた発令であろう。近年以降、甲乙の武士等が平家追討を理由に押領行為を行なったため、年貢・神用が欠乏していたが、追討は終了し官軍も帰還したので、賀茂社領播磨国安志荘・林田荘など三箇御厨への「云二守護人一、云二地頭輩一」各々の妨げを停止して神領を復興せよとの内容である。ここでいう官軍とはもちろん頼朝軍のことであり、甲乙の武士＝官軍＝守護人・地頭輩と解釈すべきだろう。この播磨の守護人とは、実平と同時に西海道惣追捕使となり、後に播磨守護となった梶原景時にあたる。この後、文治二年九月五日源頼朝下文（鳥居大路文書『鎌倉遺文』一六八）でも播磨国安志・林田荘・室御厨の武士狼藉停止が、再度命じられているが、これは第六章2節で言及したように『吾妻鏡』同日条でいう没官領地頭設置の一律停止令に基づく処置であろう。

①については戸田芳実の説明がある（『尼崎市史一』一九六六年）。すなわち、①は賀茂御祖社へ発給されたものであ

り、範頼・義経軍が入洛した正月二十二日の直後、二十九日に賀茂社領安堵の院宣が下され、その後、一ノ谷の合戦で源氏が勝利し、頼朝勢力が山陽道を西下してゆく。そうした状況にあった四月十六日、賀茂社家は解状を捧げて社領諸荘々への武勇輩・私に任じられたと称する地頭による濫妨を停止するよう訴えた。この訴えを認めて源頼朝下文が発給され、その現存する案文の一通は、摂津国長州御厨司安江高村の署判を据えて、同御厨に下されたのであろうとする。基本的に寿永三年以降、頼朝軍の展開地域で行なわれる武力を伴った狼藉行為の主体は、頼朝配下の武士と考えられる。殊にそれは、同軍の軍事行動と関連しており、畿内近国では二月の一ノ谷の合戦、十二月の義経の西海出陣に伴って、その前後の時期に武士狼藉停止の訴訟が集中していることは第三章2節で指摘した。①に関しても、状況からすれば摂津国の守護相当の職務にあった義経配下による狼藉行為である可能性が高い。

検討の結果、安田・田中が頼朝とは無関係の在地勢力の地頭と理解した①～④のうち、②は頼朝家人で惣追捕使土肥実平と関係のあった玉井氏、③は範頼の配下、④は守護人梶原景時の配下であることが想定しうる。元暦二年四月二十六日源頼朝下文（『吾妻鏡』同日条）では土肥実平・梶原景時に対し、院宣に従って畿内近国の荘園・公領へ「指《さ》したる由緒」なく押領し代官輩を居住させることが禁止されている。この点、元暦元年四月、越前国河和田荘へ地頭・地頭代と称する僧上座が、北陸道勧農使比企朝宗の下知により乱入した場合も同様である。(2) 守護人がその管轄地域に、由緒＝謀叛人跡地等の理由を以て代官を据え置く状況がみてとれるが、地頭の狼藉行為の背景には、こうした戦時下での守護―地頭の連携が存在すると推測される。

①～④の事例はいずれも幕府地頭に関連した案件であり、②玉井資重は全くの自称である可能性はあるが、他は少なくとも狼藉停止命令の発給者は、頼朝勢力に属する地頭をその命令の主たる対象としていたことは確かである。これと、先にあげた『玉葉』『吾妻鏡』の地の文の事例とあわせて考えてみるに、やはり文治勅許以前の地頭が東国に

限定されると推定するのは難しい。つまり東西を限らず地頭は置かれていたのであり、文治地頭勅許とそれ以前の地頭を東国・西国と地域で区切るのは正しくない。

また田中は、頼朝は地頭と並行して下司・公文の補任を行なっていたことを指摘している。すなわち、寿永三年五月十八日源頼朝下文（相田二郎蒐集影写文書『平安遺文』補二四五）では、摂津国武庫荘下司・公文職に源光清を補任し、元暦元年十一月二十八日、院より給付されていた没官領である若狭国玉置領へは下司職を補任するとし（『吾妻鏡』同十二月一日条）、翌年八月十七日源頼朝下文（島津家文書『平安遺文』四二七二）では島津荘下司職に惟宗忠久を補任している。これらの点から田中は、東国では地頭が補任されるのに対し、「関東御領もしくは畿内以西」では下司・公文職補任が行なわれているとする。しかし、元暦二年六月七日源頼朝書状案（『久我家文書二』二八―六）では、平頼盛領志田荘と相博する常陸国南野荘には、地主を置いたことが連絡されており、関東御領はともかく、畿内以西という地域限定は難しいように思う。つまり文治勅許以前、頼朝は地域に限らず地頭と下司・公文の設置・補任を併用していたというのが実態であろう。

2．地頭の軍事管理官的性格

下司・公文を補任する場合と地頭を補任する場合の区別、また文治以前の地頭補任と以後との相違は、どう理解すればよいのだろうか。少なくとも補任が下司・郷司・公文などの一般的な荘官、通常の名称ではなく、使用例の少ない「地頭」である理由があるはずだ。安田元久は用語としての「地頭」を平安期から検出し、本来は場所を示す「地の頭（ほとり）」の意味、そこから地主職・領主の同意語に使用されるようになったとする。そして、頼朝が所領給与制度を創設する際に「地頭」を選択した理由は不明としながらも、「武家の支配系統に属する所職を明確化し、従来の荘園領主のそれと明瞭に区別する必要」があったからと推測する。[3] また、文治勅許以後の下司などとの職務内容の違いは、文治元年十二月六日頼朝書状に明らかなように、謀叛の防止・鎮圧官として設置された公的警察職務遂行官であることで、以後、外寇や謀叛人・違勅者への武力行使、及び重犯罪の取り締まりは地頭の職責となる。その部分については共通認識を得ることは容易だろう。

石母田国地頭論以前では、文治以前の地頭と以後のそれの区別は、「於㆓諸国庄園下地㆒者、関東一向可㆘令㆓領掌㆒給㆖」という地頭勅許文言を含む『吾妻鏡』文治元年十二月二十一日条の記述でなされてきた。すなわち文治地頭は「朝恩」であり、それ以前は平家・国司・領家による私的な任命であるという。この地頭の場合、本主の命に違背した時は改替されたとあって、地頭職を朝恩として拝領する対象は御家人層と認識されているが、諸国没官領は一括して頼朝に給付された後、家人へ郡郷荘保単位の地頭職として再分配されたものであり、朝廷から勲功を賞して御家人個々へ宛行われたものではない。それは寿永三年二月の源頼朝書状（『吾妻鏡』同二十五日条）で、武士への恩賞は頼朝の裁量であると、朝廷からの恩賞宛行を明確に拒否している点からも明らかだ。御家人個々が朝恩として地頭を拝領するという理解は、地頭職に補任されて数代の相伝を経て恩領が家産として定着し、本来、諸国没官領地頭職は頼朝に一括して給付されたものという認識が失われ、また軍功により新恩として地頭職が宛行われるのを当然とする意識が生じた後世の段階のものであろう。また、朝恩ということならば、寿永三年の平家没官領注文による給付も明らかに朝恩である。この『吾妻鏡』の記事は後世の理解であって、文治地頭の性格を正確にいいあててはいない。

この下司・公文と地頭、文治以前の地頭と以後の地頭の区別を明らかにするヒントは、田中の〝関東御領には下司・公文を補任した〟という指摘にあるのかもしれない。確かに下司職補任の三例中の二例（摂津国武庫荘・若狭国玉置領）は院より拝領した没官領である。常陸国南野荘についても、前掲書状において頼朝が平頼盛領同国志田荘との相博を申し出ていることからすれば、もとより平家没官領であって院より知行を認められていたとも考えられる。残り一例の島津荘の場合、井原今朝男「荘園制支配と惣地頭の役割」（『歴史学研究』四四九、一九七七年）によれば、頼朝の下司職補任が摂関家の補任を安堵する形でなされているように、頼朝と領家摂関家は荘園支配において協調関係にあったことが指摘されている。つまり島津荘における頼朝の下司補任は、こうした領家側の了承を前提したものであろう。

このように、荘園領主としての権利が承認されている所領には、下司・公文・地主を補任した。とすれば、反対に文治勅許以前の地頭とは、正当な権利が設定されていない場所での現地管理者の名称ではなかろうか。事例①～④、あるいは越前国河和田荘の事例では、地頭の入部が拒否されているように、朝廷・寺社本所側から知行が承認された地頭ではない。その意味では、安田・田中がいうように鎌倉関係者ではあるが、「地頭職」知行者ではなく、地頭を称する輩にすぎない。ただし④後白河院庁牒では、平家追討が終了したのであるから「云㆓守護人㆒、云㆓地頭輩㆒」各々は荘園への妨げを停止せよとある。とすれば院は戦乱期における、守護人・地頭輩の活動自体は承認しているといえよう。

つまり守護人・地頭輩の存在自体を否定しているのではなく、彼等の狼藉行為を否定しているのであり、守護人・地頭輩の朝敵追討活動は認めるが、彼等による荘園押領行為は認めない、これが④での院の姿勢であろう。守護職には常識的に守護領が附属するが、守護領を知行するものが守護であるという規定はないので、たとえ守護領がなくとも守護は守護たり得る。地頭の本来的な性格も守護と同様と想定してはどうだろう。文治勅許で地頭に没官領が附属する以前は、地頭領がなくとも地頭は地頭たり得たのではなかろうか。すなわち、地頭も守護人と同様に、頼朝が地方へ派遣した地域軍事管理官の一名称ではないのか。

周知のように、守護人（惣追捕使）は、朝敵追討使たる頼朝が、その代官として地方に派遣した国単位の軍事指揮官・軍政官である。守護人が国単位であるのに対し、それより狭い郡・郷・荘を単位として、謀叛発生地などの特定の軍事的重要ポイントに地頭が置かれたと考えればよい。守護人が、軍事的必要性に応じて頼朝の独自の判断で設置されていったように、地頭も必要に応じて設置されていったのだろう。

この場合、その設置は寺社本所側の了解を得て正式に行なっていたわけではなく、戦時下での臨時措置であり、恒久的な支配を前提とした処置でもなかった。また多くの場合、頼朝軍が展開する以前は平家の勢力下で不知行化しており、戦乱が鎮静化するまでは、あまり問題にならない。地頭は没官領の知行者であるという観念は、文治地頭勅許によって没官領に地頭を尋沙汰する、没官領に地頭を置くという政策が、大々的に施行されたのちに形成されたもので、内乱期においては、守護人が国を管轄単位とするのに対し、地頭は郡・郷・荘を単位とする軍事管理官というのが、本質的な性格であるという仮説を提起しておきたい。

3．文治勅許以前の「地頭職」知行例

しかし明らかに軍事管理官的な地頭ではない場合もある。常陸国南郡の地頭下河辺行平は、元暦元年四月二十三日藤原俊兼奉書（『吾妻鏡』同日条）で地頭得分の確定した地頭職を知行し、また文治元年八月二十一日に鹿島社神主と所務相論を行なっている（『吾妻鏡』同日条）。また、元暦二年六月十五日源頼朝下文により伊勢国須可荘・波出御厨「地頭職」補任状が下され公役勤仕が命じられている（島津家文書『平安遺文』四二五九・四二六〇）。また、元暦二年七月日某注進状（高山寺文書『平安遺文』補四二五）では、鎌倉より補任された相模国前取社地頭等が地利を進上しない旨が報告されている。これらの地頭は「地頭職」所務の恒久的な執行者であることは明らかである。また『吾妻鏡』元暦元年五月二十四日条の伊賀国壬生野郷の宇都宮朝綱も、新恩として「壬生野郷地頭職」を拝領するとあって、臨

時の軍政官とみなすことは難しい。

従来はこうした「地頭職」知行者としての地頭の存在から、既に地頭制度は部分的・地域的に成立していたと理解されていた。しかし、検出例は僅かで、また下司・公文・地主の補任が並存し地域的偏頗も認められないことから考えれば、没官領・関東御領の「地頭職」が宛行われ、そこでの警察職務と所務のまっとうを義務とするといった地頭制度が成立していたとは考え難い。恐らく、常陸国南郡、伊勢国須可荘・波出御厨、相模国前取社、伊賀国壬生野郷は、特殊な先駆例に位置付けるべきであろう。

その際にまず考慮すべきは、須可荘・波出御厨地頭が元暦二年六月の補任、相模国前取社が元暦二年七月の事例という時期的な問題である。この頃、『百錬抄』同年六月十二日条には「源二位（頼朝）状云、謀反之輩所知所帯、改二替他人一可二計置一云々」とあり、没官領の処分についての上申が行なわれていることがわかる。文治元年十二月六日源頼朝書状でも、鎌倉殿両御使が九州に下向した同年七月頃、頼朝は原田種直以下の所領について没官処置を行なって沙汰人職を置くよう申請したとある。義経・行家の造反没落に伴って、没官領の給付と地頭職の設置が北条時政より申請されたのは十一月末であるが、それ以前の六・七月段階で既に申請は行なわれ、それが却下されていたと考えられる。つまりその時期には、没官領に地頭職を設置するという頼朝の方針は存在している。文治二年六月二十一日源頼朝書状（『吾妻鏡』同日条）によると、伊勢国では「住人挟二梟悪之心一、已発二謀反一了、而件余党、尚以逆心不レ直候也、仍為レ警二衛其輩一、令レ補二其替之地頭一候也」と、元暦元年八月の平信兼追討を契機とし、先行して地頭を設置していることがわかる。

大山喬平は、須可荘・波出御厨地頭補任は加藤光員による没官注文作成と関連しているとし、没官領注文作成↓謀叛人跡地頭補任という、後白河院没官領注文の枠を越えた「以後におけるあらゆる謀叛人所帯跡への頼朝権限の拡大」

をみる(4)。しかし須可荘・波出御厨への地頭職補任を以て、伊勢国の没官領に地頭が普遍的に設置されたと判断できるだろうか。

ここで地頭に補任された惟宗（島津）忠久につき井原今朝男は前掲論文において、治承三・四年段階では、摂関家の侍であり、皇嘉門院聖子の家人であったことを指摘する。比企能員との姻戚関係こそ指摘されているが(5)、地頭職給付に相応しい武功はもちろん、文官としての活動も認められない。そうした意味では唐突な地頭職の給付といえる。須可荘は平信兼の旧領であるが、近衛家領で信兼は同家より預所に補任されていたこと、また信兼は平家家人という印象が強いが、実は累代の摂関家の侍であることが明らかにされている(6)。つまり須可荘は摂関家領で同家家人である信兼が預所として支配していたが、信兼没落後、同じく摂関家家人である忠久が地頭に補任されたということになる。井原は、内乱で混乱した島津荘の支配を再構築するために、領家摂関家は幕府と共同歩調をとって下司忠久の在地権力を強化する方針を選択したと想定している。こうした方針に沿って、元暦二年八月十七日には下司忠久の荘務執行を安堵する源頼朝下文（島津家文書『平安遺文』四二七二）、文治二年四月三日には忠久の地頭所務を安堵する源頼朝下文が発給されているのだろう（同『鎌倉遺文』八二）。

同じ摂関家・惟宗忠久という共通性からすれば、須可荘の場合も島津荘と同様に、領家と幕府の協調による地頭設置であったことは考え得るのではないか。前述のように、元暦二年六月頃は頼朝が没官領地頭制の施行を模索していた時期に相当し、一方、摂関家側は信兼事件で荒廃した須可荘支配を再生するために、同家の侍であった忠久を地頭に登用するという妥協策が講じられたのではなかろうか。

次いで、元暦二年七月の相模国前取社の事例であるが、前掲某注進状には「自二鎌倉一被二補任一之地頭等、乍レ申下可レ従二領家一之由上、敢不レ運二所出地利一也」とあり、領家に従う旨を約束して鎌倉から補任された地頭であり、領家の了解を得ての地頭補任である。石井進「源平争乱期の八条院領」[7]では、同荘が八条院領であること、また同荘関連史料として年未詳「八条院庁令旨」（島田乾三郎所蔵文書）があり、その宛所である源中納言入道を源雅頼に比定している。つまり地頭が置かれている前取社は、八条院領で領家・預所は雅頼となる。この雅頼は、頼朝の側近中原親能の主人で、九条兼実とも親しい人物であり、頼朝が地頭設置をもちかけるとすれば、もっとも相談しやすい領家といえる。[8]

伊賀国壬生野郷とその周辺地域は様々な意味で重要な場所である。第一には、それが平正盛以来の平家拠点であることだろう。正盛が壬生野郷北側の鞆田荘を六条院に寄進して、鳥羽院に近仕するきっかけとなったこと、その段階で周辺の山田村・柘植郷などに所領を集積していたこと、根本家人である平家貞（家継・貞能父）等を現地沙汰人に配置していたことが指摘できる。[9]またこうした平家旧領が没官領として院より頼朝へ給付されたこと。さらには、それらが東大寺再建の費用として寄進されていることである。

鞆田荘が院没官領注文に載せられて頼朝に給付されていたことは文治五年四月七日源頼朝下文（保坂潤治所蔵文書『鎌倉遺文』三八〇）に明記されている。また近隣の伊賀国山田郡内有丸・広瀬阿波杣山も没官地として頼朝に給与されていたことは、建久元年（一一九〇）十二月十二日源頼朝下文（松雲公採集遺編類纂『鎌倉遺文』四九七）で明らかであり、各々の下知状を以て地頭職が停止され、東大寺造営用途へ寄進されている。元暦元年八月の伊勢伊賀平氏の乱に与した武士の中には、山田郡平田の平田家継、鞆田荘柘植郷の平家清、壬生野郷の壬生野能盛がみえる。ことに『源平盛衰記』によれば、壬生野郷に集結して近江国境へ移動しており、彼等が合戦の主導者とみてよいだろう（第三章2節）。川合康[10]は、彼等が平重盛の旧臣たちで、平家没落時には西海へ落ちずに、義経上洛軍に参じて義仲追討に功のあった人々とする。

元暦の反乱に参加した平重盛の旧臣たちは、平家時代には平家を領家と仰ぐ在地領主で、その中に壬生野郷の壬生野能盛が含まれていることからすれば、同郷も平家没官領として頼朝へ給付されていた可能性はかなり高いと思う。つまり関東御領であり、また平家の最も強固な旧基盤地域で、かつ平家家人が多く残存している状態、これが元暦元年五月段階で地頭が補任された理由であろう。

なお、前掲川合論文では、畿内西国での地頭補任は元暦二年六月以降であることから、壬生野郷地頭補任の記事の所収年は誤りと推測されている。しかし『吾妻鏡』元暦元年十一月十四日条では、西国所領を宛賜わった面々の中に宇都宮朝綱の名前が見えるので、それ以前、西国のどこかに所領を拝領していることは確認されるし、もとより史料的な裏付けがなければ『吾妻鏡』の記述に従わざるを得ないと思う。

同郷地頭の補任と同じ時期、元暦元年五月十八日には摂津国武庫荘下司・公文職に源光清が補任されているが、これを田中は院没官領注文により給付された領家職に基づく行為と理解している。壬生野郷の場合は、特に軍事的緊張が払拭されていない地域であったので地頭職が選択されたのではなかろうか。その場合、周辺武士の軍事指揮権を持った惣地頭的な性質であることが想定される。

元暦二年七月七日、朝綱は頼朝に強く申請して没落した平家の重臣平貞能の身柄を預っており（『吾妻鏡』同日条）、これにより平家政権下で朝綱と平田家継の弟貞能とが親密な関係にあったことが理解される。この件に関し山本隆志[11]は、宇都宮社神主という東国における強い立場と、源義朝子とされる八田知家を兄にもつという頼朝との近しい関係が、朝綱の強硬な主張を可能としたとする。また、川合は朝綱入部の理由につき、旧来からの朝綱と重盛の旧臣たちとの深いつながりを、緊張地域の鎮撫に利用しようとしたものと説明する[12]。壬生野郷地頭設置の背景にはかなり特殊な事情が存在していたことは確かである。

軍事的緊張地域という点では、常陸国南郡惣地頭下河辺政義の場合も同様である。寿永二年の野木宮合戦を経て、常陸国の反鎌倉勢力である佐竹・常陸大掾氏の勢力は大きく削がれたが、大掾職は残存した大掾氏の掌中にあり、このため依然として大掾一族が常陸国内に蟠居する状態にあった。鎌倉から配置された守護八田知家と大掾氏旧領南郡へ入部した惣地頭下河辺政義とが、大掾氏と対峙しつづけ、その矛盾が建久四年（一一九三）の曾我兄弟の仇討ち事件に便乗した、八田知家の謀略による大掾多気義幹の失脚へとつながってゆく[13]。南郡は、国役・有限所当官物を支弁する国衙領で関東御領ではないが[14]、同郡に惣地頭・地頭が設置されたのも、基本的には前述のような軍事的課題に対応した処置であろう。

文治以前の地頭で「地頭職」知行者としてみえる地頭について検討してみるに、伊勢国須可荘・相模国前取社は本所領家の許可を得た文治勅許地頭の試行的存在、伊賀国壬生野郷・常陸国南郡は軍事緊張地域への頼朝の特別処置であろうと思う。こうした特殊地域以外の関東御領では下司・公文・地主など、通常の荘官職・預所職が補任されていたものと想定する。

合法的地頭に対し、内乱の終息に伴って問題化する幕府側が独自に一時的に設置した地頭、これは寺社本所側からすれば非合法といえるが、そうした地頭が広範に存在し、①～④・越前国河和田荘のような地頭狼藉停止問題を引き起こしていたと考える。これら非合法的・臨時的地頭は、先にみたように守護人―地頭輩という関係で設置されることが多く、鎌倉に居た頼朝もそれらの動向を個々に把握することは不可能であった。文治の没官領地頭勅許によって、謀叛人跡に地頭を恒久的に設置することになるが、その際、a：頼朝の地頭補任なく勝手に知行する場合、b：頼朝が補任した地頭で本家・国衙の命令に従わない場合、双方を頼朝が裁断してゆかなければならないのは、こうした文治勅許以前の地頭制度の存在にあるといえる。

注

（1）『地頭及び地頭領主制の研究』第二章 地頭制度成立の前提（山川出版、一九六一年）。
（2）後白河院庁下文案 仁和寺文書『平安遺文』五〇八八。
（3）安田（1）著書 第一章「地頭」の基礎的考察。
（4）「没官領・謀叛人所帯跡地頭の成立」（『史林』五八―六、一九七五年）。
（5）朝河貫一「島津忠久の生ひ立ち」（『史苑』一二―四、一九三九年）。
（6）田中文英「平氏政権と摂関家」（『平氏政権の研究』思文閣出版、一九九四年、初出六八年）・正木喜三郎「古代末期における平信兼の動向について」（竹内理三先生喜寿記念論文集刊行会編『荘園制と中世社会』東京堂出版、一九八四年）。
（7）永原慶二・佐々木潤之介編『日本中世史研究の軌跡』（東京大学出版会、一九八八年）。
（8）白根靖大「関東申次の成立と展開」（『中世の王朝社会と院政』吉川弘文館、二〇〇〇年）。
（9）龍粛「六条院領と平正盛」（『平安時代』春秋社、一九六二年）・赤松俊秀「杣工と荘園」（『古代中世社会経済史研究』平楽寺書店、一九七二年）。
（10）「治承・寿永の内乱と伊勢・伊賀平氏」（『鎌倉幕府成立史の研究』校倉書房、二〇〇四年）。
（11）「辺境における在地領主の成立」（『鎌倉遺文研究』一〇、二〇〇二年）。
（12）川合（10）論文。
（13）網野善彦「南郡惣地頭職の成立と展開」（『日本中世土地制度史の研究』塙書房、一九九一年、初出六八年）。
（14）『吾妻鏡』元暦元年四月二十三日条所収藤原俊兼奉書。

まとめ

文治の諸国地頭勅許が地頭制度の大きな画期になっているのはもちろんだが、その前後を如何に区別するかは明らかではなかった。というより区別しないというのが通説であったといえる。本章では文治勅許によって地頭が没官領を知行するようになったのであり（1節）、それ以前は軍事管理官であって特定の知行地は原則給付されていなかった（2節）とする区別を提起した。

地頭としての得分＝地頭職は文治勅許により付与されることが原則化するが、それ以前は国単位の守護・惣追捕使に対して、地頭はその下部の郡郷荘単位で設置されていても、その単位所領の知行は必要条件ではなかった。つまり地頭領がなくとも地頭たり得たのである。

地頭の本質は2節で述べたような、地域軍事管理官であって、所領知行者としての地頭とは付則的条件といえる。とすれば、地頭制度は封建支配を目的とした制度ではなく、頼朝・鎌倉殿による謀叛の鎮圧・防止や、社会秩序の回復維持のための地方機関、つまりは「統治の手段」が本質となろう。

第八章　地域社会と将軍権力

本章について

主に本書Ⅰ部では地域を、Ⅱ部では将軍権力についてとりあげた。Ⅰ部では地域社会を内乱の主体に措定し、内乱が地域内紛争―地域間抗争―政権争奪戦―地域再編と質的変化を遂げるなかで頼朝政権が生み出され、地域社会の再編がなされてゆくこと。Ⅱ部では、幕府内の将軍権力が御家人の上下秩序の支配に由来し、その権力は封建支配権の拡大というよりは、内乱で混乱した政治・社会・経済の再秩序化へ向けられていたことを論じた。ではなぜそうした調整役的な権力が必要とされ、地域社会を主体とする内乱を経て生み出されたのか、その地域社会と将軍権力の歴史的構造について、Ⅰ部・Ⅱ部を通じての総括的な議論を準備し、その中から一応の説明を提起してみたい。

1．寿永二年十月宣旨の位置付け

寿永二年（一一八四）十月宣旨発布に至るまでの源頼朝と朝廷との交渉では、院使の鎌倉下向に際して、頼朝よりの三箇条を記した折紙・合戦注文が提出されており、これにより最初の本格的な政治交渉、或いは外交交渉ともとれる折衝が始まった。次に掲げた『玉葉』寿永二年十月四日条には、この二通のうち三ヶ条の折紙のみが引用されている。

四日乙未、陰晴不レ定、及レ晩大夫史隆職来、密々持二来頼朝所レ進合戦注文并折紙等一、院御使庁官所二持参一云々、件折紙不レ違二先日所一レ聞、然而為二後代一注置之、

一、可レ被レ行二勧賞於神社仏寺一事

右、日本国者神国也、而頃年之間、謀臣之輩、不レ云二神社之領一、不レ顧二仏寺之領一押領之間、遂依二其咎一、七月廿五日忽出二洛城一散二亡処一、所レ守二護王法一之仏神、所下加二冥顕之罰一給上也、全非二頼朝微力之所一レ及、然者可レ被レ行二殊賞於神社仏寺一候、近年仏聖燈油之用途已闕如無二先跡一、寺領如レ元可レ付二本所一之由、早可レ〔被〕宣下一候、

一、諸院宮博陸以下領如レ元可レ被レ返二付本所一事

右、王侯卿相御領、平家一門押二領数所一、然間、領家忘二其沙汰一、不レ能二堪忍一、早降二聖日之明詔一、可レ払二愁雲之余気一、攘災招福之計、何事如レ之哉、頼朝尚領二彼領等一者、人之欲相二同平家一候歟、宜下任二道理一有中御沙汰上者、

一、雖二奸謀者一可レ被レ寛二宥斬罪一事

右、平家郎従落参之輩、縦雖レ有二科怠一、可レ被レ助二身命一、所以者、何頼朝蒙二勅勘一雖レ坐レ事、更全二露命一今討二朝敵一、後代又無二此事一哉、忽不レ可レ被レ行二斬罪一、但随二罪之軽重一、可レ有二御沙汰一歟、

以前三ヶ条事、一心所存如レ此、早以二此趣一可下令二計奏達一給上、仍注二大概一上啓如レ件、

合戦記不レ遑二具注一、

村井康彦(1)は、この三箇条の申請と十月宣旨とが、直接的関係にあると指摘するが、その直接的関係に否定的な意見は多い。しかし上横手雅敬(2)は、「村井説はおそらく成立しがたい」としながらも、この申請直後の十四日に十月宣旨が発給されているという日程は、この申請と十月宣旨に何等かの関係があったとする根拠として否定できないとする。

さらに、後白河院より直接下された使者泰貞に対して、十月宣旨発布の直前に奏上された公式なる頼朝の返答であることは重視すべきで、泰貞が十月宣旨を持参して再度鎌倉に下向した状況を考えても、同じ泰貞がもたらした三箇条の申請が、十月宣旨と密接に関係すると考えるのは、ごく自然なことではなかろうか。

申請の一条目では、「可レ被レ行二勧賞於神社仏寺一事」とあり、「頃年之間、謀臣之輩、不レ云二神社之領一、不レ顧二仏寺之領一押領」とあるのは、明らかに平家の押領行為を指す。この平家に「冥顕之罰」を加えたのは、王法＝朝廷を守護する仏神であり、頼朝の力ではないとし、神社仏寺への殊賞と寺領の復旧を命じる宣下を申請している。

二条目では、「諸院宮博陸以下領如レ元可レ被レ返二付本所一事」とあり、平家一門により押領され不知行となっている所領の領主権の復興を命じる「聖日之明詔」の発給を促している。

三条目には、「雖二姧謀者一可レ被レ寛二宥斬罪一事」として、平家郎従でもその罪の軽重に応じて寛宥の処置を行なうべきとする。

先学が、三ヶ条の申請と十月宣旨の関係に否定的であったのは、申請が朝廷に妥協的であり、「権限附与文書」である十月宣旨と不適合であったからではなかろうか。例えば佐藤進一は、申請では国衙領の解放について触れておらず、国衙領解放を明記している十月宣旨の内容と適合しないとして相関関係を否定している。(3) 確かに、申請中では国衙領・非平家押領荘園には触れていない。しかし申請の一・二条目で、源頼朝はあくまでも朝敵を追討する立場＝謀叛行為を行なっていないとの立場を主張しており、自己の軍事行動を正当化すべき政治交渉の場において、実際には占領していても、頼朝はその非法行為を自称し、明文化することは不可能であった。すなわち、三箇条の申請の一・二条目において、頼朝は平家に押領された所領の復旧を申請し、中央権門の利益を保護する立場、方向性を明示しているのであるから、いわんや自己が中央権門の権益を不法に侵害することも有り得ないのであり、朝廷側で東山東海の国衙荘園領全体へと適用範囲を拡大しても、不平を述べるはずもない。

また佐藤(4)は、三箇条の申請に国衙領の押領回復が含まれていなかったため、朝廷側がこれを放置したところ、頼朝は美濃以東における王朝の統治権の否定、すなわち王朝への謀叛を示唆して恫喝し、十月に至って王朝は屈服し申請のままに、頼朝に対して重大な公権委譲を行なう旨の宣旨＝十月宣旨を発布したとする。つまり十月宣旨は頼朝が恫喝により勝ち取ったもので、公権委譲（東海東山道諸国の国衙在庁指揮権）を認める「権限附与文書」だとする。

この恫喝とは『玉葉』十月二十四日条の「伝聞、頼朝先日付二院使一也、泰貞令レ申事等、各無二許容一、天下者君之令レ乱給ニコソトテ、攀縁即塞〔其イ〕二之路一、美乃以東欲二虜掠一云々」であるが、これは氏の説くように十月宣旨の発給を迫ったからではない。同十月十三日条で兼実は小槻隆職より、頼朝の許へ下向した泰貞が「重為二御使一可レ赴二坂東一」との情報を得ており、その御使が実際に発遣されたこと、またその発遣の理由は、同閏十月十三日条で明らかになる。すなわち同じく隆職からの伝聞で、泰貞が再度、頼朝の許へ下向したのは、源義仲と和平すべきことを伝えるためで、また先に頼朝は「東海・東山・北陸三道之庄園国領如レ本可二領知一之由」を宣言されるよう申請していたが、発布にあたって北陸道は義仲を恐れて除外した、それを頼朝が聞けばきっと憤慨するだろうと隆職は述べている。院使泰貞の再下向は十月十三日以後であり、それは同十四日に十月宣旨が発布されたというタイミングからすれば、その発布を頼朝に伝えるための使節であったと考えられる。隆職が宣旨を見た頼朝の反応を危惧したのはそのためだろう。つまり『玉葉』十月二十四日条でいう恫喝は、宣旨の内容への不満によるもので、宣旨が発給されなかったからではない。

つまり頼朝の憤慨は、申請のうち十月宣旨から北陸道が除かれたことなのである。頼朝―院間の最大の懸案は義仲問題であり、双方の厄介者と化していた義仲をどう処遇するかが、当時の朝廷・頼朝間の交渉にあたって大きな障害となっていた。隆職の説明にあるように、それが原因で十月宣旨も義仲に配慮して北陸道が除外された。院はその点、頼朝に譲歩を求めたのであるが、もとより頼朝は妥協するつもりはなく尾張以東の虜掠に言及したのであり、直後には上洛軍を箱根付近まで進めており、この後、一旦は和平に動くものの最終的には法住寺合戦を契機として義仲は武力排除されている（拙著『源義経の戦略と合戦』角川書店、二〇〇五年 四〇頁〜）。ただし『玉葉』十月二十四日条での恫喝は、義仲問題であり公権委譲に関わる問題ではない。

三箇条の申請のうち、一・二条の内容は、十月宣旨の「東海東山諸国年貢、神社仏寺并王臣家領庄園、如レ元可レ随二領家一之由、被レ下二宣旨一、依二頼朝申行一」（『百錬抄』同十月十四日条）の部分、或いは「東海東山道諸国同神社仏寺院宮王臣諸司諸家庄領、停二止彼是妨一、如レ旧遣レ使、宜レ令二領掌一」（『延慶本平家物語』巻八）とする内容と類似している。

また院使泰貞の九月末の第一次下向での三箇条の申請・合戦注文の奏上による一連の交渉は、九条兼実をして「一々申状不レ斉《ひとし》二義仲等一歟」（『玉葉』十月二日条）と言わしめる優秀なもので、さらに同九日条で静賢法印から語られた頼朝のイメージは「威勢厳粛、其性強烈、成敗分明、理非断決」という高い評価であった。やがて理性・融和性に表裏する武断性が剥き出しにされるが、それは十月宣旨が発布され、貞泰の第二次下向によりそれがもたらされた後である。少なくとも三ヶ条の申請から十月宣旨発給までの交渉は、理性的・融和的に進められており、その内容も「不レ斉二義仲等一」ものであり、問題があったとすれば義仲・北陸問題であり、東国の国衙領・荘園領の復旧と頼朝によるその遵行という本質部分についてのものではなかった。

第六章1節で述べたように、寿永三年二月の諸国武士狼藉停止宣旨は、その直前に発給された同年正月追討宣旨による武士狼藉の発生を契機としており、この二月宣旨の東国版といえる十月宣旨も同様で、平家追討命令である以仁王の令旨により行なわれた、頼朝の東山東海地域での追討行為による弊害を除去することを主旨とする宣旨ではないか。とすれば、頼朝が差し押さえていた平家押領地の返還を含む三箇条の申請と、十月宣旨が直接的な関係にあるとしてもなんら矛盾はない。

佐藤が三箇条の申請と十月宣旨の相関性を否定した根本的な理由は、十月宣旨の主たる目的が「頼朝から国衙領荘園を奪うことにあったなら、かかる宣旨を頼朝自ら要求するはずもなく、また、かれがこれを受け取って施行するはずもない」という前提からであろう。しかしこれまで述べてきたように、「頼朝から国衙領荘園を奪う」ような宣旨を自身で申請し遵行したことは史実である。

それは十月宣旨だけでなく、その後に発布された二月宣旨以下数々の狼藉停止令でも同様で、そうした自己規制的法令の発布を申請し、それを遵行してゆく理由は如何に説明されるべきだろう。

2. 西国軍政機構と安堵体系

第三章でみたように、狼藉停止令たる十月宣旨・二月宣旨の遵行は源義経が担当した。義経は、在京頼朝代官・西国追討軍最高指令官として京都にあり、山城・大和・摂津・河内・和泉など、畿内近国の守護相当の職務を兼務し、西国惣追捕使・守護人を監督していた。そうした追討活動に伴って守護担当国では兵士兵粮米の徴収免除、武士狼藉停止を管掌し、同様に西国で軍務を遂行する惣追捕使・守護人の監督者であった。西国での朝敵追討活動は、在京代官たる義経を筆頭に、山陽道惣追捕使土肥実平・梶原景時、義経奉行人中原親能、各国守護人などの連係により遂行されており、それは鎌倉から独立して機能する西国軍政機構といえる。

義経失脚後は北条時政にその職務・職権が継承されるが短期間で鎌倉へ帰還し、後継たる北条時定・一条能保に至っては義経・時政期に相当するような活動はみられない。下って建暦三年（一二一三）の時政政権発足に伴い、京都守護として平賀朝雅が上洛し、さらに朝雅の没落後、大内惟義・伊賀朝光等が同職を勤める。彼等は畿内近国において治安維持・守護として充分な機能を果たすが、彼等もまた義経・時政のように鎌倉殿の権力を代行するような安堵機能を発揮することはなく、京都に独立した行政機構が置かれるのは、承久の乱後の六波羅探題まで待たなくてはならない。

つまり西国軍政機構は元暦元（一一八四）〜文治元年（一一八五）という短期間のみに存在した。同機構と頼朝との職務・職権の分担関係であるが、『吾妻鏡』寿永三年二月二十五日条所収の源頼朝書状において「勲功賞」は頼朝の専権とし、「平家追討事」の主体が自身であることを明記しながらも、「号㆓源氏平氏㆒携㆓弓箭㆒之輩并住人等」への指揮権・引率権を、義経に与えてほしい旨の申請を朝廷に行なっており、軍事については総大将である義経に一任している。この関係で、軍事活動に付随する兵粮米の賦課免除は、守護・在庁官人が実務にあたり、義経が守護を兼務している場合は自身が専決し、それ以外では監督する。また検断の場合も同様で、鎌倉を介さず院—義経間の調整で機能する。武士狼藉停止も検断の一部として、兵粮米の賦課免除と同様に管掌された。こうした兵粮米の賦課免除と武士狼藉停止は、十月宣旨・二月宣旨で規定されている基本路線に沿って西国行政機構が執行している。

軍事・検断は西国軍政機構が原則的に管轄するが、所務案件は鎌倉へ取り次ぐにとどまる。例えば紀伊国阿弖河荘の場合、寿永三年三月、同荘に対し寂楽寺が無道の押領をなしているとの高野山の訴えにつき義経は、「如㆓解状㆒者、尤不便也、早停㆓止無道狼藉㆒、可㆑令㆑致㆓沙汰㆒也」との外題安堵を行なっている。[5]『高野春秋編年輯録』によれば、同年五月二日、高野山が使節を朝廷に派遣し同荘が空海の御手印官符以来の高野山旧領であることを訴えたところ、太政官庁から義経へ移管され、義経は添状を副えて頼朝に取り次いだという。今江廣道[6]によれば、同荘は平家没官領として文覚に給付されたらしく、それにより朝廷は頼朝へ訴訟を移管したのであろう。この結果、同年七月二日源頼朝下文（高野山文書『平安遺文』四一八三）を以て高野山領たることが認められている。

《元暦元・文治元年間の西国狼藉停止・安堵案件表》

※西国行政機構の管掌　◎没官領　◆鎌倉殿両使の管掌

寿永３年（元暦元年）		
※２月22日	春日社領への兵粮米を停止する（源義経請文案）	
※３月　日	武勇輩の社頭并四至内狼藉の停止（感神院所司等解）	
◎４月３日	東大寺領伊賀国五箇荘内鞆田村の奉免（源頼朝下文）	
４月24日	諸国賀茂社領の狼藉停止・安堵（源頼朝下文）	
５月８日	賀茂社領への狼藉停止・安堵（源頼朝下文）	
※５月24日	高野山領紀伊国七箇荘への兵士兵粮を停止（源義経下文）	
※６月19日	高野山領荘々への狼藉并兵粮米催を停止（中原親能下文）	
◎６月　日	神護寺領紀伊国神野真国荘への濫妨停止（源頼朝下文）	
◎７月２日	東大寺領伊賀国鞆田荘の安堵（関東御教書）	
※７月24日	前待賢門院御莚料藺田への押領停止（一院御座作手等解外題）	
※８月25日	高野伝法院所領荘々への狼藉停止（中原親能書状）	
※９月20日	垂水御牧内萱野村への濫妨停止（源義経書状）	
10月27日	梶原景時郎従等の淡路国広田荘への乱入を停止（吾妻鏡）	
10月28日	杵築社への乱妨を停止し同社神主へ社務を安堵する（源頼朝下文）	(1)
※12月頃	壷井御堂通法寺への兵粮米の停止（河内国通法寺愁状義経外題）	
※12月29日	高野伝法院領への兵士兵粮米免除（紀伊権守奉書）	
元暦２年（文治元年）		
１月９日	石清水八幡宮領の兵粮米免除・武士狼藉停止（源頼朝下文）	
※１月22日	松尾寺への武士狼藉の停止と安堵（源義経安堵状）	
３月13日	河内国天野寺内の山狩・材木切取を禁ず（源頼朝下文）	
◆４月24日	近江国金勝寺への武士狼藉停止（関東下知状）	
４月26日	畿内近国における土肥実平・梶原景時らの押領停止（源頼朝下文）	(2)
４月28日	近江国住人重遠への濫妨を停止し安堵する（吾妻鏡）	
◆４月28日	賀茂社への氏人久平・玉井次郎の押領停止（関東下知状）	
◆５月１日	山城国泉木津荘への梶原景時の押領停止（関東下知状）	
◆６月９日	粉河寺領栗栖荘を安堵する（大江広元書状）	
※６月28日	八条院の伊予国下向御使の煩を停止（源義経書状）	
※12月15日	高野山領への兵粮米免除（北条時政請文）	
※12月　日	伊勢神宮領内への武士乱妨を停止する（多米正富解北条時政外題）	
※12月　日	河内通法寺供僧寄人への狼藉を停止する（通法寺解北条時政外題）	
※12月　日	河内国薗光寺への甲乙人の乱入妨を停止する（北条時政禁制）	

(1)　元暦元年11月29日平某下文（平安遺文4219）
(2)　吾妻鏡同日条

軍事関係は西国軍政機構で、所務関係は鎌倉でという原則がうかがえるが、実際の狼藉停止・安堵業務を一覧し、そうした分掌状況をみてみたい（《元暦元・文治元年間の西国狼藉停止・安堵案件表》）。

西国での狼藉停止・安堵案件の大部分は、在京代官義経・時政と義経代官の中原親能によって処理されている。頼朝から特使として派遣された鎌倉殿両御使も、義経の西海出陣後、畿内近国の狼藉停止に従事しているが、御使の使命は院宣の遵行であるから、遵行に抵抗する輩、遵行を拒否する輩がいる場合などを除き、頼朝から独立して機能している。義経の西海下向に伴って、その狼藉停止機能を引き継いだという点からして御使も西国軍政機構に含められる。

同機構ではなく頼朝が鎌倉に居ながら管掌しているのは、没官領と賀茂社・石清水八幡宮といった特別な権門社寺、それに元暦二年四月二十六日の畿内近国における土肥実平・梶原景時らの押領停止が源頼朝下文で命じられており（『吾妻鏡』同日条）、西海道惣追捕使に関わる案件は頼朝直轄とされている。こうした所務案件と、より高度な指揮権の発動が必要な場合を除き、軍政に関わる案件は西国軍政機構が担当したといえよう。

西国軍政機構の組織と運用原則は、義経上洛以前からある程度、準備されていたであろうが、具体的には上洛後、朝廷と義経を介しての鎌倉側との交渉により、状況に即して構築されていったものと想定される。

頼朝自身は西国の合戦地域から遙か遠方の鎌倉におり、必然的に出張機関が独自に判断しなければならない案件が生じるわけで、自然と在京代官の権限は大きくなる。義経・時政の行使した広範な権限は、こうした内乱という特異な環境が大きく作用していたのであろう。

ことに義経は、その上洛にあたって十月宣旨を遵行するという職務を負い、さらには二月宣旨の遵行を担うというように、東国・全国の武士狼藉停止の実行を通じて朝幕共同での治安回復機能、ひいては朝幕関係を実質的に構築し

《承久三年六波羅探題武士狼藉停止表》　※遺 は『鎌倉遺文』

8月1日	土佐国香曾我部保への兵粮米催以下の狼藉を停止する	遺2791
8月12日	高野山領紀伊国南部荘の武士に本所所堪に従うべきを命じる	遺2796他
8月13日	高野山領荒河荘等への守護所使の乱入と兵粮米を停止する	遺2797他
8月14日	播磨国河内・厚利郷への段別三升兵粮米以外の催しを停止する	遺2799
8月16日	鞍馬寺住僧寺内狼藉を訴えるにより犯人の搦進を命じる	遺2801
8月17日	伝法院領紀伊国七ヶ荘への兵粮米による守護所使乱入の停止	遺2802
8月21日	豊前宇佐宮領辛島郷等への甲乙人の濫妨を停止する	遺2806
8月23日	越後国蒲原荘への段別三升兵粮米につき新儀の徴下を停止する	遺2808
8月25日	伝法院領紀伊国七ヶ荘への守護所の新儀濫行を停止する	遺2815他
8月　日	因幡国前大僧正御房領への守護・地頭の新儀自由を停止する	遺補765
9月17日	正八幡宮領大隅国桑原郡并弥勒寺領への武士狼藉を停止する	遺2835
10月8日	某所の非法停止	遺補771
10月8日	安楽寺領薩摩国山門荘・国分寺領への武士狼藉を停止する	遺2846
閏10月12日	最勝光院領備中国新見荘への兵粮米責と地頭補任を停止する	遺2871
11月17日	建春門院法華堂領河内国大和田荘への地頭の濫妨を停止する	遺2887

ていった。こうした義経の基盤が西国軍政機構であり、朝廷の要請や平家軍の情勢などに沿って義経を中心とした土肥・梶原・中原親能など在京の人々が、頼朝と連絡しながら創り上げたのであろう。

つまり西国軍政機構は、鎌倉とは別に独自に京都政権と接触しながら形成された統治機構であり、東海道東辺とその周辺地域を地盤とする地域社会から生まれた関東の頼朝権力とは異質の権力体であるといえる。

森幸夫[7]は、西国成敗機関として確立した六波羅探題は、北条氏勢力を構成要員としない吏僚層を中心とした官僚組織によって担われていたとし、北条一族を中核として構成された鎌倉幕府権力から独立した存在とみる。そうした独自の権力体が構成されたのは、大量の所務沙汰処理を担わなければならないという探題の機能に由来するという。

こうした鎌倉とは異質の独特な統治機構が京都に成立する前提として、義経・時政期の西国軍政機構の成立を考える必要がある。承久の乱後、六波羅探題北条泰時・同時房は、義経・時政同様に武士狼藉停止の下知を大量に発給しており、そうした戦後の安堵作業から所務成敗機能へと転じてゆく（第三章2節）。

ことに九月十七日・十月八日六波羅下知状で「任二宣旨状一」とある宣旨とは、七月二十七日に発布された「停二止狼藉一」の宣旨を指すのであり[8]、義経が二月宣旨に基づいて狼藉停止を遵行したのと同様のやり方で、六波羅は承久の乱の戦後処理を遂行しているのである。六波羅の狼藉停止活動が八月一日以降であるのは、七月二十七日に宣旨が発布されたからであり、それを遵行するかたちで統治機能が動き出すのである。ここでは宣旨─狼藉停止の遵行であり、義経でも、鎌倉殿両御使でも、六波羅でも手続きは同じで、宣旨に基づくという意味で、鎌倉殿からは独立した統治機構として機能するのである。西国軍政機構の機能は、断絶を経ながらも六波羅探題へと引き継がれたといえよう。

3. 新支配身分の創出

建保元年（一二一三）九月十九日、日光山別当弁覚が源実朝に使者を進めて、故畠山重忠末子の重慶が当山の麓に籠居し牢人を集めるなど、謀叛を企んでいるらしいことを注進してきた。実朝は当座に候じていた長沼宗政に生虜を命じ、宗政は即座に下野へ向かった（『吾妻鏡』同日条）。ところが宗政は、仰せに違えて重慶を斬首しその首を持参したので、実朝は「犯否左右」の沙汰をするつもりだったのに、誅戮に及んだのは楚忽であり罪業だと叱責する。それに対し宗政は次のように答える。

『吾妻鏡』建保元年九月二十六日条

廿六日癸亥、（中略）於二件法師一者、叛逆之企無二其疑一、又生虜条雖レ在二掌内一、直令二具参一之者、就二諸女姓比丘尼等申状一、定有二宥沙汰一歟之由、兼以推量之間、如レ斯加二誅罰一者也、於二向後一者、誰輩可レ抽二忠節一乎、是将軍家御不可也、凡右大将（頼朝）家御時、可レ厚二恩賞一之趣、頻以雖レ有二厳命一、宗政不二諾申一、只望、給二御引目一、於二海道十五ヶ国中一、可レ糺二行民間無礼一之由、令レ啓之間、被レ重二武備一之故、忝給二一御引目一、于レ今為二蓬屋重宝一、当代者、以二哥鞠一為レ業、武芸似レ廃、以二女姓一為レ宗、勇士如レ無之、又没収之地者、不レ被レ充二勲功之族一、多以賜二青女等一、所謂、榛谷四郎重朝遺跡給二五条局一、以二中山四郎重政跡一賜二下総局一云々、此外過言不レ可二勝計一、仲兼不レ及二一言一起レ座、宗政又退出、

すなわち、重慶の叛逆は明らかであり生虜することも可能だったが、そうすれば女性・尼などの訴えにより斬罪を免れることになるだろう、だから自分が誅戮した、将軍家がそうした処分に及べば、誰も忠節に励まなくなるからだと応じる。そして、かつて源頼朝は「海道十五ヶ国中」において民間無礼を糺行すべきを啓され、武備を重んじられたので、自分も御引目を賜わって今でも重宝としているとし、実朝の文弱を諫める。『吾妻鏡』が頼朝の旧跡を持ち出し、実朝の文弱を批判するのは常套であるが、頼朝が海道一五箇国中における民間の無礼を糺行するよう啓したとは如何なる意味であろう。

「啓す」とは院・三宮・東宮へ申し上げる場合に使うので、この場合は後白河院である。つまり頼朝は海道一五箇国（これは前述の遠江以東一三箇国に陸奥・出羽両国を加えた国々であって、厳密に東海道という意味ではない）の民間の無礼を糺すということを後白河院へ申請したということになる。

では頼朝の糺すべき民間の無礼とは何か。まず民間について、『吾妻鏡』建長三年（一二五一）七月二十日条では「諸国民間訴訟於二出来一者、西収以前、召符不レ可レ下之旨」が政所・問注所に命じられていることから、民間訴訟とは雑人訴訟、つまり地頭・御家人以下の身分の訴訟に等しいことがわかる。また御成敗式目の発布について、執権北条泰時が六波羅探題北条重時へ連絡した貞永元年（一二三二）九月十一日書状[9]には、「法令のおしへめでたく候なれど

も、武家のならひ、民間の法、それをうかゞひしりたる物は百千が中に一両もありがたく候」ゆえに「この式目を注置れ」たので、「京都人々」から謗難があれば、そのように趣旨を答えるようにとある。法令とは律令格式のことで、これを知るものは武家にも民間にもいないという説明である。(10)ここから律令格式を知る京都の人々、それを知らない武士と民間という三者の対置認識が読み取れる。

中世の身分制につき高橋昌明(11)は、出生身分・職業身分・帰属身分という類型区別を行ない、例えば「侍という出生身分、武士という職業身分、御家人という帰属身分」というように重複して身分を兼帯することが普通であったと説明する。また幕府法や古記録類での「武士」の用例を検討した錦織勤(12)は、鎌倉幕府成立以降、「武士」と称されたのは原則として関東祗候人に限定されるとした。つまり両者の理解からすれば、幕府成立以後は御家人という帰属身分を得たもののみが「武士」と称されたのであり、社会的な身分制度における武士身分と、政治的に規定された「武士」とで区別する必要がある。たとえば家系上では武士の家柄に属するもの、武芸に達しているという点で明らかに武士と呼び得るものでも御家人でなければ、政治的・幕府法的には「武士」ではないということになろう。

先に検討したように頼朝は関東一三箇国の大名小名・頼朝関係者を家人に組織し、頼朝—門客門葉—鎌倉内供奉衆—在国御家人、及び守護—西国御家人という秩序を創り上げ、それぞれの立場に応じて営中・内裏へ参勤することにより一つの権力体を構築した。ここに組織された人々が、泰時書状でいう京都の人々・民間と区別される「武家」である。長沼宗政のいう「民間」も、政治区分上、「武家」と対置される概念で使用されているのだろう。

つぎに無礼であるが、『吾妻鏡』の他の事例をみると、現在一般に使われる「無礼」と同じで、礼儀に欠けること、失礼といった意味で使われており、『日本国語大辞典（小学館）』でもほぼ同様である。また同書では、無礼は「いやなし」「うやなし」と訓読みし、「いや」「うや」は、敬意をはらうこと、敬意を表すことであり、「うやうやしい」、

「うやまう」といった表現は、この「いや」「うや」からきているという。恐らく「いや」「うや」は本来、尊敬の念を抱く、の意味であり、やがてその行為をさすようになったとすべきだろう。それはともかく、「礼（いや）＝尊敬の念を抱く」であれば、その逆「無礼（いやなし）＝尊敬の念を欠く」となる。すなわち『吾妻鏡』当該条の「民間無礼を糺行すべし」というのは、この「尊敬の念を欠く」の意味が適当である。

この「無礼」につき石田博「日本の古典における無礼の用例[13]」では、『古事記』『日本書紀』『続日本紀』の「無礼」の用例から、（1）わが皇室に対する反逆・不敬・非礼・不遜の意味、（2）今日いう失礼・礼にもとるの意、という二種類が抽出できるという。

例えば『古事記』景行天皇の条で同天皇は、小碓命《をうすめ》の武勇を認め、「西方有二熊曾建二人一、是不レ伏无レ礼人等、故取二其人等一（是れ伏《まつろわ》はず、无礼人等なり、故《かれ》其の人等を取れ）」といって派遣したとある。伏わざる人（服従しないもの）は、无礼（無礼）であり、追伐の対象とされている。また『日本書紀』応神天皇三年項では、「是歳、百済辰斯王立之、失二礼於貴国天皇、故、遣二紀角宿祢・羽田矢代宿祢・木菟宿祢一嘖二譲其无レ礼状一、由是、百済国殺二辰斯王一以謝之（この歳、百済の辰斯王立ちて、貴国の天皇のみために失礼《ゐやな》し、故《かれ》、紀角宿祢・羽田矢代宿祢・木菟宿祢を遣して、その礼无《ゐやな》き状《かたち》を嘖《こ》譲《ろ》はしむ、これに由《よ》りて、百済国、辰斯王を殺して謝《うべな》ひにき）」とある。応神天皇は百済の辰斯王が、その即位にあたって「失礼」なふるまいを責めて紀角宿祢等を派遣し屈服させたという。大和朝廷と百済は独立した国同士であるので、法的な支配・被支配があるわけでなく、相手方を敬ったり、いつくしむといった間柄であったが、その友好関係が崩れるとこうした実力行使にもいたる。こうした用例は『続日本紀』にもみられ、宝亀十一年（七八〇）正月辛未（五日条では、世々、新羅国より御調を貢いできたのに「不修常貢、毎事無礼」とする。このように、伏はざる熊曾や隣国諸国との関係において、朝廷への無礼を糾弾し、その追罰・追放の大儀名分としている。

この点、石田は、中国の古典『春秋』では、「諸侯の無礼なるものを討つ」という記事が随処にみられ、それは「王が諸侯を討ったのでなく、諸侯が諸侯を討ったので、無礼なりとして、大が小を討ったもの」とする。そして日本の『古事記』『日本書紀』『続日本紀』の「無礼」の用法も『春秋』の記事に準じるのであり、これら古典での「無礼」の用例の第一義は、朝廷に対する反逆とか非礼をさし、次第に儒家の説く道徳一般にわたって使用されるようになったとする。春秋での「無礼」とは、支配関係が法的に定められていない大小の諸侯間の交戦の際、その名分として「無礼」が使用され、これに基づき日本の『古事記』以下でも支配関係の成立していない朝廷と熊曾・蝦夷・新羅との関係の間での実力行使の大義名分として「無礼」が用いられたということだろう。

こうした中国・日本古代の用例からすれば、頼朝が「民間無礼を糺行する」といった場合、『春秋』で諸侯が諸侯を討つ際に「無礼」が使われたように、頼朝と民間には法的な支配・被支配関係はなく、上下・大小・尊卑観念に基づいて糺行されたと理解すべきだろう。長沼宗政の弁によれば、そのため頼朝は「武備」を重んじたというのだから、そうした糺行を武力を以て遂行したということになる。

「民間の無礼の糺行」に関して『吾妻鏡』嘉禄三年（一二二七）三月十九日条では、後鳥羽院三宮を称して謀叛騒ぎを起こした伊豆前司所従の百姓等の処分につき、物狂の所為として関東御分郡郷からの追放刑でよいという意見もあり、また「民間野心」は刑法に従って厳格に処罰し以後の懲らしめとなすべきという意見もあったという。この場合でも、民間とは百姓身分の人々を指すことは明らかであり、謀叛騒ぎを起こした百姓等の処分は、刑法に従って厳罰に処して以後の懲らしめとなすべきと主張されている。あるいは頼朝が九条兼実に宛てた文治元年十二月六日書状(14)においても、諸国荘園平均地頭職の設置理由は「土民或含㆓梟悪之意㆒、値㆓遇謀叛之輩㆒」する、或いは「就㆓脇々之武士㆒、寄㆓事於左右㆒、動現㆓奇怪㆒」ことへの用意が必要だからだとしている。つまり諸国地頭の設置も、公称は土民＝百姓・

民間が謀叛の輩に与同することに備えてのものであった。これらの事例では民間・土民の国家への反逆行為は、「野心」「奇怪」であって謀叛・謀反とは表記されない。

「野心」とは「身分不相応な企み」の意味で、同様に「無礼」も身分不相応な企み＝上位者への反逆の意味で理解すべきであり、またそうした無礼・野心は「奇怪」＝「けしからぬ行為」なのだろう。すなわち宗政のいう頼朝の「海道十五ヶ国中、可ㇾ糺二行民間無礼一之由、令ㇾ啓」という申請は、一五箇国における農民層の身分を逸した反抗行為を抑止することということになろう。ただしそれを国家的な反逆罪＝謀叛として罰するのではなく、「無礼の糺行」すなわち身分不相応な行為として糺すのである。謀叛として処罰する場合は、追討追捕の宣旨に発動される公的な軍事行動となるが、無礼の糺行であれば、そうした朝廷側の公法と抵触せずに執行可能となる。

東島誠は「謀叛」と「謀反」の使い分けにより幕府は独自の公権を標榜したとするが[15]、前述のように「民間」の場合、「謀叛」「謀反」は使用されないのであり、それは「謀叛」「謀反」を用いることによって生じる朝廷の公権との抵触を避けるため、「無礼」が用いられたのではなかろうか。奥州への軍事侵攻にあたっては、藤原氏が源家累代の御家人なので綸旨がなくとも治罰は加えられるとし、主従関係を大義名分として軍事力を行使したが、「民間」と頼朝との間に主従関係はないのであり、民間に対して治罰を加える場合には「無礼」が用いられたものと整理できよう。

幕府は、泰時書状にみえる京都人々―武家―民間という身分秩序観念を措定したが、同書状中で「これ（式目）によりて京都の御沙汰、律令のおきて聊も改まるべき」ではなく、ただ律令を知らない「武家」「民間」を対象として「御成敗も変々ならず候はんために」制定したのが式目であって、公法たる律令には抵触しないとする。ここで幕府は立法とその施行により公家の公権力は侵害されないことを強調するが、律令法に規定されていない武家―民間という上下区分を新たに創り出し、その上下関係における「無礼の糺行」を大義名分にした独自の統治へ、実質的に踏み込んでいたことは明らかだろう。

宗政は、頼朝が「於㆓海道十五ヶ国中㆒、可㆑糺㆓行民間無礼㆒之由」を後白河院に申請したのを、いつのことと認識しているのだろう。その一案として、申請とは三箇条の申請であり、その回答が寿永二年十月宣旨という理解を提起しておきたい。

4. 平家政権と内乱

頼朝が内乱に勝利する大きな要因は、上総・千葉氏が安房へ敗走してきた頼朝に与同したことである。両氏の反乱挙兵について野口実[16]は、両氏とも平家との関係がこじれており、むしろ〝両総の乱〟といえるほどに主体的であったとする。こと千葉常胤の場合、その所領相馬御厨・印東荘・立花郷をめぐっての父常重以来の国司・領家権力や周辺勢力と鋭い対立関係が指摘されている。

平良文以来の所領と主張する下総相馬郡内所領は、常胤の父常重が大治五年（一一三〇）に伊勢神宮領に寄進し御厨とし下司に任じられ、常胤はそれを保延元年（一一三五）に相続した。ところが翌年、下総守藤原親通は公田官物の未進ありと称して常重を召し籠め、庁目代紀季経をして強制的に相馬・立花両郷の新券を作成して差し押さえた。これに乗じて上総介常澄（広常父）の浮言をえた源義朝が介入するなど、親族・武家からの妨げを受けた。そして永暦二年（一一六一）には、年尚しく停廃していた当御厨を再興すると称して佐竹義宗が神宮に再寄進する。その翌年、常胤はこれを支え申し、久安二年（一一四六）には国司与判により郡司に任じられ、同年、御厨として再寄進したこと、また平治の乱（一一五九年）で一旦は没収されたが、謀叛人義朝の所領ではないことが顕然だったので、元のように奉免立券され、在庁による実検も行なわれていることを述べて御厨の当知行を主張する。さらに再寄進が行き詰まると、右大臣藤原公能から祭主への計らい沙汰という後ろ盾も得るが、結局、佐竹義宗の寄進が採用され同御厨は義宗の知行地となった。

義宗が常胤を「大謀叛人前下野守義朝朝臣年来郎従」と譴責しているように(17)、常胤が御厨の支配権を失う直接のきっかけは、平治の乱による主人源義朝の失脚であったが、それだけではなく、かつて下総守藤原親通に官物負累により責め取られていた圧状沽券が、義宗の手に渡っていたことが致命傷となった。そもそも相馬郡における千葉氏の権利は国司庁宣・国司免判によって保証されており、国守が替われば曾ての安堵が継承されるとは限らず、また官物負累があれば所領を失ったり、身柄を拘束されるなど、国司権力に対しては極めて脆弱な存在であった。もとより常重は「国在庁権介平経繁」と称されているように(18)、その立場は国衙機構に立脚しており、地方の役人の域を出なかったのであり当然といえる。

相馬御厨を失う原因をなした下総守藤原親通の子孫親政は、下総国千田荘に土着し千田氏を称していたが、平忠盛の婿となるなど平家政権に近く、千葉氏が源氏方に与して下総国衙に目代を攻撃するとこれを攻め、千葉氏はこれを撃退し捕虜にして頼朝に進覧している(19)。常胤は反乱挙兵と同時に旧国司勢力と目代を攻撃したのであり、こうした経緯からしても、頼朝挙兵前の千葉氏と国守・目代等との関係が順調でなかったことは明らかだろう。千葉常重は在庁と呼ばれており、上総権介と号する広常も同じく在庁官人であろう。両総平氏の乱の背景には、地域政治を主導する在庁官人と、中央権力の行使者たる国守・目代等との対立があったと考えられる。

こうした中央と地域の対立は両総に限ったことではない。頼朝が房総半島に上陸して真っ先に参じたのは、安房の安西景益であったが、景益に対して頼朝は「相二催在庁等一、可レ令二参上一、又於二当国中京下之輩一者、悉以可二搦進一」を命じ、景益はそれに応えて参上している(20)。同国においても、両総同様に平家政権の息のかかった「京下之輩」がおり、攻撃の対象となっている。ここでいう「京下之輩」とは、伊豆の山木兼隆がそうであるように、まず目代が考えられる。またあるいは大和国では、平家家人の備中国妋(瀬)尾兼泰が検非違使所に任命され、三〇〇余騎の兵をつれて赴任し、治承四年（一一八〇）十二月、南都の蜂起ではその家子三六人が討ち取られ京都へ逃げ帰っている（『延慶本平家物語』巻五）。伊豆国蒲屋御厨では、目代山木兼隆の親族たる史大夫知親なる者の濫妨が、頼朝により停止されているが、この人物も平家に関連する「京下之輩」であろう。また北陸においては養和元年（一一八一）中旬の能登・加賀等の反乱に際して「能登目代逃上」とあり（『玉葉』同年七月二十四日条）、反乱挙兵にあたり国衙・目代が真っ先に攻撃されるのは坂東に限ったことではない。

こうして京都から派遣される目代・検非違使が反乱軍の標的となるのは、内乱期において目代が軍事的な役割を担っていたからであろう。例えば、治承四年十月、甲斐に謀叛した武田氏を追討するため、駿河国目代が京都から下向する平維盛追討軍を待たずに、同国の「有勢武勇之輩三千余騎」を率いて甲斐の武田の城を攻めているし（『玉葉』同年十一月五日条）、前述の千葉氏の挙兵にあたって、同氏の本拠千葉へ攻め入っている千田親政は、平家と姻戚をもつ京官人である。

こうした地域と中央の矛盾とはなにか、第二章で触れた北陸地域の場合、安元三年（一一七七）八月の加賀守藤原師高の目代同師経と同国白山宮衆徒との紛争をきっかけとして、義仲の上洛まで断続的に反乱が起きている。その発端は涌泉寺領の国役免除問題、あるいは目代による大津神人の弁物二千余石の押取問題であり、それがこじれて国司目代と白山大衆が対立し、目代が白山神領在家を焼き払ったことにあった（第二章2節1）。

加賀守師高は、後白河院の第一の近臣西光の子息で院北面の侍であり[21]、師経はその師高の弟にあたるので、院の意志を武力を以て推し進める立場にあった。院は保元元年（一一五六）の新制で示された「九州之地者一人之有也、王命之外、何施二私威一」[22]という天皇強権の確立と、それによる秩序化を目指していた。こうした院―守・目代側の方針と、最も鋭く対立したのが、宗教権威を背景として免田化運動や私挙手・借上などの金融活動に関わっていた神人・悪僧等であり、その意味では加賀での衝突は起こるべくして起こったといえる。

平家政権は最終的には後白河院権力と敵対するが、本来は保元新制方針の共同実施者であり、前述のように中央高権・国司権力を利用して家領を拡大していった。こうした院の王権＋平家武力による政権が、後白河院政の停止、高倉院政の開始・安徳即位により平家は王権をも掌握した。つまり内乱期における中央政権＝平家であり、それと地域との矛盾に内乱の本質があると考える。そうした平家政権と地域との関係が具体的に伺えるのが安芸である。

平清盛は、久安二年（一一四六）に安芸守となり仁平年間（一一五一～五四）に再任し、その後、平経盛・同頼盛と一族が歴任している。また永万二年（一一六五）ころより清盛の家司藤原能盛が安芸守に補任されているが、石井進はこの点から安芸を清盛の知行国と想定している。[23]この後の国司支配も後述する目代行蓮の言動からして、清盛の強い影響下にあったことはもちろんである。平家政権が治承三年十一月のクーデターを契機として、治天の君の後白河院権力を排して独裁化することはおおむね了解されているが、[24]こと安芸に関しては、この時期に平家地頭制度が発足することが着目されてきた。[25]すなわち、治承三～四年にかけ安芸一宮厳島社神主佐伯景弘を高田郡三田郷・粟屋郷地頭に補任し、国衙支配を介して武力の編成を試みたとされる。

こうした軍事力編成システムとしての平家地頭制という評価については相対化されているが、[26]厳島社神主佐伯氏と同社領の形成による地域編成が同時期に強力に推し進められたことについては諸説一致している。平家政権と地域との間で象徴的に提示されているのが、治承四年に比定される九月七日源頼綱書状[27]である。

（端裏書）「『国之御状』（別筆）可部源三郎書状治承四年九月」

逐申

乍下存二御阿党御気色一之間上、如レ此之事令レ申候之条、雖二恐思給候一、若依二人之讒言一、如レ此あやにくの御沙汰者

候歟と存思給候て所二令レ申候一也、重恐々、

（端裏貼紙）「源頼綱カキ物但不分明候」

以二先々一可レ令レ申候之処、恐□□存思給候之間、自然□□抑三田并粟屋郷之□□御給候由承候事如レ何、

於二彼両郷一者、往古之地主高田藤大夫（成孝）依□□嫡子、為二故源大夫（頼信）を養子一して、被レ譲二与傍証文等一、意趣者、且為二

荒郷一して、所当官物負累未進併私負物□（出）挙巨多也、公私之使に被二責勘一、且現世には為レ被二養育一、後生には為被報

恩□、故源大夫諸証文併被二譲与一事顕然也、仍為レ遂二藤大夫之意趣一、或令二出家修善根一、或与二世路之相折一令

レ着二衣装一了、或郷未進私負物を弁候了、加レ之死去之後ハ、迄レ至二于今一、無二懈怠一送二忌日報恩一て、遂二彼意趣一来

候者也、而不慮之外、御知行候由承レ之、何様可レ候事哉、於二三田郷一者、為正□（真カ）春木之前司（藤原能盛カ）任中に、申二請別結解

之旨一て、依レ被レ別二ニ片端一て、大（太）政入道殿（平清盛）に、此子細を為レ令二言上一、貴殿与二源大夫一互相会釈御て、三田并風早

之文書等為二披見一、令レ進二文書一之後、相二待慶一候処、不二其左右候一之間、可レ返二給件文書一候由、源大夫雖レ令レ申、

自然不二返給一候而、御返事顕然候、附二件文書一て、御沙汰候歟、又付二他文書一御沙汰候歟、尤以不審候事也、但

令レ領二掌故源大夫一て迄レ至二卅余年一、万雑公事無二懈怠一令二勤仕一候了、其之間無二指他妨一して、源大夫死去了、然

則此三四ヶ年之間頼綱同相継て、語二居所従一て、令レ勤二仕万雑事一、為二宮仕一企二京上一候事者、以二此両郷一励二微力一、

奔営仕候之処、被二仰召一候之条、不二為方候一事也、若依二人之讒言の御我趣一歟、若件所之当用の御所望候歟、尤可レ承二子細一候之旨、所存候也、設如レ此之事雖二他之所行候一、貴殿は令レ加二御制止一、可二御芳心候一歟、若雖二其理候一、貴殿の御所知は其員候、不レ可レ限二于是一、頼綱は此両郷許也、敢不二他領候一、不便■に者不二思食一歟、謂哉、相伝譜代之住所非二一所一、併可二押召一候哉、尤可二御還迹候一也、恐々謹言、

（治承四年）九月七日　　　　源頼綱□（申カ）文

（佐伯景弘）神主殿参

同書状の冒頭にみえる三田郷・粟屋郷は、同年八月二十七日安芸国司庁宣[28]により三田郷地頭職・粟屋郷地頭職に佐伯景弘が補任されており、治承四年十月日同国庁宣[29]を以て両郷司職に同氏が補任されており、こうした国司・景弘側の両郷支配に対して、両郷支配の返還を願っての源頼綱愁状というべき内容である。

同書状については、すでに上横手・錦織勤・角重始らの詳細な研究があり[30]、およそ次のように理解されている。三田・粟屋（もしくは風早）両郷は、かつて高田郡司藤原成孝の所領であり、それが成孝の負債などにより源頼綱の父頼信に譲与され、頼信は同地の支配安定化のため、佐伯景弘に両郷の文書を託して平清盛に進覧した。ところが、思うような成果があがらないばかりか、景弘に預けた文書は返還されず、頼信が譲り受けて当知行していたのに、その文書を以て景弘に両郷を押し召しされるに至った。

文書の冒頭で「以二先々一可レ令レ申候之処」、とあるように三田・粟屋郷の支配をめぐっては、前年十月ごろから、国司藤原保房—目代行蓮—佐伯景弘の連携による厳島社領化への動きがあった。安芸国留守人々に宛てて下された治承三年十二月十一日安芸国目代行蓮下文[31]には、庁宣を以て粟屋郷・三田郷は神主景弘の別納としたが、それに背き国使等が煩いをなすという風聞があるので入部を止めよとある。ただし下文の追而書には、「彼所々住人等も若有二四度

解事」ば、この仰状を以て下知するようにとあり、実際に煩いが起こっていたわけでなく、予想される煩いに対しての予防措置であったことがわかる。粟屋郷・三田郷の別納化にあたっては、住人・国使らの反発が予想され、目代はそれを抑圧する手立てを巧妙に仕組んでいた。

　こうした両郷支配をめぐる目代の景弘に対する厚遇は、清盛を強く意識したものである。同年十月十八日景弘宛て行蓮書状(32)では、自分は「入道太相国御辺事、殊可レ抽二愚忠一之由」を存じており、景弘に対して「可レ然様令二披露一」てほしい旨を書き送っている。厳島神社神主景弘と平清盛は親密な関係にあり、景弘に便宜を尽くすことで、清盛への忠誠を示したといえよう。つまり、目代行蓮の清盛への忠義沙汰として三田・粟田郷の神領化が強行され、頼綱・国使・住人等がそのあおりを受けた形となっているのである。

　当時の安芸国衙在庁のトップは「介」を称する源氏であり、『吾妻鏡』文治五年十月二十八日条には、奥州合戦に召集された「安芸国大名葉山介宗頼」の名前がみえる。この際、宗頼は合戦に参加せず、途中で帰郷してしまい処罰されるが、葉山（城）氏は鎌倉期以降も内部荘地頭などとして存続している(33)。この源氏は「頼」を通字としており、前掲三田・粟屋郷の領主としてみえる源頼信・同頼綱も同族と想定されている。角重は一二世紀中頃より、この源氏姓「介」をトップとする国衙在庁体制が確立され、田所文書で有名な佐伯氏などとともに、国衙の運営を主導していたとする。

　坂上康俊(34)によれば藤原成孝→源頼信→佐伯景弘と渡った三田・風早両郷の文書群は、そもそも高田郡司たる成孝の許に集積されたものであり、開発などによる個人的な蓄財ではないとされた。ことに両郷の文書群中の買券には丹治近恒によって買得されたものが多く含まれており、それはかつて国衙公文預の職にあった丹治近恒が、その徴税業務にあたって負名等の官物未進のかたとして田地を集積した結果であり、それが公文預を辞した長治三年（一一〇六）

二月に郡司所領として成孝に渡進され[35]、その後、源頼信を経て佐伯景弘に伝来したのである。

官物未進のかたである買得田地は、本来、官物であって私物ではないので、公文預丹治近恒は、その職務退去に伴って郡司藤原成孝へ渡進した。成孝はそうした田地を別符重行名に組込み徴税を請負って一定の得分を得ていたと考えられる。しかしそうした私領的な別符も、納税滞納といった事態が起これば、たちまち国に没収されることになるのであり、実際、成孝が源頼信を猶子となして所領を譲渡しているのは、所当官物の負累未進・私負物出挙が巨多に及び、公私の使に責勘されたかららしい。当然、頼信にもそうした危険がつきまとっており、佐伯景弘を通じて中央高権にすがって荘園化しようとしたのにも、そうした背景が考えられる。

摂関期〜院政期の国衙領支配は、収納使・検田使などの国使が前面にたちあらわれていることが、入間田宣夫[36]により指摘されている。国使は国衙在庁官人より任命され、現地に入部して郡司・書生・郷司を指揮して収納・検田にあたったが、ここでは郡司・書生・郷司は勧農以外では補助的であり、主体は国使であったとされる。氏はこうした支配体制下において公田・百姓支配を私領主層が実現してゆくためには、国衙体制と対決しそれを変革する必要があったとし、「院政期における爆発的庄園寄進運動そして内乱の広範なひろがり等は、そのなかで理解されなければならない」とする。

つまり私領主層が、公田・百姓支配を国衙・国使より奪って、支配者階級としての地位を獲得するために、荘園の寄進・立荘が行なわれ、内乱が引き起こされたとの説明だろう。しかし、内乱で頼朝に与したのは東国では上総介・千葉介・三浦介・伊豆在庁北条氏などであり、安芸では「当国住人山方介為綱」が源氏軍の大将源範頼に賞されており、平家との戦闘にあたって「軍忠人を越る」重要な役割を果たしているが[37]、この山方介は山県郡の郡司の系統で「権大介凡」と署名する在庁凡氏と想定される[38]。また、安房国では前述のように京下りの輩の追討を命じ、在庁等へはその帰参を促している。つまり内乱の主体となったのは各国の在庁層なのである。

また、在地領主制の展開期にあたる鎌倉時代には立荘運動は終息し(39)、石井進(40)の指摘するように、荘園・公領は約半々でほぼ固定されるのであり、鎌倉時代に在地領主制が確立するとすれば、それが荘園寄進運動によるものとはいえないだろう。

安芸国では藤原氏の重行名・凡氏の福光名など、国使の入部を停止し別納、すなわち独自の徴収単位である別符名が成立している。坂上康俊(41)は、在地首長たる郡司層が律令制的収奪によって没落した後、受領が直接負名を管理する公領支配体制を負名体制とし、この負名体制は徴税請負人を失ったことにより導入された不安定な制度であり、受領は一一世紀後半以降、負名の所領没収や開発を挺子に、在庁官人・郡司・郷司・別符司等を、新たなる徴税請負人層として編成しようとしたとする。多数の別納・国使不入・半不輸田の成立は、こうした政策に対応したものであり、また同時期には国司遙任制の進展があり、国符から庁宣への変化はそれを示すものとされるが(42)、それに伴って確立してくる国衙在庁官人制もそれに連動する動きであろう。

入間田の国使＋郡郷司体制は在地領主制の前段階であり、同氏はそれが立荘運動と内乱によって在地領主制が導かれるとし、坂上も在地領主層の克服の対象とする。高橋一樹(43)の加納を含む非領域的荘園論は、負名体制が抱える未進問題の一つの解決策を明らかにしたものであり、また鎌倉時代での地頭請負システムは、幕府成立以後の負名体制後の徴税システムとして提起されたものであろう。

負名体制・国使＋郡郷司体制の制度的疲弊にあたり、別符別名制さらには荘園制が導入され、新しい支配体制が模索されていた。こうした新体制への移行を阻害したのは、入間田のいうように国使たる在庁官人であるが、別符別名制、荘園制を推進した主体もまた「権介」を称するような在庁官人である。つまり在庁層はその内部に重大な矛盾を抱えていたのであり、内乱はそれを起爆材として国衙在庁の内部抗争から始まるのである（第一・二章）。ただし、川合康・高橋修(44)のように、内乱を在地領主勢力間のテリトリー争奪戦とその連鎖と捉えることには納得できない。在庁層の抱えていた地域対立や負債の累積といった課題は、制度的疲弊の進んだ地域支配制度に自体にあったのであり、単なる対立者の武力排除では、根本的な解決に至らないことは明らかである。そのため地方支配システムの矛盾の解消に標的が向けられたのであり、内乱の最終的な方向が国政の変革に至るのは当然の結末なのである。南北朝内乱の段階では、知行単位の領域化が基本的に達成されており、領域化し知行単位として確立していた荘・郷の争奪戦という状況が生じるが、その段階と平安末期での内乱とは区別されなければならない。

前述の山方介為綱の一族凡氏は、嘉応二年（一一七〇）にはその負名福光などを厳島社に寄進し壬生荘を立券し下司・公文など荘官となることに成功している。しかし立荘からわずか数年後には、荘園経営は行き詰まり「追年　非（行カ）令二荒廃一、適見作之所当官物年□□不レ可二勝計一」という状況に陥る(45)。その要因につき本所たる平清盛家は、「偏地頭等依レ張二行種々非法一、土民□□浪人者、恐二名主等之妨一、無二寄作之輩一故也之由、□（事）実者、地頭等之所行甚以不当也、於二于今一者、□妨、云二常荒一云二年荒一、不レ嫌二土浪人一、任二申請一可令□□（寄作カ）」と地頭・名主の非法を指摘して壬生郷の地頭職を停止し、所当官物の年々未済については「召二籠其身一、任レ法可レ加二譴責一」と厳しい処置での対応に言及する。

ここで経営の失策を譴責されている地頭・名主は、下司・公文たる凡氏のことと理解されているが(46)、彼等の荘園経営とは土民・浪人を駆使して請作させ常荒・年荒を解消して満作に導くことであった。前掲源頼綱書状でも、三田郷等につき「所従を語らひ居ゑて、万雑事を勤仕せしめ」たことを自己の実績として申告しており、彼等は自身が耕作に従事するわけではないが、農民を雇用し農料を支給するなど、かなり実際の農業経営、すなわち勧農を主導する立場にあったのであろう。ただし、三田・粟屋郷の往古の地主高田成孝は、同郷が荒郷となり、未進官物と出挙の巨多による負債の累積により経営が破綻し、同郷を手放さざるを得なくなっている。

安芸の在庁・郡司といった大名層にあたる凡氏・源氏・高田氏等は、負名体制の構成員であり、自ら勧農にたずさわって負名を運営し、その地方官としての職権を利用しつつ名田を集積し、別名・別符など大規模名を経営するにいたるが、そうした経営体の多くが破綻の危機に瀕していたのではないか。それは坂本が論じるように、個々の経営の問題ではなく制度的な疲弊なのであろう。大名層が生き延びるためには、自身の立場を含めた政治による制度変革が必然であったと考えられる。

5. 支配手段としての没官安堵システム

第六章3節の吉田経房奉院宣で取り上げたように、朝廷側は源頼朝による武士狼藉停止を徳政と認識している。狼藉が停止されることにより安堵がもたらされる、つまり狼藉停止＝安堵であり、笠松宏至が論じたように、安堵をもたらすこと、すなわち徳政である。一方、追討もまた謀叛発生以前の段階への復旧という意味で徳政であり、頼朝は追討から謀叛人跡の点定と没官、あるいは本主への安堵までを一連の徳政として遂行している。

ただし第六・七章で示したように頼朝は、武士狼藉停止と謀叛人の追討・同跡没官を並行して行なっており、鎌倉殿両御使派遣に際しては、武士が上洛するのは謀叛が起きたからで、そのために武士狼藉が発生した、謀叛が起きなければ武士が上洛することもないし、狼藉も起きないと説明されており双方は対立的な存在である。

そうした謀叛鎮圧と武士狼藉停止の矛盾した関係については、朝廷側でも認識しており、文治三年九月二十日院宣（『吾妻鏡』同年十月三日条、第六章3節参照）では、造反後、いまだ行方不明であった源義経につき用心するのはもっともであり、頼朝が「為レ鎮二天下一」に計沙汰することについて異議はないが、武士狼藉については理非に任せて成敗するようにと通達している。まわりくどい言い回しではあるが、ここで後白河院（奉者吉田経房）は、天下を鎮めることと武士狼藉を停止することのバランスを問題としている。頼朝側では造反した義経対策としてその追捕の重要なることを主張し、朝廷側はその重要性を認めながらも、追捕に伴う武士狼藉を強く抑制するよう頼朝に要請するという関係にある。

また諸国地頭の給付を申請した十二月六日源頼朝書状（『吾妻鏡』文治元年十二月六日条・『玉葉』同年十二月二十七日条所収）においては、義経・行家追捕のために武士狼藉が発生するであろうが、追捕終了後に停止するつもりで、こうした謀叛の再発を防ぐために諸国地頭を設置する必要があると説く。義経・行家の造反に際して頼朝は、それまで以上に強く追捕の必要性を説き、狼藉停止を二次的作業へと押し下げている（第七章1節）。

こうした関係が鮮明に現われているのが文治元年十一月二十五日大江広元奉書[47]である。

同前《右大将家御書案文》
たゝ《多田》も、もとのことくさたしてしらせ給へし、
右大将家《源頼朝》
在御判
かたき《敵》のなき《無》にとりてこそ、らうせき《狼藉》をハかへりみめ、さうそん《荘損》し、くに《国》そんするとても、かはかりのかたき《敵》を
ハ、いかてかたつね《尋》さるへき、ゐんせん《院宣》にてありとても、かたきをハいかてかたつねさるへき、はんくわん《判官、源義経》・十
郎蔵人《源行家》もとめいたしさゝ《衍》らんほとハ、なしかハくたるへき、よく〳〵たつねもとむへし、人にまちはからるゝこ

とあるへからす、又いかのくに《（伊賀）》のそうついふくし《（惣追捕使）》ハ、せさせ給てさたあるへし、あなかしこ〳〵、

文治二《（元）》年
十一月廿五日　　　　　広元《（大江）》

相模守殿《（大内惟義）》

この文書の年代を文治二年ではなく元年であるとしたのが河内祥輔[48]で、文書中の「さうそんし、くにそんする」を「荘損じ、国損ずる」と読み解いたのが丹生谷哲一[49]である。両氏の検討により同史料の解釈は極めて明快になった。すなわち同奉書は、義経・行家の造反の直後に頼朝から在京する大内惟義に発せられた指示であり、狼藉により荘公に損害が出ようとも、強敵義経・行家の探索を徹底的に遂行すべきであり、院宣が出されても探索を弛めてはならないというものである。なお前掲両氏は、奉書中の院宣を十一月十一日付義経・行家追討の院宣、あるいは同じく二十五日付の宣旨に比定するが、「院宣であっても、敵をどうして探索しないことがあろうか」の意味なので、この院宣は探索を阻害する内容であるはずで、追討追捕の院宣では相応しくない。狼藉停止の院宣、もしくは捜査を抑止する院の意向であり、それが下されたとしても、探索を遂行せよという頼朝の強硬な指示であろう。

頼朝の復旧政策＝徳政は、謀叛の発生という政治・社会の混乱に対し、追討による謀叛人の除去、鎮圧と謀叛の再発防止のための謀叛人跡の点定・没官・地頭設置、或いは没官処置からの除外＝安堵といった作業過程を経て、政治・社会を謀叛以前の段階に引き戻して安定させる機能を持っている。こうした追討―没官・狼藉停止―安堵という処置を、頼朝が操作し制御してゆくところに「頼朝の権威」が生じたのであり、平家政権や木曾義仲はこうした権威を形成するには至らなかった。彼等には謀叛を鎮圧する武力、武力たる武士・郎党を制御する統制力が不足しており、そのため社会に承認され信頼される権力体にはなり得なかった。

東海道東辺の大名小名地域社会を組織した強力な軍事力を備え、頼朝を頂点とする秩序体系を構成し指揮権を確立し得た頼朝のみが、追討―没官・狼藉停止―安堵という手段を行使する能力を持ち得たのである。追討―没官と狼藉停止―安堵との双方のバランスをとりながら制御し、徳政＝復旧政策を遂行する、つまり「徳政の手段としての没官安堵システム」である。これにより、政治と社会の秩序を再構築できるのは頼朝しかいなかったのであり、地域有力者の集合体にすぎなかった頼朝権力が、朝廷・民間から承認される公権として定着し得たのはそこに理由がある。

没官安堵システムは朝敵の追捕追討を基点とする。朝敵追討は追討追捕の宣旨で発動されるが、追討追捕の宣旨に没官刑の執行権は含まれておらず、没官領が頼朝に給付されるのは文治勅許によってである（第七章1節）。この文治勅許以後は、承久の乱をはじめ、没官領を幕府側に給付するという勅許は確認できない。

平安後期の朝廷レベルの没官について検討した義江彰夫[50]は、律の規定では、没官後の宅資財が朝廷の所有に帰した上で関係官司等に配分するということになっており、そうした慣行が平安後期における没官処理に継承されていることは、保元の乱で所領没官された藤原頼長、源平内乱で所領没収された平家などの例で明らかとされている。また渡邉俊[51]は、検非違使庁がその職務の執行にあたり没官された所帯を収益として取得できる権利＝『職』をもっていたとし、佐藤進一の説く「官司請負制」の実例として提示した。

幕府の没官領支配も、当然、こうした朝廷の没官制度の延長に位置するのであり、川合康[52]は頼朝軍の謀叛軍としての本質に朝廷からの没官刑の掠奪をみ、東島誠[53]は検非違使源義経を介しての没官領支配権の獲得を論じている。この点、私見は前述のように没官領支配権の確立には文治勅許が大きく関わっていると考えるが、それはともかく、謀叛・殺害などの重犯罪に伴う没官刑の執行が実質的に幕府が行使していったことは確かだろう。ただし、公権力としての頼朝権力にとってより重要なのは、没官領支配権の実質的掌握自体ではなく、そこから転じて没官安堵システムの権能を備えたことにある。

没官安堵システムは承久の乱の際にも機能しており（第八章2）、その後の大規模な闘争沙汰においても治安秩序の回復にあたって機能することになる。嘉禎二年（一二三六）十月五日、幕府は南都の騒動を鎮めるため、大和国に守護人を置き、衆徒知行の荘園を没収して地頭を補すこととした。また畿内近国御家人等を以て南都の道路を塞ぎ、人の出入りを止め、なお衆徒が敵対すれば討ち滅ぼすべきが命じられている。この一方、南都領については内通者を通じてその注文を入手しており、それにより地頭が新補されることになった。この強硬手段の結果、同月十七日夜、衆徒らは城郭を破却して退散しており、それは兵粮の計略がつかず人数が集められなかったからという。これにより十一月十四日の幕府評定では南都の衆徒の静謐をうけて大和守護地頭職は寺家に付されたという。

『吾妻鏡』嘉禎二年十月五日、十一月一日・十四日条

（十月）五日己丑、被レ経二評議一、為レ鎮二南都騒動一、暫大和国置二守護人一、没二収衆徒知行庄園一、悉被レ補二地頭一畢、又相二催畿内近国御家人等一、塞二南都道路一、可レ止二人々之出入一之由、有二議定一、被レ撰二遣印東八郎・佐原七郎以下殊勝勇敢壮力之輩一、衆徒若猶成二敵対之儀一者、更不レ可レ有二優恕之思一、悉可レ令二討亡一云々、且各可レ欲レ致レ死之由、於二東士一者、直被二仰含一、至二京畿者一、被レ仰二其趣於六波羅一、又南都領在所、悉不レ可レ被二知食一之処、武蔵得業隆円密々与二其注文於佐渡守基綱一、基綱就レ送二進関東一、被レ新二補地頭一云々、

（十一月）一日甲寅、霽、未剋、六波羅飛脚参着、南都去月十七日夜破二城墎一退散、是於二所領一、被レ補二地頭一、被レ塞レ関之間、失二兵粮之計一、難レ聚二人勢一之故也云々、

（十一月）十四日丁卯、匠作・武州着二評定所一給、其衆参進、南都事有二沙汰一、衆徒静謐之間、止二大和国守護地頭職一、如レ元可レ被レ付二寺家一云々、

第二章2節1では、承安三年（一一七三）末の興福寺と延暦寺の抗争について触れたが、その騒動は先例に従った穏便な事態の終息を目指す公卿等の意見を退け、興福寺の諸国末寺荘園の没官と公請停止を宣言した後白河院の強硬策により鎮められた。それは前代未聞で後鑑の恥と非難されるような手段であったが、そこまでしなければ武力の強弱を以て延暦寺・興福寺の優劣を決めよう、という短絡的で狂暴な衆徒等の暴走は止められなかったのである。この嘉禎二年の南都騒動にあたっては、鎌倉幕府が前面に出て対処した。幕府がとった手段も没官を含むものであり、かつて後白河院がとった強硬策は幕府に引き継がれたといえる。

嘉禎二年の南都鎮圧は幕府主導で行なわれるが、治承寿永の内乱時と同様、武力行使と没官という武断策と同時に狼藉停止と安堵が並行して行なわれている。すなわち没官安堵システムの発動である。

内乱期とは異なり、南都の兵力を封じたのは直接的な軍事力の行使ではなく、没官と守護地頭の設置という恫喝と、関々守護による兵粮米の流入停止であった。ただしこの関々守護という実質的な武力行使により、春日社への御供米・供菜物の上納も停止し恒例神事が欠如し、関守護による大和国内の神領荘々への武士狼藉が発生していた[54]。御供米などの運上と武士狼藉の停止につき摂政九条道家を通じて武家へ訴えたところ、武家は御供米と兵粮米とを分別するのは難しいので、御供米の「しるし」を給わりたいと返答したため、春日社では「札十五枚」を進上し路々守護の武士の許にこの札を留め置くように申請した[55]。やがて十月十七日には、衆徒が退散し騒動が終息したこともあって、六波羅から関守護の武士も撤収し煩いもないはず、との連絡と同時に関守護による「武士煩停止」を命じる六波羅下知状が発給されている[56]。

もちろん近代の軍隊とはちがって関守護に伴って乱入事件や刃傷事件を引き起こすことはあったが、現場の指揮にあたった六波羅は、そうした狼藉に対して停止命令を発しているし、御供米に「しるし」を付けることにより兵粮米との区別をするといった合理的な手段も用いている。近代的な軍隊とは異なり、派兵された各武士が兵粮米と御供米を区別せずに抑留したり、近隣の荘々に乱入したり、刃傷に及んだりと、その活動には濫妨狼藉を伴うのであるが、そうした武力を適度に制御するのが鎌倉殿であり六波羅であった。逆にそうした粗暴な武力機構を制御し得るところにこそ、鎌倉殿なり北条氏の権威と威風が生じるのである。こうした謀叛・暴動の鎮圧活動に狼藉が伴うが、同時に停止・安堵策も講じているという没官安堵システムは、治承寿永の内乱の際と同様に、承久の乱以後でも引続き武家権力の権能の中核を占めていると考える。

西田友広[57]は、鎌倉初期において本所検断権の自立や幕府の成立により、朝廷の全国的検断権が危機に瀕し、そこで衾宣旨により各本所・守護・地頭の検断力を統轄して事態に対処する方法が生み出されたとし、それが幕府検断機構の整備と悪党問題の深刻化により、検断機能は幕末にむけ幕府に集約されてゆく。つまり内乱・謀叛や南都蜂起といった大規模な軍事発動だけでなく、寺院勢力の小競り合や犯罪行為に関わる検断についても、徐々に幕府がその担い手として収斂してゆくことになる。こうした小規模な検断においても、その担い手が幕府配下であるかぎり、過度の武力行使は当然想定されるわけで、そこには狼藉停止と安堵という将軍の権威と威風が入り込むのである。

注

（1）「源頼朝の評価について」（『史窓』一三、一九五八年）。氏は、三箇条の申請を、頼朝の非妥協的な内容とし、頼朝勢力に東海東山での権限を付与したと理解する十月宣旨との連続性を主張したが、これに対し上横手や佐藤により批判が行なわれた（後述）。私も、三ヶ条の申請に頼朝の非妥協性を見る意見には賛成しかねるのは本文のとおり。

（2）『日本中世政治史研究』第二章一節 寿永二年十月宣旨（塙書房、一九七〇年）。

(3)『日本の中世国家』（岩波書店、一九八三年）七四頁。
(4)「寿永二年十月の宣旨について」（『日本中世史論集』岩波書店、一九九〇年、初出五九年）・佐藤（3）著書、七四頁〜。
(5)寿永三年三月日金剛峯寺衆徒解　高野山文書『平安遺文』四一四六。
(6)今江廣道「紀伊国阿弖川庄の伝領関係」（『書陵部紀要』一五、一九六四年）。
(7)森幸夫『六波羅探題の研究』（続群書類従完成会、二〇〇五年）二九九頁〜。
(8)薩藩旧記前編二国分寺文書『鎌倉遺文』二七八五・桑幡家文書　同二七八六。
(9)石井進等編『中世政治社会思想　上』（岩波書店、一九七二年）。
(10)同前、四一頁の頭注参照。
(11)『中世史の理論と方法』（校倉書房、一九九七年）・「付論武士発生論と武の性格・機能をめぐって」（『武士の成立武士像の創出』東京大学出版会、一九九九年）。
(12)「鎌倉幕府法にみえる『武士』について」（『日本歴史』六〇八、一九九九年）・「『明月記』にあらわれる「武士」の語義について」（『史学研究』二三九、二〇〇〇年）。
(13)『日本文学論究』二七、一九六八年。
(14)『吾妻鏡』同日条、『玉葉』同二十七日条、第七章1節参照。
(15)『公共圏の歴史的創造』（東京大学出版会、二〇〇〇年、初出九八年）一四四頁〜。
(16)「平家打倒に起ち上がった上総広常」（『中世東国武士団の研究』高科書店、一九九四年）。
(17)永暦二年（一一六一）正月日佐竹義宗寄進状　櫟木文書『千葉県の歴史　資料編古代』一四〇五。
(18)永万二年（一一六六）六月十八日荒木田明盛起請文、櫟木文書『千葉県の歴史　資料編古代』一四二七。
(19)『吾妻鏡』治承四年九月十三・十四日条。
(20)『吾妻鏡』治承四年九月一日条。

(21)『玉葉』安元三年（一一七七）六月一日条。
(22)『兵範記』保元元年九月十八日条所収同年閏九月十八日宣旨。
(23)「平氏・鎌倉両政権下の安芸国衙」（石井進著作集刊行会編『石井進著作集 三』岩波書店、二〇〇四年、初出一九六一年）。
(24)石母田正『石母田正著作集七 古代末期政治史序説』（岩波書店、一九八九年、初出六四年）。
(25)上横手雅敬「厳島社領と平氏の地頭制」（『日本中世政治史研究』塙書房、一九七〇年）。
(26)田村裕「平氏「地頭」考」（『新潟大学教育学部紀要人文社会科学編』二四、一九八三年）など。
(27)『広島県史 古代中世資料編Ⅱ』厳島野坂文書一七〇二・一八〇四。
(28)『広島県史 古代中世資料編Ⅲ』新出厳島文書二〇・五六。
(29)厳島神社文書『平安遺文』三九二七・三九二八。
(30)上横手（25）論文・角重「安芸国における荘園公領制の形成—在庁葉山城氏を中心として—」（『日本史研究』二七五、一九八五年）・錦織『中世国衙領の支配構造』（吉川弘文館、二〇〇五年）。
(31)『広島県史 古代中世資料編Ⅲ』御判物帖二四。
(32)『広島県史 古代中世資料編Ⅲ』巻子本厳島文書六一・六二。
(33)角重（30）論文。
(34)「安芸国高田郡司藤原氏の所領集積と伝領」（『史学雑誌』九一—九、一九八二年）。
(35)同十九日 丹治近恒田畠売券、徵古雑抄四七。
(36)「鎌倉前期における領主的土地所有と「百姓」支配の特質」（『百姓申状と起請文の世界』東京大学出版会、一九八六年、初出一九七二年）。
(37)『吾妻鏡』元暦元年十月十二日条。
(38)後藤紀彦「『徵古雑抄』所収の厳島神社文書（一）・（二）」（『史学雑誌』八八—一一・一二、一九七九年）所収二四号文書、田村裕「平安末期の安芸国壬生荘」(『芸備地方史研究』一〇六・一〇七、七六年)。
(39) 坂本賞三「鎌倉時代になると荘園の増加がとまる」(『広島史学研究会　史学研究』二五三、二〇〇六年)。
(40) 「荘園の領有体系」(『講座日本荘園史　二』吉川弘文館、一九九一年)。
(41) 「負名体制の成立」(『史学雑誌』九四―二、一九八五年)。
(42) 富田正弘「平安時代における国司文書について」(『京都府立総合資料館紀要』四、一九七五年)。
(43) 高橋「中世荘園の形成と「加納」」(『中世荘園制と鎌倉幕府』塙書房、二〇〇四年、初出〇〇年)・「荘園制の変質と公武権力」(『歴史学研究』七九四、〇四年)。
(44) 川合「治承・寿永の内乱と地域社会」(『鎌倉幕府成立史の研究』校倉書房、二〇〇四年)・高橋「中世前期の在地領主と町場」(『歴史学研究』七六八、〇二年)。
(45) 治承三年十一月日「前太政大臣(平清盛)家政所下文」御判物帖二一『広島県史　古代中世資料編Ⅲ』。
(46) 前掲(38)田村論文。
(47) 多田神社文書『兵庫県史　史料編中世二』・『鎌倉遺文』一九五。
(48) 『頼朝の時代』(平凡社、一九九〇年)二五七頁〜。
(49) 「多田神社蔵「頼朝文書」をめぐって」(『神戸女子大学文学部紀要』一九―四二、二〇〇〇年)。
(50) 「院政期の没官と過料」(『奈良平安時代史論集　下』吉川弘文館、一九八四年)。
(51) 「使庁と没官領」(『日本歴史』六八一、二〇〇五年)。
(52) 「鎌倉幕府荘郷地頭職の展開に関する一考察」(44)著書所収、初出八五年。
(53) 東島(15)著書、一三八頁〜。
(54) 嘉禎二年十月四日春日社司連署申状　春日社司祐茂日記『鎌倉遺文』五〇五七。
(55) 十月七日摂政九条道家御教書　春日社司祐茂日記『鎌倉遺文』五〇五八・十月八日春日社司連署請文　春日社司祐茂日記

『鎌倉遺文』五〇六〇。
(56) 十月二十二日六波羅請文 春日社司祐茂日記『鎌倉遺文』五〇六七・同日六波羅下知状 同五〇六八。
(57) 西田「鎌倉時代の朝廷の検断権と幕府」(『日本史研究』四九三、二〇〇三年)。

まとめ

寿永二年十月宣旨は、その後の二月宣旨をはじめとする武士狼藉停止令の端緒となる宣旨である。この宣旨は従来いわれてきたような、幕府へ国衙指揮権を割譲するためなど、何らかの権限を付与することを主旨としたものではなく、内乱により崩壊した東国の国衙領・荘園支配の復旧を命じるもので、実質的には、内乱に伴って発生した頼朝配下の武士による狼藉を停止する命令として機能した。宣旨は、内乱からの復旧を切望する朝廷にとって歓迎すべき内容であり、それを遵行したのも、申請したのも源頼朝であった。では何故、頼朝は自己規制的な武士狼藉停止令を申請し遵行したのか。それは内乱の進行と並行して行なわれており、頼朝権力にとって不可欠な政策であるはずで、その政策のもつ意味は権力体の性質を解く鍵であろう。

十月宣旨を端緒とする武士狼藉停止令の執行事例は主に西国である。それを遵行したのは、在京頼朝代官義経・鎌倉殿両御使・北条時政らを中核とする西国軍政機構であって、この後、中絶するものの、その機能は承久の乱直後の六波羅探題の活動に継承されている。同機構による狼藉停止作業は、停止令たる宣旨・院宣に基づいて執行されており、その意味で鎌倉の頼朝権力から独立して機能していたといえる。

この武士狼藉停止は、単なる戦乱における武士の犯罪行為の停止に止まらず、武家による謀叛人跡指定から排除すると同時に被害側の知行を確認する意味で、いわゆる安堵行為である。こうした狼藉停止＝安堵が、西国軍政機構により独自に運用されたのは、西国での軍事活動の遂行にあたって、そうした作業が不可欠であったからだろう。

十月宣旨が二月宣旨に継承され、武士狼藉停止＝安堵令として機能した西国に対して、東国では異なった機能を果たしている。すなわち幕府側では、頼朝が東国一五箇国の民間無礼の紕行を後白河院に申請し、認可されたのがこの宣旨だとする。これにより頼朝とその配下は、民間を指導する立場を得る。つまり武家＝頼朝と、その配下＝武士を民間、すなわち百姓・土民とは区別される支配身分に位置付けたのである。この結果、京都の人々（朝廷）―武家―民間という新しい身分秩序が創出された。そして幕府は、この身分秩序を無礼の紕行、すなわち下の上に対する従順の強制により保ち、下剋上のない上下秩序の保たれた平和な社会を維持すべき存在として自らを規定した。こうした身分制と、そこにおける幕府の役割を設定するに際して十月宣旨が、政治的・法的に利用されたのである。なお、朝廷―武家武士―民間という身分制の創出にあたっては、武家武士自体の組織化、秩序化が前提であり、東国では第五章2節で述べたような大名小名社会をベースとした御家人編成と、頼朝を頂点とする秩序整備が行なわれている。東国において武家武士という新たな支配身分が創出されたのは、そうした身分的集結、政治組織化が進んでいたという地域的な事情が背景であろう。

東国・西国では、十月宣旨を軸にそれぞれ異なった権力が創出された。しかしそれは源義経の没落を契機として、頼朝のもとに一元化されてゆく。すなわち義経以降の西国軍政機構は徐々に縮小し、北条時政の鎌倉帰還によりその独自の機能は終焉して鎌倉に収斂される。また義経が内乱期に編成した西国武士層も、頼朝の番衆に編入・秩序化されていったのである。こうした頼朝段階での幕府権力の東国・西国の均一化は内乱終結後の文治・建久年間に進められていった。

幕府は内乱を通じて狼藉停止・安堵機能を備え、新支配身分としての武家武士を創出したと考えるが、その背景として平安末期の地方と中央の関係に着目したい。国司遙任制が定着し、一一世紀後半以降、国守目代と国衙在庁官人が地方行政を担うことになる。しかし負名体制・国使＋郡郷司体制といわれる地方支配体制は、制度的に疲弊した状態にあり、その根本的な改革を必要としていた。ことに中央による収奪の安定・強化をめざす国守目代と、私領化を進めたい在庁郡司等の間では、荘園・別符名の設置や未進問題をめぐって、その関係が不安定化し矛盾が高まっていた。ことに在庁郡司等は未進・負債の累積にあえぎ、没落に瀕し、生き残りのための内部抗争が激化していった。こうした閉塞状況における内部対立、上部権力たる国守目代権力への反発が、在庁郡司層の内乱への積極的な参加を促したものと想定する。この在庁郡司等と大名小名とはほぼ一致し、その中、頼朝と直接に関係をもった東国一五箇国の大多数と、それ以外の地域の主要大名が御所中番衆に、それ以外が大番衆・内裏番衆へと編入され、御家人として把握された。

内乱が頼朝の勝利に帰結するのは、こうした御家人制度を達成し得たからで、逆に平家・義仲が敗北するのは、地域の大名小名を掌握しきれなかったからといえよう。また、内乱自体が短期間で鎮静化するのも、内乱の基底たる地域の中央への反発が、頼朝政権の成立により昇華されたからと考えるべきだろう。頼朝は朝廷と民間の中間に位置する支配身分として武士を設けて大名小名層を取り込み、また武士狼藉停止・安堵により、中央・地域の利害関係を調整したことで内乱は鎮静化したのであり、その結果、幕府・武家という権力体が創出されたといえよう。

この中央と地域との対立を調整するに際して、頼朝には双方に対して超然的な立場にあることが必要で、それが鎌倉殿としての「御権威」「御威風」であろう。それによる中立性により、双方を指導・仲介することが可能となった。

寿永二年十月、まだ十月宣旨も発給されていない時期に、後白河院の近臣静賢は、頼朝の人となりにつき九条兼実に「威勢厳粛、其性強烈、成敗分明、理非断決」と説明している（『玉葉』同九日条）。これは頼朝の個性・個人的資質について述べたものだが、頼朝個人に向けられた評価ではなく、むしろ内乱を鎮むべき武家棟梁としての頼朝に対する評価ではないか。すなわち、中央と地域との対立という内乱の構図において、その間を調停するために、強烈でありながらも厳粛で、理非に基づき分明な成敗を行ない得る権威が必要とされ、その役割を演じたのが頼朝であったのだろう。

朝敵を追討するのは追討使たる頼朝で、頼朝は個人、あるいは源家という家で追討を請け負い、自身の家人・郎党を鎮圧に投入した。よって恩賞たる諸国地頭職も頼朝個人に給付されたのであり、それを自身の意志・判断で家人らに分配知行させた。この過程で、様々な課題・懸案を整理してゆく必要があり、また平家時代から引きずっている問題も含めて成敗していった。こうした頼朝の「御権威」は、将軍権力として源家・鎌倉殿＝武家＝将軍家に継承された。

終　章　前近代における地域と権力――その俯瞰的検討――

本書の要旨は序章で述べたが、簡略に記せば次の通りである。

＊内乱を推進した主体は、地縁血縁を介してむすびついた、地域有力者による大名小名社会であり、幕府の基盤となったのは東海道東辺の大名小名社会である。

＊内乱の当初は、大名小名社会内部の主導権争いたる地域内紛争であり、それが一応の決着をみると、大名小名社会間の対立と併合たる地域間抗争にいたり、これらを経て大名小名社会が権力体に改編され源頼朝勢力・木曾義仲勢力として組織されると、平家政権との間での政権争奪戦へと転じる。さらに平家・義仲を滅ぼし頼朝勢力が政権を掌握した後には、地域再編・弾圧が行なわれる。内乱は、以上の四段階に区分できる。

＊幕府は大名小名を、将軍を頂点とする幕府内上下秩序（門客門葉―鎌倉中御家人―在国御家人・御所中番衆―大番衆）に組み入れることにより一つの権力体となった。

＊社会一般に対して幕府は、朝廷―武家武士―民間という新たな身分秩序を提示することで、混乱した内乱後支配システムの再構築を行なった。

＊内乱後支配システムの再構築の手段は、追討―没官・狼藉停止―安堵の両制度の運用であり、謀叛人を追討し没官を遂行する一方、非謀叛人・非没官領に対しては狼藉を停止して安堵をもたらす。これにより下剋上のない平和で秩序だった社会をもたらすというのが頼朝の政策であり、そこで頼朝が提起したのが朝廷―武家武士―民間という新たな身分秩序制度の設置であった。

平安末期の大名小名社会では、内部対立、近隣する大名小名社会との対抗、百姓層・朝廷権力との軋轢といった諸矛盾が生じており、治承寿永の内乱はその爆発である。その諸矛盾を受け止めて幕府が成立し新たな秩序体系を供給することになる。

従来、内乱の主体と認識されてきたのは、いわゆる在地領主であるが、本書では地域社会に着目した。平安末期の地方社会では、地縁血縁・流通上の関係、政治的なむすびつき、信仰など様々な要素を媒介としたネットワークが多元的に張り巡らされており、それらが生産・消費・文化活動などの主体となっていた。ネットワークは地域の有力者たる大名のみならず、その下のレベルの小名を含み、さらに流通業者・漁民・樵夫・宗教者などが行政区画の国を越えてむすびついている。いわゆる在地領主もそうしたネットワークの一構成要素としてとらえられる。

そうしたネットワークの高まりを、いかに制御し取り込んでゆくのかが国家側の課題であり、保元新制での公地公民の主張、平家政権という武力権門による政権掌握、荘園制による地域再編といった事象はそのあらわれで、こうした国家権力の介入に対する反発が内乱である。頼朝は、幕府を構成するにあたり、各地方の大名を取り込み、かつ守護・地頭制という地方支配機構を整備し、地域勢力の国家権力へ昇華と抑圧という両側面を打ち出した。これは、地域社会のエネルギーを制御しつつ国家の側に引き入れようとした方策と理解できよう。

頼朝以降の将軍権力は、幕府内外の上下秩序を制御することにより、下剋上のない秩序だった社会の実現を目指す。その達成は『曾我物語』でいう「公私諍《いさか》いを留める」秩序社会の到来であり、また一方では「怖《おそ》ろしき世」の到来である（第一章1節）。

治承寿永の内乱と将軍権力の成立を素材として、地域社会と国家権力との関係をひもといてみた本書のねらいと成果は、以上のように要約できよう。最後に地域社会と将軍権力をめぐる鎌倉幕府以後の歴史的変遷について俯瞰し、両者の関係の歴史的メカニズムについて展望を述べて本書のまとめとしたい。

M・ウェーバーは近代法の生まれる構造について次のように説明する。すなわち自然的な生活の諸条件を共有する一群の人々は、無意識のうちに地理的・風土条件に適合した行為を形成してゆくが、ここに共有されるしきたり・行為が慣習である。慣習が繰り返されると、そこに了解関係が成立し、これを破壊する行為に対する規制の観念がおき、それにより順守されるべき習慣は、単なる習俗ではなく習律となる。習律が長期にわたって存続すると、「秩序の保証を担当している者」たちのなかから、「自分たちが問題にしているのは……単なる習律……ではなく強制可能な法的義務なのだという観念」も生まれ、それに背いた場合には処罰される強制力を備えた法が形成されることになる。この違反者への処罰と、それを執行するための強制装置が近代国民国家にほかならない。この近代国民国家が生まれる歴史とは、正当的な支配の根拠が家共同体から民族や近隣団体、そして国家へと転換することだとする。(1)

このウェーバーの近代法成立過程の説明は、日本史研究においても大きな影響を与えている。勝俣鎮夫は中人制―一揆契状―分国法という過程を経て法が成立してくるとし、一揆における縁の否定と公界の成立、後北条氏領国における「国の百姓」観念の創出を抽出し、また藤木久志は豊臣政権の惣無事令・刀狩令により正当的暴力の独占が試みられたとして、日本史における近代国民国家の萌芽として戦国・織豊期を重視する。(2)

戦国・織豊期において、こうした国民国家形成への動きが顕在化することは明らかであるが、鎌倉幕府の成立にあたっても国民国家に通じるような動きがあることが確認できた。すなわち、幕府内上下秩序の下に大名小名を組織し、御所中番役・内裏大番役・鎌倉大番役という軍役を奉仕させること、及びそうして編成した軍事力を没官安堵システムの運用のために行使したことは、幕府による正当な合法的強制力の独占にほかならない。

もちろん鎌倉幕府の場合は、朝廷という既存の伝統的公権力が健在であり、頼朝勢力は外部アクター（外部主体）

として内乱に介入し、武力によって政権を復旧し治安の確保・維持を担当することになる。例えば、源頼朝は九条兼実に宛てた文治元年（一一八五）十二月六日書状において、自身は伊豆国流人として「雖レ不レ蒙二指御定一」籌策を廻らし、御敵を追討して世を君に奉ったと述べている（第七章1節参照）。同書状は、兼実が後白河院へ取り次いで奏上しているように、院への披露を前提とした書状であり、そのなかで「指《さ》したる御定を蒙らずといえども」敵を追討し、院へ政権をお返し申し上げたと言っているのだから、院の指示なく独自に軍事行動をしていたことは動かしようがない。院・朝廷側にとって頼朝も源義仲も本来は謀叛人であり、平家政権を打倒してくれるよう依頼したわけでなく、結果的に院へ政権が返還されただけであって、こうした意味で頼朝・義仲勢力は外部主体とみなしてよい。

前掲書状において頼朝の軍事行動の最終目的が院に政権をお返し奉ることとあるように、頼朝は公家（天皇家）＝朝廷を絶対的に崇拝し、それを行動の基準に据えた。これは以後の武家政権においても原則として共通しており、常にそうしたスタンスをとる、というより、むしろ率先してそうした思想を一般に強制していたといえよう。それは、武家が外部主体として統治権を掌握する、という政権形態に起因するのであろう。

頼朝は公家の委任を受けて民間を指導し、没官安堵システムを運用した。これにより統治の対象となった民間には、統治下に置かれることの是非、自由意志は存在しない。実態はともかく、保元新制に明示されているように、建前上、彼等は天皇の統治対象であり、天皇の委任を受けた頼朝が指導するのは当然であるという説明さえあれば、頼朝はその武力をもって統治を強制することができたのだろう。

明治四十三年（一九一〇）、韓国併合に際しては、韓国皇帝が日本国皇帝へ統治権を譲与し、日本国皇帝がこれを受諾するという形をとったが、そこにも民意などは存在しない。またすでに植民地政策上、統治権は日本が実質的に掌握しており、韓国皇帝が統治権なるものを保持していたわけではない。江戸幕府の大政奉還も同様で、江戸開府の際に朝廷の大政委託を受けて徳川家康が幕府を開いたわけでもないのに、奉還という手続きがとられる。つまり実際には存在しない架空の公権を設定し、それを継承するという手続きで新儀なる統治権力が正当化されている。

頼朝の没官安堵システムは、諸国没官領地頭職の給付を以てほぼ完成をみるが、その給付申請にあたって前掲書状で次のように申請理由を説明する。

諸国庄園平均可レ尋二沙一汰地頭職一候也、其故者、是全非下思二身之利潤一候上、土民或含二梟悪之意一、値二遇謀反之輩一候、或就二脇々之武士一、寄二事於左右一、動現二奇怪一候、不レ致二其用意一候者、向後定無二四度計一候歟、

（全国の公領・荘園で例外なく謀叛人跡を探索し、地頭職を設置すべきである。その理由は、まったく私利私欲ではなく、土民が悪意を以て謀叛の輩に与同したり、つまらない武士と関わって、なにかしら理由をつけて不当な行為に及ぶやもしれない。その用意がなければ、今後の不安の種となるだろう）

ここで頼朝が支配しようとしたのは土民、つまりは朝廷・武士≠民間であり、諸国地頭職の設置は土民らが謀叛の輩（主に廷臣を意識しているのだろう）・脇々の武士と結託して奇怪、すなわち反抗行為を顕わすことへの用意なのである。外部主体は新儀の存在であり、その民間支配にあたっては伝統的・宗教的な裏付け、つまり公家からの統治権の委譲という形式が不可欠であったということだろう。もし大名小名を組織するだけなら、幕府内上下秩序のみでこと足りたはずで、さらにその外周の民間を支配するためにこそ、統治の正当化が必要とされたのではないか。

本来の統治者たる朝廷から統治権が委譲されたという手続きの前提として、朝廷が日本を統治していた事実と、その対象たる領域の存在が不可欠であり、でなければ頼朝が継承すべき領域も対象も理論上、存在しないことになる。統治権・統治対象の実在や被統治者たる民間側の認識如何に拘らず、それは存在しなければならないのである。

幕府内外の上下秩序の規定と、没官安堵システムによる統治の強制により内乱・武力衝突は鎮まったが、それは一

五〇年程しかもたなかった。幕府倒壊の要因については今のところ定説はなく、むしろ謎といわれている。しかしその成立が上下秩序の規定と没官安堵システムによる統治の強制とするならば、崩壊はその逆、つまり上下秩序の崩壊と没官安堵システムの機能不全によるものであろう。

幕府・北条氏政権を倒したのは、発端は後醍醐天皇の討幕運動であったとしても、その実質は足利・新田を始めとする御家人の反乱であり、民間の反抗防止として地域に配置したはずの武力が、幕府自身へ向けられたことによる内部崩壊といえる。平家の滅亡・承久の乱・元寇などを経て、勲功賞の名のもとに地頭領は拡大し、それにより武力の総体的規模も大きくなっていった。すなわち軍拡・軍備の膨張であり、結果的にその制御が破綻した。本来、地頭御家人は幕府内上下秩序により制御されていたのであり、それが機能しなくなり、かつ幕府外秩序についても、悪党の跳梁に象徴されるように、朝廷―武家武士―民間という上下秩序が動揺していたことは明らかだろう。かくして幕府内外の秩序が瓦解し、いわゆる下剋上がおとずれた。

公武一統をかかげた建武政権も武力の中央での一元管理を試みて失敗する。北畠親房は天皇に、その分権化を進言し、足利政権は鎌倉公方・奥州管領・鎮西探題・守護・国大将などに、権限を分散させ武力の独自管理を委ねる方式をとって一定の安定を得た。しかしこの分権体制は、本来は将軍専権であるべき没官・宛行・安堵を、守護の預置制度などにより簡易に地方レベルで代執行させるもので、没官安堵システムの重大な変更といえる。これすなわち「法」の解体・分散化であり、内乱の再生産構造に大きく関わっている。国人・守護被官などの武装勢力は武力によって領地の拡大・当知行を実現しようとし、守護権力は、そうした活動に正当性を与え法的妥当性という面から支援する。これは小林一岳の指摘する、私戦の公戦への転換、私戦の公戦化の構図である(3)。将軍権力による宛行・安堵という厳重な手続きなくして、在地レベルでの軍事行為・軍事的成果の追認が預置という臨時的・即時的措置として実質的に行なわれ、軍事力行使の悪循環を招くことにつながった。川合康の説く敵方所領の没収と、追認形式の所領給付は、この段階に至って一般化してくるものと考える(4)。

ただし守護が将軍権力たる没官・宛行・安堵を代執行しても、それはあくまで代行であり、守護による預置は将軍権力による宛行・安堵のような不易性・普遍性を持つには至らなかった。戦国大名にしても不易性・普遍性をもつ没官・宛行・安堵機能を備えたケースは多くはなかったであろうし、戦国大名領国制が確立しつつある段階で、天下統一を標榜する織田・豊臣政権が登場し、その巨大な軍事力を背景に支配域を広げ、多くの地域権力を併合・従属させ、さらに惣無事令・刀狩令によって合法的武力の独占、検地・石高制による普遍的な宛行・安堵作業が行なわれた。こうした方向性は徳川政権に引き継がれ、幕藩体制を主導すべき将軍権力が再構築されたものと考える。

大雑把な見通しで誤謬もあろうが、平安末期の内乱期以降から近世にかけて、地域社会が将軍権力を生み出し、将軍権力が地域を改編し、地域が将軍権力を破壊するといった相互依存的・敵対的関係といった、地域社会と将軍権力をめぐる構造主義的な分析を試みた。この際、平安末期の大名小名社会の抱えていた矛盾とその爆発としての内乱、及び頼朝による将軍権力の生成が、その後の地域社会と将軍権力の相互関係の歴史的変遷の基点として重視されるべきである。

注

（1）佐久間孝正「エスニシティ・ネイションの「政治・国家社会学」としての『経済と社会』」（『マックス・ウェーバーの新世紀』未来社、二〇〇〇年）。

（2）勝俣「戦国法」『戦国法成立史論』（東京大学出版会、一九七九年、初出七六年）・藤木『豊臣平和令と戦国社会』（東京大学出版会、八五年）。

（3）『日本中世の一揆と戦争』（校倉書房、二〇〇一年）。

（4）『鎌倉幕府成立史の研究』（校倉書房、二〇〇四年）。

あとがき

本書は、著者の一九九六年から二〇〇六年までに発表した論文に、新稿を加えて構成している。ただし、既発表の論文については大幅に加除再編して掲載したので、ほぼ全編、書き下ろしといっても過言ではない。

題名に地域社会と権力とあるように、地域社会と権力の関係について、平安末期の内乱と、それに伴う鎌倉幕府の成立を素材として検討した。一口に地域社会とはいっても、各分野で様々な使われ方をするが、本書では、国家と対置されるべき、共同体、コミュニティーといった組織体を念頭においている。また将軍権力については、源頼朝が征夷大将軍＝将軍に補任されて以来、武家棟梁たる者がこれに補任され、何らかの国家的機能を果たしていた、という前提から、武家政権の首班が行使すべき国家的権力という意味で使用している。よって、特に「征夷大将軍」という官職にこだわっているわけではない。

封建制・主従制・在地領主制は、中世史研究のベースとなる概念であり、これら概念に基づいて史料が読み解かれ、封建制論・主従制論・在地領主制論が導かれてきた。本書では、これらに替わるべき歴史理論・概念として地域社会論、将軍権力論を提起したつもりである。あるいは、「はねっかえり」と眉をひそめたり、意味が分からないと無視したりする人が多いやもしれない。しかし史料に書いてあるとおりに読み解き、事例を収集して整理してみた結果がこれであり、自分では奇をてらったつもりは全くない。ただし、歴史学の現況について、閉塞感、焦燥感を感じてはいる。山の手線と地下鉄の区別もつかない田舎者だった私が、國學院大學に入学し、誘われるままに歴史系サークル日本史研究会に入会したころは、ソ連も自民党も憎らしく健在だった。

それから二十五年、状況は激変した。ソ連は消滅し、自民党は政権を失い、中国は世界二位の経済大国になった。東北の熱海といわれた故郷の温泉街は、本家の熱海ともどもシャッター街と化し、母校の歴史系サークルの勧誘の声も途絶えた。卒論の原稿用紙はワープロ原稿に代わり、枕がわりだった『広辞苑』は手のひらの上の電子辞書になり、書棚を我が物顔で占有していた『国史大辞典』や『日本国語大辞典』は、パソコン画面に収まっている。こんなに世の中が変わっているのに、いつまでたっても封建制・主従制・在地領主制でもないだろう、というのが本音ではある。

私の研究のスタートは、前述の歴史系サークルからで、そこでの活動は『吾妻鏡』の逐条解釈と討論、『玉葉』の輪読が中心であった。卒業論文は、高野山領備後国大田荘に関するもので、今江廣道先生に提出した。修士論文も引き続きご指導いただき、東寺領丹波国大山荘を扱った。修士の頃より毎週火曜日には、池永二郎先生の主催する吾妻鏡研究会に通って、ここでも随分、議論した。大学院修了後には、菊池紳一さんよりご紹介をいただき、前田育徳会尊経閣文庫に奉職した。十一年間の勤務を経て、国立歴史民俗博物館の井原今朝男さん、高橋一樹さん代表の共同研究の研究員となり、七年間を過ごした。これら一つ一つが本書の礎であり、不可欠な道程であったと思っている。

本書を刊行するにあたっては、学兄小川一義さんに、ひとかたならぬお力添えをいただいた。また、横田光雄さんには、章ごとに話を聞いてもらった。出版をお引き受け下さった汲古書院の三井久人さん、柴田聡子さんには、色々と我がままを言って困らせた。大変、恐縮している。他にも、謝辞を欠かせない方々がおられるが、酒と肴と本を持って、お礼に伺うつもりである。最後に定番ではあるが、グウタラ亭主で、意地悪おやじでごめんなさい、本を捧げられても困るでしょうから捧げませんが、ありがとう。直美さん、駿くん。

二〇一一年三月三日　擱筆

著者略歴

菱沼　一憲（ひしぬま　かずのり）

1966年　福島県福島市生まれ
92年　國學院大學修士課程修了
現　在　國學院大學兼任講師

主な著書・論文

『源義経の合戦と戦略』（角川書店、2005年）
「大和国平野殿庄の庄領と構造」（『地方史研究』303、2003年）
「源義経の挙兵と土佐房襲撃事件」（『日本歴史』684、2005年）
「内海としての紀伊水道」（『国立歴史民俗博物館研究報告』157、2010年）
「『醍醐雑事記』の具注暦と文書について」（『國學院雑誌』11－6、2010年）

中世地域社会と将軍権力

平成二十三年六月三十日　発行

著　者　菱沼一憲
発行者　石坂叡志
整版印刷　富士リプロ㈱

発行所　汲古書院
〒102-0072　東京都千代田区飯田橋二-五-四
電　話　〇三（三二六五）九七六四
ＦＡＸ　〇三（三二二二）一八四五

ISBN978-4-7629-4210-5　C3021

KYUKO-SHOIN, Co., Ltd. Tokyo.

索　　引

索引凡例

索引は（1）事項、（2）人名、（3）地名、に分けて作成した。なお紙幅の関係から、人名では源頼朝・源義経、地名では相模・武蔵・鎌倉など頻出事項は採用せず、また表・系図も省略し、主要な史料用語・研究用語を選択採用している。

(1) 事項索引

カ行

タ行

ナ行

ヤ行

ラ行

ワ

(2) 人名索引

サ行

マ行

ヤ行

(3) 地名索引

カ行

附表1 《頼朝期新恩給与表》

＊ 本表は頼朝による新恩給付所領を抽出したもので、第四章1の参考データである。国別とし、〔被給付者〕〔給付地〕〔出典〕の順で示した。〔給付地〕は初出のみとし、重複は省略した。なお、不確定な案件は多く、かつ脱漏も多数あるものと想定される。個人の能力と判断に基づくデータである点、ご承知おきいただきたい。〔出典〕は初出、あるいは代表的な史料・基本文献のみとする。

＊ 出典の略記号は (吾)＝『吾妻鏡』、遺＝鎌倉遺文

〔被給付者〕	〔給付地〕	〔出典〕
（山城国）		
梶原景時	美豆本荘・高運島	(吾)文治四年七月十三日条
（大和国）		
岡頼基	大和国内所領(藤井荘ヵ)	(吾)建久五年九月二十五日条
一条能保	田井・兵庫荘(平家没官領)	(吾)建久三年十二月十四日条
源頼基	藤井荘地頭(蓮華王院領)	(吾)建久六年九月十八日条
（河内国）		
天野遠景	長野荘(平貞弘旧領)	建久七年六月二十五日天野遠景請文案 金剛寺文書 遺851
石川義兼	天野谷地頭・下司職	建久六年六月十四日「源義兼起請文案」 金剛寺文書 遺799
大江公朝	山田郷地頭	(吾)建久元年八月三日条
大宮局(源頼朝妾)	氷野領預所・地頭職	正治元年六月十日源頼家政所下文 菊亭家文書 遺1055
梶原景時	新開・富島・三野和・長田	(吾)建久元年四月十九日条
糟屋有季	河内国内	(吾)建久元年八月三日条
藤原盛高	山田荘地頭職	建久五年八月十九日源頼朝政所下文案 豊田家文書 遺738
北条時定	河内国内陸奥所	(吾)建久元年八月三日条
（摂津国）		
一条能保	福原荘・武庫御厨・小松荘(平家没官領)	(吾)建久三年十二月十四日条
一条能保	武庫荘	(吾)建久元年四月十九日条
源光清	武庫荘下司・公文職	寿永三年五月十八日源頼朝下文 相田二郎氏収集影写文書 平安遺文補245
梶原景時	平野・安垣	(吾)建久元年四月十九日条
（伊賀国）		
宇都宮朝綱	壬生野郷地頭職	(吾)元暦元年五月二十四日条
紀遠兼	鞆田荘(六条院領・平家没官領)	文治五年四月七日源頼朝下文 保坂潤治氏所蔵文書 遺381
佐々木定綱	若林御園	(吾)文治四年二月二日条

〔被給付者〕	〔給付地〕	〔出典〕
北条時定	若林御園	(吾)文治四年二月二日条
(某)広綱	阿波広瀬荘地頭職	文治六年四月十七日北条義時請文案 東大寺要録 遺436
(伊勢国)		
天野遠景	林御厨	建久七年正月二十三日太神宮庁宣 神宮雑書 遺827
伊佐資綱	三ヶ山	(吾)文治三年四月二十九日条 (文治三年三月勅使駅家雑役)
伊佐某(常陸太郎、伊佐為宗息)	家城荘・吉行名・松高名・糸末名	(吾)文治三年四月二十九日条 (文治三年三月勅使駅家雑役)
泉乃判官代	久藤名	(吾)文治三年四月二十九日条 (文治三年三月勅使駅家雑役)
市河行重	末光安富名	(吾)文治三年四月二十九日条 (文治三年三月勅使駅家雑役)
市河行房	近富安富名・弘抜名	(吾)文治三年四月二十九日条 (文治三年三月勅使駅家雑役)
一条能保	新屋荘	(吾)建久元年四月十九日条
宇佐美実正	林崎御厨	(吾)文治二年六月二十九日条 (文治三年三月勅使駅家雑役)
宇佐美祐茂	永平名	(吾)文治二年六月二十九日条 (文治三年三月勅使駅家雑役)
哥(斎ヵ)宮寮頭	木造寮田	(吾)文治三年四月二十九日条 (文治三年三月勅使駅家雑役)
宇治義定	斎宮領寮田櫛田郷	(吾)文治三年五月二十六日条 (文治三年三月勅使駅家雑役)
大井実春	香取五ヶ郷	(吾)文治元年十一月十二日条
大江広元	小倭荘	(吾)建久元年四月十九日条
大江広元	栗真荘・窪田荘・永富名・石丸名・慈悲山領・遍法寺領・小倭田荘・得永・福延別名	(吾)文治三年四月二十九日条 (文治三年三月勅使駅家雑役)
岡部忠澄	粥安富名	(吾)文治三年四月二十九日条 (文治三年三月勅使駅家雑役)
尾崎七郎	揚丸名	(吾)文治三年四月二十九日条 (文治三年三月勅使駅家雑役)
加藤光員	池田別符・中跡荘・豊田荘地頭・長田荘・武久名・加納・加垣湊・新光吉	(吾)文治三年四月二十九日条 (文治三年三月勅使駅家雑役)

〔被給付者〕	〔給付地〕	〔出典〕
	名・位田	
加藤光員	吉津御厨	『角川地名大辞典 三重県』
河越重頼	香取五ヶ郷	(吾)文治元年十一月十二日条
久下重光	天花寺	(吾)文治三年四月二十九日条 (文治三年三月勅使駅家雑役)
工藤祐経	富田荘(院御領)	(吾)文治三年四月二十九日条 (文治三年三月勅使駅家雑役)
高野冠者	重安名田	(吾)文治三年四月二十九日条 (文治三年三月勅使駅家雑役)
後藤基清	河口	(吾)文治三年四月二十九日条 (文治三年三月勅使駅家雑役)
近衛局 (頼朝の女房)	新屋荘	(吾)文治二年八月二十七日条 (文治三年三月勅使駅家雑役)
佐野忠家 (太郎、基綱ヵ)	弘清	(吾)文治三年四月二十九日条 (文治三年三月勅使駅家雑役)
渋谷五郎(重助ヵ)	安清名	(吾)文治三年四月二十九日条 (文治三年三月勅使駅家雑役)
渋谷時国	末松名	(吾)文治三年四月二十九日条 (文治三年三月勅使駅家雑役)
四方田弘綱	多々利荘・丹生山公田・松永名	(吾)文治三年四月二十九日条 (文治三年三月勅使駅家雑役)
島津忠久	波出御厨・須可御荘	元暦二年六月十五日「源頼朝下文」島津家文書
昌寛	安富名・山永垣名	(吾)文治三年四月二十九日条 (文治三年三月勅使駅家雑役)
庄田家房	吉光名	(吾)文治三年四月二十九日条 (文治三年三月勅使駅家雑役)
藤原盛定	乙部御厨内乙部郷地頭職	承久二年十月十四日関東下知状 楓軒文書纂 遺2657
曾井入道	新得末名	(吾)文治三年四月二十九日条 (文治三年三月勅使駅家雑役)
長法寺五郎	本得末名	(吾)文治三年四月二十九日条 (文治三年三月勅使駅家雑役)
八田朝重	近津連(延)名	(吾)文治三年四月二十九日条 (文治三年三月勅使駅家雑役)
中原親能	荻野荘・高垣名・高成名・昼生荘預所・豊富安富・東園・西園・福武名	(吾)文治三年四月二十九日条 (文治三年三月勅使駅家雑役)

〔被給付者〕	〔給付地〕	〔出典〕
中原久兼	常楽寺荘	(吾)文治三年四月二十九日条 (文治三年三月勅使駅家雑役)
中村蔵人	荻野荘	(吾)文治三年四月二十九日条 (文治三年三月勅使駅家雑役)
野瀬国基	玉垣御厨領主職	(吾)文治二年八月二十七日条 (文治三年三月勅使駅家雑役)
白山別当	有光名	(吾)文治二年八月二十七日条 (文治三年三月勅使駅家雑役)
畠山重忠	治田御厨	(吾)文治三年六月二十九日条
藤原盛定	乙部御厨内乙部郷地頭職	承久二年十月十四日関東下知状
源季長	山永恒名・堀殖(江)加納	(吾)文治二年八月二十七日条 (文治三年三月勅使駅家雑役)
松本盛澄	飯鹿荘	(吾)文治三年四月二十九日条 (文治三年三月勅使駅家雑役)
筵間三郎	吉久名	(吾)文治三年四月二十九日条 (文治三年三月勅使駅家雑役)
山内経俊	黒田荘・曽根荘・英多荘・慧雲寺領・光吉名・光吉得光渡吉清・辰吉・曽祢荘返田	(吾)文治三年四月二十九日条 (文治三年三月勅使駅家雑役)
吉見頼綱	治田御厨	(吾)文治三年十月十三日条
輪田右馬允	志礼石御厨	(吾)文治四年二月二日条
(某)惟度	穂積荘	(吾)文治三年四月二十九日条 (文治三年三月勅使駅家雑役)
(某)頼澄 (伊豆目代)	永藤名・光藤名	(吾)文治三年四月二十九日条 (文治三年三月勅使駅家雑役)
(某)地平次	堀殖(江)永恒	(吾)文治三年四月二十九日条 (文治三年三月勅使駅家雑役)
(某)伊予守	山永垣名・堀殖(江)加納	(吾)文治三年四月二十九日条 (文治三年三月勅使駅家雑役)
(某)小次郎	岩成荘	(吾)文治三年四月二十九日条 (文治三年三月勅使駅家雑役)
(尾張国)		
板垣冠者	津島社	(吾)文治四年二月二日条
一条能保	松枝保(領)・御器所・長包荘	(吾)建久元年四月十九日条
一条能保	高畠荘・御器所松枝領 (平家没官領)	(吾)建久三年十二月十四日条

〔被給付者〕	〔給付地〕	〔出典〕
大内惟義	小弓荘	二月二十八日某御教書 醍醐寺所蔵諸尊道場観集紙背文書 『醍醐寺文化財研究所研究紀要』 6田中稔論文
梶原景高妻 (北条政子宮女)	野間内海荘	(吾)正治二年六月二十九日条
鎌田正清息女	志濃幾地頭職	(吾)建久五年十月二十五日条
後藤(堀尾)行直	堀尾荘地頭職	正和二年十月日堀尾荘地頭代光綱申状案 書陵部本軍要略抄下裏文書 遺25025
千秋信綱	海東地頭職	『尊卑分脈』2－472頁
(三河国)		
岡頼基	羽隅荘	(吾)建久五年十月十七日条
(遠江国)		
板垣兼信	双侶荘地頭(円勝寺領)	(吾)建久元年八月十九日条
加藤景廉	浅羽荘	(吾)建久四年十二月五日条
北条時政	蒲御厨地頭	建久八年六月日北条時政下文 蒲神明宮文書 遺921
安田義定	頭陀寺御荘惣検校職	建久三年八月二十七日守覚法親王御教書土代 仁和寺文書 遺613
安田義定	浅羽荘	(吾)建久四年十二月五日条
(駿河国)		
板垣冠者	大津御厨地頭	(吾)文治五年五月二十二日条
一条忠頼	笠原荘地頭	笠原荘地頭次第 中山家文書 遺27938
中原親能	蒲原荘	(吾)文治四年七月二十八日条
橘為茂	富士郡田所職	(吾)文治三年十二月十日条
武田信光	方上御厨地頭	(吾)建仁三年三月十日条
手越家綱	麻利子一色	(吾)文治五年十月五日条
北条時政	益頭郡益頭荘	(吾)文治四年六月四日条
(伊豆国)		
加藤景廉	狩野荘内牧郷地頭職	(吾)嘉禎元年八月二十一日条
(相模国)		
大江広元	毛利荘	『厚木市史 中世編』126頁
大庭景義	松田郷	(吾)治承四年十一月二十日条
梶原景時	荻野郷	『厚木市史 中世編』125頁
土屋宗遠	生瀬	(吾)建久二年四月二十七日条
土肥実平	山内荘	石井進『鎌倉武士の実像』(平凡社)182頁

〔被給付者〕	〔給付地〕	〔出典〕
摩々局 (源義朝乳母)	早河荘内三町	(吾)建久三年二月五日条
(武蔵国)		
岡崎政宣	大河戸御厨内八条郷地頭	(吾)建保元年五月十七日条
葛西清重	丸子荘	(吾)治承四年十一月十日条
渋江光衡	大河戸御厨内八条郷	(吾)建保元年五月十七日条
毛呂季綱	泉勝田	(吾)建久四年二月十日条
(上総国)		
足利義兼	畔蒜荘	(吾)文治二年六月十一日条
千葉常胤	市東郡	年欠某陳状　九条家冊子本中右記元永元年秋巻裏文書　遺3562 野口実『中世東国武士団の研究』(髙科書店)275頁
土屋義清	武射北郷	建保四年八月二十六日関東御教書案　九条家本冊子中右記元永元年秋巻裏文書　遺2260
中原親能	周西郡地頭	年欠某書状　民経記寛喜三年十月巻裏文書　遺2708 野口実『中世東国武士団の研究』(髙科書店)283頁
和田義盛	畔蒜荘	(吾)文治二年六月十一日条
和田義盛	市原郡	野口実『中世東国武士団の研究』(髙科書店)281頁
和田義盛	伊北荘	(吾)建保元年三月八日条
(下総国)		
千葉常胤	武射南郷	野口実『中世東国武士団の研究』(髙科書店)275頁
千葉常胤	印東荘・木内荘・小見郷	寛元元年下総香取造営所役注文　香取神宮文書　遺6247 野口実『中世東国武士団の研究』(髙科書店)278・280頁
千葉常胤	相馬御厨	嘉禄三年十二月日相馬能胤譲状案　岩松新田文書　遺3696 野口実『中世東国武士団の研究』(髙科書店)279頁
千葉常胤	埴生荘・埴西条	(吾)宝治元年六月七日条
千葉常胤	三崎荘	(吾)文治元年十月二八日条

〔被給付者〕	〔給付地〕	〔出典〕
（常陸国）		
宇佐美祐茂	多珂郡	網野善彦『日本中世土地制度史の研究』(塙書房)486頁
宇佐美	佐都東郡	網野善彦『日本中世土地制度史の研究』(塙書房)487頁
小山朝政	下妻荘	網野善彦『日本中世土地制度史の研究』(塙書房)467頁
小山朝政	村田下荘地頭職	(吾)建久三年九月十二日条
小山朝政	常陸国内志田義広旧領	(吾)養和元年閏二月二十八日条
鹿島政幹	鹿島社惣追捕使	(吾)治承五年三月十二日条
佐伯某	佐都西郡	網野善彦『日本中世土地制度史の研究』(塙書房)488頁
下河辺政義	南郡	(吾)元暦元年四月二十三日条
下河辺政義	大枝郷	正和五年閏十月十六日野本時重申状案　塙文書　遺25995
那珂実久	那珂東・西郡	網野善彦『日本中世土地制度史の研究』(塙書房)487頁
二階堂行村	久慈東郡	網野善彦『日本中世土地制度史の研究』(塙書房)487頁
八田知家	小鶴・信太・田中荘・北郡・筑波北条	網野善彦『日本中世土地制度史の研究』(塙書房)460～473頁
馬場資幹	筑波郡・南郡・北郡(多気義幹旧領)	(吾)建久四年六月二十二日条
結城朝光	常陸国内志田義広旧領	(吾)養和元年閏二月二十八日条
（近江国）		
一条能保	今西荘・粟津荘(平家没官領)	(吾)建久三年十二月十四日条
宇都宮信房	善積荘	(吾)文治二年二月二十九日条
宇都宮信房	近江国内領所	(吾)文治四年五月十七日条
佐々木定綱	安曇河荘	(吾)文治二年九月五日条
佐々木秀綱	三上荘	(吾)文治二年六月十七日条
昌寛	報恩寺・同余田	(吾)建久元年四月十九日条
中原親能	頓定	(吾)建久元年四月十九日条
（美濃国）		
一条能保	小泉御厨・帷荘・津不良領(平家没官領)	(吾)建久三年十二月十四日条
一条能保	大井戸加納	(吾)建久元年四月十九日条
加藤景廉	遠山荘	(吾)承久三年七月五日条・『角川日本

〔被給付者〕	〔給付地〕	〔出典〕
		地名大辞典　岐阜県』
千葉常胤	蜂屋荘地頭職	(吾)建久六年十二月十二日条
長沼宗政	大榑荘地頭職	正治二年十一月九日源頼家袖判下文　皆川文書　遺1166
藤原仲経	時多良山地頭	(吾)建久元年四月十八日条
平清綱	美濃国内地頭	(吾)文治三年四月十八日条
山田重隆	美濃国内	(吾)建久元年四月四日条
昌寛	蜂屋荘	(吾)建久元年四月十九日条
宮菊(源義仲妹)	遠山荘内一村	(吾)文治元年五月一日条
(美濃尼上)	犬丸・菊松地頭	(吾)建久元年四月十八日条
(某)家長(中条ヵ)	富永荘地頭	正治元年五月十九日源頼家書状写　湖山集　遺補320
(某)保房	高田郷	(吾)建久元年四月十八日条
(飛驒国)		
多好方	荒木郷地頭職	(吾)建久四年十一月十二日条
(信濃国)		
加々美長清	伴野荘地頭	(吾)文治二年十二月二十七日条
島津忠久	塩田荘地頭職	文治二年正月八日源頼朝下文　島津家文書　遺36
長沼宗政	善光寺地頭職	(吾)承元四年八月十二日条
中野助広	中野西条・櫨(志久見)荘地頭職	建久三年十二月十日源頼朝下文　市河文書　遺645
(上野国)		
安達景盛	板鼻別宮預所	年欠正月三十日関東御教書写　榊葉集所収文書『群馬県史６』247号文書
小山朝政	上野国内志田義広旧領	(吾)養和元年閏二月二十八日条
渋谷高重	黒河郷	(吾)元暦元年七月十六日条
(下野国)		
那須光助	北条内一村	(吾)建久四年三月九日条
結城朝光	下野国内志田義広旧領	(吾)養和元年閏二月二十八日条
結城朝光母	寒河郡・網戸郷	(吾)文治三年十二月一日条
(陸奥国)		
阿曾沼広綱	遠野保	『角川日本地名大辞典　岩手県』
伊佐朝宗	長世保・伊達郡	『中世奥羽の世界』(東京大学出版会)附録
石岡友景	陸奥国内	(吾)建久元年正月十八日条
宇佐美実政	津軽郡・山辺郡・鼻和郡・田舎郡	『中世奥羽の世界』(東京大学出版会)附録
宇都宮朝綱	遠田郡	『中世奥羽の世界』(東京大学出版会)附録

〔被給付者〕	〔給付地〕	〔出典〕
大河戸行元	山村	『仙台市史　通史編』222頁
大見家秀	陸奥国内	(吾)建久元年正月十八日条
小野寺新田カ	新田郡・登米郡	『中世奥羽の世界』(東京大学出版会)附録
小山朝政	菊田荘	『中世奥羽の世界』(東京大学出版会)附録
葛西清重	伊沢郡・磐井郡・牡鹿郡・気仙郡・江刺郡・興田保・黄海保	(吾)文治五年九月二十四日条 『中世奥羽の世界』(東京大学出版会)附録
加藤景廉	加美郡	『中世奥羽の世界』(東京大学出版会)附録
工藤行光	岩井郡	(吾)文治五年九月十二日条
熊谷直実	本吉荘	『中世奥羽の世界』(東京大学出版会)附録
渋谷重国	志田郡	『中世奥羽の世界』(東京大学出版会)附録
菅原某	大谷保	『中世奥羽の世界』(東京大学出版会)附録
橘公成	小鹿島	(吾)建久元年正月十八日条
伊達某	伊達郡	遠藤巌「東北地方における北条氏の所領」(『東北大学日本文化研究所研究報告』別巻７)
千葉常胤	高城保・亘理郡	『中世奥羽の世界』(東京大学出版会)附録
長江義景	深谷保	『中世奥羽の世界』(東京大学出版会)附録
中条成尋	刈田郡	遠藤巌「東北地方における北条氏の所領」(『東北大学日本文化研究所研究報告』別巻７)
二階堂行政	奥玉保・岩瀬郡	二階堂文書欠年月日所領配分注文
畠山重忠	葛岡郡・長岡郡	(吾)文治五年九月二十日条
八田知家	小田保	『中世奥羽の世界』(東京大学出版会)附録
平景衡	八幡荘	『中世奥羽の世界』(東京大学出版会)附録
北条義時	津軽郡・山辺郡・鼻和郡・田舎郡	『中世奥羽の世界』(東京大学出版会)附録
和田義盛	栗原荘・名取郡・標葉郡	『中世奥羽の世界』(東京大学出版会)附録
三浦氏カ	新宮荘・門田荘・耶麻郡・会津郡・河沼郡・大沼郡	『会津若松市史』
留守家景	南宮荘・高用名	『中世奥羽の世界』(東京大学出版会)附録 『仙台市史　通史編』216頁
結城朝光	白河荘	『中世奥羽の世界』(東京大学出版会)附録
〔出羽国〕		
安達盛長	大曾祢荘	『山形県史』586頁
大泉氏平	大泉荘地頭	(吾)承元三年五月五日条
大江広元	寒河江荘・成島荘・屋代荘・北条荘・置賜郡等	『山形県史』587頁

〔被給付者〕	〔給付地〕	〔出典〕
橘公業	小鹿島	延応元年六月日橘公業譲状案 小鹿島文書 遺5446
中条兼綱	小田島荘	(吾)元久二年六月二十二日条
(若狭国)		
藤原重頼	松永・宮川保地頭	(吾)文治四年九月三日条
若狭忠季	遠敷・三方郡内二五箇所(今富・国富名・西津・太良荘・津々見保等)	田中稔『鎌倉幕府御家人制度の研究』(吉川弘文館)259頁
丹後局	江取	(吾)建久元年四月十九日条
(越前国)		
一条能保	足羽御厨(平家没官領)	(吾)建久三年十二月十四日条
昌寛	鳥羽(荘)・得光・丹生北・春近	(吾)建久元年四月十九日条
平盛久	池田荘	『長門本平家物語』巻二〇
千秋宇治江氏	宇治江・野田郷・糸生郷・越知山	福井県史
比企朝宗	西津荘	寿永三年四月四日源頼朝書状 神護寺文書『平安遺文』4148
比企朝宗	河和田荘地頭(法金剛院領)	元暦元年五月日院庁下文案 仁和寺文書『平安遺文』5088
比企朝宗	志比荘	(吾)建久五年十二月十日条
平泉寺	藤島保	(吾)建久元年四月十九日条
北条時政	池田荘	『長門本平家物語』巻二〇
北条時政	大蔵荘	(吾)文治二年九月十三日条
(某)元員	河口荘地頭職	建永元年六月十六日後鳥羽上皇院宣 大乗院文書 遺補495
(加賀国)		
加藤成光	額田荘地頭	文治二年九月五日源頼朝下文案 松平文書 遺171
比企朝宗	額田荘地頭	文治二年九月五日源頼朝下文案 松平文書 遺171
(越中国)		
比企朝宗	般若野荘	(吾)文治二年六月十七日条
藤原盛定	小針原内静林寺地頭職	承久二年十月十四日関東下知状 楓軒文書纂 遺2657
(某)貞近	松永荘地頭	建久七年六月十七日源頼朝書状 松尾社文書 遺849
(某)成佐	吉岡荘	(吾)文治三年三月二日条

〔被給付者〕	〔給付地〕	〔出典〕
(某)	弘田御厨・同加納	(吾)建久元年四月十九日条
(越後国)		
宇佐美政光	越後国内	六条八幡宮造営注文
大見家秀	白河荘	『新潟県史 通史編2』41頁
河村義秀	荒川保	建長七年十月二十四日関東下知状案 色部文書 遺7911 『講座日本荘園史6』(吉川弘文館)15頁
佐々木盛綱	加地荘	(吾)建久六年十月十一日条・『新潟県史 通史編2』41頁
関瀬義盛	豊田荘	建仁二年六月日近江日吉社大津神人等解 江藤文書 遺1309
中原親能	大面荘	(吾)文治四年七月二十八日条
秩父季長	小泉荘	正応元年十二月二日関東下知状案 色部文書 遺16821 『新潟県史 通史編2』41頁
平賀有義	金津保	(吾)承久三年六月八日条・『新潟県史 通史編2』47頁
和田義茂	奥山荘(木曾殿追討賞)	黒川茂実申状 三浦和田文書 『新潟県史資料編4』133頁 『講座日本荘園史6』(吉川弘文館)15頁
源頼継	小国保	(吾)承久三年六月八日条・『新潟県史 通史編2』47頁
(丹波国)		
一条能保	篠村領(平家没官領)	(吾)建久三年十二月十四日条
後藤基清	志楽荘・伊祢保	(吾)建久六年八月六日条
鎌田正清息女	田名部荘地頭職	(吾)建久五年十月二十五日条
北条義時	由良荘	文治二年九月五日源頼朝下文 賀茂別雷神社文書 遺170
源頼兼	丹波国五箇荘	(吾)文治二年三月八日条
(但馬国)		
鳥居禅尼	多々良岐荘地頭	(吾)建久五年閏八月十二日条
(出雲国)		
内蔵資忠	国内数箇所地頭職	(吾)承元二年十一月一日条
(某)助光	大草郷地頭	元久二年四月二十二日関東下知状 出雲北島文書 遺1532
(隠岐国)		
藤原重頼	国内所々	(吾)文治四年七月十三日条
佐々木定綱	隠岐国一円地頭職	(吾)建久四年十二月二十日条

〔被給付者〕	〔給付地〕	〔出典〕
(某)	飯生荘	(吾)建久元年四月十九日条
(播磨国)		
一条能保	山田領・下端荘	(吾)建久三年十二月十四日条
梶原景時	浦上荘地頭職	(吾)文治五年三月十三日条
金子家忠	鵤荘	(吾)文治三年三月十九日条
(美作国)		
梶原朝景	大江行義女子領所	(吾)建久四年五月七日条
中原親能	布施郷	(吾)建久元年四月十九日条
三善康清	平信国知行分	(吾)建久元年四月十九日条
(某)	古岡北保地頭	(吾)建久元年四月十九日条
(某)	西高田郷	(吾)建久元年四月十九日条
(某)	西美和	(吾)建久元年四月十九日条
(備前国)		
一条能保	西院寺	(吾)建久元年四月十九日条
大江公朝	西野田保地頭職貞光(吉備津宮領)	(吾)文治四年二月二日条
加藤景廉	長田荘地頭(最勝王院領)	弘安十年四月十九日関東下知状 神田孝平氏所蔵文書 遺16241
中原親能	布施郷	(吾)建久元年四月十九日条
(備中国)		
(某)守定	狭尾返	(吾)建久元年四月十九日条
(備後国)		
一条能保	信敷荘・吉備津宮(平家没官領)	(吾)建久三年十二月十四日条
土肥実平	大田荘(高野山領)	文治二年七月二十四日源頼朝書状 高野山文書 遺131
土肥実平	有福名(賀茂社領)	(吾)文治二年九月五日条
広沢実方	三谿郡	『角川日本地名大辞典 広島県』(吾)建保元年六月二十五日条
三善康信	大田荘地頭	建久七年十月二十二日源頼朝政所下文 高野山文書 遺867
(某)家清	歌島	(吾)建久元年四月十九日条
(安芸国)		
惟宗孝親	可部荘地頭	建保五年六月二十一日将軍家政所下文 田所文書 遺補719
惟宗孝親	原郷・佐東郡・本安南郡地頭職・在庁兄部・散在名田四箇所・松崎八幡宮	文暦二年六月五日関東下知状案 厳島文書 遺4763

〔被給付者〕	〔給付地〕	〔出典〕
	下司職・祇園神人兄部職・久武名	
惟宗孝親	内部荘地頭職	建久七年十月日佐伯清元解宗孝親解題 芸藩通志 遺872
惟宗孝親	世能荘地頭	嘉禎四年九月日厳島社神官等解 厳島野坂文書 遺5310
惟宗孝親	能美荘	嘉禎二年三月日能美荘々官等注進状 正閏史料外編 遺4954
土肥実平	沼田荘内安直・本荘・新荘地頭職	文永三年四月九日関東下知状 小早川文書 遺9521
長谷部信連	安芸国検非違使所・荘公	(吾)文治二年四月四日条
(周防国)		
大江高信	久賀・日前・由良地頭	(吾)文治三年四月二十三日条
大江広元	大島三箇荘(安下・島末・屋代)地頭職	建久三年六月三日源頼朝政所下文 正閏史料外編 遺594
久米国真	周防国内地頭	(吾)文治三年四月二十三日条
白松資綱	椹野荘地頭職(東大寺領)	天福元年七月九日関東下知状 東大寺要録 遺4538
原行能	津和地	(吾)建久元年四月十九日条
内藤盛経	周防国内地頭	(吾)文治三年四月二十三日条
土肥実平	伊保荘・竈戸関・矢島・柱島(賀茂別雷社領)	文治二年九月五日頼朝下文 賀茂別雷神社文書 遺169
土肥実平	大島荘	(吾)文治二年六月十七日条
平子重経	仁保荘・恒富保地頭職事	建久八年二月二十四日源頼朝政所下文 三浦文書 遺897
三奈木守直	国内地頭	(吾)文治三年四月二十三日条
(某)家重	得善末武地頭	(吾)文治三年四月二十三日条
(長門国)		
大江景国	向津奥荘地頭	(吾)文治二年八月五日条
下河辺行平	向津奥荘	(吾)文治二年七月二十八日条
中原親能	長門国内某所	(吾)建久元年四月十九日条
土肥実平・遠平	阿武郡(御領)	(吾)文治五年二月三十日・文治五年三月十三日条
(紀伊国)		
豊島有経	三上荘地頭	(吾)建久二年十月二日条
鳥居禅尼	湯橋	(吾)建久元年四月十九日条
(淡路国)		
一条能保	志筑荘(平家没官領)	(吾)建久三年十二月十四日条

〔被給付者〕	〔給付地〕	〔出典〕
藤原重弘	広田郷	(吾)建久元年四月十九日条
横山時広	国分寺	(吾)建久元年四月十九日条
(阿波国)		
小野成綱	麻殖保地頭	(吾)文治四年三月十四日条
粟田親家	津田島地頭(春日社領)	元久二年五月十九日北条時政書状案 大和大東家文書 遺1543
中原親能	高越寺	(吾)建久元年四月十九日条
(伊予国)		
河野通信	久米郡	予章記・田中稔『鎌倉幕府御家人制度の研究』(吉川弘文館)325頁
橘公業	宇和郡地頭職	嘉禎四年十月二十八日橘公蓮譲状案 小鹿島文書 遺補1246 田中稔『鎌倉幕府御家人制度の研究』(吉川弘文館)327頁
北条義時	三島社	三島社領主次第 田中稔『鎌倉幕府御家人制度の研究』(吉川弘文館)321頁
(土佐国)		
中原秋道	深淵・香宗我部郷地頭職	建仁元年七月十日北条時政書状 香宗我部家伝証文 遺1233
源行景	介良荘地頭・預所	(吾)文治三年五月八日条
季厳(石清水若宮別当)	吾河	(吾)建久元年四月十九日条
(筑前国)		
天野遠景	宇美社預所・地頭	建久三年三月日石清水検校成清譲状 石清水八幡宮文書 遺586
中原親能	東郷内曲村地頭(宗像社修理料)	貞永元年七月二十六日関東裁許状案 宗像社文書 遺4348
武藤資頼	遠賀荘・宗像西郷・東郷糸島郡志登地頭職・久重楽万地頭職下座郡内燈油田畠・三毛小郷預所職・療病寺并極楽寺地頭職・嘉麻郡岩別符	川添昭二「鎌倉・南北朝時代における少弐氏の所領」(『九州文化史研究所紀要』11)
(某)	怡土荘地頭(法金剛院領)	(吾)文治六年三月九日条
(筑後国)		
天野遠景	上妻荘内蒲原次郎丸地頭	宝治二年九月十三日関東下知状 室園文書 遺6998

〔被給付者〕	〔給付地〕	〔出典〕
		清水亮『鎌倉幕府御家人制の政治史的研究』(校倉書房)156頁
天野遠景	瀬高荘	(吾)文治二年六月十七日条
和田義盛	三瀦荘地頭	(吾)文治五年三月十三日条
(某)家兼	河北荘官	正治二年六月十四日将軍家下文案 北野神社文書 遺補363
(豊前国)		
宇都宮信房	伊方荘地頭職	建久三年二月二十八日源頼朝下文写 佐田文書 遺581
宇都宮信房	伝法寺荘	恵良宏「豊前国における東国御家人宇都宮氏について」(『九州史学』24)
宇都宮信房	城井郷	恵良宏「豊前国における東国御家人宇都宮氏について」(『九州史学』24)
宇都宮信房	柿原名地頭職(板井種遠跡)	延慶二年六月十二日鎮西探題裁許状 佐田文書 遺23700
(豊後国)		
宇佐宮前祝宮兼	田伊太原浦地頭(宇佐宮領)	(建久八年六月)豊後国図田帳 到津文書 遺927
漆島定房	竃門郷	(建久八年六月)豊後国図田帳 到津文書 遺927
中原親能	大野荘	貞応二年十一月二日大友能直譲状 志賀文書 遺3171
(某)	姫島浦地頭職	(建久八年六月)豊後国図田帳 到津文書 遺927
(某・宮沙汰)	櫛来浦地頭(宇佐宮領)・朝見郷地頭(同領)・石垣郷地頭(同領)	(建久八年六月)豊後国図田帳 到津文書 遺927
(某)	八坂郷地頭(弥勒寺領)	(建久八年六月)豊後国図田帳 到津文書 遺927
(某三人)	山香郷地頭(弥勒寺領)	(建久八年六月)豊後国図田帳 到津文書 遺927
(某)	由布郷地頭(弥勒寺領)	(建久八年六月)豊後国図田帳 到津文書 遺927
(肥前国)		
天野遠景	河副荘惣地頭職	清水亮『鎌倉幕府御家人制の政治史的研究』(校倉書房)156頁
天野遠景	藤津荘惣地頭職	清水亮『鎌倉幕府御家人制の政治史的研究』(校倉書房)155頁

〔被給付者〕	〔給付地〕	〔出典〕
天野遠景	彼杵荘惣地頭職	清水亮『鎌倉幕府御家人制の政治史的研究』(校倉書房)155頁
天野遠景	佐嘉御領(惣地頭カ)	嘉禄二年二月日佐嘉御領小地頭等申状案 竜造寺文書 遺3470
大江広元	河副荘	弘安三年十月五日明尊所職等譲状案 高城寺文書 遺14115 石井進「九州諸国における北条氏所領の研究」(『荘園制と武家社会』吉川弘文館)
曾祢崎通友	行武地頭	建久八年七月日肥前国太田文写 曾根崎文書 遺933
中原親能	行武	建久八年七月日肥前国太田文写 曾根崎文書 遺933
中原親能	長島荘	(貞応二年)九月二十八日関東御教書 武雄神社文書 遺5171 瀬野精一郎『鎮西御家人の研究』(吉川弘文館)246頁
中原親能	佐嘉御領	瀬野精一郎『鎮西御家人の研究』(吉川弘文館)241頁
野本時員	高来西郷惣地頭職(平家没官領)	承久三年八月三十日関東裁許状 保阪潤治所蔵文書 遺2819
野本行員	高来東郷惣地頭職(平家没官領)	承久三年八月三十日関東裁許状 保阪潤治所蔵文書 遺2819
平通隆	曾祢崎・堺別符行武名地頭職(平家領)	文治三年五月九日源頼朝下文 曾祢崎文書 遺235
千葉常胤	小城郡	瀬野精一郎『鎮西御家人の研究』(吉川弘文館)243頁
(肥後国)		
一条能保	八代荘(平家没官領)	(吾)建久三年十二月十四日条
大江広元	山本荘	(吾)文治二年二月七日条
大江広元	球磨郡内鎌倉御領預所	建久八年七月肥後国図田帳写 相良家文書 遺929 弘安六年七月三日関東裁許状 平河文書 遺14898
大友能直	富納荘・片俣荘	正和二年九月十六日鎮西下知状 太宰府神社文書 遺24999
良峯紀平次	球磨郡内鎌倉御領地頭	建久八年七月肥後国図田帳写 相良家文書 遺929
相良頼景	泉新荘内山井名・多良木	寛元元年十二月二十三日関東裁許状

〔被給付者〕	〔給付地〕	〔出典〕
	内古多良村・竹脇村・伊久佐上村・東光寺村	相良家文書 遺6266 瀬野精一郎『鎮西御家人の研究』(吉川弘文館)259頁
藤原季高	人吉荘地頭	建久八年七月肥後国図田帳写 相良家文書 遺929
藤原家基	豊永地頭	建久八年七月肥後国図田帳写 相良家文書 遺929
藤原真家	豊富地頭	建久八年七月肥後国図田帳写 相良家文書 遺929
北条時政	阿蘇社	建久七年八月一日北条時政補任状 阿蘇家文書 遺859
(日向国)		
宇都宮信房	国富荘内久目田没官領地頭	建久八年六月日日向国図田帳写 島津家文書 遺922
工藤祐経	県荘地頭・諸県荘地頭・富田荘地頭・田島荘地頭	建久八年六月日日向国図田帳写 島津家文書 遺922
島津忠久	北郷・中郷・南中郷・救二郷・財部郷・三俣院・島津破・吉田荘・寄郡・伊富形・大貫・宮頸・穆佐院・飯肥北郷・飯肥南郷・櫛間院・求二院・真幸院　各地頭	建久八年六月日日向国図田帳写 島津家文書 遺922
須江太郎	馬関田荘地頭	建久八年六月日日向国図田帳写 島津家文書 遺922
中原親能	宮崎荘・調殿・新名・浮目・新納院　各地頭	建久八年六月日日向国図田帳写 島津家文書 遺922
土持信(宣)綱	塩見・富高・国分寺田・法元寺・尼寺・安寧寺田・今泉・那河・田島破・袋・佐土原・倍木・新田・下富田・穂北郷・鹿野田郷・都於院・三宅郷・三納郷・間世田・右松保　各地頭	建久八年六月日日向国図田帳写 島津家文書 遺922
平盛時	加江田・鏡淵・隈野・左右恒久・吉田・源藤　各地頭	建久八年六月日日向国図田帳写 島津家文書 遺922
(某)広時	平群荘地頭・預所	建久八年六月日日向国図田帳写 島津

〔被給付者〕	〔給付地〕	〔出典〕
		家文書 遺922
(某)平五	湯宮・加江田・加納・大田・左右恒久・隈野・吉田・源藤・鏡淵　各地頭	建久八年六月日日向国図田帳写 島津家文書 遺922
（大隅国）		
島津忠久	島津荘地頭職	文治二年四月三日源頼朝下文 島津家文書 遺82
千葉常秀	入山村(笥崎宮浮免田)	建久八年六月日大隅国図田帳写 大隅桑幡文書 遺924
中原親能	小河院(正宮領、本家八幡)・曾野郡(同前)・桑東郷(同前)・桑西郷(同前)・帖佐郡(同前)・蒲生院(同前)・吉田院(同前)・加治木郷(同前)・祢寝南俣(同前)・島津荘(殿下領)　各地頭	建久八年六月日大隅国図田帳写 大隅桑幡文書 遺924
(某)	祢寝院南俣 地頭職	文治三年十一月日大隅正八幡宮神官等解 祢寝文書 遺286
（薩摩国）		
救二院成直	救二院地頭弁済職	(建久二年ヵ)五月九日源頼朝御教書案 島津家文書 遺1031
鮫島四郎	阿多久吉地頭・阿多公領地頭・阿多高橋地頭・加世田別府村原地頭(没官領)	建久八年六月日薩摩国図田帳写 島津家文書 遺923
島津忠久	郡本社領鹿児島郡内・島津荘伊作郡・同荘同郡南郷・同荘寄郡内没官領・市来院(島津荘寄郡)・満家院(同前)・河辺郡(同前)・時吉(同前)・若松(同前)・永利(同前)・吉永(同前)・宮里郷公領(同前)・山門院公領(同前)・莫祢院(同前)・日置荘南郷(没官領)・加世田別符公領・智覧院公領(島津荘寄郡)・頴娃郡公領(同前)・揖宿	建久八年六月日薩摩国図田帳写 島津家文書 遺923

〔被給付者〕	〔給付地〕	〔出典〕
	郡公領(同前)・谷山郡(島津荘寄郡・没官領)・鹿児島郡公領(島津荘寄郡)・伊集院谷口(没官領) 各地頭	
島津忠久	谷山郡地頭職・日置南郷北郷地頭職	建久三年十月二十二日関東御教書案 島津家文書 遺632
千葉常胤	温田浦(没官領・安楽寺領)・市比野(入来院内没官領・弥勒寺領)・島津荘寄郡内没官領地頭・温田浦(高城郡・没官領・島津寄郡)・高城郡公領地頭(没官領)・東郷別符公領地頭(没官領)・入来院地頭(没官領)・祁答院地頭(没官領)・甑島地頭(島津荘寄郡)	建久八年六月日薩摩国図田帳写 島津家文書 遺923
中原親能	荒田荘地頭 (大隅正八幡宮領)	建久八年六月「薩摩国図田帳写」島津家文書
(国不明)		
宇都宮信房	鎮西荘	(吾)文治四年五月十七日条
佐々木定綱	七箇国内各一所	(吾)建久四年十二月二十日条
中原仲業	某所	(吾)建久三年六月三日条
北条時政	七箇国地頭職	(吾)文治二年三月一日条
源義経	平家没官領二十四箇所	(吾)元暦二年六月十三日条
山田重澄	一村地頭職	(吾)寿永元年三月五日条

《頼朝期新恩給与表（人別）》※五十音順

〔あ行〕	
足利義兼	上総国畔蒜荘
阿曾沼広綱	陸奥国遠野保
安達景盛	上野国板鼻別宮預所
安達盛長	出羽国大曾祢荘
天野遠景	河内国長野荘・伊勢国林御厨・筑前国宇美社・筑後国上妻荘内蒲原次郎丸・瀬高荘・肥前国河副荘・藤津荘・彼杵荘・佐嘉御領
粟田親家	阿波国津田島
伊佐資綱	伊勢国三ヶ山
伊佐朝宗	陸奥国長世保・伊達郡
伊佐某	伊勢国家城荘・吉行名・松高名・糸末名
石岡友景	陸奥国陸奥国内
石川義兼	河内国天野谷
泉乃判官代	伊勢国久藤名
板垣兼信	尾張国津島社・駿河国大津御厨・遠江国双侶荘
市河行重	伊勢国末光安富名
市河行房	伊勢国近富安富名・弘抜名
一条忠頼	駿河国笠原荘
一条能保・同室	大和国田井・兵庫荘・摂津国福原荘・武庫御厨・武庫荘・小松荘・伊勢国新屋荘・尾張国松枝保(領)・御器所・長包荘・高畠荘・御器所松枝領・近江国今西荘・粟津荘・美濃国小泉御厨・帷荘・津不良領・大井戸加納・越前国足羽御厨・丹波国篠村領・播磨国山田領・下端荘・備前国西院寺・備後国信敷荘・吉備津宮・淡路国志筑荘・肥後国八代荘
宇佐宮前祝宮兼	豊後国田伊太原浦地頭
宇佐美	常陸国佐都東郡
宇佐美実政	陸奥国津軽郡・山辺郡・鼻和郡・田舎郡・伊勢国林崎御厨
宇佐美祐茂	伊勢国永平名・常陸国多珂郡
宇佐美政光	越後国内
宇治義定	伊勢国斎宮領寮田櫛田郷
宇都宮朝綱	伊賀国壬生野郷・陸奥国遠田郡
宇都宮信房	近江国善積荘・近江国内領所・豊前国伊方荘・伝法寺荘・城井郷・柿原名・日向国国富荘内久目田・某国鎮西荘
漆島定房	豊後国竈門郷
多好方	飛騨国荒木郷
大井実春	伊勢国香取五ヶ郷
大泉氏平	出羽国大泉荘
大内惟義	尾張国小弓荘
大江景国	長門国向津奥荘

大江公朝	河内国山田郷・備前国西野田保貞光
大江高信	周防国久賀・日前・由良
大江広元	伊勢倭荘・窪田荘・栗真荘・永富名・石丸名・慈悲山領・遍法寺領・小倭田荘・得永・福延別名・相模国毛利荘・出羽国寒河江荘 成島荘・屋代荘・北条荘・置賜郡等・周防国大島三箇荘・島末・屋代・肥前国河副荘・肥後国山本荘・球磨郡内鎌倉御領
大河戸行元	陸奥国山村
大友能直	肥後国富納荘・片俣荘
大庭景義	相模国松田郷
大見家秀	陸奥国内・越後国白河荘
大宮局	河内国氷野領
岡頼基	大和国内所領(藤井荘ヵ)・三河国羽隅荘
岡崎政宣	武蔵国大河戸御厨内八条郷
岡部忠澄	伊勢国粥安富名
尾崎七郎	伊勢国揚丸名
小野成綱	阿波国麻殖保
小野寺新田ヵ	陸奥国新田郡・登米郡
小山朝政	常陸国下妻荘・村田下荘・常陸国内志田義広旧領・上野国内志田義広旧領・陸奥野菊田荘
〔か行〕	
加々美長清	信濃国伴野荘
葛西清重	武蔵国丸子荘・陸奥国伊沢郡・磐井郡・牡鹿郡・気仙郡・江刺郡・興田保・黄海保
鹿島政幹	常陸国鹿島社惣追捕使
梶原景高妻（北条政子官女）	尾張国野間内海荘
梶原景時	山城国美豆本荘・高運島・河内国新開・富島・三野和・長田・摂津国平野・安垣・相模国荻野郷・播磨国浦上荘
梶原朝景	美作国大江行義女子領所
糟屋有季	河内国内
加藤景廉	遠江国浅羽荘・伊豆国狩野荘内牧郷・美濃国遠山荘・陸奥国加美郡・備前国長田荘
加藤成光	加賀国額田荘
加藤光員	伊勢国池田別符・中跡荘・豊田荘・長田荘・武久名・加納・加垣湊・新光吉名・位田・吉津御厨
金子家忠	播磨国鵤荘
鎌田正清息女	尾張国志濃幾・丹波国田名部荘
河越重頼	伊勢国香取五ヶ郷

河村義秀	越後国荒川保
紀遠兼	伊賀国鞆田荘
季厳 (石清水若宮別当)	土佐国吾河
久下重光	伊勢国天花寺
工藤祐経	伊勢国富田荘・日向国県荘・諸県荘・富田荘・田島荘
工藤行光	陸奥国岩井郡
救二院成直	薩摩国救二院
熊谷直実	陸奥国本吉荘
久米国真	周防国内
内蔵資忠	出雲国内数箇所
河野通信	伊予国久米郡
高野冠者	伊勢国重安名田
後藤基清	伊勢国河口・丹波国志楽荘・伊祢保
後藤(堀尾)行直	尾張国堀尾荘
近衛局 (頼朝の女房)	伊勢国新屋荘
惟宗孝親	安芸国可部荘・　原郷・佐東郡・本安南郡・在庁兄部・散在名田四箇所・松崎八幡宮下司職・祇園神人兄部職・久武名・内部荘・世能荘・能美荘
〔さ行〕	
哥(斎ヵ)宮寮頭	伊勢国木造寮田
佐伯某	常陸国佐都西郡
相良頼景	肥後国新荘内山井名・多良木内古多良村・竹脇村・伊久佐上村・東光寺村
佐々木定綱	伊賀国若林御園・近江国安曇河荘・隠岐国一円地頭職・某国七箇国内各一所
佐々木秀綱	近江国三上荘
佐々木盛綱	越後国加地荘
佐野忠家 (太郎、基綱ヵ)	伊勢国弘清
鮫島四郎	薩摩国阿多久吉・阿多公領・阿多高橋・加世田別府村原
渋江光衡	武蔵国大河戸御厨内八条郷
渋谷重国	陸奥国志田郡
渋谷五郎(重助ヵ)	伊勢国安清名
渋谷高重	上野国黒河郷
渋谷時国	伊勢国末松名
四方田弘綱	伊勢国多々利荘・丹生山公田・松永名
島津忠久	伊勢国波出御厨・須可御荘・信濃国塩田荘・日向国北郷・中郷・南中郷・救二郷・財部郷・三俣院・島津破・吉田荘・寄郡・伊富形・大貫・宮頸・

	穆佐院・飯肥北郷・飯肥南郷・櫛間院・求二院・真幸院・大隅国島津荘・薩摩国郡本社領鹿児島郡内・島津荘伊作郡・同荘同郡南郷・同荘寄郡内没官領・市来院・満家院・河辺郡・時吉・若松・永利・吉永・宮里郷公領・山門院公領・莫祢院・日置荘南郷・加世田別符公領・智覧院公領・頴娃郡公領・揖宿郡公領・谷山郡・鹿児島郡公領・伊集院谷口・谷山郡・日置南郷北郷
下河辺政義	常陸国南郡・大枝郷
下河辺行平	長門国向津奥荘
昌寛	美濃国蜂屋荘・伊勢国安富名・山永垣名・近江国報恩寺・同余田・越前国鳥羽(荘)・得光・丹生北・春近
庄田家房	伊勢国吉光名
白松資綱	周防国椹野荘
須江太郎	日向国馬関田荘
菅原某	陸奥国大谷保
関瀬義盛	越後国豊田荘
千秋宇治江氏	越前国宇治江・野田郷・糸生郷・越知山
千秋信綱	尾張国海東
曾井入道	伊勢国新得末名
曾祢崎通友	肥前国行武
〔た行〕	
平景衡	陸奥国八幡荘
平清綱	美濃国内地頭
平通隆	肥前国曾祢崎・堺別符行武名
平盛時	日向国加江田・鏡淵・隈野・左右恒久・吉田・源藤
平盛久	越前国池田荘
平子重経	周防国仁保荘・恒富保
武田信光	駿河国方上御厨
橘公業	出羽国小鹿島・伊予国宇和郡・陸奥国小鹿島
橘為茂	駿河国富士郡田所職
伊達某	陸奥国伊達郡
丹後局	若狭国江取
秩父季長	越後国小泉荘
千葉常胤	上総国市東郡・下総国武射南郷・印東荘・木内荘・小見郷・相馬御厨・埴生荘・埴西条・三崎荘・美濃国蜂屋荘・陸奥国高城保・亘理郡・肥前国小城郡・薩摩国温田浦・市比野・島津荘寄郡内没官領・温田浦・高城郡公領・東郷別符公領・入来院・祁答院・甑島
千葉常秀	大隅国入山村(筥崎宮浮免田)
中条家長	美濃国富永荘地頭

中条成尋	陸奥国刈田郡
長法寺五郎	伊勢国本得末名
土持信(宣)綱	日向国塩見・富高・国分寺田・法元寺・尼寺・安寧寺田・今泉・那河・田島破・袋・佐土原・倍木・新田・下富田・穂北郷・鹿野田郷・都於院・三宅郷・三納郷・間世田・右松保
土屋宗遠	相模国生瀬
土屋義清	上総国武射北郷
手越家綱	駿河国麻利子一色
豊島有経	紀伊国三上荘地頭
土肥実平	相模国山内荘・備後国大田荘・有福名・安芸国沼田荘内安直・本荘・新荘・周防国伊保荘・竈戸関・矢島・柱島・大島荘・長門国阿武郡
鳥居禅尼	但馬国多々良岐荘・紀伊国湯橋
〔な行〕	
内藤盛経	周防国内地頭
那珂実久	常陸国那珂東・西郡
長江義景	陸奥国深谷保
中条兼綱	出羽国小田島荘
長沼宗政	美濃国大榑荘・信濃国善光寺
中野助広	信濃国中野西条・�(志久見)荘地頭職
中原秋道	土佐国深淵・香宗我部郷
中原親能	伊勢国荻野荘・高垣名・高成名・昼生荘預所・豊富安富・東園・西園・福武名・駿河国蒲原荘・上総国周西郡・近江国頓定・越後国大面荘・美作国布施郷・備前国布施郷・長門国内某所・阿波国高越寺・筑前国東郷内曲村・豊後国大野荘・肥前国行武・長島荘・佐嘉御領・日向国宮崎荘・調殿・新名・浮目・新納院・大隅国小河院・曾野郡・桑東郷・桑西郷・帖佐郡・蒲生院・吉田院・加治木郷・祢寝南俣・島津荘・薩摩国荒田荘
中原仲業	某国某所
中原久兼	伊勢国常楽寺荘
中村蔵人	伊勢国荻野荘
那須光助	上野国北条内一村
二階堂行政	陸奥国奥玉保・岩瀬郡
二階堂行村	常陸国久慈東郡
野瀬国基	伊勢国玉垣御厨領主職
野本時員	肥前国高来西郷・東郷
〔は行〕	
白山別当	伊勢国有光名
長谷部信連	安芸国検非違使所・荘公

畠山重忠	伊勢国治田御厨・陸奥国葛岡郡・長岡郡
八田知家	常陸国小鶴・信太・田中荘・北郡・筑波北条・陸奥国小田保
八田朝重	伊勢国近津連(延)名
馬場資幹	常陸国筑波郡・南郡・北郡
原行能	周防国津和地
比企朝宗	越前国西津荘・河和田荘・志比荘・加賀国額田荘・越中国般若野荘
平賀有義	越後国金津保
広沢実方	備後国三谿郡
藤原家基	肥後国豊永
藤原真家	肥後国豊富
藤原重弘	淡路国広田郷
藤原重頼	若狭国松永・宮川保・隠岐国内所々
藤原季高	肥後国人吉荘
藤原仲経	美濃国時多良山
藤原盛定	伊勢国乙部御厨内乙部郷・越中国小針原内静林寺
藤原盛高	河内国山田荘
平泉寺	越前国藤島保
北条時定	河内国内陸奥所・伊賀国若林御園
北条時政	駿河国益頭郡益頭荘・遠江国蒲御厨・越前国池田荘・越前国大蔵荘・肥後国阿蘇社・某国地頭七箇国地頭職
北条義時	陸奥国津軽郡・山辺郡・鼻和郡・田舎郡・丹波国由良荘・伊予国三島社
〔ま行〕	
松本盛澄	伊勢国飯鹿荘
摩々局 (源義朝乳母)	相模国早河荘内三町
三浦氏ヵ	陸奥国新宮荘・門田荘・耶麻郡・会津郡・河沼郡・大沼郡
三奈木守直	周防国内
源季長	伊勢国山永恒名・堀殖(江)加納
源光清	摂津国武庫荘下司・公文職
源行景	土佐国介良荘
源義経	平家没官領二十四箇所
源頼兼	丹波国五箇荘
源頼継	越後国小国保
源頼基	大和国藤井荘
宮菊(義仲妹)	美濃国遠山荘内一村・犬丸・菊松
三善康清	美作国平信国知行分
三善康信	備後国大田荘
筵間三郎	伊勢国吉久名

武藤資頼	筑前国遠賀荘・宗像西郷・東郷糸島郡志登地頭職・久重楽万地頭職下座郡内燈油田畠・三毛小郷預所職・療病寺并極楽寺地頭職・嘉麻郡岩別符
毛呂季綱	武蔵国泉勝田
〔や行〕	
安田義定	遠江国頭陀寺御荘惣検校職・浅羽荘
山田重澄	某国一村地頭職・美濃国内
山内経俊	伊勢国黒田荘・曾根荘・英多荘・慧雲寺領・光吉名・光吉得光渡吉清・辰吉・曾祢荘返田
結城朝光	陸奥国白河荘・常陸国内志田義広旧領・下野国内志田義広旧領
結城朝光母	上野国寒河郡・網戸郷
横山時広	淡路国国分寺
吉見頼綱	伊勢国治田御厨
〔ら行・わ〕	
良峯紀平次	肥後国球磨郡内鎌倉御領
留守家景	陸奥国南宮荘・高用名
若狭忠季	若狭国遠敷・三方郡内二五箇所(今富・国富名・西津・太良荘・津々見保等)
輪田右馬允	伊勢国志礼石御厨
和田義茂	越後国奥山荘
和田義盛	上総国畔蒜荘・市原郡・伊北荘・陸奥国栗原荘・名取郡・標葉郡・筑前国三潴荘
〔受給者未詳〕	
	伊勢国永藤名・光藤名・山永垣名・堀殖(江)加納・穂積荘・堀江永恒・岩成荘・伊賀国阿波広瀬荘・美濃国高田郷・越前国河口荘・越中国弘田御厨・同加納・古岡荘・松永荘・美作国吉岡北保・西高田郷・西美和・備中国狭尾返・備後国歌島・隠岐国飯生荘・周防国得善末武・豊後国姫島浦・櫛来浦・朝見郷・石垣郷・八坂郷・山香郷・由布郷・筑前国河北荘官・怡土荘・出雲国大草郷・日向国湯宮・加江田・加納・大田・左右恒久・隈野・吉田・源藤・鏡淵・平群荘・大隅国祢寝院南俣

附表２ 《頼朝期供奉人表》

ＡＢＣＤＥＦＧＨＩＪＫは、それぞれ、
Ａ：文治五年 奥州合戦従軍 Ｂ：建久元年 頼朝上洛 Ｃ：建久六年 東大寺供養 Ｄ：文治元年 勝長寿院供養 Ｅ：文治四年 鶴岡宮大般若経供養 Ｆ：文治五年 鶴岡塔供養 Ｇ：建久二年 二所参詣供奉人 Ｈ：建久二年 御所新造造畢移徙 Ｉ：建久三年 永福寺供養 Ｊ：建久四年 永福寺薬師堂供養 Ｋ：建久五年 永福寺新造薬師堂供養への供奉。
このうち、ＤＥＦＧＨＩＪＫが鎌倉内供奉で、冒頭番号白抜黒丸で示した鎌倉内供奉衆は、これを３回以上勤めたもの。

※本表は 武蔵・相模・上野・常陸・伊豆・信濃・下総・甲斐・下野・上総・遠江・駿河・安房・越後・尾張以西・文官・京都 の順。冒頭の番号により、その所在地を**《御家人分布図》**に落としてある。（ ）内は本書刊行時（2011年）の市名。

（武蔵）		
① 青木真直	高麗郡加治郷・飯能市	BC
② 浅羽庄司三郎	入西郡浅羽郷・坂戸市	C
② 浅羽行長	入西郡浅羽郷・坂戸市	AB
② 浅羽行光	入西郡浅羽郷・坂戸市	B
③ 阿佐美実高	児玉郡浅見・児玉町（本庄市）	ABC
❹ 足立太郎	足立郡・桶川市	C
❹ 足立遠元	足立郡・桶川市	ABCDEFIK
❺ 安達盛長	足立郡	ABCDEF
⑥ 阿保六郎	賀美郡安保郷・神川町	BC
⑥ 阿保五郎	賀美郡安保郷・神川町	BCDG
⑥ 阿保実光	賀美郡安保郷・神川町	A
⑦ 甘糟広忠	那珂郡・美里町	CD
❽ 稲毛重成	多摩郡稲毛荘・川崎市	ABCDEFI
⑨ 猪俣範綱	那珂郡猪俣村・美里町	BCD
⑩ 江戸重長	豊島郡江戸郷・千代田区	ABCFG
⑩ 江戸重通	豊島郡江戸郷・千代田区	ABC
⑩ 江戸重宗	豊島郡江戸郷・千代田区	ABCD
⑩ 江戸親重	豊島郡江戸郷・千代田区	A
⓫ 大井四郎太郎	荏原郡大井郷・品川区	B
⓫ 大井五郎	荏原郡大井郷・品川区	B
⓫ 大井兵三次郎	荏原郡大井郷・品川区	C
⓫ 大井実高	荏原郡大井郷・品川区	B
⓫ 大井実春	荏原郡大井郷・品川区	ABCDEG
⑫ 大河原次郎	高麗郡・飯能市大河原	B
⑬ 大串小次郎	吉見郡大串郷・吉見町	A
⑭ 岡部右馬允	榛沢郡・岡部町（深谷市）	BC

⑭ 岡部小三郎	榛沢郡・岡部町	BC
⑭ 岡辺六野太	榛沢郡・岡部町（深谷市）	C
⑭ 岡部忠澄	榛沢郡・岡部町	AB
⑮ 小河祐義(助義)	多摩郡小河郷・秋川市ヵ	BDG
⑯ 越生有平	入間郡越生郷・越生町	B
⑯ 越生有弘	入間郡越生郷・越生町	AB
⑰ 小沢三郎	多摩郡小沢郷・川崎市多摩区付近	B
⑱ 忍三郎	埼玉郡忍・行田市	B
⑱ 忍五郎	埼玉郡忍・行田市	B
⑲ 小野成綱	埼西郡成田郷・熊谷市成田	ACIK
⑲ 小野義成	埼西郡成田郷・熊谷市成田	I
⑳ 小見野盛行	比企郡・川島町	B
㉑ 小山田行重	多摩郡小山田庄・町田市付近	BCG
㉒ 笠原高六	埼玉郡笠原村・鴻巣市	B
㉓ 柏原太郎	高麗郡柏原村・川越市	A
㉔ 加治太郎	高麗郡加治郷・飯能市	B
㉔ 加治小二郎	高麗郡加治郷・飯能市	C
㉔ 加治家季	高麗郡加治郷・飯能市	B
㉕ 加世次郎	橘郡・川崎市幸区付近	BC
㉖ 金子家忠	入間郡金子郷・入間市	BCDG
㉖ 金子高範	入間郡金子郷・入間市	AB
㉗ 鴨志田十郎	都筑郡鴨志田郷・横浜市緑区	BC
㉘ 河原小三郎	埼玉郡・行田市河原	B
㉘ 河原三郎	埼玉郡・行田市河原	D
㉙ 河勾政成	児玉郡・美里町	E
㉙ 河勾政頼	児玉郡・美里町	DH
㉚ 椚田小次郎	多摩郡椚田郷・八王子市	B
㉛ 熊谷又次郎	大里郡熊谷郷・熊谷市	BC
㉛ 熊谷忠直	大里郡熊谷郷・熊谷市	B
㉛ 熊谷直家	大里郡熊谷郷・熊谷市	ABCDEF
㉜ 高麗実家	高麗郡加治郷・飯能市	BC
㉝ 駒江平四郎	国多摩郡・狛江市	B
㉞ 小宮七郎	多摩郡・八王子市	B
㉞ 小宮五郎	多摩郡・八王子市	C
㉟ 塩屋家光	児玉郡塩屋・児玉町（本庄市）	AB
㉟ 塩屋惟守	児玉郡塩屋・児玉町	B
㊱ 品河清実	荏原郡品川郷・品川区	B
㊱ 品河実員	荏原郡品川郷・品川区	BCG
㊲ 四方田弘長	児玉郡・本庄市四方田	ABCD

㊳ 志村小太郎	豊島郡・豊島区	B
㊳ 志村三郎	豊島郡・豊島区	BC
㊴ 庄家長	児玉郡・本庄市	BC
㊴ 庄高家	児玉郡・本庄市	B
㊴ 庄忠家	児玉郡・本庄市	A
㊴ 庄時家	児玉郡・本庄市	B
㊵ 小代行平	入西郡・東松山市	ABC
㊶ 仙波太郎	入東郡・川越市	C
㊶ 仙波信平	入東郡・川越市	B
㊶ 仙波安家	入東郡・川越市	BD
㊷ 平子太郎	久良岐郡平子郷・横浜市中区付近	B
㊷ 平子有長	久良岐郡平子郷・横浜市中区付近	BC
㊸ 高鼻和太郎	榛沢郡・深谷市	A
㊹ 多加谷小三郎	埼玉郡・騎西町	B
㊺ 滝瀬三郎	榛沢郡滝瀬郷・本庄市	B
㊻ 玉井太郎	榛沢郡・熊谷市	B
㊻ 玉井助重	榛沢郡・熊谷市	B
㊼ 秩父行俊	秩父郡・秩父市	B
㊽ 都筑三郎	都筑郡	B
㊽ 都筑平太	都筑郡	BCD
㊾ 勅使河原有直	賀美郡・上里町	ABCDGI
㊿ 中条家長	埼玉郡・熊谷市	ABCE
51 戸崎右馬允	埼玉郡・騎西町	C
51 戸崎国延	埼玉郡・騎西町	D
52 豊島兵衛尉	豊島郡・豊島区ヵ	BCG
52 豊島八郎	豊島郡・豊島区ヵ	B
52 豊島清元	豊島郡・豊島区	ABD
52 豊島有経	豊島郡・豊島区	F
53 道智次郎	埼玉郡・騎西町	B
54 中村四郎	秩父郡・秩父市	B
54 中村七郎	秩父郡・秩父市	B
54 中村五郎	秩父郡・秩父市	BCD
54 中村兵衛尉	秩父郡・秩父市	BC
54 中村右馬允	秩父郡・秩父市	D
55 中山重政	都筑郡・横浜市緑区	ABCG
55 中山為重	都筑郡・横浜市緑区	ABCDG
56 長野重清	埼玉郡・行田市	AE
57 奈良弥五郎	幡羅郡・熊谷市	B
57 奈良高家	幡羅郡・熊谷市	BC

㊽ 成田助綱	埼玉郡・熊谷市	AB
㊾ 西小大夫	多摩郡・日野市	B
㊿ 荷沼三郎	幡羅蓮沼・深谷市	B
⑹ 筥田太郎	埼玉郡・熊谷市	B
❻❷ 畠山重忠	男衾郡・川本町（深谷市）	ABCDEFGHIJ
❻❸ 榛谷重朝	都筑郡・横浜市保土ケ谷区付近	ABCDGI
⑹ 榛沢成清	榛沢郡・埼玉県岡部町	A
❻❺ 比企藤次	比企郡・東松山市	BCDG
❻❺ 比企能員	比企郡・東松山市	ACEFHI
⑹ 人見行経	榛沢郡・深谷市	B
⑹ 平山重村	多摩郡・日野市	B
⑹ 平山季重	多摩郡・日野市	AC
⑹ 藤田能国	男衾郡・寄居町	C
⑹ 別府義行	幡羅郡・熊谷市	B
⑺ 本田次郎	男衾郡・川本町（深谷市）	A
⑺ 真下太郎	児玉郡・児玉町真下（本庄市）	B
⑺ 三尾谷十郎	比企郡・川島町	AB
⑺ 目黒弥五郎	荏原郡・目黒区	B
❼❹ 毛呂季綱	入間郡・毛呂山町	C
❼❹ 毛呂季光	入間郡・毛呂山町	ABCEFI
⑺ 諸岡次郎	橘樹郡師岡・横浜市港北区	C
⑺ 師岡重経	橘樹郡師岡・横浜市港北区	A
⑺ 山口小七郎	入間郡・所沢市	B
⑺ 山口小次郎	入間郡・所沢市	B
⑺ 山口季継	入間郡・所沢市	C
⑺ 山口信景	入間郡・所沢市	B
⑺ 横山三郎	多摩郡・八王子市	B
⑺ 横山時兼	多摩郡・八王子市	B
⑺ 横山時広	多摩郡・八王子市	ABC
⑺ 横山野三	多摩郡・八王子市	D
⑺ 横山時広	多摩郡・八王子市	G
⑺ 吉見頼綱	比企郡・吉見町	AC
（相模）		
❶ 愛甲季隆	愛甲郡	DJK
宇治義定	不詳	BD
② 海老名季綱	高座郡・海老名市	BC
② 海老名義季	高座郡・海老名市	AB
② 海老名次郎	高座郡・海老名市	BG

③	大友能直	足柄上郡・小田原市	AC
④	岡崎与一太郎	大住郡・伊勢原市付近	C
④	岡崎惟平	大住郡・伊勢原市付近	A
④	岡崎義実	大住郡・伊勢原市付近	ABCF
⑤	小倉野三	津久井郡・城山町（相模原市）	B
⑥	小山四郎	高座郡・相模原市	BC
⑥	小山有高	高座郡・相模原市	B
❼	梶原景定	鎌倉郡・鎌倉市	ABCEGIJ
❼	梶原景茂	鎌倉郡・鎌倉市	ACHI
❼	梶原景季	鎌倉郡・鎌倉市	ABCDEFGHIJK
❼	梶原景高	鎌倉郡・鎌倉市	ACE
❼	梶原景時	鎌倉郡・鎌倉市	ABCGHIK
❼	梶原朝景	鎌倉郡・鎌倉市	ABCDEFGIK
⑧	糟屋有季	大住郡・伊勢原市	ABCD
⑨	河村義秀	足柄上郡・山北町	BCG
⑩	佐原太郎	三浦郡・横須賀市	C
⑪	渋谷弥五郎	高座郡・綾瀬市付近	BC
⑪	渋谷時国	高座郡・綾瀬市付近	AC
⑪	渋谷重国	高座郡・綾瀬市付近	D
⑪	渋谷高重	高座郡・綾瀬市付近	ACEI
⓬	曾我祐綱	足柄下郡・小田原市付近	BCDEGF
⓬	曾我祐信	足柄下郡・小田原市付近	AF
	高井時義	三浦郡ヵ	B
⑬	多々良七郎	三浦郡・横須賀市	BC
⑬	多々良明宗	三浦郡・横須賀市	BD
⑭	筑井(机井)八郎	三浦郡・横須賀市	BCG
⑮	土屋義清	大住郡・平塚市	ABCFG
⑮	土屋宗遠	大住郡・平塚市	HI
⑯	豊田兵衛尉	大住郡・平塚市	B
⓱	土肥荒次郎	足柄下郡・湯河原町ヵ	BC
⓱	土肥七郎	足柄下郡・湯河原町ヵ	C
⓱	土肥惟平	足柄下郡・湯河原町	C
⓱	土肥実平	足柄下郡・湯河原町	ABFGI
⓱	土肥遠平	足柄下郡・湯河原町	A
⑱	長江明義	三浦郡・葉山町	CDH
⑲	長尾為宗	鎌倉郡・横浜市戸塚区	C
⑳	二宮朝忠	淘綾郡二宮庄・二宮町	AE
⑳	二宮光忠	淘綾郡二宮庄・二宮町	BCFG
㉑	波多野三郎	淘綾郡・秦野市	C

㉑ 波多野実方	淘綾郡・秦野市	A
㉑ 波多野忠綱	淘綾郡・秦野市	BCD
㉑ 波多野義景	淘綾郡・秦野市	ACG
㉒ 平佐古為重	三浦郡・横須賀市	BC
㉓ 懐島平権守入道	高座郡・茅ケ崎市	C
㉔ 本間義忠	愛甲郡・厚木市	ABCG
㉕ 三浦景連	三浦郡・横須賀付近	BG
㉕ 三浦義澄	三浦郡・横須賀付近	ABCDEFGHJK
㉕ 三浦義連	三浦郡・横須賀付近	ABCDEFHIK
㉕ 三浦義村	三浦郡・横須賀付近	ABCDEGK
㉖ 毛利頼隆	愛甲郡・厚木市	BC
㉗ 山内先次郎	鎌倉郡・横浜市栄区	BG
㉗ 山内重俊	鎌倉郡・横浜市栄区	C
㉗ 山内経俊	鎌倉郡・横浜市栄区	AC
㉘ 和田小二郎	三浦郡・三浦市	C
㉘ 和田宗実	三浦郡・三浦市	ABCDG
㉘ 和田義茂	三浦郡・三浦市	B
㉘ 和田義長	三浦郡・三浦市	BCD
㉘ 和田義盛	三浦郡・三浦市	ABCFGHIJK
（上野）		
① 吾妻太郎	吾妻郡・東吾妻町	C
② 大胡	勢多郡・大胡町（前橋市）	A
② 大胡重俊	勢多郡・大胡町	BC
③ 小串右馬允	多胡郡・吉井町	C
④ 倉賀野高俊	群馬郡・高崎市	BC
小林	不詳	A
小林三郎	不詳	BC
⑤ 小林重弘	緑野郡・藤岡市	BC
❻ 里見小太郎	碓氷郡・榛名町（高崎市）	C
❻ 里見義成	碓氷郡・榛名町	BEFH
❼ 佐貫五郎	邑楽郡佐貫庄・館林市付近	AB
❼ 左貫	邑楽郡佐貫庄・館林市付近	A
❼ 佐貫広綱	邑楽郡佐貫庄・館林市付近	ABCDEFGI
❼ 佐貫広義	邑楽郡佐貫庄・館林市付近	ABD
⑧ 渋河兼保	群馬郡・渋川市	ABC
⑨ 瀬下奥太郎	甘楽郡・富岡市	C
⑩ 園田成朝	山田郡・桐生市付近	C
⑪ 高山	緑野郡・藤岡市	A

⑫ 多胡宗太	多胡郡・吉井町	CD
⑬ 徳河義季	新田郡・尾島町（太田市）	BCF
⑭ 那波太郎	那波郡・伊勢崎市	C
⑭ 那波弥五郎	那波郡・伊勢崎市	C
⓯ 新田義兼	新田庄・新田町付近（太田市）	ABCDEFGI
⑯ 沼田太郎	利根郡・沼田市	ABCDG
⑰ 深栖太郎	勢多郡・粕川村	BC
⑰ 深栖四郎	勢多郡・粕川村	BE
⑱ 山上高光	勢多郡・新里村	BCG
⓳ 山名重国	多胡郡・高崎市	BCDG
⓳ 山名義範	多胡郡・高崎市	ABCDEGHI
（常陸）		
① 伊佐行政	伊佐郡・下館市	BCFG
① 伊佐為宗	伊佐郡・下館市	F
② 石河高幹	吉田郡・水戸市	B
③ 小栗重広	小栗御厨・協和町	BC
③ 小栗重成	小栗御厨・協和町	DE
④ 鹿島政幹	鹿島郡・鹿島市	B
④ 鹿島頼幹	鹿島郡・鹿島市	AB
⑤ 片穂平五	筑波郡・大穂町付近	B
⑤ 片穂五郎	筑波郡・大穂町付近	C
⑥ 佐竹四郎	久慈郡・常陸太田市	A
⑥ 佐竹秀義	久慈郡・常陸太田市	BC
⑦ 多気太郎	筑波郡・筑波市	AB
⑦ 多気義幹	筑波郡・筑波市	ABC
⑧ 戸村通能	那珂郡・那珂町	B
⑨ 那珂中左衛門尉	那珂郡・水戸市	C
⑩ 中郡太郎	新治郡・岩瀬町付近	C
⑩ 中郡隆家	新治郡・岩瀬町付近	B
⑩ 中郡経光	新治郡・岩瀬町付近	B
⓫ 八田知家	小栗御厨・下館市	ABCDEFGHIK
⓫ 八田知重	小栗御厨・下館市	ABCDEFGHJ
⑫ 馬場資幹	吉田郡・水戸市	BCG
⑬ 常陸資綱	伊佐郡・下館市	A
⑬ 常陸為重	伊佐郡・下館市	A
⑭ 真壁小六	真壁郡・真壁町	C
⑭ 真壁長幹	真壁郡・真壁町	AB

（伊豆）

① 天野六郎	田方郡・長岡町（伊豆の国市）	C
① 天野則景	田方郡・長岡町	A
① 天野保高	田方郡・長岡町	AC
① 天野遠景	田方郡・長岡町	CD
① 天野光家	田方郡・長岡町	D
② 伊東三郎	賀茂郡・伊東市	ABC
② 伊東成親	賀茂郡・伊東市	ABF
③ 宇佐美小平次	賀茂郡・伊東市	BG
③ 宇佐美祐茂	賀茂郡・伊東市	ABCDG
④ 大見家秀	田方郡大見庄・中伊豆町（伊豆市）	A
④ 大見家政	田方郡大見庄・中伊豆町	D
❺ 加藤景廉	田方郡・修善寺町（伊豆市）	ABCDEGI
❺ 加藤光員	田方郡・修善寺町	ACE
⑥ 狩野親光	田方郡・修善寺町付近	AE
⑥ 狩野宣安	田方郡・修善寺町付近	H
❼ 工藤祐経	田方郡・伊東市	ABEHI
❼ 工藤助光	田方郡・伊東市	AC
⑧ 南条次郎	田方郡・韮山町	C
❾ 新田忠常	田方郡仁田・函南町	ABCDFGJ
❾ 新田忠時	田方郡仁田・函南町	ABCG
❿ 北条時房	田方郡・韮山町（伊豆の国市）	ACFGJK
❿ 北条時政	田方郡・韮山町	AG
❿ 北条義時	田方郡・韮山町	ABCDFGHK
⑪ 堀助政	田方郡・修善寺町（伊豆市）	BG
⑪ 堀親家	田方郡・修善寺町	ABCG
⑪ 堀親経	田方郡・修善寺町	ABD

（信濃）

① 海野小太郎	小県郡・東部町（東御町）	C
② 大島宗綱	伊那郡・伊那市	C
③ 小田切太郎	佐久郡・臼田町ヵ（佐久市）	BC
④ 春日貞親	佐久郡・望月町（佐久市）	ABC
④ 春日貞幸	佐久郡・望月町	D
⑤ 小諸太郎次郎	佐久郡・小諸市	B
⑤ 小諸(小室)光兼	佐久郡・小諸市	BCD
⑥ 志賀七郎	佐久郡・佐久市	BC
⑦ 須田為実	高井郡・須坂市	B
⑧ 高梨次郎	高井郡・須坂市	BC

⑨ 中野助光	高井郡・中野市	AB
⑨ 中野能成	高井郡・中野市	ABC
⑩ 中沢兵衛尉	伊那郡・駒ケ根市	BC
⑪ 祢津宗直	小県郡・東部町（東御町）	BC
⓬ 平賀義信	佐久郡・佐久市	ADFHIK
⓬ 平賀朝信	佐久郡・佐久市	ABC
⑬ 尾藤知景	高井郡・中野市	B
⑬ 尾藤知平	高井郡・中野市	A
⑭ 藤沢清近(親)	伊那郡・高遠町（伊那市）	ABC
⓯ 村上経業	更級郡・坂城町	BCDK
⓯ 村上基国	更級郡・坂城町	BEGI
⓯ 村上頼時	更級郡・坂城町	BCDHJ
⑯ 村山頼直	水内郡・須坂市	BC
⑰ 望月重隆	佐久郡・望月町（佐久市）	C
（下総）		
① 印東四郎	印旛郡・佐倉市付近	BC
② 臼井余一	印旛郡・佐倉市付近	BC
② 臼井常安	印旛郡・佐倉市付近	BCD
③ 大河戸秀行	葛飾郡大河戸御厨・松伏町	BC
③ 大河戸広行	葛飾郡大河戸御厨・松伏町	ABCD
③ 大河戸行平	葛飾郡大河戸御厨・松伏町	BG
④ 大須賀胤信	香取郡・大栄町付近（成田市）	ACDH
❺ 葛西十郎	葛飾郡葛西御厨・葛飾区付近	ABCG
❺ 葛西清重	葛飾郡葛西御厨・葛飾区付近	ABCDEFGHIJK
⑥ 国分胤通	葛飾郡・市川市	ACE
❼ 下河辺藤三	葛飾郡下河辺庄・三郷市周辺	C
❼ 下河辺政義	葛飾郡下河辺庄・三郷市周辺	BC
❼ 下河辺行平	葛飾郡下河辺庄・三郷市周辺	ABCDEFGIJK
⑧ 相馬師常	相馬郡・取手市付近	ACEJ
⑨ 高柳行元	葛飾郡高柳・栗橋町	BC
⑩ 武石胤盛	千葉郡・千葉市	A
⓫ 千葉胤正	千葉郡・千葉市	ABCDFIK
⓫ 千葉常胤	千葉郡・千葉市	ABDEFHK
⓫ 千葉成胤	千葉郡・千葉市	J
⓬ 東胤頼	香取郡・東庄町	ACDEFGIK
⑬ 豊田幹重	豊田郡・石下町（常総市）	BG
⑬ 豊田義幹	豊田郡・石下町	AB
⓮ 結城朝光	結城郡・結城市	ABCDFGIJK

	（甲斐）		
①	浅利遠義	八代郡・豊富村（中央市）	AF
①	浅利長義	八代郡・豊富村	BCGH
❷	伊沢(武田)信光	八代郡・石和町（笛吹市）	ACDFGHI
❸	加々美三郎	巨摩郡・若草町（南アルプス市）	C
❸	加々美遠光	巨摩郡・若草町	AEIK
❸	加々美長清	巨摩郡・若草町	ABCDGK
❸	加々美長綱	巨摩郡・若草町	A
④	河内義長	八代郡・石和町（笛吹市）	BCE
❺	工藤景光	巨摩郡・韮崎市	ABI
❺	工藤行光	巨摩郡・韮崎市	ABCDEGJ
⑥	塩部四郎	巨摩郡・甲府市	B
⑥	塩部小太郎	巨摩郡・甲府市	B
⑦	曾祢太郎	八代郡ヵ・境川村（笛吹市）	BC
❽	武田有義	巨摩郡・韮崎市	ABCEKG
❽	武田朝信	巨摩郡・韮崎市	B
❾	奈胡義行	巨摩郡・甲西町（南アルプス市）	BCDGI
⑩	南部光行	巨摩郡・南部町	ABCFI
⑪	古郡次郎	都留郡・上野原市	BC
⓬	安田義定	八代郡・山梨市	ADFI
⓬	安田義資	八代郡・山梨市	ABCDEFGHI
	（下野）		
❶	足利七郎四郎	足利郡・足利市	B
❶	足利七郎五郎	足利郡・足利市	B
❶	足利七郎太郎	足利郡・足利市	BD
❶	足利長氏	足利郡・足利市	C
❶	足利義兼	足利郡・足利市	ACDEGHIK
②	阿曾沼親綱	安蘇郡・佐野市	C
②	阿曾沼広綱	安蘇郡・佐野市	A
③	宇都宮朝綱	河内郡・宇都宮市	ABD
③	宇都宮業綱	河内郡・宇都宮市	AB
③	宇都宮信房	河内郡・宇都宮市	C
④	氏家公信	氏家郡・氏家町（さくら市）	B
④	氏家公頼	氏家郡・氏家町	J
❺	小野寺通綱	都賀郡小野寺	ABCEGH
❻	小山朝政	都賀郡・小山市付近	ABCDEFGHIK
⑦	佐野又太郎(国綱ヵ)	安蘇郡・佐野市	BD
⑦	佐野七郎	安蘇郡・佐野市	C

⑦ 佐野基綱	安蘇郡・佐野市	ACE
❽ 長沼宗政	芳賀郡・二宮町	ACDHI
⑨ 那須三郎	那須郡・大田原市付近	B
⑨ 那須光助	那須郡・大田原市付近	C
⑩ 皆河四郎(宗員カ)	都賀郡・栃木市	BD
(上総)		
① 天羽直常	天羽郡・富津市	BCD
② 江田小次郎	市原郡カ、都筑郡カ	B
③ 飫富宗季	望陀郡	AD
④ 境常秀	山辺郡・東金市	ABCDK
⑤ 中禅寺弘長	埴生郡・茂原市	C
⑤ 中禅寺平太	埴生郡・茂原市	D
⑥ 庁南太郎	長南郡・長南町	B
(遠江)		
① 浅羽三郎	浅羽庄・浅羽町（袋井市）	BC
伊井介	引佐郡・引佐町（浜松市）	C
② 勝田成長	榛原郡・榛原町（牧之原市）	C
③ 新野太郎	城東郡・浜岡町（御前崎市）	BC
④ 原小三郎	佐野郡原田庄・掛川市	B
④ 原二郎	佐野郡原田庄・掛川市	D
⑤ 横地長重	城東郡・菊川市	BC
(駿河)		
① 岡部忠綱	志太郡・岡部町（藤枝市）	ABCDG
② 賀島蔵人次郎	富士郡・富士市	B
❸ 吉香次郎	有度郡・清水市（静岡市）	B
❸ 吉川友兼	有度郡・清水市	ABCDEG
④ 牧宗親	駿東郡大岡牧・沼津市	CD
(安房)		
① 安西景益	平群郡・鋸南町	C
(越後)		
奥山三郎	蒲原郡カ	B
(尾張以西)		
石河義資	河内石川郡石川庄・大阪府河南町	I

浦野太郎	尾張春日井郡	B
大屋安資	尾張中島郡	C
大矢中七	尾張中島郡	E
金持二郎	伯耆日野郡	C
河野通信	伊予	A
惟宗孝親	安芸	C
佐々木経高	近江	CK
佐々木盛綱	近江	ABCFGI
佐々木義清	近江	ABCI
佐々木定綱	近江	CDJK
佐々木高綱	近江	DF
高木宗家	肥前佐賀郡・佐賀市	E
中河小太郎	美濃安八郡中川御厨・大垣市ヵ	G
野瀬国能	摂津能勢郡・大阪府	C
野瀬高重	摂津能勢郡・大阪府	CDEFGI
夜須行宗	土佐香美郡夜須庄	E
山口家任	但馬朝来郡山口郷	E
山田四郎	美濃	B
山田重澄	美濃	D
山田重弘	美濃	DH
（文官）		
伊賀朝光		ABCDFG
伊沢家景		AC
大江広元		BCDFIK
大曾祢時長		B
島津忠久		B
平盛時		AC
橘公業		AE
中原親能		ABCK
中原季時		K
長井時秀		B
二階堂行政		A
藤原邦通		DEFI
三善康清		CG
武藤資頼		BCDE
（京都）		
大江久家		A

大江能範		K
後藤内太郎		B
後藤兵衛尉		C
後藤基清		DIJK
関瀬義盛		CDEHIK
平繁政		DK
橘右馬次郎		C
橘公長		FHI
橘以広		D
田村仲教		C
伊達次郎		C
伊達為家		CG
伏見民部大夫		C
藤原重頼		DK
藤原親光		D
源頼兼		CDJK
源光行		C
源仲頼		D
宮大夫		C
善兵衛尉		C
前上野介範信		D
所雑色基繁		DI
勘解由判官		B
遠江権守		C
（一族）		
大内惟義	一族	ABCDFGIK
源範頼	一族	ABDEFKHI
源広綱	一族	ABDEF
（僧侶）		
昌寛	僧侶	A
昌明	僧侶	A
（不明）		
阿加田沢小太郎		B
阿坂余三		B
安房平太		E
石河大炊助		C

泉八郎	BC
井田太郎	B
井田次郎	BC
市小七郎	B
今堀三郎	B
岩屋太郎	C
上田楊八郎	B
上野権三郎	B
宇津幾三郎	B
大曾四郎	B
太田太郎	B
大野藤八	C
岡館次郎	B
岡部平六	B
岡部与一太郎	B
岡村太郎	BCD
鴛三郎	C
小野平七	E
笠原六郎	C
笠原十郎	C
糟江三郎	B
春日与一	B
鎌田太郎	BG
吉良五郎	C
楠木四郎	B
筈田太郎	CD
坂田三郎	BC
猿渡藤三郎	C
沢井太郎	C
三宮次郎	B
塩谷六郎	B
鹿辺六郎	C
志津田太郎	C
島栖三郎	B
下島権守太郎	C
下宮次郎	B
高田太郎	BCE
高橋太郎	B
高幡太郎	B

高間三郎	B
高屋太郎	B
田上六郎	B
瀧野小次郎	B
近間太郎	B
寺尾太郎	B
寺尾三郎太郎	B
道後小次郎	B
中条平六	BCG
中野四郎	C
中原仲業	C
長江義景	D
長田四郎	B
長田五郎	B
長門景遠	C
那古谷頼時	D
西太郎	D
新田三郎	G
奴加田太郎	C
祢智次郎	B
原宗宗房	C
原宗行能	CG
常陸平四郎	BD
広沢実方	BC
広沢実能	B
広沢実高	DG
広田邦房	E
深浜木平六	B
丸太郎	D
源邦業	BK
源実延	B
源俊隆	I
宮六兼仗国平	A
三輪寺三郎	BC
武佐五郎	B
毛利田次郎	B
八島六郎	B
横溝六郎	C
莱七郎	D

筥王丸	B
小平太	B
武次郎	B
右衛門太郎	B
武者次郎	B
大舎人助	E
野五郎	E
成勝寺太郎	E
駿河守宗朝	K

附表３《文治～建久年間武士狼藉表》

本表は第六章２節に関わって作成した

※凡例〔種別〕のＡは武士関与の排除令、Ｂは所務規定令、Ｃは兵士兵粮米停止令。

〔出典〕の(吾)は『吾妻鏡』、同日条の場合は日付を略す。遺は『鎌倉遺文』。

	種別	年月日	内容	出典
		文治２年		
1	AC	１月９(29)日	紀伊国高野山領荘々への兵粮米賦課・地頭の妨げを停止する	(吾)・北条時政下文 根来要書 遺42
2	BC	１月11日	河内国高瀬荘への兵粮米賦課・地頭惣追捕使補任は実行するが狼藉は停止する	(吾)
3	A	１月　日	伊勢神宮領伊勢国河田・大橋御薗への乱入狼藉を停止する	多米正富申状案外題・北条時政下文案 醍醐寺文書 遺44・49
4	C	２月21日	院宣により丹波国弓削荘(杣)の兵粮米を停止する	(吾)・(吾)文治２年４月13日条が関係史料
5	C	２月22日	院宣により肥前国神崎荘の兵粮米につき子細を天野遠景に尋問する	(吾)・(吾)文治２年２月28日条が関係史料
6	C	３月２日	院宣により摂津国今南荘の兵粮米停止の下文を発給する	(吾)・(吾)文治２年４月13日条が関係史料
7	C	３月２日	院宣により丹波国石負荘の兵粮米停止の下文を発給する	(吾)・(吾)文治２年４月13日条が関係史料
8	AC	３月２日	藤原光能後家の訴えにより崇徳院領丹波国栗村荘への兵粮米の催しにことを寄せた押領を停止し領家進止とする	(吾)
9	A	３月４日	主水司供御料丹波国神吉への地頭職補任を事の煩いにより免除する	(吾)
10	B	３月10日	伊勢国神宮領御園・御厨の地頭等の上分雑事の対捍を禁じる	(吾)
11	A	３月17日	鳥羽宮領紀伊国阿弖河荘への長安・助光の濫妨を停止する	北条時政下文案 高野山文書　遺73
12	C	３月18日	高野山大伝法院領への兵士兵粮供給雑事等を停止する	北条時政下知状案 根来要書中 遺74
13	A	３月18日	加賀守源俊隆の訴えによりその所領尾張国中島郡への不慮狼藉を停止する(源頼朝の恩領か)	(吾)
14	A	５月29日	刑部卿典侍の訴えによりその領美濃国石田郷への美濃安平の濫妨を	(吾)・同６月２日条に下知状あり

	種別	年月日	内容	出典
			停止する	
15	A	5月　日	高野山の訴えにより佐藤能清の紀伊国荒川荘への濫妨を停止する	高野山住僧等解状外題 高野山文書 遺108
16	A	6月1日	法勝寺領肥前国分寺住人への武士の課役賦課を停止し寺家の進退とする	源頼朝下文 法勝寺文書 遺109
17	A	6月9日	梶原景時の播磨国所々押領につき尋問する（揖保・桑原・五ヶ荘等につき去文提出が命じられる）	（吾）
18	未詳	6月9日	備前国の武士押領につきに下文を下す	（吾）
19	A	6月9日	阿波国久千田荘等へ下文を下す（久千田荘の相伝領主藤原為保以外の地頭補任について）	（吾）
20	A	6月17日	藤原実定の訴えにより越前国北条殿眼代越後介高成の国務の妨げ、比企朝宗以下の家領濫妨を停止する	（吾）
21	A	6月17日	藤原実定の訴えにより越中国般若荘への比企朝宗の押妨を停止する	（吾）
22	A	6月17日	藤原実定の訴えにより筑後国瀬高荘への天野遠景の押妨を停止する	（吾）
23	A	6月17日	藤原実定の訴えにより周防国大島荘への土肥実平の押妨を停止する	（吾）
24	A	6月17日	藤原実定の訴えにより近江国三上荘への佐々木秀綱の押妨を停止する	（吾）
25	A	6月25日	院宣により歓喜光院領播磨国矢野別符への海老名能季の押妨を停止する	（吾）・源頼朝下文案 海老名文書 遺118
26	A	6月29日	院宣により宇佐美実正（政）の伊勢国林崎御厨地頭職を停止する	（吾）
27	A	7月24日	院宣により高野山領備後国大田荘への土肥実平・遠平の妨げを停止する	（吾）・源頼朝書状 高野山文書　遺131
28	B	7月28日	新日吉領武蔵国河肥荘地頭の対捍する乃貢の弁済を命じる	（吾）
29	B	7月28日	新日吉領長門国向津奥荘武士狼藉	（吾）

	種別	年月日	内容	出典
			につき下河辺行平へ仰せ含める	
30	A	閏7月29日	日吉領近江国建部荘への往還武士の寄宿狼藉を停止する	源頼朝下文 尊経閣文庫所蔵文書 遺146
31	B	8月3日	島津荘寄郡五箇郡司職千葉常胤代官紀太清遠の非道を停止する	源頼朝下文 島津家文書 遺150
32	A	8月26日	蓮華王院領紀伊国由良荘への細工七条紀太の妨げを停止する	(吾)所収同日院宣
33	A	9月5日	院宣により賀茂別雷社領近江国安曇河御厨の佐々木定綱の知行を停止する	(吾)
34	A	9月5日	賀茂別雷社領備後国有福荘への土肥実平の狼藉を停止する	(吾)
35	A	9月5日	賀茂社領山城国六箇郷の武士狼藉を停止する	源頼朝下文 賀茂注進雑記 遺167
36	A	9月5日	賀茂社領播磨国安志荘・林田荘・室御厨の武士狼藉を停止する	源頼朝下文 賀茂注進雑記 遺168
37	A	9月5日	賀茂別雷社領周防国伊保荘・竈戸関・矢島・柱島への土肥実平の押領を停止する	源頼朝下文 賀茂社文書 遺169
38	A	9月5日	賀茂別雷社領丹波国由良荘の北条義時の知行を停止する	源頼朝下文 賀茂社文書 遺170
39	A	9月5日	加賀国額田荘への比企朝宗代官の境濫妨、加藤成光の地頭と号した乱行を停止する	源頼朝下文案 賀茂注進雑記 遺171
40	B	9月13日	最勝寺領越前国大蔵荘への北条時政代時定の新義無道を停止し年貢課役の進納を命じる	(吾)
41	B	11月8日	諏訪社領信濃国黒河内藤沢の藤沢盛景をして御狩役を勤めしむ	(吾)
42	A	12月3(7ヵ)日	大隅正八幡宮寺への武士違乱を停止し神官等を安堵する	北条時政下知状案 大隅桑幡文書 遺補40
43	A	12月7日	安楽寺領荘園への武士違乱を停止し所司神人等を安堵する	北条時政下知状案 大隅桑幡文書 遺198
		文治3年		
44	B	3月2日	不法により越中国吉岡荘地頭成佐を改める	(吾)
45	A	3月19日	播磨国斑鳩荘への金子家忠代官の妨げを停止する	(吾)

	種別	年月日	内容	出典
46	B	4月18日	美濃国内の平清綱地頭所の国衙乃貢の対捍を戒め国衙の下知に従わさせる	(吾)
47	B	4月29日	伊勢公卿勅使駅家雑事を対捍する同国地頭御家人を戒める	(吾)
48	B	5月14日	天野遠景に島津荘へ付すべき唐船着岸物の押取の停止を命じる	源頼朝御教書案 島津家文書 遺236
49	B	5月26日	宇治義定代官の伊勢国斎宮領櫛田郷内所々の押領により恩地を収公する	(吾)
50	B	6月20日	伊勢国内太神宮領の謀叛人跡地頭等による狼藉を停止する	(吾)
51	B	8月8日	尊勝寺御領美作国林野英多保事につき梶原景時へ尋問する	(吾)
52	AC	8月8日	最勝寺若狭国今重保の押領につき惟宗行能を尋問する	(吾)
53	A	9月13日	摂津国御室領内の河辺船人に御家人役を賦課することを停止する	(吾)
54	B	9月27日	太神宮神人の畠山重忠代官姦曲の訴えにより重忠の所領四箇所を収公する	(吾)
		文治4年		
55	B	3月14日	康頼入道の阿波国麻殖保々司職を地頭小野成綱が妨げたため中分すべきを命じる	(吾)・同8月20日関係条文
56	B	7月13日	山城国美豆牧司の訴えにより本荘・高運島の事につき梶原景時代官を尋究する	(吾)
57	B	7月28日	駿河国蒲原荘・越後国大面荘の年貢未進につき中原親能を尋問する	(吾)
58	B	9月3日	金剛心院・蓮華王院領等の年貢済否につき地頭等を尋問する	(吾)
59	B	9月3日	若狭国司の訴えにより松永・宮川保地頭藤原重頼へ国衙課役の勤仕が命じられる	(吾)
60	B	9月22日	信濃国伴野荘地頭小笠原長清の年貢懈怠につきその沙汰を命じる	(吾)
61	A	11月22日	没官領たる隠岐国犬来・宇賀牧の	(吾)・同7月13日関係条

	種別	年月日	内容	出典
			外は藤原重頼の知行を止めて国衙進止とする	文
62	B	11月22日	隠岐国在庁資忠に国司下知に従い国務を遵行すべきを命じる	(吾)
		文治5年		
63	A	2月30日	勅定により長門国阿武郡前地頭小早川遠平代官を郡内より退出させる	(吾)・同3月13日関係条文
64	A	3月13日	勅定により梶原景時の熊野御領播磨国浦上荘地頭職を停止する	(吾)
65	A	3月13日	勅定により筑後国三瀦荘の和田義盛地頭職を停止する	(吾)
66	A	4月7日	領家相論により伊賀国鞆田荘の紀遠兼地頭職を停止する	源頼朝下文 保坂潤治所蔵文書 遺380
67	B	5月22日	違勅により太皇大后宮領駿河国大津御厨の板垣兼信地頭職を改定する	(吾)
68	B	7月10日	大神宮領伊勢国治田御厨土民等の訴えにより吉見頼綱の非拠を停止する	(吾)
69	A	9月10日	合戦による奥州中尊寺の牢籠を止め寺領土民等を安堵する	(吾)
70	A	9月11日	平泉内寺々の住侶等の訴えにより寺領への地頭等の妨げを停止する	(吾)
71	A	9月17日	平泉内寺領を先例に任せて寄付し地頭等の妨げを止める	(吾)
72	B	9月20日	奥羽の事につき国中仏神事の勤仕と金師への違乱の停止を恩給の輩に命じる	(吾)
73	B	10月1日	多賀国府にて地頭の郡郷荘園の所務は不当道理なく秀衡・泰衡の先例を順守すべきことを命じる	(吾)
74	A	11月18日	駿河国智満寺への守護人已下の輩の乱入を停止する	源頼朝書下 智満寺文書 遺補93
		建久元年		
75	B	4月18日	美濃国犬丸菊松地頭堀江禅尼と高田郷地頭保房を所当対捍・下知違背により改補する	(吾)・同4月4日関係条文

	種別	年月日	内容	出典
76	B	4月18日	美濃国時多良山地頭藤原仲経へ懈怠なき仏神役の勤仕を命じる	(吾)
77	B	4月19日	造太神宮役夫工米の家人知行地分の未済につきその進済を命じる	(吾)
78	B	5月12日	加賀国井家荘地頭を称する都幡隆家の所務押領を戒める	(吾)
79	B	5月29日	八条院領紀伊国三上荘地頭豊島有経の乃貢対捍を命じる	(吾)
80	A	8月3日	奥州の所(源義経没官領ヵ)と号する北条時定の河内国衙領押領を止める	(吾)
81	B	8月3日	河内国山田郷につき地頭大江公朝の国司に従わざるを戒める	(吾)
82	未詳	8月3日	河内国内の地頭糟谷有季の狼藉を停止する	(吾)
83	A	8月19日	円勝寺領遠江国双侶荘地頭板垣兼信を違勅の罪により改易し進止権を放棄する	(吾)
84	未詳	8月19日	備後国在庁の訴えにより土肥遠平に陳答を命じる	(吾)
85	B	10月12日	近江国田根荘の所務につき地頭佐々木定綱に領家藤原朝方との和与を命じる	(吾)・同10月9日関係条文
		建久2年		
86	AB	1月18日	地頭内藤盛家の石清水八幡宮領周防国遠石荘領家預所得分を押領し得善保等へ押領することを停止する	(吾)・石清水八幡宮別当下知状 石清水文書 遺508
87	B	2月21日	捧紀五近永による諏訪社領塩尻西条の年貢抑留と百姓追捕等を停止する	頼朝家政所下文 諏訪神社文書 遺511
88	B	3月10日	豊前国堺荘四至内への近江太郎の乱入を停止する	往生院院主春宗申状案外題 志賀文書 遺521
89	B	4月27日	相模国生瀬直下社神主清包の訴えにより地頭土屋三郎の社内桑の切り取りを停止する	(吾)
		建久3年		
90	B	4月10日	宗像社の訴えにより同社への宇佐	源頼朝御教書 宗像神社

	種別	年月日	内容	出典
91	B	9月18日	宮造営用途の賦課を停止する	文書 遺590
			鎮西地頭等の造宇佐宮役の不勤仕を戒める	源頼朝家下文 書陵部所蔵文書 遺620
		建久4年		
92	A	5月7日	大江行義女子の訴えにより梶原朝景の知行地美作国内某所を辞退し女子に与えるべきを命じる	(吾)
		建久5年		
93	B	2月15日	伊勢大神宮の訴えにより東国神領への御裳濯河堤役の勤仕を命じる	源頼朝下文案 常陸税所文書 遺712
94	B	2月16日	武蔵国河越荘本所乃貢未済のことにつき沙汰す	(吾)
95	B	5月20日	下野国司目代訴えにより宇都宮朝綱の公領田一〇〇余町の掠領を停止する	(吾)
96	B	6月30日	武蔵国大河戸御厨と伊豆宮神人との喧嘩につき尋問する	(吾)
97	A	12月10日	越前国志比荘の押領につき比企朝宗に尋問する	(吾)

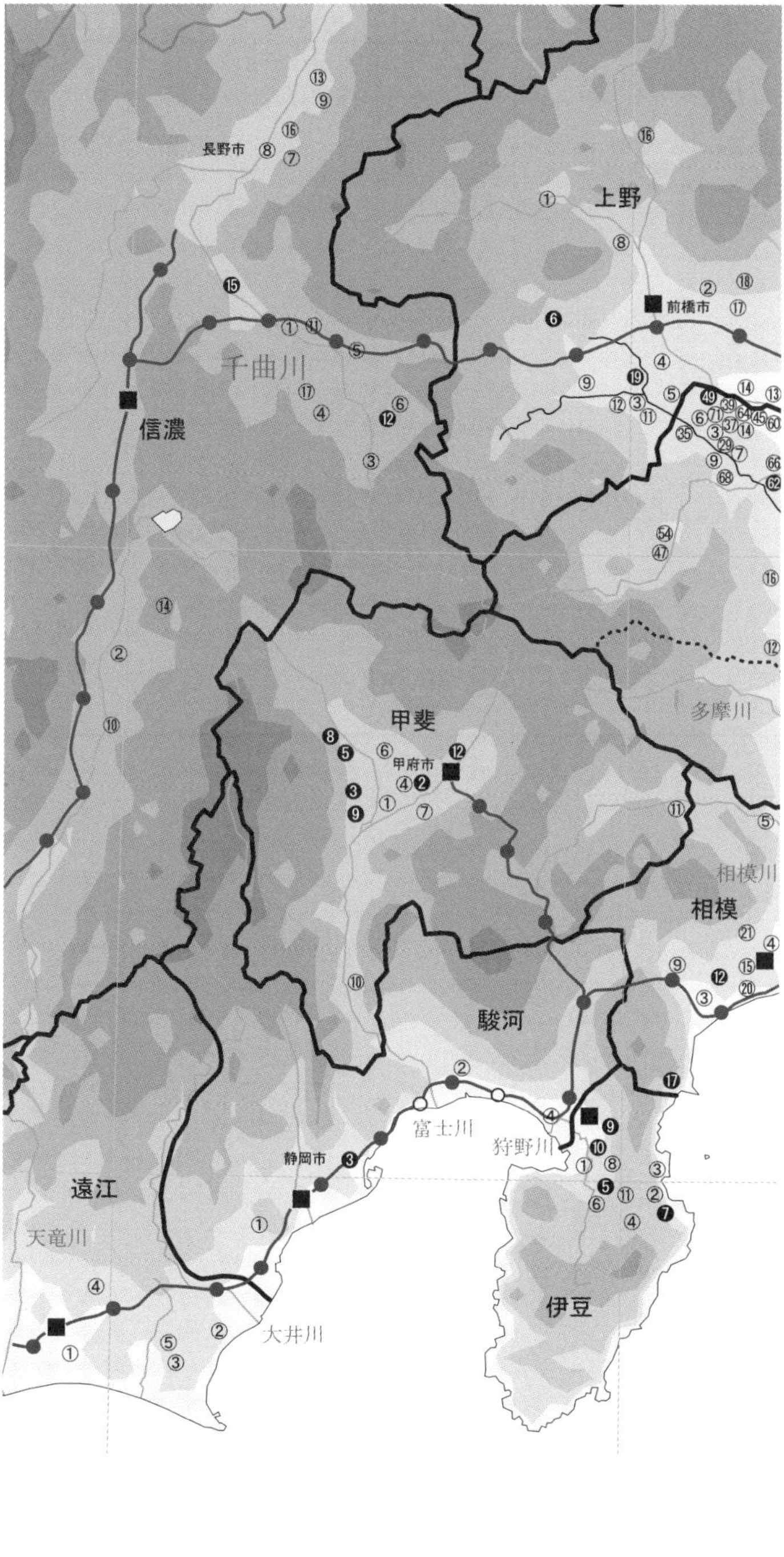
長野市
上野
前橋市
千曲川
信濃
多摩川
甲斐
甲府市
相模川
相模
駿河
富士川
狩野川
静岡市
遠江
天竜川
伊豆
大井川

《御家人分布図》

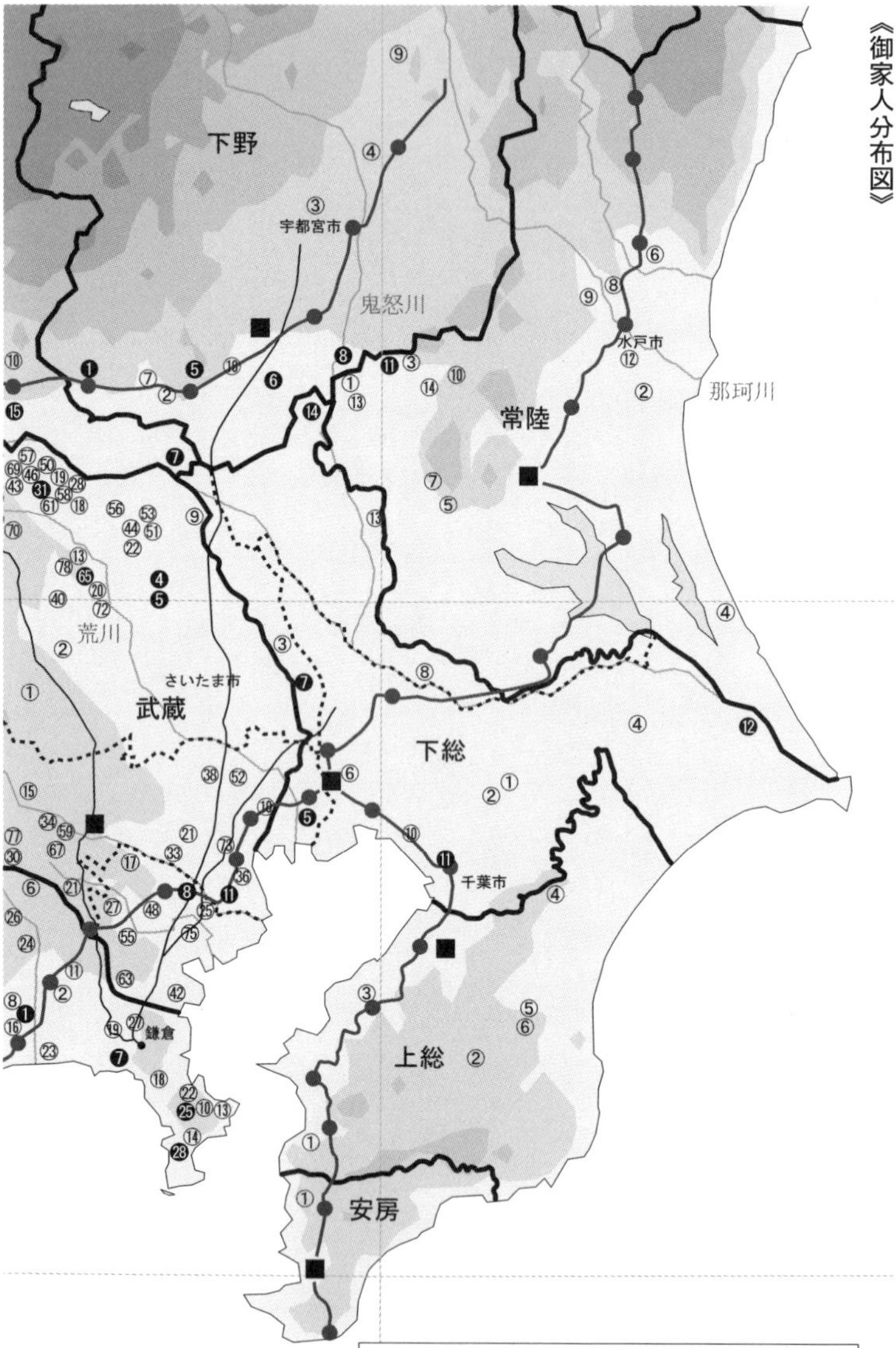

0　50km

※本図は第四章１、及び第五章２節５に関わるもので、附表２《頼朝期供奉人表》の御家人の番号を地形図上に落とし、関東近辺の御家人分布の概観を示した。❶は鎌倉内供奉衆、①は在国御家人（第五章２節５参照）。
※━━国境　┅県境　──鎌倉街道〈右から上道・中道・下道〉　━━延喜式官道　■国府　（鎌倉街道は『武蔵府中と鎌倉街道』〈府中市郷土の森博物館〉、延喜式官道は『古代日本の交通路Ⅳ』〈藤岡謙二郎編、大明堂出版〉より）